国家社会科学基金重大项目(15ZDB165)资助

可再生能源技术经济评价及政策一般均衡分析

Technical Economic Assessment on Renewable Energy and Computable General Equilibrium Analysis of Renewable Energy Policy

张兴平　郭正权　袁家海　等　著

科学出版社

北京

内 容 简 介

风力发电和光伏发电（以下简称风光发电）已成为我国可再生能源发展的重点，其装机规模已居世界首位。本书围绕风光发电的经济性、政策效果、技术创新和未来可再生能源政策取向等方面开展研究。全书分为四部分，第一部分构建平准化发电成本模型，测算不同情境下风光发电的平准化发电成本，在参照风光发电标杆上网电价、燃煤发电（以下简称煤电）标杆上网电价和煤电平准化发电成本的基础上，研究不同区域风光发电的经济性和竞争力。第二部分利用结构方程模型和计量经济学模型，对可再生能源政策效果进行评价；系统梳理典型国家可再生能源产业技术创新模式及其演变规律。第三部分构建可计算一般均衡模型，分析可再生能源政策对我国经济-能源-环境系统的整体影响，重点阐述其对能源系统的影响。第四部分提出促进我国可再生能源发展的政策建议。

本书适用于能源经济与管理相关专业的研究人员、政府能源部门管理人员和能源企业高级管理人员阅读参考。

图书在版编目(CIP)数据

可再生能源技术经济评价及政策一般均衡分析 = Technical Economic Assessment on Renewable Energy and Computable General Equilibrium Analysis of Renewable Energy Policy / 张兴平等著. —北京：科学出版社，2021.9

ISBN 978-7-03-069110-1

Ⅰ. ①可… Ⅱ. ①张… Ⅲ. ①再生资源–能源–经济评价–研究–中国 Ⅳ. ①F426.2

中国版本图书馆 CIP 数据核字(2021)第 109067 号

责任编辑：万群霞 李 娜 / 责任校对：任苗苗
责任印制：师艳茹 / 封面设计：蓝正设计

科学出版社 出版
北京东黄城根北街 16 号
邮政编码：100717
http://www.sciencep.com

三河市春园印刷有限公司 印刷
科学出版社发行 各地新华书店经销

*

2021 年 9 月第 一 版 开本：787×1092 1/16
2021 年 9 月第一次印刷 印张：22
字数：523 000

定价：188.00 元
（如有印装质量问题，我社负责调换）

作 者 简 介

张兴平　华北电力大学经济与管理学院教授、博士生导师，主要从事能源技术经济与能源政策领域的教学和研究工作，作为首席负责人主持国家社会科学基金重大项目 1 项、国家自然科学基金项目 2 项，在国内外主流期刊发表学术论文 30 余篇。

郭正权　北方工业大学经济管理学院教授，主要从事能源经济、产业转型升级等领域研究，国家社会科学基金重大项目子课题负责人，在 *Energy Economics*、《系统工程学报》、《中国管理科学》等期刊发表研究论文 30 余篇，兼任中国系统工程学会社会经济系统工程专业委员会副理事长。

袁家海　华北电力大学经济管理学院教授、博士生导师，研究兴趣聚焦中国电力行业的低碳转型，在能源经济环境建模与分析、电力规划与低碳转型、可再生能源政策领域研究成果丰硕；近年来与国内外研究机构合作发布了数份有影响力的政策研究报告，主持国家自然科学基金项目、国家社会科学基金重大项目子课题等多项研究课题，在 *Energy Economics* 等国际期刊发表学术论文 60 多篇，2016 年应邀在 *Nature Energy* 发表评论文章 1 篇。

前　言

　　发展清洁低碳能源已成为各国提升核心竞争力、保障能源安全和应对气候变化的重要战略举措。在能源消费革命、能源供给革命、能源技术革命、能源体制革命和国际能源合作的"四革命、一合作"能源战略思想的指引下，可再生能源迎来了绝佳的发展机遇，也必将成为推进我国能源生产革命的重要突破口之一。作为我国可再生能源发展的重点，风光发电得到了长足的发展。本书围绕可再生能源的经济性、政策效果、技术进步模式和未来可再生能源政策取向等方面开展研究，主要内容如下。

1. 可再生能源经济性及其竞争力研究

　　不同区域风光资源差异显著，本书构建平准化发电成本模型对我国不同省份风光发电的经济性和竞争力进行分析。基于 2016 年实际数据的分析说明，在我国现行上网电价的有力支持下，风光发电的经济性是有保障的，但其度电成本远高于当地煤电标杆上网电价。以 2016 年实际情况为基准，设置多种情景对风光发电的竞争力进行分析，研究发现风力发电(以下简称风电)竞争力不强，只有在乐观情境下，全国大约 1/3 区域的风电具有较强竞争力。值得注意的是，乐观情境下竞争力强的风电不是处于风资源丰富的区域，而是处于煤电标杆上网电价较高的区域，绝大多数处于四类风资源区，这些区域主要集中在我国南部，如浙江省、湖南省、广东省等。近年来，由于光伏造价水平大幅度下降，集中式光伏发电竞争力凸显，在乐观情境下，绝大多数区域可实现集中式光伏发电的平价上网。

　　风光发电具有边际成本低的优势，运用优先次序法构建基于边际成本竞价的电力市场出清模型，提出市场竞争条件下发电资源经济性评价模型。在实证分析中，模拟风光发电经济性和负荷之间的关系及其对风光发电经济性的影响。研究结果表明，在考虑机组边际成本的情况下，逐步引入竞价机制，虽然可促进可再生能源电力的消纳，但是其经济性依然欠佳。因而可再生能源补贴短期内还不宜完全退出，可以考虑将可再生能源固定电价转向溢价补贴模式。

2. 可再生能源政策效果评价、创新模式及政策演化研究

　　首先从国内视角，采用主客观两个角度分析我国可再生能源政策的效果。一方面，通过调查问卷和实地调研了解专业人士和现场工作人员对相关政策效果的评价，构建结构方程模型分析我国风光发电政策的效果；另一方面，构建面板数据模型对政策效果进行量化评价。结果表明，总量规划、固定电价制度和可再生能源全额保障性收购制度政策效果最为显著。然后从国际视角，选择 29 个可再生能源发展较好的国家作为研究样本，采用面板计量模型对可再生能源的政策效果进行分析，结果表明，7 大类政策中，市场化工具、研发投入、财税激励及规划类政策的效果显著，同时发现可再生能源绿色证书交易制度和碳排放交易制度具有很好的政策协同效应。基于国内和国际视角的评价结果

具有很高的一致性：明确的发展战略和高约束性的规划是促进可再生能源发展的根基，研发投入及技术进步是促进可再生能源发展的关键。

本书对典型国家可再生能源政策演化进行研究，尽管各国采取的政策各异，但是存在共同的政策演化规律：首先以政府主导的重点项目助推可再生能源起步，主要实现可再生能源技术领域的突破；然后以财政、税收和价格激励政策支持可再生能源的产业化，不断降低可再生能源的应用成本；最后随着可再生能源规模的扩大，政策实现重大转向，即从政府主导的行政政策体系转向市场化政策体系，推动可再生能源的大规模发展，而整个政策体系的核心是促进可再生能源技术创新。本书系统梳理典型国家可再生能源技术创新模式及其演变。结果表明，对于同一国家不同阶段，技术创新要素的演变是各国可再生能源发展产生差异的主要原因；而对于不同国家同一阶段，各国可再生能源发展差异产生的主要原因包括综合国力、自主创新能力、长期规划、政策稳定性、政策力度和市场稳定性。

3. 清洁能源政策的均衡分析

构建了"中国能源环境政策评价混合可计算一般均衡模型"对我国清洁能源政策进行了系统分析。在实地调研与收集不同发电技术数据的基础上，采用"双比例平衡法"实现了石油与天然气开采业部门的拆分；依据投入产出表编制法将电力部门细分为火电、水电、核电、风电、太阳能及其他电力等5个部门。由此，最终模型将能源部门细分为11个子部门。模型一方面充分考虑了各类一次、二次能源，尤其是电力能源生产的微观技术经济特性，提高了CGE模型在能源与环境政策模拟领域政策设计的针对性与科学性；另一方面，实现了"自顶向下"CGE模型与微观可再生清洁能源技术经济特点的统一，实现了研究具体能源与环境政策对宏观能源-环境-经济系统变量的影响效应。该模型不仅可以满足对大类能源政策分析的需要，也可以实现对可再生能源政策，尤其是可再生电力能源政策分析的需要。

利用该模型：预测中国2012～2030年能源-环境-经济系统的关键指标，预测结果与我国远期规划目标基本一致，为政策制定提供了有益的参考；模拟分析我国可再生能源政策，发现低碳政策的实施会推高化石能源使用成本，短期内会对宏观经济变量产生可控的负面影响，但有利于可再生能源技术进步和经济绿色发展；研究可再生能源补贴退坡政策，补贴退坡虽然对实现未来能源总量和碳排放总量目标的影响有限，但会明显抑制可再生能源的发展，从而影响非化石能源远期规划目标的实现。技术进步可有效缓解补贴退坡对可再生能源的负面影响，在补贴减半条件下，可再生能源全要素生产率达到一个较高的水平就可以实现非化石能源远期规划目标；如果可再生能源技术进步可以实现一个高水平跨越，即使取消补贴也可以实现这一目标。在设计可再生能源补贴退坡政策时，应充分考虑可再生能源技术进步水平，以及能源与环境的财税和价格政策，动态相机选择补贴退坡政策。

4. 政策建议

首先国家能源主管部门要做好顶层设计，明确可再生能源在未来低碳能源系统中的重要作用，明确可再生能源技术创新在未来能源革命中的地位，做好战略定位和长期规划；在政策取向上，目前应以强制约束性的政策体系为主导，着力解决好可再生能源电力的消纳，促进其成本持续降低，以提高其竞争力并尽快实现平价上网目标。未来逐步过渡到以市场为主导的政策体系，实现不同来源电力的同台竞争。实施过程中，建立可再生能源实时监测体系，及时研判政策效果并对政策进行动态调整。最终形成8条建议：战略定位，创新驱动；因地制宜，规划先行；配额支撑，市场增效；统筹安排，政策协同；规范操作，约减成本；绿色融资，金融护航；低碳发展，同台竞争；智能监测，动态调整，为完善我国可再生能源政策体系提供决策支持。

张兴平教授为国家社科基金重大项目(15ZDB165)首席负责人，统筹该项目研究和本书撰写的整体工作；郭正权教授和袁家海教授为该重大项目的子课题负责人，分别负责本书第三部分和第一部分的撰写工作。三位老师指导的研究生为本书付出了辛勤的劳动，参与了本书的资料收集、数据处理与分析、图表绘制等工作，在此对他们表示感谢。

本书内容为国家社会科学基金重大项目"清洁能源价格竞争力及财税价格政策研究(15ZDB165)"的成果，在此对国家社会科学基金的大力资助表示衷心的感谢！本书内容在研究过程中，得到了很多调研单位的大力支持，使作者能够充分了解我国可再生能源发展状况；许多专家为本书内容的研究工作提出了建设性的意见，提升了本书内容的科学性；本书参考并引用了大量前人的研究成果，在此一并表示诚挚的谢意！

由于作者水平有限，本书还存在一些疏漏和不足之处，诚望各位专家和读者提出宝贵意见。

作　者
2021年1月

目 录

前言

第一部分：可再生能源经济性及其竞争力研究

第1章 我国可再生能源发展现状分析 ………3
1.1 我国风电发展现状分析 ………3
1.2 我国集中式光伏发电发展现状分析 ………5
1.3 我国分布式光伏发电现状分析 ………7

第2章 基于2016年情景的可再生能源经济性及价格竞争力研究 ………10
2.1 可再生能源经济性及价格竞争力国内外研究现状 ………10
2.2 平准化发电成本模型 ………12
2.3 基于2016年情景的风电经济性及竞争力分析 ………14
    2.3.1 参数设置 ………14
    2.3.2 风电平准化发电成本测算结果及其经济性分析 ………15
    2.3.3 风电价格竞争力分析 ………17
2.4 基于2016年情景的集中式光伏发电经济性及其竞争力分析 ………19
    2.4.1 参数设置 ………19
    2.4.2 集中式光伏发电平准化发电成本测算结果及其经济性分析 ………22
    2.4.3 集中式光伏发电竞争力分析 ………25
    2.4.4 光伏发电"领跑者"计划项目经济性及其竞争力分析 ………25
2.5 基于2016年情景的分布式光伏发电经济性及竞争力分析 ………27
    2.5.1 参数设置 ………27
    2.5.2 分布式光伏发电平准化发电成本经济性及竞争力分析 ………29
2.6 风光发电与煤电平准化发电成本的比较分析 ………32
    2.6.1 煤电平准化发电成本测算 ………32
    2.6.2 平准化发电成本比较分析 ………37

第3章 可再生能源平准化发电成本敏感性分析 ………38
3.1 敏感性分析方法 ………38
3.2 风电平准化发电成本敏感性分析 ………38
3.3 集中式光伏发电平准化发电成本敏感性分析 ………42
3.4 分布式光伏发电平准化发电成本敏感性分析 ………45

第4章 可再生能源发电平价上网前景分析 ………49
4.1 风电平准化发电成本测算 ………49
4.2 风电平价上网前景分析 ………56
4.3 集中式光伏发电平准化发电成本测算 ………60

4.4 集中式光伏发电平价上网前景分析 ··· 67

第5章 市场化条件下可再生能源经济性分析 ································· 70
5.1 市场化条件下风光发电经济性研究现状 ································· 70
5.1.1 优先次序法 ·· 70
5.1.2 线性规划法 ·· 71
5.1.3 动态规划法 ·· 72
5.1.4 网络流法 ··· 73
5.1.5 混合整数规划 ·· 73
5.2 风光发电经济性建模 ··· 74
5.2.1 装机类型假设 ·· 74
5.2.2 资源出力模型 ·· 74
5.2.3 机组组合问题 ·· 76
5.2.4 市场出清规则 ·· 77
5.2.5 电力供给曲线 ·· 77
5.2.6 风光发电经济性评价模型 ··· 78
5.3 风光发电经济性评价案例分析 ··· 78
5.3.1 标杆上网电价情形下风光发电经济性 ························· 78
5.3.2 市场情形下风光发电经济性 ····································· 79
5.4 出力特性和用电负荷增加对风光发电经济性影响 ················· 105
5.4.1 出力特性对风光发电经济性影响 ······························ 106
5.4.2 用电负荷增加对风光发电经济性影响 ························ 108
5.5 结论 ·· 123

第二部分：可再生能源政策效果评价、创新模式及政策演化

第6章 基于结构方程模型的我国可再生能源政策评价 ················ 127
6.1 结构方程模型 ··· 127
6.1.1 结构方程模型的概念 ··· 127
6.1.2 结构方程模型的构成 ··· 128
6.2 风电政策效果评价 ··· 128
6.2.1 结构方程模型的构建 ··· 128
6.2.2 问卷设计 ·· 130
6.2.3 样本描述性统计和正态性检验 ·································· 131
6.2.4 模型评估与检验 ··· 132
6.2.5 风电政策效果评价结果分析 ····································· 137
6.3 集中式光伏发电政策效果评价 ··· 140
6.3.1 结构方程模型的构建 ··· 140
6.3.2 问卷设计 ·· 142
6.3.3 样本描述性统计和正态性检验 ·································· 143
6.3.4 模型评估与检验 ··· 144
6.3.5 集中式光伏发电政策效果评价结果分析 ····················· 149
6.4 分布式光伏发电政策效果评价 ··· 151

6.4.1	结构方程模型的构建	151
6.4.2	问卷设计	152
6.4.3	样本的描述性统计和正态性检验	154
6.4.4	模型评估与检验	155
6.4.5	分布式光伏发电政策效果评价结果分析	159

第7章 基于计量模型的我国可再生能源政策效果研究 162

7.1 国内可再生能源政策效果评价模型构建 162
- 7.1.1 面板数据模型的理论基础 162
- 7.1.2 《可再生能源法》及其配套政策框架下的政策机制 164

7.2 可再生能源政策效果评价的计量经济分析 166
- 7.2.1 模型变量 166
- 7.2.2 数据搜集与统计分析 171

7.3 结果和讨论 172
- 7.3.1 《可再生能源法》及其配套政策机制的影响 173
- 7.3.2 其他因素对中国风电发展的影响 175

7.4 结论 176

第8章 基于国际视角的可再生能源政策效果研究 178

8.1 可再生能源政策效果评价的面板数据模型构建 178
- 8.1.1 聚合政策对可再生能源发电的影响效果 178
- 8.1.2 具体政策对可再生能源发电的影响效果 178

8.2 基于国际面板数据的可再生能源政策效果评价 179
- 8.2.1 变量和数据来源 179
- 8.2.2 模型的建立 183

8.3 结果和讨论 185

8.4 结论 190

第9章 可再生能源技术创新模式的国际比较 191

9.1 可再生能源技术创新模式分析 191
- 9.1.1 关键阶段 191
- 9.1.2 基本要素 192
- 9.1.3 演变规律分析 193

9.2 典型国家可再生能源技术创新模式的比较 194
- 9.2.1 丹麦风电产业技术创新模式研究 194
- 9.2.2 美国风电产业技术创新模式研究 201
- 9.2.3 日本光伏发电产业技术创新模式研究 206
- 9.2.4 中国风电产业技术创新模式研究 212
- 9.2.5 技术创新基本要素在不同阶段的演变规律研究 218

9.3 典型国家可再生能源技术学习率的比较研究 221
- 9.3.1 可再生能源产业技术学习曲线研究现状 222
- 9.3.2 我国风光发电技术学习率测算 223
- 9.3.3 典型国家风光发电技术学习率比较 227

第10章 可再生能源政策演化分析 ········· 234
10.1 典型国家可再生能源战略定位的演变 ········· 234
10.2 典型国家可再生能源政策制度演变 ········· 236
10.2.1 美国可再生能源政策体系的特点 ········· 236
10.2.2 日本可再生能源政策体系的特点 ········· 237
10.2.3 德国可再生能源政策体系的特点 ········· 238
10.2.4 中国可再生能源政策体系的特点 ········· 239
10.2.5 典型国家可再生能源政策演变规律 ········· 241
10.3 典型国家可再生能源发展政策对中国的启示 ········· 242

第三部分：我国可再生能源政策的一般均衡分析

第11章 可再生能源价格及财税政策研究动态与研究思路 ········· 247
11.1 可再生能源价格及财税政策研究现状与动态 ········· 248
11.1.1 国内可再生能源价格及财税政策研究现状与动态 ········· 248
11.1.2 国外可再生能源价格及财税政策研究现状与动态 ········· 249
11.2 研究思路及技术路线 ········· 252

第12章 国内外可再生能源价格及财税政策概述 ········· 254
12.1 我国可再生能源产业的价格及财税政策 ········· 254
12.1.1 我国可再生能源发展政策概述 ········· 254
12.1.2 我国风电产业的价格及财税政策 ········· 255
12.1.3 我国太阳能发电产业的价格及财税政策 ········· 261
12.2 国外可再生能源产业的价格及财税政策 ········· 266
12.2.1 价格政策 ········· 267
12.2.2 财政补贴政策 ········· 268
12.2.3 税收政策 ········· 269

第13章 中国能源环境政策评价CGE模型构建与数据基础 ········· 270
13.1 能源环境政策评价的混合CGE模型构建 ········· 270
13.2 模型数据基础与参数设置 ········· 271
13.2.1 模型数据基础 ········· 271
13.2.2 模型参数设置 ········· 275

第14章 能源价格波动与财税政策的静态均衡分析 ········· 276
14.1 能源价格波动的静态均衡分析 ········· 276
14.1.1 情景设置 ········· 277
14.1.2 模拟分析 ········· 278
14.1.3 结论与政策建议 ········· 280
14.2 可再生能源价格及财税政策的静态均衡分析 ········· 282
14.2.1 情景设置 ········· 282
14.2.2 模拟分析 ········· 282
14.2.3 结论与政策建议 ········· 285

第15章 中国能源-经济-环境系统的动态CGE模型预测 ······ 287
15.1 GDP总量及结构预测分析 ······ 287
15.2 发电量及结构预测分析 ······ 287
15.3 能源消费总量及结构预测分析 ······ 288
15.4 能耗强度与碳排放预测分析 ······ 289
15.5 结论与政策建议 ······ 290

第16章 可再生能源价格及财税政策的动态均衡分析 ······ 292
16.1 价格及财税补贴退坡的情景分析 ······ 292
16.1.1 情景设置 ······ 292
16.1.2 模拟分析 ······ 292
16.1.3 结论与政策建议 ······ 298
16.2 价格及财税补贴退坡与技术进步情景组合分析 ······ 299
16.2.1 补贴全部取消与技术进步情景组合分析 ······ 299
16.2.2 补贴部分退坡与技术进步情景组合分析 ······ 303
16.2.3 结论与政策建议 ······ 308
16.3 价格及财税补贴退坡与碳税的情景组合分析 ······ 309
16.3.1 情景设置 ······ 309
16.3.2 模拟分析 ······ 310
16.3.3 结论与政策建议 ······ 319

第四部分：促进我国可再生能源发展的政策建议

第17章 促进我国可再生能源发展的政策建议 ······ 323

参考文献 ······ 329

第一部分：可再生能源经济性及其竞争力研究

袁家海　张兴平　涂传英　何慢慢　吴杨琰　张弘扬　张为荣　著

第1章　我国可再生能源发展现状分析

本章主要对近年来我国可再生能源发电的装机规模、区域分布特点、消纳情况等现状进行阐述和分析。

1.1　我国风电发展现状分析

我国风电产业经历了十多年的飞速发展，自 2003 年风电特许权招标开始，我国政府始终将风电发展作为能源结构调整的重要组成部分。后续风电标杆上网电价的公布、海上风电电价的出台，以及对风电消纳问题解决的一系列政策，都很好地推动了风电行业的健康发展。

1. 风电装机容量增长迅速

近年来，我国风电装机容量一直处于比较高速的增长状态，如图 1-1 所示。根据国家能源局发布的《2018 年风电并网运行情况》，2018 年风电新增装机容量 2059 万 kW，同比增长 37.0%，相比 2015 年的 3297 万 kW，有所放缓，风电累计装机容量达到 18426 万 kW，同比增长 12.6%。2018 年，风电发电量达到了 3660 亿 kW·h，占全部发电量的 5.2%，占比比 2017 年提高 0.4%。

图 1-1　我国历年风电装机容量

数据来源：国家能源局、中国可再生能源学会风能专业委员会

2. 区域发展相对不平衡

受制于资源条件，我国风电发展相对不平衡，如图 1-2 与图 1-3 所示，我国华北地区

与西北地区风电累计装机容量比较高。2018年,华北地区风电累计装机容量达到5374万kW,占全国总装机容量的29.1%;西北地区风电累计装机容量达4886万kW,占全国总装机容量的26.5%。相对来说,东北地区、中南地区、西南地区风电累计装机容量较低。

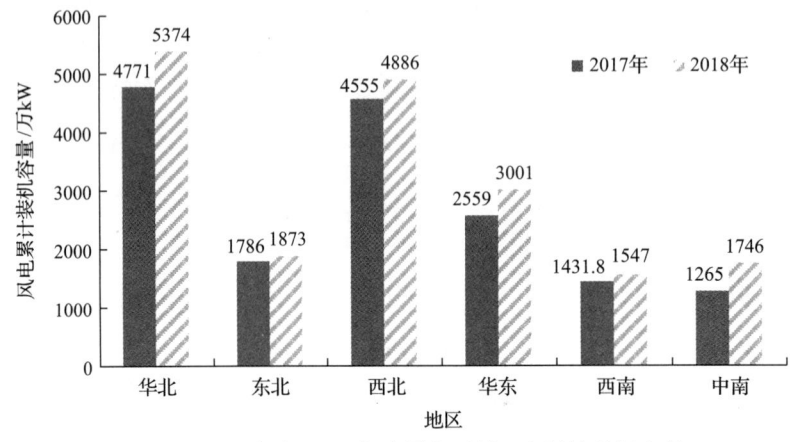

图1-2　2017年与2018年中国各区域风电累计装机容量

数据来源:国家能源局

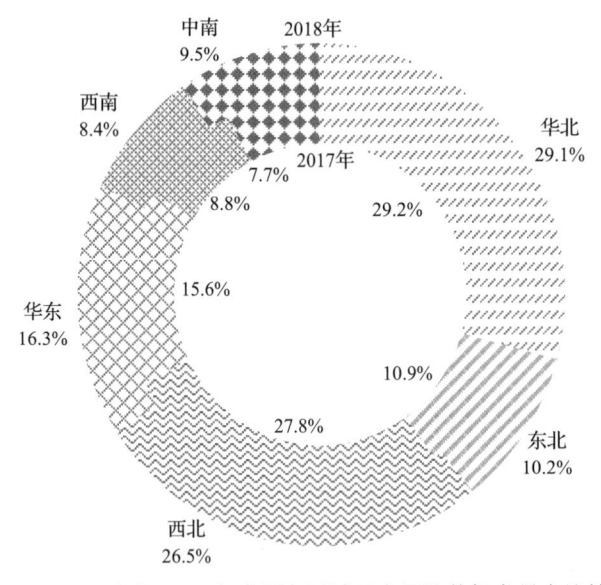

图1-3　2017年与2018年中国各区域风电累计装机容量占比情况

数据来源:国家能源局

3. 弃风问题有所缓解

风电年利用小时数显著增加。2018年,全国风电设备平均年利用小时数达2095h,同比提高147h。其中,平均年利用小时数较高的地区是云南(2654h)、福建(2587h)、上海(2489h)和四川(2333h)。从2015年6月开始,我国风电设备累计年利用小时数同比增速由正转负,并一直持续到2016年底。此情况在2017年初开始大幅改观,年利用小时数持续提高。2017 年年利用小时数同比增长 11.8%，较上一年高出 10.8 个百分点。

弃风问题有所缓解，实现弃风电量和弃风率"双降"。风电经过连续多年爆发式增长，出现了严重弃风现象，制约风电行业发展。国家频频发布政策促进可再生能源消纳，2016 年 7 月，国家能源局发布《关于建立监测预警机制促进风电产业持续健康发展的通知》，风电投资监测预警机制启动。2017 年，国家发展改革委和国家能源局印发了《解决弃水弃风弃光问题实施方案》。2017 年，弃风问题有所缓解，全国累计弃风电量 419 亿 kW·h，同比减少 78 亿 kW·h，平均弃风率 12%，同比下降 6.1 个百分点，实现弃风电量和弃风率"双降"。2018 年，全年弃风电量 277 亿 kW·h，同比减少 142 亿 kW·h，平均弃风率 7%，同比下降 5 个百分点，弃风限电状况明显改善。

1.2 我国集中式光伏发电发展现状分析

我国集中式光伏发电主要有三个突出的特点：集中式光伏发电装机容量增长迅速、集中式光伏发电发展分布不均及部分地区弃光问题比较突出。

1. 集中式光伏发电装机容量增长迅速

近年来，我国集中式光伏发电装机容量增长迅速，2013 年至今，我国集中式光伏发电新增装机容量连续六年位居世界第一。在我国的光伏发电装机容量中，集中式光伏发电占绝大部分比例。2018 年，我国光伏发电累计装机容量 17446 万 kW，其中集中式光伏发电累计装机容量高达 12384 万 kW，均远远高于同时期日本和美国的装机容量，稳居世界第一。2018 年，河北、江苏、浙江、安徽和山东五省的集中式光伏发电累计装机容量均超过了 1000 万 kW；河北、山西、内蒙古、江苏、浙江、安徽、山东和河南八省（区）的集中式光伏发电产业发展迅速，其新增装机容量均超过了 200 万 kW。我国历年集中式光伏发电装机容量如图 1-4 所示。

图 1-4 我国历年集中式光伏发电装机容量

数据来源：国家能源局

2. 集中式光伏发电发展分布不均

近年来，我国集中式光伏发电发展迅速，但存在区域发展分布不均的问题。2018年我国集中式光伏发电累计装机容量区域分布如图1-5所示，2018年我国各区域集中式光伏发电新增和累计装机容量如图1-6所示。新疆、青海、内蒙古、河北四省(区)位居我国集中式光伏发电装机容量前四位，装机容量均超过850万kW。根据2018年光伏发电统计信息，我国西北、华东和华北地区的集中式光伏发电装机容量较高，分别为4091万kW(占比33.0%)、2816万kW(占比22.7%)和2551万kW(占比20.6%)；而中南、西南和东北地区的集中式光伏发电装机容量较低，分别为1560万kW(占比12.6%)、803万kW(占比6.5%)和563万kW(占比4.6%)。

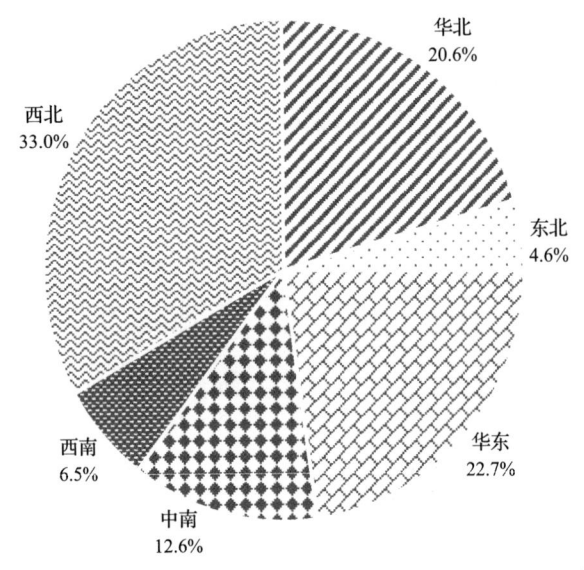

图1-5 2018年我国集中式光伏发电累计装机容量区域分布

数据来源：国家能源局

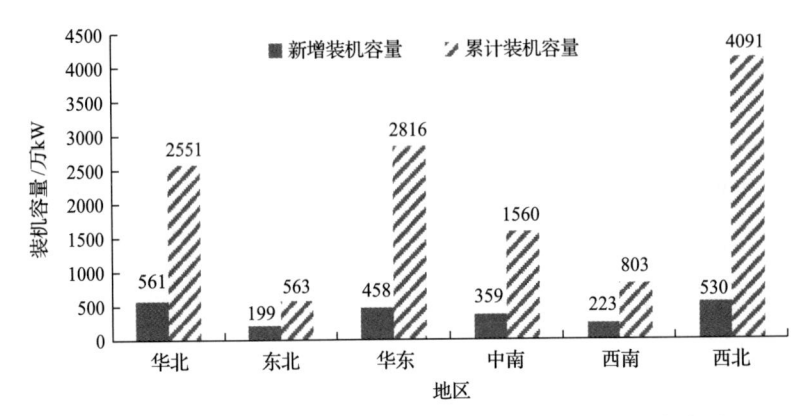

图1-6 2018年我国各区域集中式光伏发电新增和累计装机容量

数据来源：国家能源局

面对集中式光伏发电装机容量分布不均的问题,国家也在大力调控装机容量分布,近年来,新增装机容量向华北和华东等地区转移。2018年,华北、华东地区集中式光伏发电新增装机容量分别为561万kW、458万kW,占比分别为24.1%、19.7%,近年来均有上升趋势。西北地区集中式光伏发电新增装机容量530万kW,占比22.7%,近两年来有下降趋势。

3. 部分地区弃光问题比较突出

目前,我国各类资源区光照资源差异较大,光伏电站往往建设在日照资源相对丰富的西部地区,但西北地区工业基础较差,消纳光电的能力较差,由此出现了集中式光伏发电弃光现象,且受制于传输能力,光伏电站所产生的电能也难以输送到东南沿海地区,这更加剧了西部集中式光伏发电弃光现象。

根据国家统计局的统计数据,2016年新疆的弃光量和弃光率分别为31.08亿kW·h和32.23%,位居全国第一。2016年甘肃弃光量和弃光率分别为25.78亿kW·h和30.45%,位居全国第二。2016年全年,西部地区的平均弃光率达到了20%,相比2015年提高了50%左右。2017年,集中式光伏发电标杆上网电价下调、弃光地区光伏电站指标审批更加严格等政策对光伏市场的投资方向进行了有效引导,甘肃弃光率为19%,同比下降10个百分点。2018年,全国集中式光伏发电弃光量54.9亿kW·h,同比减少18.0亿kW·h;弃光率为3%,同比下降2.8个百分点。弃光主要集中在新疆和甘肃,其中,新疆(不含兵团)弃光率为16%,同比下降6个百分点;甘肃弃光率为10%,同比下降9个百分点。

1.3 我国分布式光伏发电现状分析

近年来,我国分布式光伏发电装机容量增长迅速,同时户用光伏有望实现新的增长。

1. 分布式光伏发电装机容量增长迅速

近几年,分布式光伏发电装机容量大量增长。2016年,国内首次出现"630"抢装潮,分布式光伏发电新增装机容量达4.23GW,比2015年增长204%,装机容量发展较往年明显提速。

由图1-7～图1-9可以看出,2017年是我国分布式光伏发电发展的元年。2017年,我国分布式光伏发电累计装机容量29.66GW,同比增长187%,新增装机容量19.44GW,同比增加15.21GW,增幅高达3.5倍。此外,2017年分布式光伏发电新增装机容量是2016年的4.5倍、2015年的13.9倍、2014年的12.3倍和2013年的24.1倍。2017年,我国中东部地区光伏电站投资、新增装机容量占比持续提高,布局转移趋势十分明显。其中,华东地区新增装机容量14.67GW,同比增加1.7倍,占全国的27.7%;华中地区新增装机容量为10.64GW,同比增长70%,占全国的20%;西北地区新增装机容量62.2MW,同比下降36%。截至2018年年底,中国光伏发电累计装机容量达到了174.46GW,太阳能"十三五"规划目标仅105GW,已经提前完成了"十三五"规划目标。

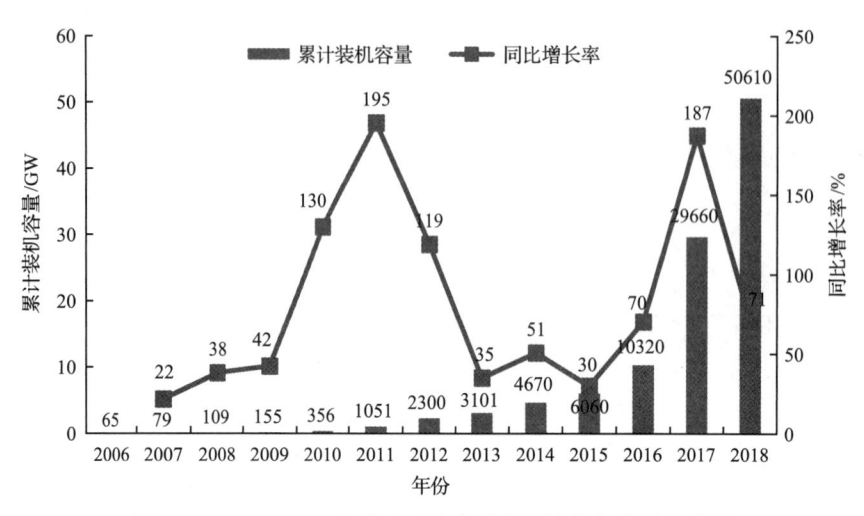

图 1-7 2006～2018 年分布式光伏发电累计装机容量变化图

数据来源：国家能源局、中国光伏行业协会

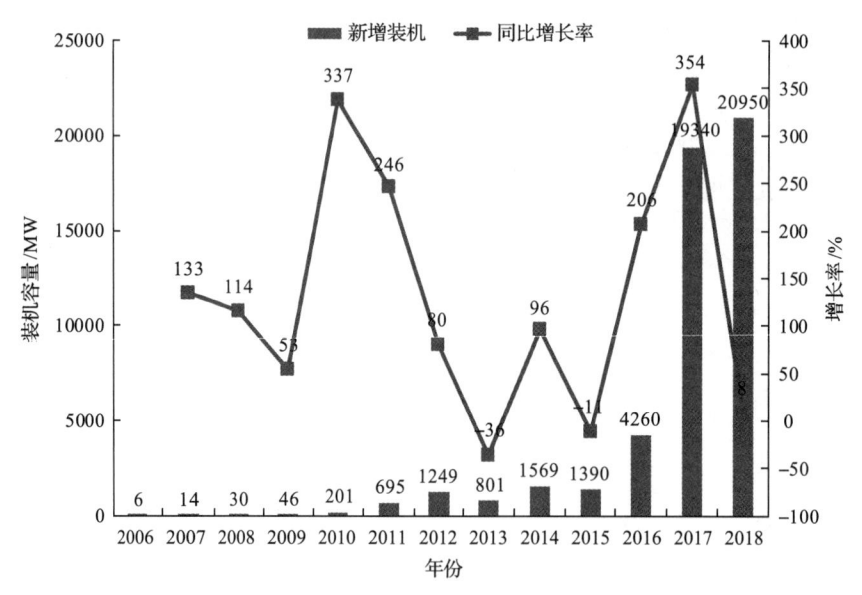

图 1-8 2006～2018 年分布式光伏发电新增装机容量变化图

数据来源：国家能源局、中国光伏行业协会

2. 户用光伏有望实现新的增长

2013～2017 年居民分布式光伏发电并网户数统计如图 1-10 所示。2017 年，全国户用光伏 464758 户，全国同比增长 210%。2017 年，国家电网有限公司经营区域新增接入居民分布式光伏发电并网户数 31.5 万户，是 2016 年新增并网户数的 2.4 倍，新增并网容量 307.6 万 kW，同比增长 208%。

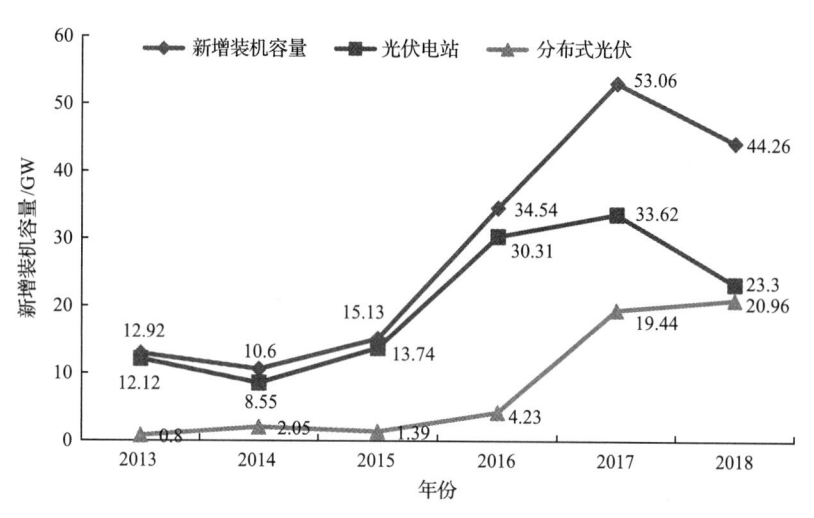

图 1-9　2013～2018 年光伏发电新增装机容量变化图

数据来源：国家能源局、中国光伏行业协会

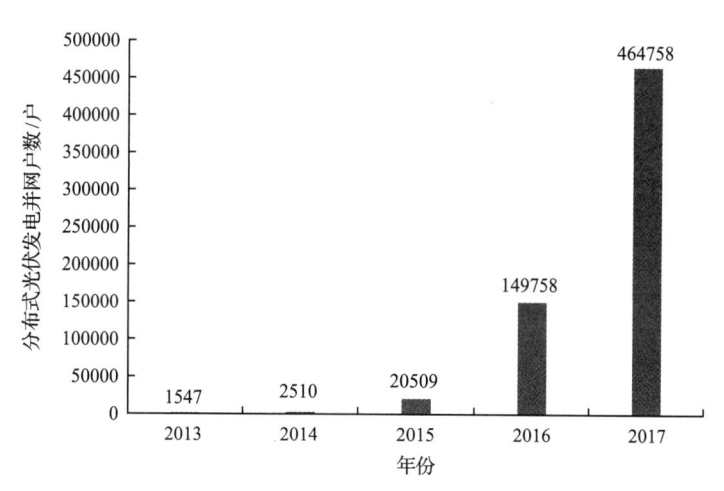

图 1-10　2013～2017 年居民分布式光伏发电并网户数统计

数据来源：国家电网有限公司《促进新能源发展白皮书 2018》

第2章 基于2016年情景的可再生能源经济性及价格竞争力研究

本章首先阐述可再生能源经济性及价格竞争力国内外研究现状,然后详细介绍平准化发电成本(levelized cost of energy, LCOE)模型及其参数,并测算 2016 年我国风光发电及煤电的平准化发电成本,分析其经济性及价格竞争力。

2.1 可再生能源经济性及价格竞争力国内外研究现状

随着可再生能源的快速发展,其经济性成为学者研究的热点问题。国内外学者采用净现值、内部收益率、投资回收期和生命周期净收益等技术经济指标来分析可再生能源的经济性。2009 年,我国风电分四类资源区分别确定上网电价,其电价水平对于投资者是极具吸引力的,因此大量的投资者投资于风电。Liu 等(2015b)和 Yuan 等(2016)指出严重的弃风问题和风机质量问题使风电投资者无利可图。熊敏鹏等(2016)采用工程项目财务评价模型和情景分析法,分析了"三北"地区和中东部地区典型省份的风电项目经济性,结果表明:在当前高弃风的情况下,"三北"地区风电项目的内部收益率低于行业基准收益率(8%),在机组生命周期内无法收回投资;尽管当前中东部地区风电项目的经济性指标均优于"三北"地区,但其收益前景在可再生能源电价下调的情景下也不明朗。孙艳伟等(2011)利用净现值和敏感性分析两种经济分析工具,分析了光伏发电的经济性和所带来的环境效益。钱伟(2013)利用净现值模型计算出具有合理经济收益的光伏上网电价,并根据各地区光照条件和工程建设条件,适当调整上网电量和投资建设成本,以此计算不同地区合理的光伏上网电价。同时,利用历史数据拟合出光伏系统成本曲线,利用学习率分析未来光伏投资成本,得到未来历年合理的光伏上网电价,为我国制定光伏补贴政策提供了一定参考。Azofra 等(2016)对西班牙 2011 年投产的光伏发电项目进行了经济性分析,发现这些光伏发电项目在 2012 年是盈利的,为西班牙光伏电站的投资决策提供了一定的参考。Cucchiella 等(2015)利用净现值、内部收益率、投资回收期、折现总成本-效益比和二氧化碳减排量等对意大利的光伏发电的经济效益和环境效益进行了分析。Vale 等(2017)利用净现值和内部收益率对巴西的两个分布式光伏发电项目进行了经济性分析,分析了不同税收政策对光伏发电项目收益水平的影响。Vides-Prado 等(2018)对哥伦比亚瓜希拉偏远地区原始部落的光伏发电系统进行了技术经济分析,根据不同部落规模估算能源需求,设计可再生能源系统,计算能源成本。Poullikkas(2009)对塞浦路斯的光伏发电项目进行了经济性分析,通过建立投资收益模型对常见的经济指标如利润、投资回收期、内部收益率等进行了计算,同时对塞浦路斯的光资源状况、光伏标杆上网电价和光伏发电补贴政策效果进行了分析研究。Ayadi 等(2018)则以约旦大学为研究对象，从最终收益率、土地利用率和转换效率三个方面对太阳能光伏并网发电系统进行了绩效分析，并对三种技术方案、两种工程投资模式进行比较，从投资回收期和内部收益率考虑项目投资收益情况。Spertino 等(2014)采用净现值模型计算光伏发电项目的经济效益，指出意大利繁重的税费负担是其屋顶分布式光伏发电未能实现平价上网的重要原因。Rodrigues 等(2016)测算了中国、美国、德国和巴西等 13 个国家 1kW 和 5kW 分布式光伏发电系统的净现值、内部收益率和投资回收期等指标，指出分布式光伏发电项目的经济性受投资成本、电价、政府激励措施和太阳能辐射条件的共同影响。Latham(2004)分析了美国屋顶光伏发电项目收益情况，研究认为其光伏发电可替代其他能源发电形式。Tomićević 和 Filipan(2008)分析了克罗地亚并网小型光伏发电项目盈利能力，研究表明，在目前的市场条件下，只有在不考虑时间价值的情况下，才能实现对光伏发电的投资回报。苏剑等(2013)建立了不同运营模式下生命周期收益现值或成本现值的成本效益分析模型，研究表明，运营模式、补贴方式和单位装机成本对分布式光伏发电影响显著。吴琼等(2014)基于用户侧动态负荷特性和供给侧光伏发电出力特性，构建了户用分布式光伏发电系统经济性评价模型，研究表明，提高光伏上网电价是促进光伏发电产业发展的有效政策。格日乐满达(2016)建立了分布式光伏发电项目不同商业模式下的收益估算模型，分析分布式光伏发电项目成本和收益的变化规律。

许多学者利用平准化发电成本来衡量可再生能源的经济性。平准化发电成本模型可以全面考量项目整个建设和运营期的经济成本，而且该模型的特点是不仅能评估发电技术自身的成本和经济性，也能对不同发电技术成本进行比较分析。Roth 和 Ambs(2004)运用平准化发电成本模型，将空气污染、能源安全、输配电成本及其他环境因素等纳入全生命周期平准化发电成本计算，测算 14 种发电技术的完全成本，结果表明，清洁和高效的能源发电技术是最具有吸引力的。Darling 等(2011)考虑到平准化发电成本计算结果背后的假设很少被报道甚至难以理解，从而提供了一种基于蒙特卡罗模拟输入参数分布的光伏发电平准化发电成本计算方法，该方法明确了计算结果背后的假设及置信区间。刘喜梅等(2016)结合国内外平准化发电成本模型研究成果，提出了适用于我国大型风电项目的平准化发电成本模型，为风电项目经济性评估提供了分析工具，有利于促进我国风电产业的发展。蔡浩等(2016)针对传统风电成本测算较多使用现值法而存在不能准确反映投资获利能力或相对收益的缺陷，提出了一种结合风力模型的平准化发电成本测算方法，通过平准化发电成本和现值法技术经济分析，从多个风电场址和风机方案中筛选出最优的风电系统方案。王瑜(2017)基于平准化发电成本模型，测算出我国风电无补贴的度电成本约为 0.5263 元，其中年上网电量、资金成本和设备及安装成本三方面综合占比超过 85%，对平准化发电成本的影响因素进行敏感性分析，结果表明，年上网电量是最敏感的因素，其次是资金成本、设备及安装成本，并从这三个方面提出了降低成本的建议。Ueckerdt 等(2013)考虑到风电和光伏发电的可变性及综合成本，推导出一个具有直接经济解释含义的综合度电成本的定义，并认为高的风电市场份额风电综合成本可与常规能源发电成本相当。蓝澜(2014)利用平准化发电成本模型，以火电、风光电为例，比较新能源发电与传统能源发电项目的长期投资平均成本,结果表明,在只考虑环境外部效益而不考虑其他鼓励性政策、补贴的前提下,风电项目比火电项目具有明显的优势。Said 等(2015)提出了一种改进的光伏平准化发电成本计算方法,通过考虑不同光伏发电技术的实际寿命、气象条件和税收政策等因素对埃及的光伏发电项目进行了经济分析。Singh 和 Mcfarland(2015)使用平准化发电成本模型来评价不同络合剂对氢溴酸流电池成本的影响,指出络合剂在 15min 以上的放电时间没有经济竞争力,并对电池成本的影响因素进行了敏感性分析,结果表明,寿命是影响氢溴酸流电池成本最主要的因素。曹石亚等(2012)结合国外的光伏发电项目,总结了光伏发电的现状和趋势,并对对光伏发电成本有显著影响的因素进行分析,计算出我国光伏发电的度电成本,对其未来的发展情况进行了展望和分析,得到我国 2050 年前光伏发电发展的路线图。陈荣荣等(2015)对我国并网光伏发电项目构建了 LCOE 评估模型,以实际并网光伏发电项目为例评估其 LCOE 水平,并用拟合曲线展示光伏发电系统的单位造价、系统 PR 值、光伏组件衰减率及太阳辐射量这 4 个主要因素的敏感性分析结果,预测我国将在未来 10 年或者更短的时间内实现光伏发电平价上网。张帆(2012)侧重于对 LCOE 的改进,他经过详细论证指出清洁发展机制能有效降低光伏发电成本、增加光伏发电效益,故应将其考虑在内。马胜红等(2010)也采用 LCOE 的方法测算出我国光伏发电度电成本并对几个主要因素进行敏感性分析。Hernández-Moro 和 Martinez-Duart(2013)将 LCOE 模型与学习曲线模型相结合,计算出 2010~2050 年的 LCOE 路线图,为能源规划和投资决策提供依据。Ouedraogo 等(2015)构建偏远地区光伏发电项目 LCOE 模型,讨论用电负荷、太阳能资源、光伏组件价格及折现率等因素对 LCOE 的影响,研究表明,离网混合式光伏发电系统在偏远地区可行。Branker 等(2011)通过纠正以往文献中测算 LCOE 时的错误参数假设,总结得出正确计算光伏发电项目 LCOE 的方法,研究发现在最新的技术和有利的融资条件下,特定地区已能实现光伏发电平价上网。Allouhi 等(2019)测算了摩洛哥 20 个城市的屋顶分布式光伏 LCOE,研究表明,LCOE 与太阳能资源之间存在着很强的相关性,较低的光伏组件成本使 LCOE 更具有竞争力。马翠萍等(2014)采用 LCOE 模型测算了 10~50kW 和 1MW 以上光伏发电项目 LCOE,研究得出居民光伏发电在 2020 年小部分地区实现发电侧平价上网,兆瓦级光伏发电在 2019 年绝大部分地区实现发电侧平价上网。陈荣荣等(2015)通过测算 10kW、500kW 和 10MW 光伏发电项目 LCOE 水平,预测我国可能会在未来 10 年,甚至更短的时间内实现光伏发电平价上网。

本书是结合风光发电平价上网目标对风光发电成本和经济性进行分析,不仅要对风光发电自身的发电成本和经济性进行分析,也要对风光发电与煤电的价格竞争力进行比较分析,因此采用平准化发电成本模型研究风光发电的经济性和价格竞争力。由于我国不同区域的风光资源、煤电标杆上网电价、平价上网条件等方面的差异很大,所以为得到更有意义的结果,本书从省级层面进行详细分析。

2.2 平准化发电成本模型

平准化发电成本是用来评估发电项目投资经济可行性的一种常用且十分有效的手段,

经常应用于各种发电技术的经济可行性分析。它是系统整个生命周期内净现值为零时所有成本折现值之和与能源产出折现值之和的比值,即单位发电成本,其经济含义是在平准化发电成本下,项目恰好能达到最低期望收益率。能源产出折现属于物理量折现,无实际意义,此处仅作为计算的需要,也可理解为每年的能源产出值是不一样的,要想求出一致的发电成本(假设 LCOE 为常数),就要求对能源产出折现。

LCOE 是全生命周期分析方法,将预期未来的花费折成现值,即通过一定的折现率 r 将其计算成现在的价值。采用收入总额和成本总额相等的思路进行分析,在项目生命周期 N 年中,收入的贴现值总和与成本的贴现值总和是相等的,见式(2-1)。

$$\sum_{n=0}^{N} \frac{R_n}{(1+r)^n} = \sum_{n=0}^{N} \frac{C_n}{(1+r)^n} \tag{2-1}$$

式中,R_n 为第 n 年收入;C_n 为第 n 年成本;N 为项目生命周期;r 为折现率。

当净现值为零,即项目成本等于收入时的度电成本(上网电价水平)时,收入可以表示为 LCOE 与年发电量的乘积,见式(2-2)。

$$\sum_{n=0}^{N} \frac{\text{LCOE} \times E_n}{(1+r)^n} = \sum_{n=0}^{N} \frac{C_n}{(1+r)^n} \tag{2-2}$$

式中,LCOE 为平准化发电成本;E_n 为第 n 年发电量。

假设 LCOE 的年值为常数,则可以得到式(2-3):

$$\text{LCOE} = \frac{\sum_{n=0}^{N} \dfrac{C_n}{(1+r)^n}}{\sum_{n=0}^{N} \dfrac{E_n}{(1+r)^n}} \tag{2-3}$$

式(2-3)是式(2-2)整理后的结果。从式(2-3)中可以看出,LCOE 等于项目整个生命周期内成本折现值之和除以每年能源产出折现值之和。对 LCOE 还有另一种理解,即 LCOE 是单位能量产出的价格。在这个价格水平上等式(2-2)可以实现,即投资者在生命周期结束后获得的超额利润为零。应该注意的是,该计算是从 $n=0$ 开始的,包括项目在第一年的初始投资成本,这部分是不需要折现的,或者初始投资成本可以在项目整个生命周期内实现年度化。式(2-3)可以进一步演化为式(2-4):

$$\text{LCOE} = \frac{\sum_{n=1}^{N} \dfrac{\text{CA}_n + \text{OP}_n + T_n}{(1+r)^n}}{\sum_{n=1}^{N} \dfrac{\text{CP} \times H \times (1-O_U)_n}{(1+r)^n}} \tag{2-4}$$

式中,CA_n 为第 n 年初始投资成本的年值;OP_n 为第 n 年运营维护成本的年值;T_n 为电厂第 n 年应纳税额;CP 为装机容量;H 为年利用小时数;O_U 为厂用电率。

2.3 基于2016年情景的风电经济性及竞争力分析

本节详细阐述风电平准化发电成本模型的参数设置情况,并基于我国风电2016年实际运行情况,测算2016年风电平准化发电成本来分析风电的经济性及竞争力。

2.3.1 参数设置

1. 初始投资成本

风电项目的初始投资成本主要包括设备购置及安装工程费用、建筑工程费用、其他费用(主要为土地费用、项目建设管理费用)和项目建设期利息。根据调研和查阅风电项目工程概算,设备购置及安装工程费用一般占项目总投资的75%~80%,其中设备购置费用为项目总投资的65%~70%,安装工程费用和其他费用均占项目总投资的10%左右。以100MW的风电场为例对风电项目的发电成本和经济性进行分析,通过查询当前各种风电相关设备的市场价格及以往类似风电项目,平坦地形风电场2016年每千瓦发电投资成本为6600~7000元。根据当地的经济发展情况,进行调整得到全国各省(区、市)的单位投资成本情况见表2-1。

表2-1 100MW风电项目公共参数设置

公共参数	设定值	公共参数	设定值
投资成本/(元/kW)	6600~7000	所得税/%	25
年利用小时数/h	实际值	增值税/%	8.5
自有资金率/%	20	城市维护建设税/%	5
贷款期限/年	15	教育费附加/%	5
年利率/%	5	人工费/(元/年)	80000
运营寿命/年	20	大修费率/%	2
折现率/%	6	保险费率/%	0.25
资产残值率/%	5	福利劳保系数/%	60
厂用电率/%	2	材料和其他费用/[元/(kW·h)]	0.02
折旧期/年	15	其他可变成本上升率/%	2
土地使用税/万元	1000	职工工资增长率/%	6

2. 财务参数

财务成本变量主要涉及自有资本比例、长期贷款利率、贷款期限、内部收益率、折现率、设备使用年限、资产残值率、折旧率等。风电项目前期投资大,投资大部分来源于银行贷款,而风电行业普遍采用自有资本比例20%、贷款比例80%的融资结构。长期贷款利率参照中国人民银行长期贷款基准利率4.9%(自2015年10月起调整实施),根据风电项目实际情况灵活调节,设定长期贷款利率为5%,贷款年限为15年。电力行业可行性研究阶段的权益投资内部收益率一般取8%,由此得到加权平均资本成本为5.6%,

折现率反映了一个项目投资的资产风险和机会成本,取加权平均资本成本和权益内部收益率中间的某一个值,折现率设定为6%。风电场的设计寿命为20年,根据行业惯例,标准折旧期为15年,资产残值率为5%。

3. 运营维护成本

风电场运营维护成本包括保险费、维修费、工资和福利,以及其他固定或半固定运营维护成本(办公费、运输费等)。根据电力行业规定,保险费率按总投资的0.25%计算。根据风电设计标准,大修费率(包括零件、材料、修理和维护成本)应在1.5%~2%。然而,根据实地走访调研发现,实际维修率远远高于标准值,因此大修费率取2%。人员配备方面,根据实地调研,按10MW装机配置1名一线工人,一线工人和管理人员的比例为10:2,则100MW的风电场标配为12名员工。员工平均年薪为80000元,福利劳保附加标准为60%。其他成本参数设定基于中国可再生能源工程研究所的风电项目建设标准。

4. 容量参数

容量参数是测算平准化发电成本至关重要的一个参数,主要涉及年发电量和上网电量的计算,影响着风电场运行后收入情况(电力销售)。容量参数主要涉及年利用小时数、厂用电率、上网电价等。我国地域分布广泛,风能资源状况各不相同,因此各地区发电能力存在差别,考虑并网运行消纳情况,取国家能源局公布的2016年各地区实际年利用小时数进行成本测算。2009年,国家发展改革委《关于完善风力发电上网电价政策的通知》将我国陆上风电资源划分为四类,并规定不同的标杆上网电价,分别为0.51元/(kW·h)、0.54元/(kW·h)、0.58元/(kW·h)、0.61元/(kW·h)。之后经过两次电价调整,2016年四类资源区的陆上风电标杆上网电价分别调整为0.47元/(kW·h)、0.5元/(kW·h)、0.54元/(kW·h)、0.6元/(kW·h)。在本书后面的研究中,风电标杆上网电价作为比较基准,通过对风电平准化发电成本与风电标杆上网电价的比较,来分析风电项目的经济性。另一个影响电力销售的参数是厂用电率,根据实地调研,一般风电场厂用电率为2%。

5. 财政税收和政策投入

根据国家税务相关条例,风电项目主要涉及所得税、增值税、土地使用税、城市维护建设税和教育费附加。根据所得税的相关规定,风电场在前三个运营年度享有免征所得税,第二个三年减半征收所得税的福利政策。风电场的增值税(2018年5月1日后为16%)执行"即征即退50%"的优惠政策。土地使用税设定为2元/m^2,一个典型100MW的风电场占非耕地面积约5km^2。除此之外,还有两项附加税,城市维护建设税为5%,教育费附加为5%,均以应缴增值税为计税基础。

2.3.2 风电平准化发电成本测算结果及其经济性分析

根据2016年对风电实际运行情况进行的详细调查,计算全国各省(区、市)(不含香港、澳门、台湾)风电LCOE,测算结果如表2-2所示,称为基准情景。在2016年情景中,处于Ⅳ类风资源区的福建风电LCOE最低,为0.382元/(kW·h),处于Ⅱ类风资

表 2-2 2016 年情景风电 LCOE 测算结果

风资源区	省(区、市)	单位投资成本/(元/kW)	年利用小时数/h	融资成本/%	LCOE/[元/(kW·h)]	2016年风电标杆上网电价/[元/(kW·h)]	2016年煤电标杆上网电价/[元/(kW·h)]
I 类	内蒙古西部	6600	1938	5	0.463	0.47	0.2772
	新疆 I	6600	1723	5	0.518		0.2600
II 类	内蒙古东部	6600	1724	5	0.518	0.5	0.3035
	河北 II	6700	2054	5	0.444		0.3634
	甘肃 II	6600	1045	5	0.839		0.2978
III 类	吉林 III	6750	1317	5	0.683	0.54	0.3717
	黑龙江 III	6750	1703	5	0.534		0.3723
	甘肃 III	6600	1179	5	0.747		0.2978
	宁夏	6600	1553	5	0.573		0.2595
	新疆 III	6600	1209	5	0.729		0.2600
IV 类	北京	7000	1750	5	0.536	0.6	0.3515
	天津	7000	2075	5	0.456		0.3514
	河北 IV	6700	2077	5	0.439		0.3497
	山西	6700	1936	5	0.470		0.3205
	辽宁	6850	1929	5	0.480		0.3685
	吉林 IV	6750	1454	5	0.621		0.3717
	黑龙江 IV	6750	1652	5	0.550		0.3723
	山东	6850	1869	5	0.494		0.3729
	上海	7000	2162	5	0.438		0.4048
	江苏	7000	1980	5	0.476		0.3780
	浙江	7000	2161	5	0.438		0.4153
	安徽	6700	2109	5	0.433		0.3693
	福建	7000	2503	5	0.382		0.3737
	江西	6700	2114	5	0.432		0.3993
	河南	6700	1902	5	0.478		0.3551
	湖北	6750	2063	5	0.445		0.3981
	湖南	6750	2125	5	0.432		0.4471
	重庆	6750	1600	5	0.567		0.3796
	四川	6700	2247	5	0.408		0.4012
	陕西	6600	1951	5	0.460		0.3346
	青海	6600	1726	5	0.517		0.3247
	西藏	6750	1908	5	0.479		0.3000
	广东	7000	1848	5	0.509		0.4505
	广西	6750	2365	5	0.391		0.4140
	海南	6900	1781	5	0.521		0.4198
	贵州	6750	1806	5	0.505		0.3363
	云南	6750	2223	5	0.414		0.3358

数据来源：年利用小时数来源于国家能源局，同省份两类资源区的年利用小时数来源于《可再生能源数据手册2017》。煤电标杆上网电价来源于发改价格〔2015〕3105号文件，新疆和西藏煤电标杆上网电价根据调研得到。

源区的甘肃风电 LCOE 最高,为 0.839 元/(kW·h),全国风电 LCOE 平均值为 0.509 元/(kW·h)。从资源区角度,风资源条件较好的 Ⅰ、Ⅱ 和 Ⅲ 类风资源区的风电 LCOE 整体上要高于 Ⅳ 类风资源区的风电 LCOE,究其原因是 Ⅰ、Ⅱ 和 Ⅲ 类风资源区大多处于"三北"(西北、东北、华北)地区,远离电力负荷中心,风电送出存在困难,存在严重的弃风限电问题,所以依据实际情况测算的风电 LCOE 明显偏高。

图 2-1 为 2016 年风电 LCOE 与 2016 年当地煤电标杆上网电价和风电标杆上网电价对比图。与风电标杆上网电价相比,除内蒙古东部、新疆、甘肃、宁夏、吉林以外,所有地区风电 LCOE 明显低于对应风资源区的风电标杆上网电价,说明大部分地区风电项目可以实现盈利。从资源区角度,Ⅳ 类风资源区除吉林Ⅳ以外所有地区风电 LCOE 均低于对应风资源区风电标杆上网电价,风电项目经济性较好;而 Ⅰ、Ⅱ、Ⅲ 类风资源区除内蒙古西部、河北Ⅱ、黑龙江Ⅲ以外所有地区风电 LCOE 均高于对应风电标杆上网电价,风电项目经济性较差。内蒙古东部、新疆、甘肃、宁夏、吉林严重的弃风问题,使其风电 LCOE 高于所对应风资源区的风电标杆上网电价,因而这些地区的风电项目经济性较差,尤其是新疆、甘肃和吉林,2016 年弃风率分别高达 38%、43%、30%,使这三个地区的风电 LCOE 明显高于对应资源区的风电标杆上网电价,风电项目经济性很差。而内蒙古东部和宁夏风电 LCOE 高于对应风资源区的风电标杆上网电价,但基本接近。其余地区风电项目风资源利用情况相对较好且大部分处于电力负荷中心,其风电 LCOE 均低于所对应风资源区的风电标杆上网电价,风电项目经济性较好。尤其是福建、广西、四川和云南风电项目的年利用小时数甚至超过了 2200h,其风电 LCOE 明显低于对应风资源区的风电标杆上网电价,这四个地区的风电 LCOE 比对应风资源区的风电标杆上网电价高 0.2 元/(kW·h)左右,风电项目经济性很好。而内蒙古西部、黑龙江和重庆风电 LCOE 低于对应风资源区的风电标杆上网电价,但基本接近,风电项目虽获利,但经济性一般。

2.3.3 风电价格竞争力分析

与当地煤电标杆上网电价相比,除湖南和广西以外所有地区风电 LCOE 明显高于当地煤电标杆上网电价,说明风电价格竞争力明显弱于煤电,2020 年平价上网任务十分艰巨。湖南和广西由于 2016 年的风资源利用情况良好,年利用小时数分别高达 2125h 和 2365h,其风电 LCOE 较低,分别为 0.432 元/(kW·h)、0.391 元/(kW·h),且两省的煤电标杆上网电价较高,分别为 0.4471 元/(kW·h) 和 0.4140 元/(kW·h),因此湖南和广西的风电 LCOE 低于当地煤电标杆上网电价,两省在 2016 年就已实现平价上网。上海、浙江、福建、江西、四川的风电 LCOE 略高于当地煤电标杆上网电价,说明虽然这些省份的风电价格竞争力不如煤电,但只要其风电成本略微有所下降,这些省份的风电项目将有望实现平价上网。其余地区的风电 LCOE 明显高于当地煤电标杆上网电价,尤其是新疆、甘肃、吉林、宁夏、内蒙古、黑龙江、北京、重庆、青海、西藏,与当地煤电标杆上网电价相比,新疆和甘肃风电 LCOE 高出 0.5 元/(kW·h)左右,吉林和宁夏风电 LCOE 高出 0.3 元/(kW·h)左右,内蒙古、黑龙江、北京、重庆、青海和西藏风电 LCOE 高出 0.2 元/(kW·h)左右。

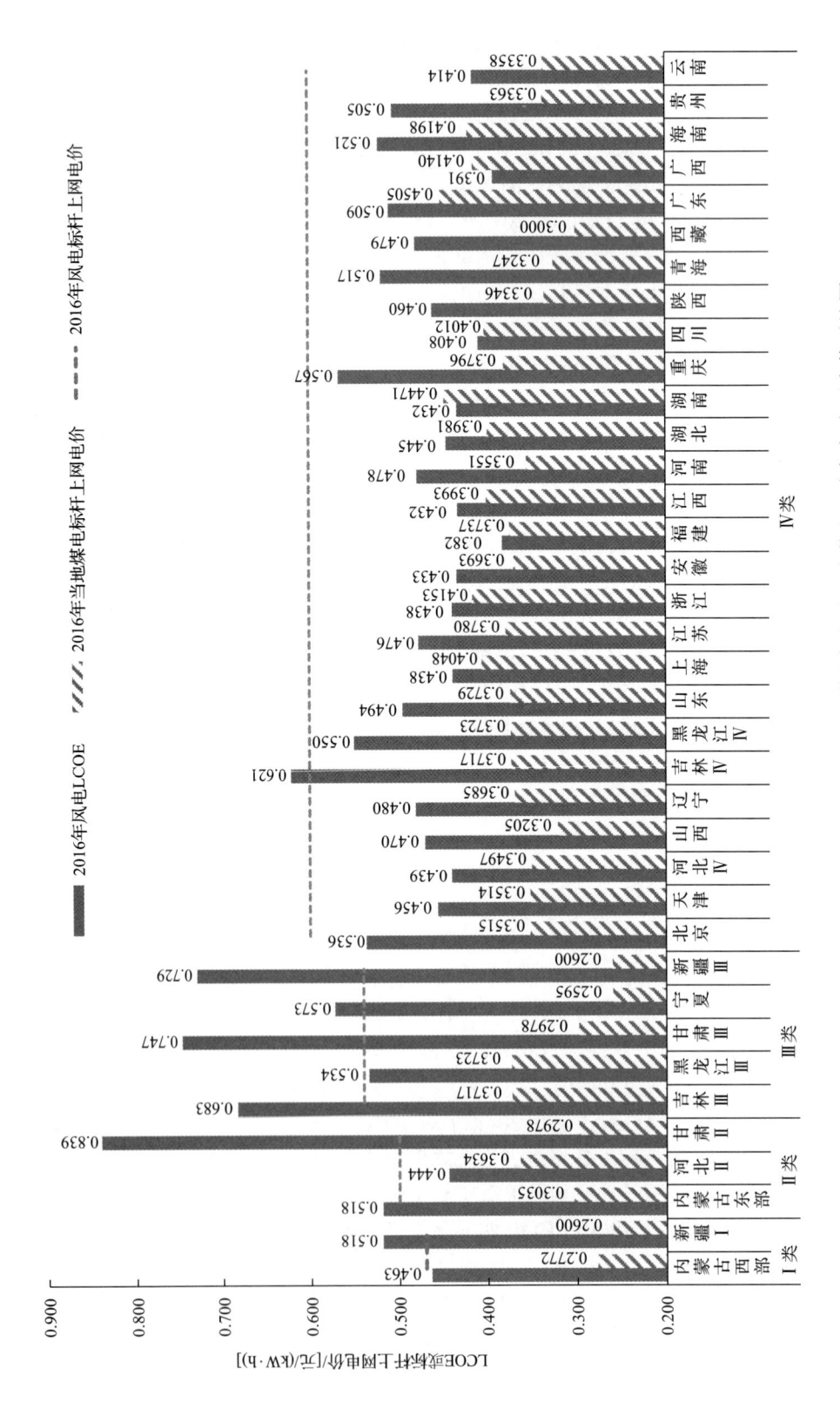

图 2-1 2016年风电LCOE与2016年当地煤电标杆上网电价和风电标杆上网电价对比图

2.4 基于2016年情景的集中式光伏发电经济性及其竞争力分析

本节测算2016年情景下集中式光伏发电LCOE，分析其经济性及竞争力，然后分析"领跑者"计划项目经济性及竞争力。

2.4.1 参数设置

根据我国光伏发电现状，对各种参数的具体数值进行设定。由于集中式光伏电站不同于煤电等发电方式，装机具有模块化特点，研究以单位造价计算总投资，以年利用小时数计算发电量。因此，投资总额、发电量、占地面积及运行维护成本都与装机容量成正比，光伏发电LCOE受装机容量变化影响极小，50MW是光伏电站中典型规模之一，因此选用50MW的装机容量进行分析。

1. 初始投资成本

光伏电站的投资造价主要由五部分构成，分别是设备及安装工程费用、建筑工程费用、其他费用、基本预备费和建设期利息，详见表2-3。

根据表2-3，在总投资中，占比最大的是设备及安装工程费用，该部分约占总投资的70%。光伏电站的设备和安装主要分为发电设备和升压设备两部分，一般情况下，发电设备约占总投资的66%，而升压设备约占总投资的4%。

(1) 设备及安装工程费用主要由光伏组件、逆变器、支架和其他电气设备等构成，其中，光伏组件占48.94%。因此，光伏组件价格对于光伏电站总体造价具有非常重要的影响。现在，光伏组件及一些其他电气设备都是在全国进行招标采购的，因此不同省份价差较小，价差主要是运杂费。随着技术水平的进步，未来光伏组件的价格还会不断下降，但仍然在总投资中占有最大比例。

(2) 建筑工程费用：建筑工程费用的高低主要受建材价格、人工费、施工条件的影响。

(3) 其他费用：在其他费用中，土地征收费用根据当地政策和土地类别进行确定，除土地征收费用的其他费用根据相应的比例计取。

(4) 基本预备费：依据编制办法确定。

根据以上对光伏电站造价构成的分析可以发现，对光伏电站造价影响较大的发电和升压设备都是通过招标公开进行采购的，其价差主要是运杂费并且差异较小。不同地区价差主要是由建筑工程费用及土地征收费用的不同所造成的。根据实地调研分析，2016年我国集中式光伏发电单位投资在6.85~7.15元/W。受土地征收费用的影响，西北地区相对中东部地区光伏发电单位投资更低，华东地区光伏发电单位投资较高。光伏电站的总投资等于单位造价乘以装机容量。

2. 财务参数

集中式光伏发电项目具有前期投资大，后期运营成本低的特点。一般而言，我国集中式光伏发电项目资本结构为20%的自有资金和80%的银行贷款，贷款期限为15年。

表 2-3　2016 年集中式光伏成本概算表

工程或费用名称		设备购置费/万元	安装工程费/万元	其他费用/万元	合计/万元	占总投资比例/%
设备及安装工程费用	光伏组件及安装	16500	850		17350	48.94
	逆变器及安装	1400	140		1540	4.34
	支架和安装	2100	350		2450	6.91
	箱式变压器	1300	140		1440	4.06
	控制保护设备和安装工程	1400	200		1600	4.51
	其他设备及安装	550	25		575	1.62
	合计	23250	1705		24955	70.39
建筑工程费用	方阵基础		2500		2500	7.05
	电缆及铺设	2200	550		2750	7.76
	房屋建筑工程		500		500	1.41
	电网接入和安装工程	500	100		600	1.69
	交通工程和仓储		600		600	1.69
	施工辅助工程		500		500	1.41
	合计	2700	4750		7450	21.02
(3)	其他费用			2350	2350	6.63
①	建设用地费			1200	1200	3.39
②	建设管理费			500	500	1.41
③	生产准备费			250	250	0.71
④	勘察设计费			400	400	1.13
	合计	25950	6455	2350	34755	98.04
	基本预备费				695	1.96
	总投资				35450	100.00
	单位投资		7090 元/kW			

注：由于光伏电站建设周期较短，假设电站隔夜建成，不考虑建设期利息。

2016 年，我国商业银行 5 年以上贷款基准利率为 4.9%，考虑光伏发电项目的风险水平，设定集中式光伏发电项目的贷款利率略高于银行贷款基准利率，为 6%。集中式光伏发电项目的生命周期主要取决于组件的寿命，当前，国内外厂商的组件寿命在 20～25 年，选择 20 年作为集中式光伏发电项目的生命周期，同时采用直线折旧方法对该项目进行折旧，折旧期为 15 年，最终集中式光伏发电项目残值为 5%。集中式光伏发电项目的税后内部收益率为 8%。

3. 运营维护成本

不同于传统的发电方式，光伏发电是通过太阳能电池板将光能转化为电能，不消耗燃料也就没有燃料支出。因此，与传统发电方式相比，它具有运营维护成本低的特点。光伏电站的运营维护成本主要包括组件清洗维护费用、修理费用、运行人员的工资福利费用、保险费用。由于组件上积聚的灰尘会影响光伏发电的系统效率，所以需要对组件进行定期清洗，同时更换损坏的部件，清洗维护费率为 1%。一般而言，修费率为

0.5%,50MW 的光伏电站大约需要运行人员 15 人(Ouyang and Lin, 2014),人均工资为 80000 元/年,职工福利费为工资的 60%,根据行业标准,光伏电站的保险费率为 0.25%。

4. 发电量参数

影响集中式光伏发电发电量的主要因素包括年利用小时数和装机容量。年利用小时数采用的是国家可再生能源中心公布的实际年利用小时数,而不是理论年利用小时数,因此可以在不用知道衰减率和系统效率的情况下计算得到光伏电站的发电量。装机容量设定为 50MW。年上网电量等于年利用小时数乘以装机容量。2016 年各省(区、市)集中式光伏发电年利用小时数如表 2-4 所示。

表 2-4 2016 年各省(区、市)集中式光伏发电年利用小时数

省(区、市)	资源区	年利用小时数/h	省(区、市)	资源区	年利用小时数/h	省(区、市)	资源区	年利用小时数/h
青海	Ⅰ类	1403	山东	Ⅲ类	1108	广东	Ⅲ类	620
青海	Ⅱ类	1453	内蒙古	Ⅰ类	1476	广西	Ⅲ类	964
新疆	Ⅰ类	956	内蒙古	Ⅱ类	1505	贵州	Ⅲ类	1006
新疆	Ⅱ类	853	黑龙江	Ⅱ类	1334	海南	Ⅲ类	1339
甘肃	Ⅰ类	995	吉林	Ⅱ类	1146	云南	Ⅱ类	1227
甘肃	Ⅱ类	1041	辽宁	Ⅱ类	1140	江西	Ⅲ类	687
陕西	Ⅱ类	1246	安徽	Ⅲ类	882	湖北	Ⅲ类	916
宁夏	Ⅰ类	1269	江苏	Ⅲ类	1115	河南	Ⅲ类	693
山西	Ⅱ类	1560	浙江	Ⅲ类	1025	四川	Ⅱ类	1515
河北	Ⅱ类	1382	福建	Ⅲ类	637			

数据来源:国家可再生能源中心。

5. 税收参数

光伏发电项目的税收主要有所得税、增值税、城市维护建设税、教育费附加等。国家为了促进光伏产业的发展,也在税收方面对其实行优惠政策。其中,所得税实行"三免三减半"的税收优惠,即项目自取得第一笔生产经营收入所属年度起,企业应缴纳的所得税税率前三年为零,第四到六年为 12.5%,之后为 25%。同时,在增值税方面也实行"即征即退 50%"的优惠,相当于税率为 8.5%,2018 年下调为 8%。而城市维护建设税和教育费附加则按照规定计取,税率分别为 5% 和 5%。每平方米土地使用税则按照 2 元计取,光伏电站的占地面积大约为 28000m^2/MW。

6. 贴现率

在 LCOE 的计算模型中,贴现率是一个非常敏感的参数,能够反映一个项目投资的机会成本。一般而言,贴现率的选择都会参考行业的平均收益水平。在考虑到集中式光伏发电项目的平均收益和风险水平的基础上,参照集中式光伏发电项目的可行性研究报告,选择贴现率为 6%。

根据以上总结和分析,整理得到集中式光伏发电项目参数设置如表 2-5 所示。

表 2-5　集中式光伏发电项目参数设置

公共参数	设定值	公共参数	设定值
投资成本/(元/kW)	6850~7150	所得税/%	25(三免三减半)
年利用小时数/h	实际值	增值税/%	8.5
自有资金率/%	20	城市维护建设税/%	5
贷款期限/年	15	教育费附加/%	5
年利率/%	6	人工费/(元/年)	80000
运营寿命/年	20	修费率/%	0.5
土地使用税/[元/(m³·年)]	2	清洗维护费率/%	1
贴现率/%	6	保险费率/%	0.25
资产残值率/%	5	福利劳保系数/%	60
厂用电率/%	1	材料和其他费用/[元/(kW·h)]	0.01
折旧期/年	15	其他可变成本上升率/%	2
单位土地面积/(m²/MW)	28000	职工工资增长率/%	6

2.4.2　集中式光伏发电平准化发电成本测算结果及其经济性分析

1. 测算结果

不同省(区、市)(不含贵州、湖南、西藏、香港、澳门和台湾)光伏发电 LCOE 测算结果如表 2-6 和图 2-2 所示。2016 年集中式光伏发电 LCOE 平均值为 0.812 元/(kW·h)，且不同地区集中式光伏发电 LCOE 差距较大。通过计算发现，Ⅱ类资源区经济性最好，Ⅰ类资源区次之，Ⅲ类资源区最差。新疆、甘肃、上海、福建、广东、江西和河南光伏发电 LCOE 高于当地标杆上网电价，经济性较差。分析以上地区经济性不好的原因，新疆和甘肃是因为弃光率较高，其他省份是因为受到资源条件或者气候条件影响。

对比西北五省 2016 年集中式光伏发电 LCOE 可以发现，尽管西北五省光资源条件都很丰富，但集中式光伏发电的经济性状况却有很大的差别。青海、宁夏和陕西三省集中式光伏发电经济性良好，新疆和甘肃两省的经济性状况较差。造成这种现象的主要原因是年利用小时数的不同，更进一步说是弃光率的不同。根据西北能源监管局的统计数据[①]，2016 年西北五省中弃光率高的新疆和甘肃都超过了 30%，而青海、宁夏和陕西弃光率都在 10%以内。进一步分析弃光率不同的原因，可以从市场供需角度和并网运行角度两方面考虑。从市场供需角度分析，西北五省的新能源装机容量增长速度过快，而当地社会用电量增速较缓。根据统计资料，2016 年宁夏新能源装机容量为 13375MW，而全社会最大用电负荷只有 11520MW；甘肃新能源装机容量达 19574MW，而全省最大用电负荷仅为 13391MW；新疆新能源装机容量为 24774MW，最大用电负荷比新能源装机容量仅高出一点，为 26030MW。从并网运行角度分析，新能源弃光的原因主要有以下三个方面：第一是空间分布相对集中，存在电网调峰能力不足的问题；

---

① 数据来源：西北能源监管局. 2016 年西北区域新能源并网运行情况通报. (2017-01-19)[2020-05-30]. http://www.nea.gov.cn/2017-01/19/c_135996630.htm.

表 2-6 2016 年情景集中式光伏发电 LCOE 测算结果

资源区	省(区、市)	单位造价/(元/kW)	年利用小时数/h	融资成本/%	LCOE/[元/(kW·h)]	2016年光伏发电标杆上网电价/[元/(kW·h)]	2016年煤电标杆上网电价/[元/(kW·h)]
Ⅰ类	青海Ⅰ	6850	1403	6	0.5934	0.8	0.3247
	新疆Ⅰ	6850	956	6	0.8655		0.2600
	甘肃Ⅰ	6850	995	6	0.8320		0.2978
	宁夏	6850	1269	6	0.6549		0.2595
	内蒙古Ⅰ	6850	1476	6	0.5647		0.2772
Ⅱ类	青海Ⅱ	6850	1453	6	0.5734	0.88	0.3247
	新疆Ⅱ	6850	853	6	0.9685		0.2600
	甘肃Ⅱ	6850	1041	6	0.7957		0.2978
	陕西	6850	1246	6	0.6667		0.3346
	山西	7000	1560	6	0.5451		0.3205
	河北	7000	1382	6	0.6138		0.3566
	内蒙古Ⅱ	6850	1505	6	0.5540		0.3035
	黑龙江	7000	1334	6	0.6355		0.3723
	吉林	7000	1146	6	0.7378		0.3717
	辽宁	7000	1140	6	0.7416		0.3685
	云南	7000	1227	6	0.6899		0.3358
	四川	7000	1515	6	0.5609		0.4012
	北京	7150	1090	6	0.7897		0.3515
	天津	7150	1040	6	0.8271		0.3514
Ⅲ类	山东	7150	1108	6	0.7770	0.98	0.3729
	安徽	7150	882	6	0.9732		0.3693
	江苏	7150	1115	6	0.7722		0.3780
	浙江	7150	1025	6	0.8390		0.4153
	上海	7150	871	6	0.9853		0.4048
	福建	7150	637	6	1.3430		0.3737
	广东	7150	620	6	1.3795		0.4505
	广西	7000	964	6	0.8749		0.4140
	贵州	7000	1006	6	0.8388		0.3363
	海南	7000	1339	6	0.6331		0.4198
	江西	7000	687	6	1.2229		0.3993
	湖北	7000	916	6	0.9201		0.3981
	河南	7000	693	6	1.2124		0.3551

图 2-2 2016年集中式光伏发电LCOE对比图

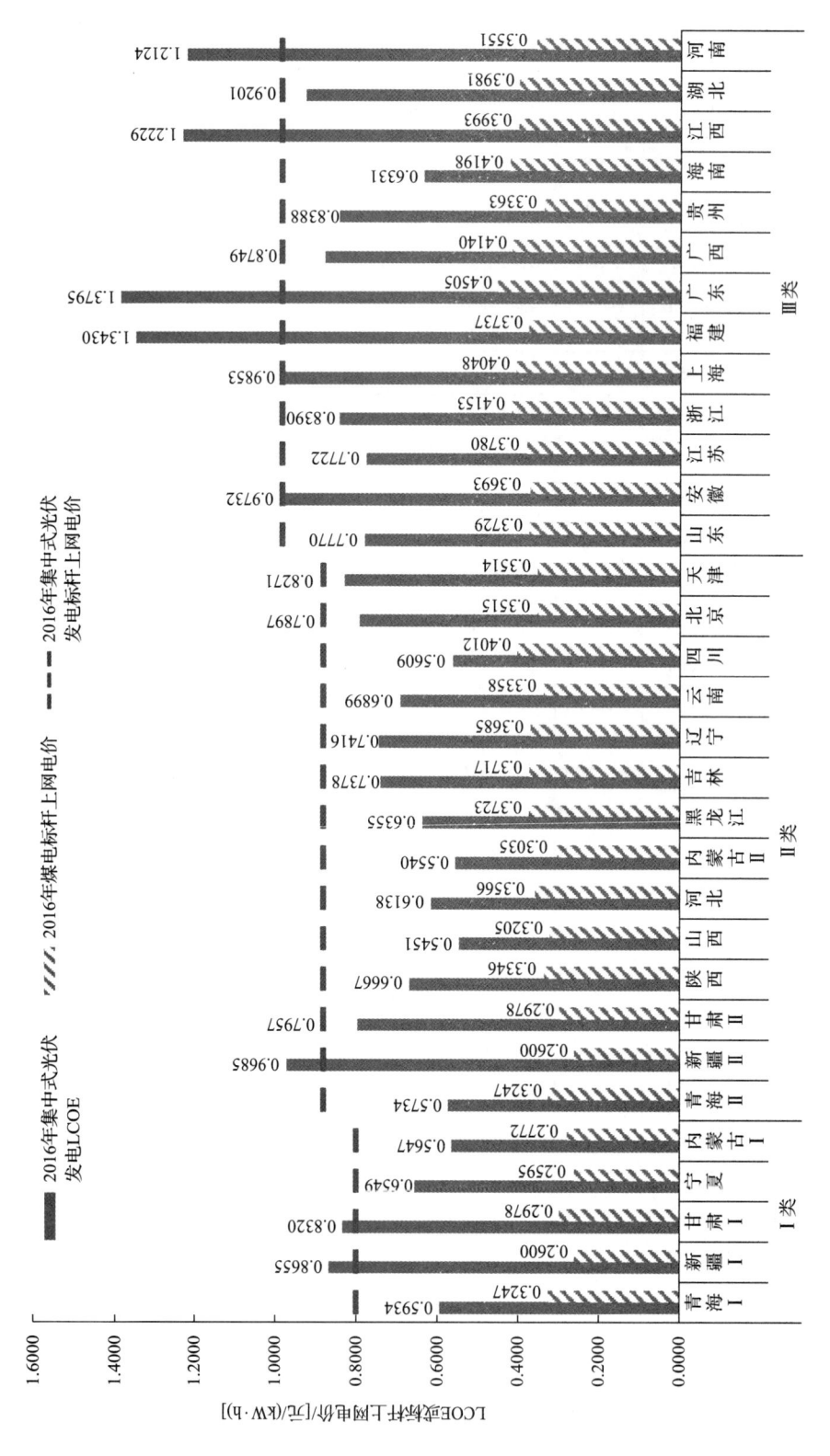

第二是跨省输电网络不能和电源相匹配，导致电能不能及时送出；第三是部分区域的电网存在薄弱环节，限制了对光伏发电的消纳利用。

2. 特点分析

(1) 弃光问题已成为影响西北地区光伏经济性最主要的因素。

弃光最严重的新疆Ⅱ类资源区，年利用小时数只有853h，甚至远低于大部分Ⅲ类资源区的年利用小时数。按照该年利用小时数计算，该地区的光伏发电平准化发电成本将会超过0.96元/(kW·h)，远高于2016年光伏Ⅱ类资源区0.88元/(kW·h)的标杆上网电价。

(2) Ⅲ类资源区经济状况主要受资源条件和天气情况的影响。

由于Ⅲ类资源区整体资源条件一般，光资源并不是很丰富，再加上雾霾、阴雨天等恶劣天气的影响，Ⅲ类资源区集中式光伏发电平准化发电成本较高，加上近年来标杆上网电价也在逐步下降，因此Ⅲ类资源区光伏经济性也不甚理想。

2.4.3 集中式光伏发电竞争力分析

2016年情景下，所有省(区、市)表2-6所示的所有省(市、区)光伏LCOE均高于当地煤电标杆上网电价，不能实现发电侧平价上网，说明光伏发电市场竞争力弱于煤电，平价上网任务十分艰巨。其中，四川省集中式光伏发电LCOE略高于当地煤电标杆上网电价，说明虽然四川省的光伏发电价格竞争力不如煤电，但只要其成本略微有所下降，四川省集中式光伏发电项目将有望实现平价上网；其余地区的光伏发电LCOE明显高于当地煤电标杆上网电价，尤其是新疆Ⅰ、甘肃、新疆Ⅱ、安徽、上海、福建、广东、贵州、江西、湖北和河南，这些省份集中式光伏发电LCOE与当地煤电标杆上网电价差值均高于0.5元/(kW·h)。

2.4.4 光伏发电"领跑者"计划项目经济性及其竞争力分析

光伏发电"领跑者"计划是由国家能源局发起的对光伏进行扶持的专项计划，该计划从2015年起实施，每年安排一定量的建设规模，用于建设光伏发电"领跑者"基地。该计划意图促使行业由同质化竞争向追求高效转变，同时加快行业的产业升级，从而提高光伏电站的技术水平和效率，进一步降低光伏发电的度电成本，最终实现光伏发电的平价上网。根据太阳能光伏网的数据，截至2016年年底，我国共批准了光伏发电"领跑者"基地9个。从2015年开始实施光伏发电"领跑者"计划至今，取得了显著的效果，一方面促进了产业的竞争发展，提升了行业技术水平，提高了产品效率；另一方面降低了系统造价，不断促使光伏度电成本降低，为未来光伏发电平价上网探索路径。光伏发电"领跑者"计划项目得到了国家的强力支持，2015年项目规模为1GW，到了2016年就扩大为5.5GW，从2017年到"十三五"末，"领跑者"计划项目规模进一步增加到8GW。2017年，"领跑者"计划项目进一步升级，不仅规模扩大了，同时对光伏发电"领跑者"基地进行了细分，将光伏发电领跑技术基地和光伏发电前沿技术应用依托基地。

根据已有数据计算出"领跑者"计划项目和一般光伏发电项目的LCOE，计算结果如图2-3所示。"领跑者"计划项目相对普通项目具有明显的度电成本优势，其LCOE相比Ⅰ类资源区光伏电站低17%，比Ⅱ类资源区低24%，比Ⅲ类资源区低32%。

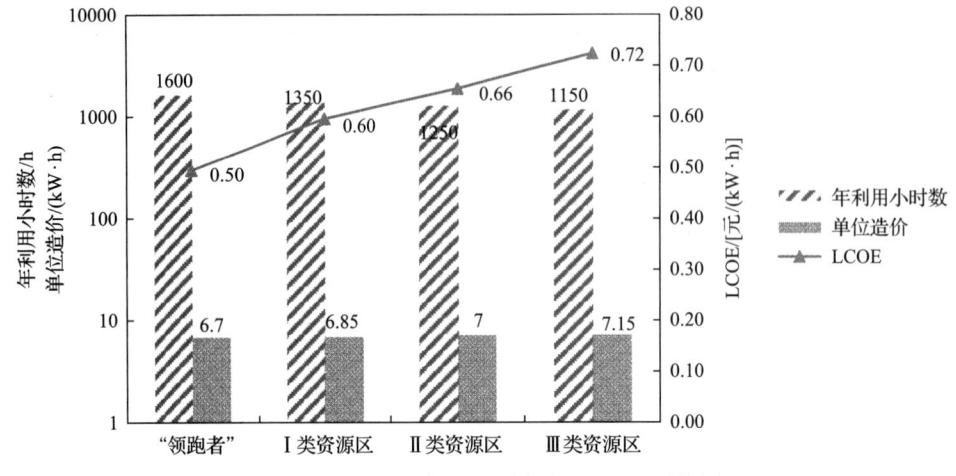

图 2-3 光伏"领跑者"计划项目 LCOE 对比图

光伏发电"领跑者"计划项目的中标企业大多是光伏设备的制造企业或者行业内的领军企业。由于它们技术和管理更为先进，产业链更完善，再加上光伏发电"领跑者"计划项目由国家统筹，企业自身开发成本会有所降低。所以在单位造价方面，光伏发电"领跑者"计划项目会比当前光伏行业的平均水平低 0.3 元/W 左右。

自光伏发电"领跑者"计划项目推出以来，其对于推动光伏技术进步和光伏电价的降低起到了显著的作用。根据国家统计局的相关数据，2016 年采用公开招标的 8 个"领跑者"基地项目平均中标价比当地的光伏发电标杆上网电价低 0.2 元/(kW·h)，初步测算可以为国家节约补贴 15 亿元。可见，光伏发电"领跑者"计划项目确实可以起到拉动光伏市场高效产品需求，提升产品效率和质量，降低产品造价的作用。

在当前许多光伏电站经营状况不甚理想的情况下，为什么光伏发电"领跑者"计划项目能够取得良好的效益，总结起来，主要有以下三个原因。

(1) 光伏发电"领跑者"计划项目可以保证全额上网，而其他电站在这一点上得不到保证，如新疆的弃光率在某些月份甚至达到了 50%。

(2) 光伏发电"领跑者"计划项目的企业往往是行业的领军企业，技术管理先进，单位造价低。并且光伏发电"领跑者"计划项目由国家统筹规划，统一开发，保证并网，同时可以获得当地政府部门的政策支持，这些举措都极大地降低了企业的前期开发投资，节省了企业的投资成本。

(3) 光伏发电"领跑者"计划项目在融资上相对其他项目更容易，能获得一定的优惠利率。

国家实行光伏发电"领跑者"计划项目，通过竞争性来配置资源，有利于促进行业竞争，淘汰落后产能，提高行业整体水平。通过构建完善的光伏发电成本发现机制，使光伏发电由高补贴依赖模式向低补贴竞争模式转变，有利于进一步降低光伏发电成本，提高光伏发电竞争力。因此，在未来的光伏发电项目规划中，可以借鉴光伏发电"领跑者"计划项目的经验，实行公开招标等竞争性手段，促进产业优化升级，降低度电成本，以早日实现光伏发电的平价上网。

2.5 基于2016年情景的分布式光伏发电经济性及竞争力分析

本节测算2016年情景下分布式光伏发电LCOE，并分析其经济性及竞争力。

2.5.1 参数设置

1. 初始投资变量

分布式光伏发电初始投资主要由光伏系统投资和其他成本两部分构成。光伏系统投资包括光伏组件和光伏系统平衡部件。其他成本包括设计、施工费用等。以1MW分布式光伏发电系统为例分析工商业分布式光伏发电经济性，各省(区、市)初始投资是在参考当前市场价格和以往类似光伏发电项目经验的基础上，通过实地调研等途径获得，见表2-7。

表2-7 2016年工商业分布式光伏投资

序号	名称	型号	单价/(元/W)	类别
1	组件	单晶/多晶	3.5	设备采购
2	逆变器	集中式/组串式/集散式/微逆	0.8	
3	支架	铝合金/热镀锌/不锈钢	0.6	
4	汇流箱	交流/直流	0.12	
5	直流/交流电缆	2.5mm², 4.0mm², 6.0mm²	0.25	
6	夹具/水泥基础		0.15	
7	监控系统	监控、数据采集器、辐照仪等	0.3	
8	设计费用	光伏电站设计及并网接入设计	0.2	设计
9	工程保险	建筑安装工程一切险	0.05	安装调试
10	系统调试		0.12	
11	施工费	安装的人工成本	0.7	
12	其他	工程用电、用水、不可预见费等	0.1	
	合计		6.89	
	EPC合计(EPC利润率：10%~12%)		7.72	

2. 财务成本变量

财务成本变量包括贷款利率及年限、基准收益率、折现率、设备使用年限、还款方式、残值率、折旧期和自有资金比率。中国人民银行自2015年10月起调整长期贷款利率为4.9%，在基准利率的基础上，各银行可根据自身情况实行灵活定价。根据调研结果，设定长期贷款利率为7%。根据《建设项目经济评价方法与参数(第三版)》(国家发展改革委建设部，2006)中的行业资本金内部基准收益率和项目投资基准内部收益率规定，结合能源行业惯例，取8%作为权益投资基准收益率，取6.8%作为全投资基准收益率。折现率为每单位资本的期望收益或成本，反映了一个项目投资的机会成本，考虑到分布式光伏发电要求更高的投资回报,本书使用 6.8%作为折现率。光伏电站的寿命与其重要组件有着十分密切的关系,国内外大多数生产商生产的光伏组件寿命在 25~30 年,本书选取 25 年作为光伏组件寿命。根据电力项目中长期贷款及项目实际情况,分布式光伏发电项目贷款期限一般为 15~20 年,考虑到分布式光伏发电项目的生命周期较短,因此选取 15 年作为贷款期限。还款方式一般可实行等额本息或等额本金的还款方式,本书采用等额本息还款方式。采用光伏发电项目和光热发电项目等较常采用的直线折旧方法进行折旧,参考行业标准折旧率取 7%、残值率取 5%、折旧期为 15 年。我国投资项目资本金制度规定,用户至少应筹集项目总投资 20%的资本金,相应申请银行贷款的比例最高可达 80%,结合实际情况,以 80%的自有资金和 20%的银行贷款为基准模式。

3. 运营维护变量

运营维护变量包括屋顶租金、运行维护成本、保险费用、系统效率和衰减率。1MW 分布式光伏发电项目占地面积约 1 万 m^2,分布式光伏租金受屋顶的面积大小、承重、类型(彩钢瓦/水泥平顶)、内部用电负荷及建造年份等因素影响,通常为 4~5 万元/年,取 1MW 分布式光伏屋顶年租金为 4 元/m^2,一年一付,不考虑租金上浮。同时,假定 1MW 分布式光伏发电项目签订维修服务合同,而不是雇佣劳动力。根据调研,1MW 分布式光伏发电项目年运行维护费率一般在 1.2%左右,逆变器是光伏发电系统中非常重要的部分,运行期通常为 10 年,以每 10 年更换一次逆变器计算大修费用,可得到大修费率为 8.56%。1MW 分布式光伏发电项目保险费率依照中国电力行业标准税率取为 0.25%(Zweibel, 2010)。光伏发电系统由于组件串并联损失、温升损失、线路损失、灰尘遮挡损失、安装倾角和朝向的限制、逆变器及变压器效率等因素,真正的光电转化效率为 75%~85%。Zahedi(2009)研究表明,逆变器效率为 95%、变压器效率为 95%、其他效率为 89%,考虑安装条件并按一定比例系数折算后,得出系统效率为 80%。根据同类项目调研,光伏发电系统衰减率一般为 0.7%~1%,考虑到光伏并网发电项目在 25 年间累计衰减率不应超过 20%的行业规定,调整系统衰减率为 0.8%。

4. 税收

分布式光伏发电税收变量包括所得税、增值税、城市维护建设税和教育费附加。分布式光伏发电执行"三免三减半"政策,项目自取得第一笔生产经营收入所属年度起,企业应缴纳的所得税税率前三年为 0%,第四到六年为 12.5%,之后为 25%。分布式光伏发电纳税人销售自产的利用太阳能生产的电力产品,执行"即征即退 50%"政策,增值税率为 17%,2018 年下调为 16%。分布式光伏发电户月电力产品销售额在 2 万元以下的可免征增值税,超过 2 万元的由国家电网有限公司所属企业按照应纳税额的 50%代征增值税。城市维护建设税和教育费附加在增值税的基础上征缴,城市维护建设税为 5%,教育费附加为 5%,其中中央教育费附加为 3%,地方教育费附加为 2%。

5. 电价

目前,我国分布式光伏发电项目主要有"自发自用、余电上网"和"全额上网"两种商业模式。在"自发自用、余电上网"模式下，由用户自建分布式光伏电站，所发电量优先供自己使用，自发自用的部分可根据当地用户用电价格进行核算，余电上网电量按当地煤电标杆上网电价卖给电网企业，电量不足时从电网企业购电，电网企业按当地售电电价向用户收取电网供电费。全额上网的发电量由电网企业按当地光伏电站标杆上网电价收购。太阳能资源区及 2016 年集中式光伏发电标杆上网电价如表 2-8 所示。1MW 工商业分布式光伏发电项目关键变量与基本参数设置详见表 2-9。

表 2-8 太阳能资源区、年利用小时数及集中式光伏电站标杆上网电价

资源区	各资源区所包括的地区	年利用小时数/h	2016年标杆上网电价/[元/(kW·h)]
I	宁夏，青海海西，甘肃嘉峪关、武威、张掖、酒泉、敦煌、金昌，新疆哈密、塔城、阿勒泰、克拉玛依，内蒙古除赤峰、通辽、兴安盟、呼伦贝尔以外地区	1400~1600	0.8
II	北京，天津，黑龙江，吉林，辽宁，四川，云南，内蒙古赤峰、通辽、兴安盟、呼伦贝尔，河北承德、张家口、唐山、秦皇岛，山西大同、朔州、忻州，陕西榆林、延安，青海，甘肃，新疆除 I 类外的其他地区	1200~1400	0.88
III	除 I 类、II 类资源区以外的其他地区	1000~1200	0.98

表 2-9 1MW 工商业分布式光伏发电项目关键变量与基本参数设置

变量	参数设置	基本数值设定	变量	参数设置	基本数值设定
初始投资变量	发电总投资/元	实际	税收政策变量	增值税/%	17
	单位投资成本/(元/kW)	实际		城市维护建设税/%	5
	单位屋顶面积/(m²/MW)	10000		教育费附加/%	5
				所得税/%	25
财务成本变量	自有资金比例/%	80	发电能力变量	预期年利用小时数/h	实际
	贷款期限/年	15			
	利率/%	7			
	内部收益率/%	8		装机容量/MW	1
	机组寿命/年	25		系统效率/%	80
	折旧期/年	15		系统衰减率/%	0.80
	残值率/%	5			
运营维护变量	保险费率/%	0.25			
	修费率/%	1.2			
	劳动成本/(元/年)	0			
	屋顶租金/(元/m²)	4			

2.5.2 分布式光伏发电平准化发电成本经济性及竞争力分析

1. 测算结果

以 1MW 工商业分布式光伏发电项目为例，假设所发电量全部自用。1MW 工商业分

布式光伏发电 2016 年情景测得各省(区、市)(不含香港、澳门、台湾和西藏)一般工商业分布式光伏发电 LCOE 数值如表 2-10 所示,并与一般工商业电价对比,如图 2-4 所示。

表 2-10　分布式光伏 2016 年情景设置和 LCOE 计算结果表

资源区	省(区、市)	投资/(元/kW)	年利用小时数/h	融资成本/%	一般工商业用电价格(小于1kV)/[元/(kW·h)]	分布式光伏发电LCOE/[元/(kW·h)]
Ⅰ类	宁夏	7900	1400	7	0.6854	0.7968
	青海	7840	1450	7	0.6551	0.7643
	甘肃	7690	1300	7	0.7888	0.8357
	新疆	7620	1500	7	0.5160	0.7197
	内蒙古西部	7830	1500	7	0.6783	0.7383
Ⅱ类	内蒙古东部	7830	1500	7	0.8460	0.7383
	北京	7700	1090	7	0.8745	0.9956
	天津	7700	1040	7	0.8836	1.0429
	河北	7700	1150	7	0.6626	0.9443
	山西	7620	1300	7	0.6963	0.8286
	辽宁	7900	1400	7	0.8420	0.7968
	吉林	7900	1400	7	0.8972	0.7968
	黑龙江	7900	1350	7	0.8665	0.8259
	四川	7830	1300	7	0.7986	0.8500
	云南	7620	1300	7	0.6630	0.8286
	陕西	7900	1400	7	0.8134	0.7968
Ⅲ类	上海	7900	1000	7	0.9190	1.1106
	江苏	7690	900	7	0.8366	1.2017
	浙江	7500	1000	7	0.8929	1.0576
	安徽	7900	1100	7	0.8234	1.0108
	福建	7650	1000	7	0.7773	1.0775
	山东	7560	1050	7	0.7639	1.0154
	江西	7830	1000	7	0.7802	1.1013
	河南	7560	850	7	0.7695	1.2514
	湖北	7900	1100	7	0.8800	1.0108
	湖南	7500	900	7	0.8620	1.1737
	重庆	7700	1100	7	0.8200	0.9867
	广东	7830	1000	7	0.8663	1.1013
	广西	7800	1000	7	0.8421	1.0974
	海南	8210	1200	7	0.8787	0.9618
	贵州	7500	800	7	0.7224	1.3189

注：一般工商业用电价格与 LCOE 之差的绝对值大于 0.05 元属于明显,否则属于不明显(下同)。

第2章 基于2016年情景的可再生能源经济性及价格竞争力研究

类别	省份	LCOE	2016年一般工商业用电价格
Ⅰ类	宁夏	0.6854	0.7968
Ⅰ类	青海	0.6551	0.7643
Ⅰ类	甘肃	0.7888	0.8357
Ⅰ类	新疆	0.5160	0.7197
Ⅰ类	内蒙古西部	0.6783	0.7383
Ⅱ类	内蒙古东部	0.8460	0.7383
Ⅱ类	北京	0.8745	0.9956
Ⅱ类	天津	0.8836	1.0429
Ⅱ类	河北	0.6626	0.9443
Ⅱ类	山西	0.6963	0.8286
Ⅱ类	辽宁	0.8420	0.7968
Ⅱ类	吉林	0.8972	0.7968
Ⅱ类	黑龙江	0.8665	0.8259
Ⅱ类	四川	0.7986	0.8500
Ⅱ类	云南	0.6630	0.8286
Ⅱ类	陕西	0.8134	0.7968
Ⅲ类	上海	0.9190	1.1106
Ⅲ类	江苏	0.8366	1.2017
Ⅲ类	浙江	0.8929	1.0576
Ⅲ类	安徽	0.8234	1.0108
Ⅲ类	福建	0.7773	1.0775
Ⅲ类	山东	0.7639	1.0154
Ⅲ类	江西	0.7802	1.1013
Ⅲ类	河南	0.7695	1.2514
Ⅲ类	湖北	0.8800	1.0108
Ⅲ类	湖南	0.8620	1.1737
Ⅲ类	重庆	0.8200	0.9867
Ⅲ类	广东	0.8663	1.1013
Ⅲ类	广西	0.8421	1.0974
Ⅲ类	海南	0.8787	0.9618
Ⅲ类	贵州	0.7224	1.3189

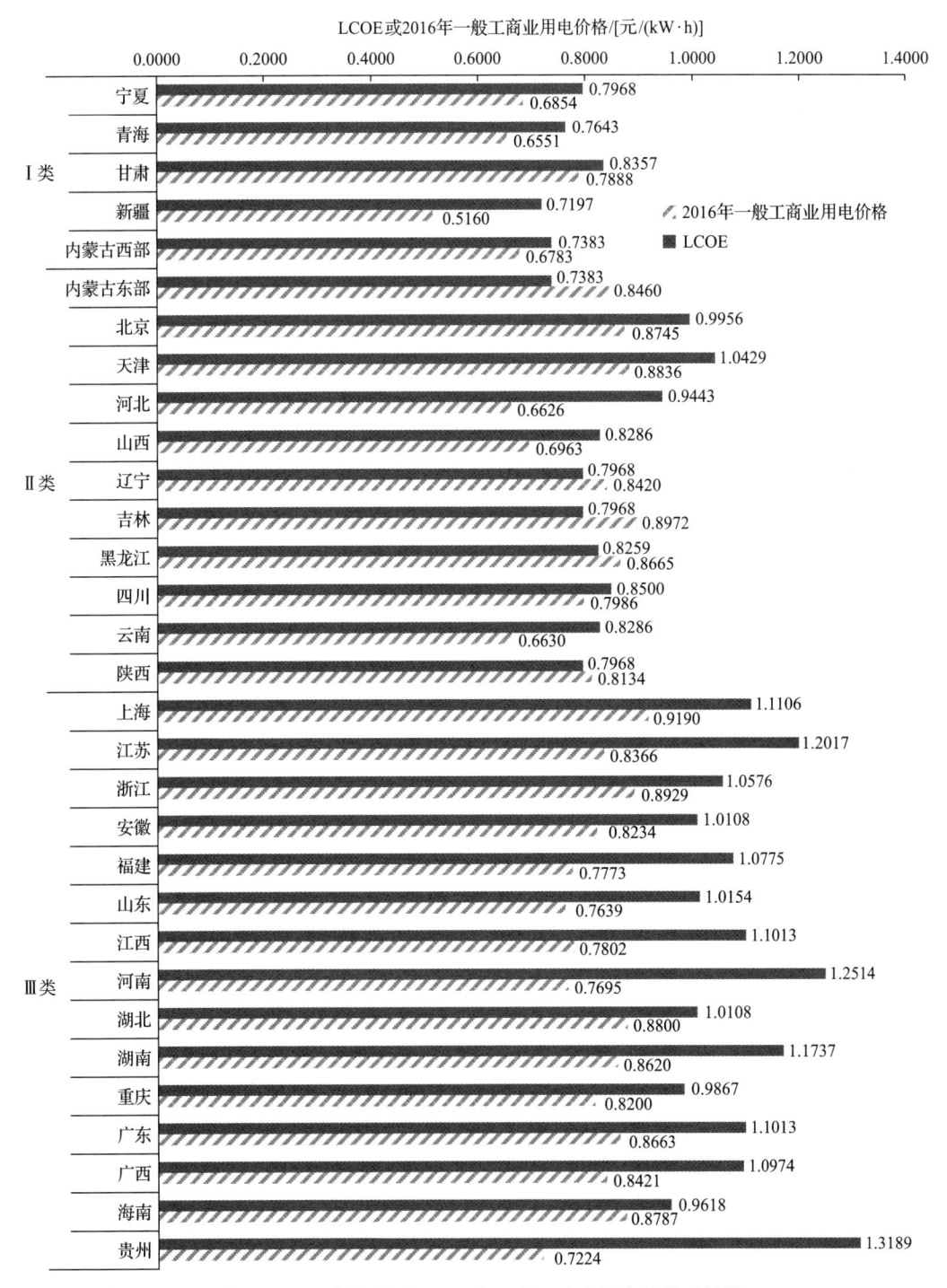

图 2-4 2016年情景下LCOE与一般工商业用电价格对比图

2016年情景下，分布式光伏发电LCOE平均值为0.9605元/(kW·h)，通过不同省份分布式光伏发电LCOE对比可以发现，我国分布式光伏发电经济性由于受年利用小时数等因素的影响，光伏经济性偏差较大，最大偏差可达 0.5965 元/(kW·h)。从整体来看，Ⅰ类和Ⅱ类资源区经济性较优，Ⅲ类资源区经济性最差。

2016 年情景下，全国有 5 个区域(内蒙古东部、辽宁、吉林、黑龙江和陕西)，由于太阳能资源较丰富且一般工商业用电价格较高，其 LCOE 均低于各自省份的一般工商业用电价格，可以实现用户侧平价上网，项目经济性较好。其中，内蒙古东部和吉林分布式光伏发电 LCOE 明显低于各自省份的一般工商业用电价格，辽宁、黑龙江和陕西分布式光伏发电 LCOE 略低于各自省份的一般工商业用电价格，可以实现用户侧平价上网。其余省份的 LCOE 均高于各自省份的一般工商业用电价格，因而这些省份的分布式光伏发电尚不能实现用户侧平价上网。其中，甘肃分布式光伏发电 LCOE 略高于本省的一般工商业用电价格，25 个区域(宁夏、青海、新疆、内蒙古西部、北京、天津、河北、山西、四川、云南、上海、江苏、浙江、安徽、福建、山东、江西、河南、湖北、湖南、重庆、广东、广西、海南和贵州)分布式光伏发电 LCOE 明显高于各自省份的一般工商业用电价格，不能实现用户侧平价上网。

2. 特点分析

一些太阳能资源非常好的省(区)，如宁夏、青海、新疆、内蒙古西部、河北、山西和云南，其 LCOE 较低，却不能实现平价上网。究其原因：虽然这些省(区)的太阳能资源条件很好，但这些地方也是我国重要的煤炭基地，当地火电厂较多，都是电力输出大省，其一般工商业用电价格也较低。例如，2016 年新疆一般工商业用电价格仅 0.516 元/(kW·h)。这些省(区)各类型能源充足，地区电价整体水平较低，开发分布式光伏发电项目较东部负荷高且能源短缺地区不具有优势。

另外，地方政府补贴促进了当地分布式光伏发电的发展。2016 年情景下江苏、浙江、江西和广东的分布式光伏发电 LCOE 较高，约 1 元/(kW·h)，明显高于各自省份一般工商业用电价格。但这些省经济比较发达且电力需求总量较大，制定了较为全面的分布式光伏发电补贴政策，极大地促进了分布式光伏发电的发展，2016 年这 6 个省分布式光伏发电新增并网容量分别达到 534.8MW、861.3MW、462.4MW、751.4MW、305.9MW 和 314.8MW。

综上，分布式光伏发电应该充分考虑到不同地域发展模式、能源禀赋、发展水平等方面的因素，因地制宜。

2.6 风光发电与煤电平准化发电成本的比较分析

2.6.1 煤电平准化发电成本测算

煤电项目平准化发电成本可以分为可变成本和固定成本。其中，可变成本是指与电能产量有直接关系的费用，主要包括燃料费、水费及水资源费和外购电力费。固定成本是指与电能产量无直接关系的费用，包括材料费、工资及福利费、折旧费、修理费等。平准化发电成本包括折旧成本、燃料成本、运营维护成本、财务成本和相关税费。其中，折旧成本和财务成本相对固定，主要取决于初始投资时的总建设成本及本金，煤电项目平准化发电成本影响因素分解如图 2-5 所示。

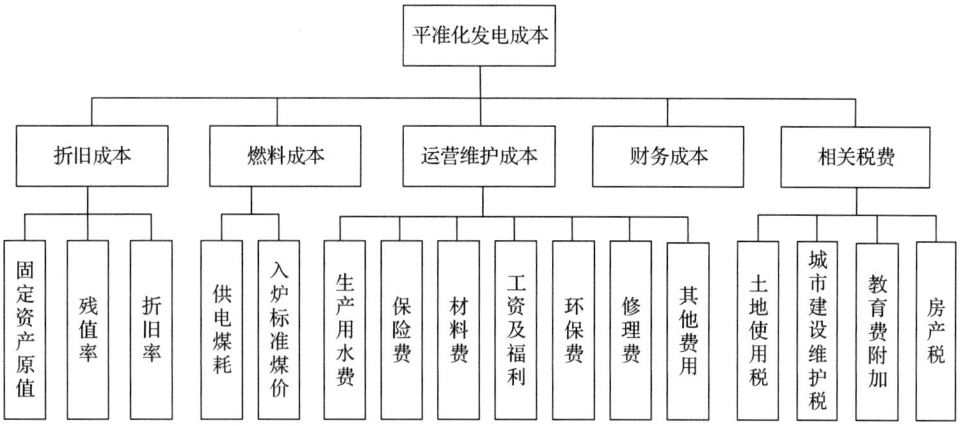

图 2-5 煤电项目平准化发电成本影响因素分解

1. 折旧成本

煤电项目折旧成本根据初始投资、预期使用期限、直线折旧率等指标来估算。初始投资主要包括建筑工程费、设备购置费、安装工程费、其他费用和建设期贷款利息。测算中建筑工程费的比例基本稳定在 20%左右，设备购置费为 48%左右，安装工程费为 15%左右，其他费用比例在 11%～15%，建设期贷款利息的比例在 4%～6%。以 660MW 的煤电项目为例，参照中国电力企业联合会的《中国电力行业年度发展报告》标准，设置 2016 年煤电工程单位造价为 3443 元/kW。煤电机组的设计寿命一般为 30 年，标准折旧期为 20 年，残值率为 5%。

2. 燃料成本

燃料成本指的是煤电企业在进行电力生产和热力生产中所消耗的各种燃料所花费的成本。燃料成本作为煤电企业成本的主要构成，煤电的燃料成本主要受供电标准煤耗和入炉标准煤价的影响。在我国燃煤价格主要是通过市场价格决定的，国家发展改革委价格监测中心自 2014 年 1 月开始每月公布中国各省(区、市)煤电价格指数，该指数将各档值天然煤折算代表规格品(5000kcal[①]/kg)价格。供电煤耗又称供电标准煤耗，是煤电厂提供 1kW·h 电能平均耗用的标准煤量。它是按照电厂最终产品供电量计算的消耗指标，是国家对火电厂的重要考核指标之一，计算依据是国家发展改革委价格监测中心公布的煤价和中国电力企业联合会公布的 2016 年全国各省(区、市)发电机组的供电煤耗。

3. 运营维护成本

煤电机组运营维护成本包括保险费、材料费、修理费、工资及福利、环保费、修理费、其他固定或半固定运营维护成本(办公费、生产用水费、运输费等)。根据电力行业规定，

---

① 1cal=4.184J。

660MW 等级煤电机组的保险费率按总投资的 0.26%计算。煤电项目的材料费、修理费等标准按照核定与限额办法规定设置，如表 2-11 所示。因此，选取的 660MW 煤电项目的维护性材料费为 7.48 元/kW，消耗性材料费为 1.105 元/(MW·h)。无外包大修标准项目为 1320 万元/次，外包大修标准项目为 1221 万元/次，三年一大修；机组小修标准项目费限额(包括辅助设备检修)为大修标准限额的 25%，一年一小修，外包人工费限额为大修标准限额的 30%。根据实际调研设定广东省不同电厂人员工资情况，按照各省(区、市)份最低工资标准差距得出各省(区、市)人员工资水平，福利劳保附加系数标准为人员工资的 60%。

表 2-11 运营维护成本参数设定

参数设定	1000MW 及以上	[600MW,1000MW)	[300MW,600MW)	[200MW,300MW)	[100MW,200MW)	100MW 以下
维护性材料费/(元/kW)	6.05	7.48	9.35	13.75	14.3	14.3
消耗性材料费/[元/(MW·h)]	1.1	1.105	1.38	2.01	2.12	2.12
保险费率/%	0.28	0.26	0.25	0.24	0.24	0.24
广东工人工资/(元/年)	137500	137500	130000	125000	120000	120000
工人人数/人	150	120	110	100	100	60
外包大修标准项目/(万元/次)	1443	1221	888	710	533	533
无外包大修标准项目/(万元/次)	1650	1320	990	605	385	385
大修特殊项目/万元	825	627	462	352	165	165

数据来源：中国华电集团公司《火力发电检修费、材料费核定与限额管理办法(2013 年版)》。

4. 财务成本

财务参数包括自有资本比率、长期贷款利率、贷款期限、加权资本成本。财务参数对计算财务成本 CA_n 有直接影响，根据电力行业规定，煤电项目的资本金构成为：自有资本金占比 20%，贷款资本金占比 80%。长期贷款利率为 5%，贷款年限低于折旧年限，一般为 12~15 年，设定为 15 年。煤电项目市场期望收益率一般为 8%。β 系数也称为贝塔系数(Beta coefficient)，β 系数起源于资本资产定价模型(CAPM 模型)，它的真实含义就是特定资产(或资产组合)的系统风险度量。煤电企业的 β 系数是根据万得数据库(Wind)提供的电力行业沪深 300 指数近五年的财务数据计算得出，加权平均 β 系数值为 0.9714。最后，根据加权平均资本成本公式计算得到贴现率为 8.3%。

5. 相关税费

根据国家税务条例，煤电项目的税收政策包括所得税、增值税、房产税、土地使用税、城市维护建设税和教育费附加等。其中，城市维护建设税按应缴增值税的 7%计算；教育费附加按应缴增值税的 3%计算；房产税从价计征的年税额是按房产的原值减除一定比例后的余值，其年税率为 1.2%，从租计征是按房产的租金收入计征，其税率是 12%；

土地使用税根据实际使用土地的面积,按税法规定的单位税额缴纳。

根据全国各省(区、市)(不含香港、澳门、台湾和西藏)2016年实际煤电价格(选取2016年度平均煤电价格)、年利用小时数及其他参数,利用LCOE模型计算出各省(区、市)当前基准情景下的平准化发电成本(表2-12),其整体格局是东部省份高于西部省份,南部省份高于北部省份。其中,云南和广西的煤电LCOE达到,甚至超过0.40元/(kW·h);四川等15个省份的煤电LCOE在0.30~0.40元/(kW·h);其余12个省份的LCOE比较低,都在0.30元/(kW·h)以下,尤其是新疆、陕西、内蒙古和山西的煤电LCOE不高于0.25元/(kW·h),平准化发电成本较低的区域都是我国重要的煤炭生产基地。

表2-12 2016年煤电情景设置和LCOE计算结果

省(区、市)	煤电价格/(元/t)	年利用小时数/h	2016年煤电标杆上网电价/[元/(kW·h)]	LCOE/[元/(kW·h)]
云南	405	1922	0.34	0.46
广西	558	3008	0.41	0.40
四川	434	2121	0.40	0.36
湖南	476	3270	0.45	0.34
浙江	439	3921	0.42	0.33
上海	434	3610	0.40	0.33
重庆	436	3259	0.38	0.33
吉林	370	3286	0.37	0.32
广东	468	3698	0.45	0.32
福建	421	3161	0.37	0.31
江西	492	4560	0.40	0.31
湖北	452	3985	0.40	0.31
青海	407	3989	0.32	0.30
黑龙江	351	3922	0.37	0.30
辽宁	413	4331	0.37	0.30
安徽	461	4487	0.37	0.30
海南	475	4241	0.42	0.30
天津	392	4314	0.35	0.29
山东	456	5187	0.37	0.29
河南	420	3855	0.36	0.29
江苏	437	5093	0.38	0.28
贵州	358	3980	0.34	0.28
甘肃	317	3612	0.30	0.27
宁夏	242	4904	0.26	0.27
河北	354	4974	0.36	0.26
陕西	319	4491	0.33	0.25
内蒙古	212	4532	0.29	0.23
山西	255	3800	0.32	0.23
新疆	161	4206	0.26	0.21

2015年年底全国煤电标杆上网电价平均每千瓦时下调约0.03元,用来支持煤电厂超低排放改造和可再生能源发展。图2-6为2016年最新执行的全国各省(区、市)煤电标杆上网电价与基准情景下LCOE对比图。

省份	LCOE	2016年煤电标杆上网电价
云南	0.46	0.34
广西	0.41	0.40
四川	0.40	0.36
湖南	0.45	0.34
浙江	0.42	0.33
上海	0.40	0.33
重庆	0.38	0.33
广东	0.45	0.32
吉林	0.37	0.32
江西	0.40	0.31
湖北	0.40	0.31
福建	0.37	0.31
海南	0.42	0.30
黑龙江	0.37	0.30
安徽	0.37	0.30
辽宁	0.37	0.30
青海	0.32	0.30
山东	0.37	0.29
河南	0.36	0.29
天津	0.35	0.29
江苏	0.38	0.28
贵州	0.34	0.28
甘肃	0.30	0.27
宁夏	0.26	0.27
河北	0.36	0.26
陕西	0.33	0.25
山西	0.32	0.23
内蒙古	0.29	0.23
新疆	0.26	0.21

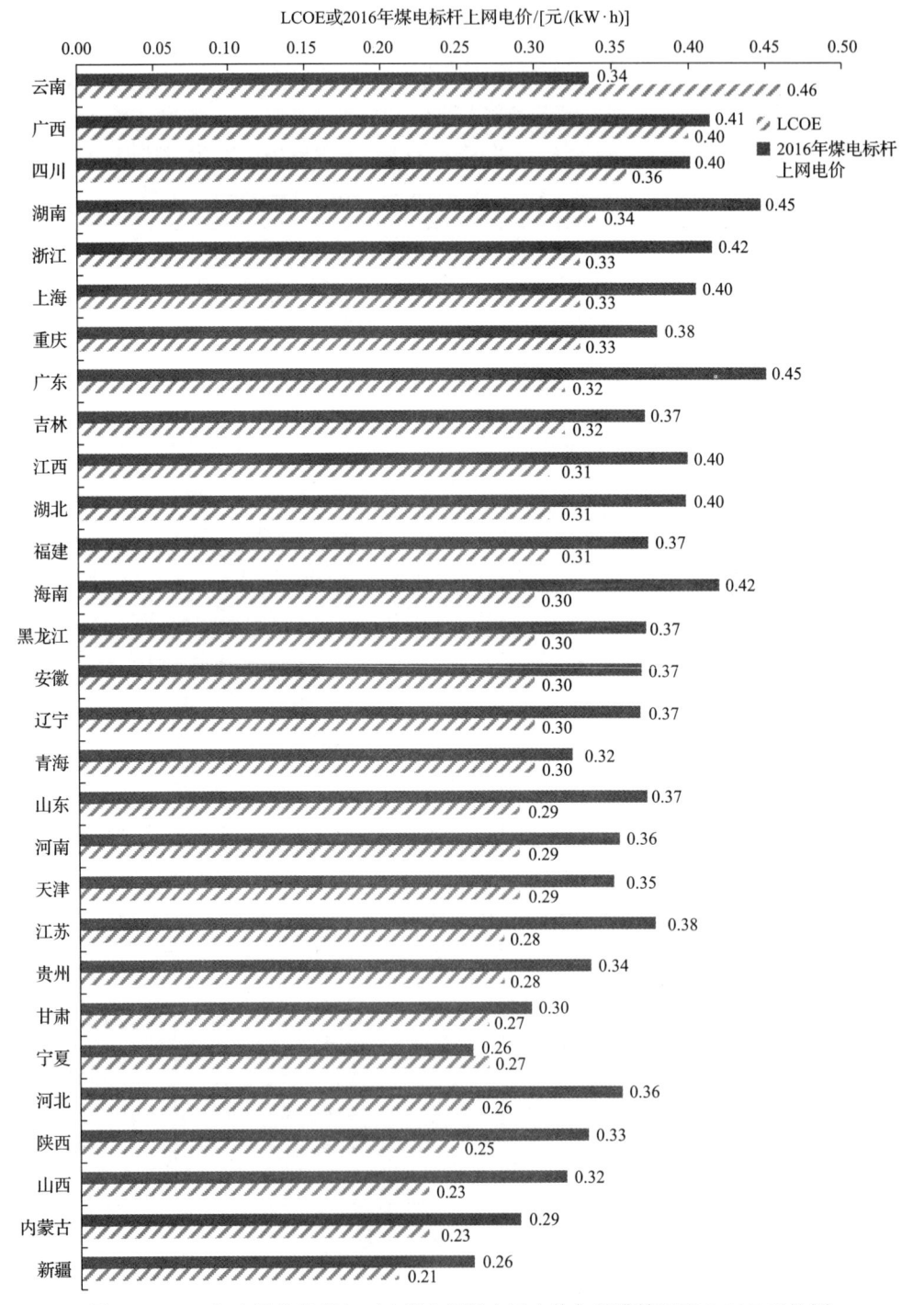

图2-6 2016年全国各省(区、市)煤电标杆上网电价与基准情景下LCOE对比图

根据平准化发电成本的概念可知，如果煤电标杆上网电价与平准化发电成本相同，则发电企业即可达到其最低期望回报，如果煤电标杆上网电价高于平准化发电成本，则发电企业将获得经济利润。云南和宁夏的煤电标杆上网电价比平准化发电成本分别低 0.12 元/(kW·h) 和 0.01 元/(kW·h)，其他各省(区、市)煤电标杆上网电价均高于平准化发电成本，说明这些区域煤电项目具有经济利润。其中，湖南、海南和广东的煤电标杆上网电价与平准化发电成本差额较大，差价在 0.10～0.13 元/(kW·h)。其余区域的平准化发电成本与煤电标杆上网电价的差价均不大于 0.1 元/(kW·h)。广西、青海和甘肃三个省(区、市)的煤电标杆上网电价与平准化发电成本基本接近，差价在 0.01～0.03 元/(kW·h)。煤电标杆上网电价与平准化发电成本之间存在较大利润空间，使新增煤电项目不断上马，新能源发电项目发展空间受限，无法形成规模效益降低成本。由于碳排放市场尚未全面施行，且处于发展初期阶段，煤电项目的负外部性成本无法传导到煤电成本中，新能源发电与煤电之间的平准化发电成本差距较大，不具有可比性。

2.6.2 平准化发电成本比较分析

将 2016 年情景下风电与煤电的 LCOE 进行对比分析可知，广西和云南的风电 LCOE 比煤电 LCOE 分别低 0.009 元/(kW·h)、0.046 元/(kW·h)，风电与煤电相比较具有发电成本优势；其余地区风电 LCOE 均高于煤电 LCOE，平均差距为 0.2012 元/(kW·h) 左右，比风电 LCOE 与煤电标杆上网电价的平均差距高 0.0482 元/(kW·h) 左右，整体上而言，风电与煤电发电成本相比较，更加不具有竞争力。

将 2016 年情景下集中式光伏发电与煤电的 LCOE 进行对比分析可知，所有省(区、市)集中式光伏发电 LCOE 均高于 2016 年我国对应区域煤电的 LCOE，平均差距为 0.5188 元/(kW·h)，比集中式光伏发电 LCOE 与煤电标杆上网电价的平均差距高 0.0579 元/(kW·h)。整体上而言，集中式光伏发电与煤电发电成本相比较，更加不具有竞争力。

因此，以煤电标杆上网电价为比较基准，对风电、集中式光伏发电同煤电的竞争力进行比较分析。

第3章 可再生能源平准化发电成本敏感性分析

可再生能源平准化发电成本受年利用小时数、单位造价和融资成本的影响较大，本章对上述三个因素进行敏感性分析，分析这三个因素对可再生能源平准化发电成本的具体影响。

3.1 敏感性分析方法

敏感性分析方法是经济决策中常用的一种不确定性分析方法。该方法通过测定一个或多个不确定因素的变化所导致的决策评价指标的变化幅度，了解各种不确定因素的变化对实现预期目标的影响程度，从而对外部条件发生不利变化时投资方案的承受能力做出判断。敏感性分析方法包括单因素敏感性分析和多因素敏感性分析。在对风光发电平准化发电成本进行敏感性分析时，采用的是单因素敏感性分析，即在分析某个因素的变动对 LCOE 的影响时，假定其他因素均不变。单因素敏感性分析的步骤和内容如下：

(1) 选择需要分析的不确定因素，并设定这些因素的变动范围。一般情况下，影响项目经济效果的因素某种程度上都存在不确定性。尽管如此，但并不是所有的因素都需要进行敏感性分析。在选择主要的不确定因素时，应遵循以下两个原则：一是该因素的变动对经济效果指标影响较大；二是该因素对应的数据不能精确地确定。然后在此基础上根据实际情况确定这些因素可能的变动范围。

(2) 确定性分析指标。一般情况下，敏感性分析的指标应与确定性分析所使用的指标相一致，目的在于探索影响可再生能源 LCOE 的敏感因素，因此确定性分析指标是 LCOE。

(3) 在可再生能源平准化模型基础上，计算各主要不确定因素在设定范围内发生不同幅度变动时所导致的分布式光伏发电 LCOE 的变动结果，建立一一对应的数量关系，利用图或表的形式表现出来。

(4) 确定敏感因素，对方案的风险情况进行分析。敏感因素是指其数值变化能显著影响方案经济效果的因素。判别敏感因素的方法有两种：一种方法是相对测定法，即设定要分析的因素均从确定性经济分析中所采用的数值开始变动，且各因素每次变动的幅度相同，比较在同一变动幅度下各因素变动的敏感程度；另一种方法是绝对测定法，即设各因素均向对方案不利的方向变动，并取其有可能出现的对方案最不利的数值，据此计算方案的经济效果指标，看其是否可达到使方案无法被接受的程度。如果某因素可能出现的最不利数值能使方案变得不可被接受，则表明该因素是方案的敏感因素。

3.2 风电平准化发电成本敏感性分析

通过前面风电项目平准化发电成本测算可以看出，风电 LCOE 受年利用小时数、单位造价和融资成本的影响较大。因此，本节主要对上述三个因素进行敏感性分析，探索年利用小时数、单位造价和融资成本在±25%的变化范围内对风电 LCOE 的影响。

通过对年利用小时数进行敏感性分析(表 3-1 和图 3-1)可知,年利用小时数对风电 LCOE 影响显著。由表 3-1 可知,风电年利用小时数每提高 10%,风电 LCOE 平均降低 0.04~0.05 元/(kW·h)。从图 3-1 可以明显看出,年利用小时数越低,提升年利用小时数对风电 LCOE 的降低作用越显著。因此,年利用小时数是建设风电项目考虑的首要因素。

表 3-1　风电年利用小时数敏感性分析

变动幅度/%	−25	−20	−15	−10	−5	0	5	10	15	20	25
年利用小时数/h	1500	1600	1700	1800	1900	2000	2100	2200	2300	2400	2500
LCOE/[元/(kW·h)]	0.6212	0.5838	0.5509	0.5216	0.4954	0.4718	0.4504	0.4310	0.4133	0.3970	0.3821

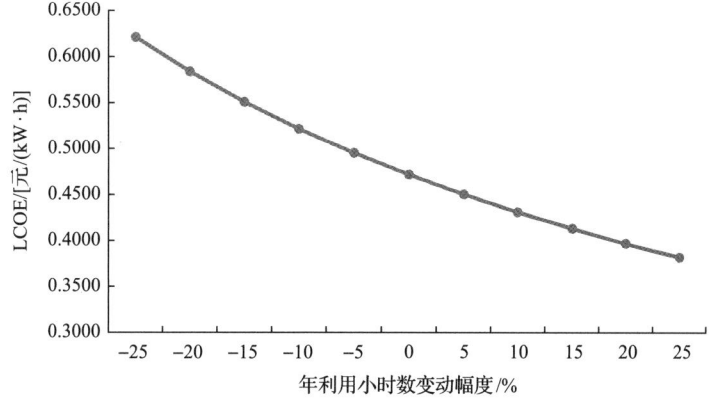

图 3-1　风电 LCOE 与年利用小时数敏感性分析图

通过对Ⅰ、Ⅱ、Ⅲ和Ⅳ类资源区单位造价进行敏感性分析(表 3-2 和图 3-2)可知,单位造价对于风电 LCOE 影响显著。由表 3-2 可知,单位造价平均每降低 10%,Ⅰ、Ⅱ、Ⅲ和Ⅳ类资源区风电 LCOE 分别降低约 0.0285 元/(kW·h)、0.031 元/(kW·h)、0.034 元/(kW·h)和 0.0375 元/(kW·h)。从图 3-2 可以明显看出,风资源条件越差的地区,单位造价对风电 LCOE 的影响越明显。

表 3-2　风电单位造价敏感性分析

变动幅度/%	−25	−20	−15	−10	−5	0	5	10	15	20	25
Ⅰ类资源区/[元/(kW·h)]	0.2887	0.3030	0.3173	0.3315	0.3458	0.3601	0.3744	0.3887	0.4030	0.4172	0.4315
Ⅱ类资源区/[元/(kW·h)]	0.3118	0.3273	0.3428	0.3583	0.3739	0.3894	0.4049	0.4204	0.4360	0.4515	0.4670
Ⅲ类资源区/[元/(kW·h)]	0.3392	0.3562	0.3732	0.3902	0.4072	0.4242	0.4412	0.4583	0.4753	0.4923	0.5093
Ⅳ类资源区/[元/(kW·h)]	0.3725	0.3913	0.4101	0.4289	0.4476	0.4664	0.4852	0.5040	0.5228	0.5416	0.5604

通过对Ⅰ、Ⅱ、Ⅲ和Ⅳ类资源区融资成本进行敏感性分析(表 3-3 和图 3-3)可知,利率每降低 10%,Ⅰ、Ⅱ、Ⅲ和Ⅳ类资源区风电平均 LCOE 分别降低 0.0057 元/(kW·h)、0.0062 元/(kW·h)、0.0068 元/(kW·h)和 0.0075 元/(kW·h)左右。尽管融资成本对风电 LCOE 的影响程度不如上述两个因素,但随着风电装机容量的迅速增长,其影响也是比

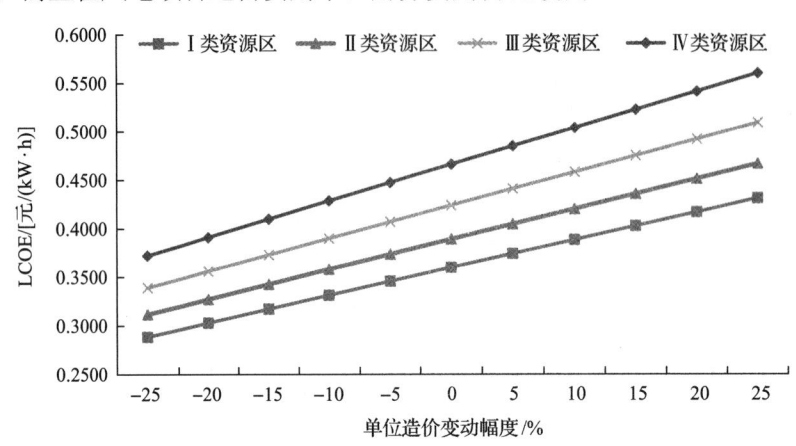

较明显的,而且在风电项目运营费用中,财务费用占比较高。

图 3-2 风电单位造价敏感性分析图

表 3-3 风电融资成本敏感性分析

变动幅度/%	−25	−20	−15	−10	−5	0	5	10	15	20	25
Ⅰ类资源区/[元/(kW·h)]	0.3458	0.3487	0.3515	0.3544	0.3572	0.3601	0.3630	0.3658	0.3687	0.3716	0.3744
Ⅱ类资源区/[元/(kW·h)]	0.3738	0.3769	0.3800	0.3832	0.3863	0.3894	0.3925	0.3956	0.3987	0.4018	0.4050
Ⅲ类资源区/[元/(kW·h)]	0.4072	0.4106	0.4140	0.4174	0.4208	0.4242	0.4277	0.4311	0.4345	0.4379	0.4413
Ⅳ类资源区/[元/(kW·h)]	0.4476	0.4514	0.4551	0.4589	0.4627	0.4664	0.4702	0.4740	0.4777	0.4815	0.4853

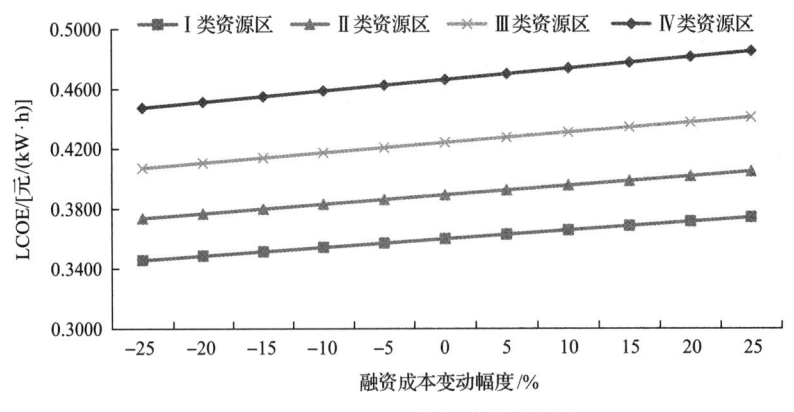

图 3-3 风电融资成本敏感性分析图

将风电三个因素敏感性分析结果汇总在图 3-4。在以上三个因素中,风电年利用小时数每增加 10%,LCOE 降低 0.04~0.05 元/(kW·h)。风电单位造价每降低 10%,LCOE 降低 0.0285~0.0375 元/(kW·h)。风电融资成本每降低 10%,LCOE 降低 0.0057~0.0075 元/(kW·h)。年利用小时数对 LCOE 的影响最显著,单位造价对 LCOE 的影响次之,融资成本对 LCOE 的影响没有其他两个因素显著,但其影响也是比较明显的。因此,合理改善以上三个因素对于降低风电成本具有显著作用。

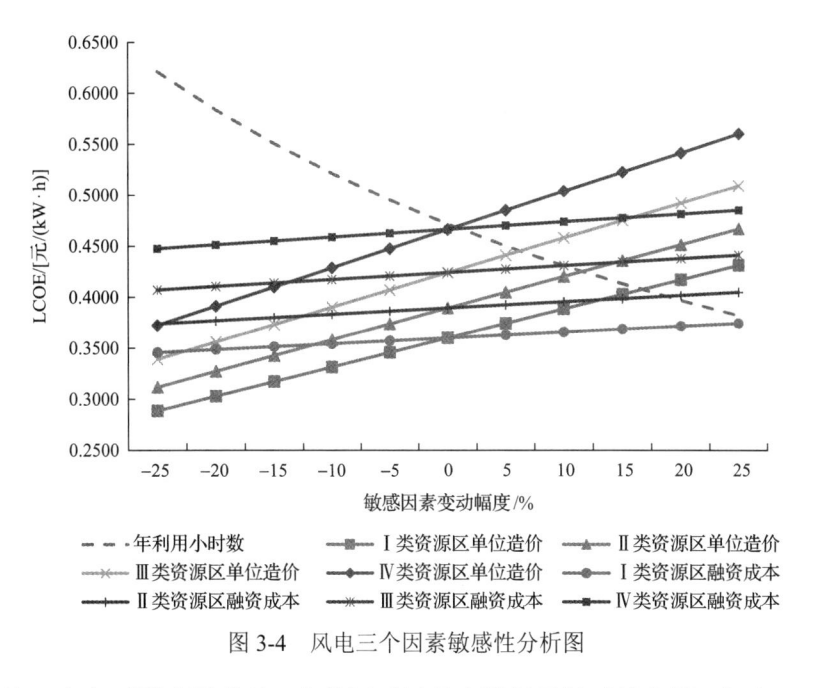

图 3-4 风电三个因素敏感性分析图

除上述三个主要影响因素外，本节还对折现率进行了敏感性分析，如表 3-4 和图 3-5 所示。由测算结果可知，折现率每降低 10%，Ⅰ、Ⅱ、Ⅲ和Ⅳ类资源区风电 LCOE 平均降低约 0.0029 元/(kW·h)、0.0031 元/(kW·h)、0.0034 元/(kW·h) 和 0.0038 元/(kW·h)。折现率对风电 LCOE 的影响不如年利用小时数、单位造价和融资成本显著。

表 3-4 风电折现率敏感性分析

变动幅度/%	−25	−20	−15	−10	−5	0	5	10	15	20	25
Ⅰ类资源区/[元/(kW·h)]	0.3528	0.3543	0.3558	0.3572	0.3587	0.3601	0.3615	0.3629	0.3643	0.3656	0.3670
Ⅱ类资源区/[元/(kW·h)]	0.3814	0.3830	0.3846	0.3862	0.3878	0.3894	0.3909	0.3924	0.3939	0.3954	0.3969
Ⅲ类资源区/[元/(kW·h)]	0.4155	0.4173	0.4190	0.4208	0.4225	0.4242	0.4259	0.4276	0.4292	0.4309	0.4324
Ⅳ类资源区/[元/(kW·h)]	0.4567	0.4587	0.4607	0.4626	0.4645	0.4664	0.4683	0.4702	0.4720	0.4738	0.4755

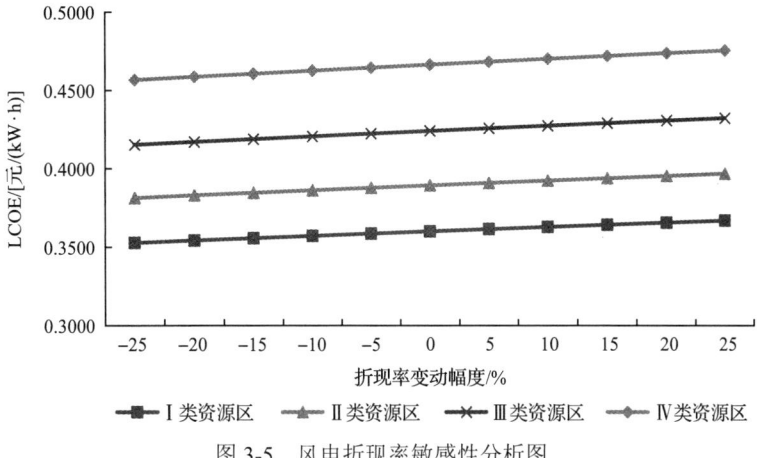

图 3-5 风电折现率敏感性分析图

3.3 集中式光伏发电平准化发电成本敏感性分析

在影响光伏发电 LCOE 的众多因素中，年利用小时数、单位造价和融资成本是光伏平准化发电成本中影响较大的。因此，敏感性分析主要围绕这三个因素展开。对年利用小时数进行敏感性分析，分析结果如表 3-5 所示。

表 3-5 集中式光伏发电年利用小时数敏感性分析

变动幅度/%	−25	−20	−15	−10	−5	0	5	10	15	20	25
年利用小时数/h	975	1040	1105	1170	1235	1300	1365	1430	1495	1560	1625
LCOE/[元/(kW·h)]	0.8651	0.8118	0.7647	0.7229	0.6855	0.6518	0.6213	0.5936	0.5683	0.5451	0.5238

根据敏感性分析结果，画出年利用小时数敏感性分析图，如图 3-6 所示。

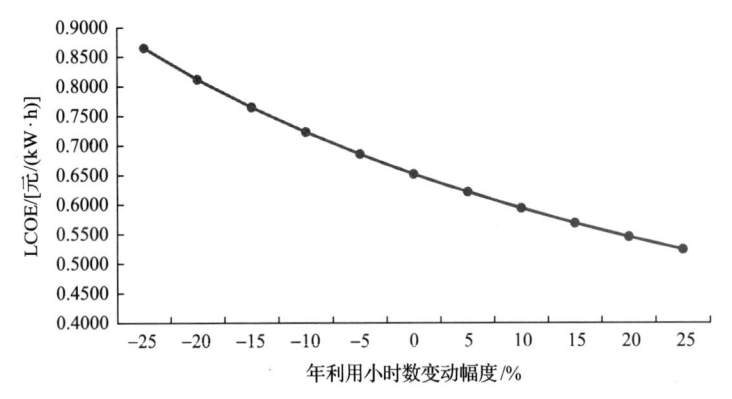

图 3-6 集中式光伏发电年利用小时数敏感性分析图

对年利用小时数变动进行分析，年利用小时数对集中式光伏发电 LCOE 影响显著。从最低的年利用小时数 975h 到最高的年利用小时数 1625h，对应的 LCOE 差距达到了 0.3413 元/(kW·h)。年利用小时数每提高 10%，集中式光伏发电 LCOE 平均降低 0.0445~0.1004 元/(kW·h)，而且年利用小时数越低，提升年利用小时数对 LCOE 的降低效果越显著。分别对Ⅰ、Ⅱ、Ⅲ类资源区单位造价进行敏感性分析，结果如表 3-6 所示。

表 3-6 集中式光伏发电单位造价敏感性分析

变动幅度/%	−25	−20	−15	−10	−5	0	5	10	15	20	25
Ⅰ类资源区/[元/(kW·h)]	0.4427	0.4674	0.4922	0.5169	0.5417	0.5664	0.5912	0.6159	0.6407	0.6654	0.6902
Ⅱ类资源区/[元/(kW·h)]	0.5090	0.5376	0.5661	0.5947	0.6232	0.6518	0.6803	0.7089	0.7374	0.7660	0.7945
Ⅲ类资源区/[元/(kW·h)]	0.5994	0.6332	0.6669	0.7007	0.7344	0.7682	0.8019	0.8356	0.8694	0.9031	0.9369

根据单位造价的敏感性分析结果绘制图 3-7，更直观地展示单位造价和集中式光伏发电 LCOE 的关系。分析发现，三个资源区对于单位造价的敏感程度很相似，但Ⅲ类资源

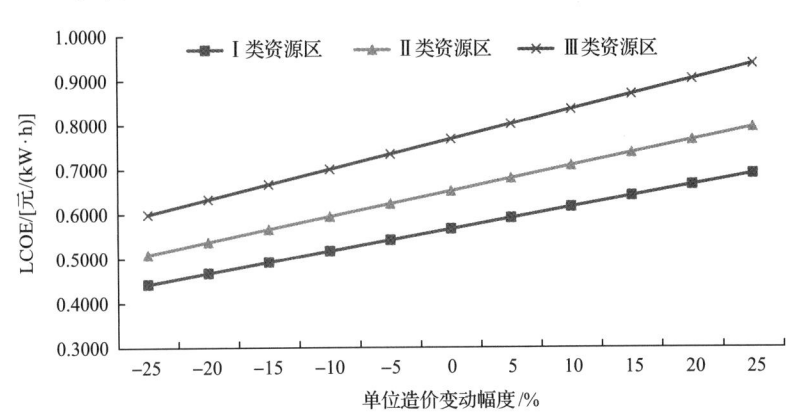

区相对于Ⅰ、Ⅱ类资源区更敏感。

图 3-7 集中式光伏发电单位造价敏感性分析图

对单位造价进行敏感性分析，Ⅰ类资源区单位造价每降低 10%，LCOE 平均可以降低 0.0495 元/(kW·h)；Ⅱ类资源区单位造价每降低 10%，LCOE 平均可以降低 0.0571 元/(kW·h)；Ⅲ类资源区单位造价每降低 10%，LCOE 平均可以降低 0.0675 元/(kW·h)。同时，可以发现在相同的造价水平下，Ⅰ、Ⅱ类资源区集中式光伏发电 LCOE 相差 0.0663～0.1043 元/(kW·h)，Ⅱ、Ⅲ类资源区 LCOE 相差 0.0904～0.1424 元/(kW·h)。

对集中式光伏发电融资成本进行敏感性分析，分析结果如表 3-7 和图 3-8 所示。

表 3-7 集中式光伏发电融资成本敏感性分析

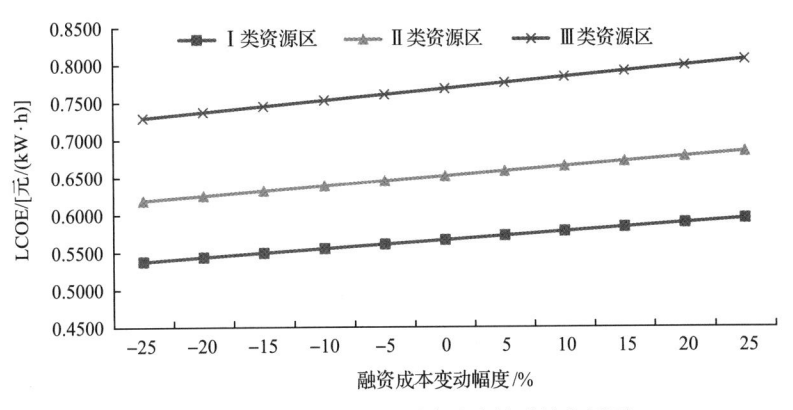

变动幅度/%	−25	−20	−15	−10	−5	0	5	10	15	20	25
Ⅰ类资源区/[元/(kW·h)]	0.5381	0.5438	0.5494	0.5551	0.5608	0.5664	0.5721	0.5778	0.5834	0.5891	0.5948
Ⅱ类资源区/[元/(kW·h)]	0.6191	0.6256	0.6322	0.6387	0.6452	0.6518	0.6583	0.6649	0.6714	0.6779	0.6845
Ⅲ类资源区/[元/(kW·h)]	0.7295	0.7372	0.7450	0.7527	0.7604	0.7682	0.7759	0.7836	0.7913	0.7991	0.8068

图 3-8 集中式光伏发电融资成本敏感性分析图

对Ⅰ、Ⅱ和Ⅲ类资源区融资成本进行敏感性分析,在Ⅰ类资源区,融资成本每降低10%,集中式光伏发电LCOE平均降低0.0113元/(kW·h);对于Ⅱ类资源区,融资成本每降低10%,集中式光伏发电LCOE平均降低0.0131元/(kW·h);对于Ⅲ类资源区,融资成本每降低10%,集中式光伏发电LCOE平均降低0.0155元/(kW·h)。尽管融资成本对集中式光伏发电LCOE的影响不如年利用小时数和单位造价显著,但考虑到2017年集中式光伏发电上网电量达373.9亿kW·h,每度电0.01元累计起来就是约3.739亿元。

将三个因素敏感性分析结果绘制在图3-9,可以看出,年利用小时数对LCOE的影响最显著,单位造价对LCOE的影响次之,融资成本对集中式光伏发电LCOE的影响最不显著。但三个因素对于集中式光伏发电LCOE的影响都近似线性且敏感性较强,因此合理改善以上三个因素对于降低光伏发电成本具有显著作用。

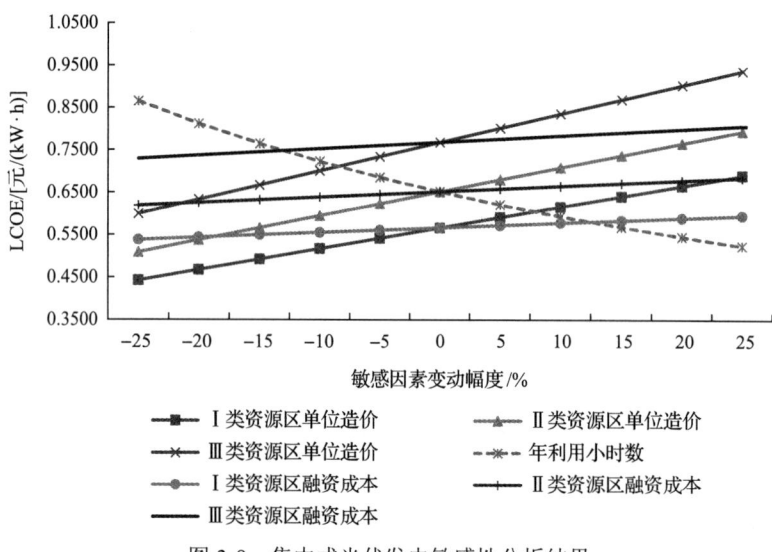

图3-9 集中式光伏发电敏感性分析结果

除上述三个主要影响因素外,本节还对折现率进行了敏感性分析,如表3-8和图3-10所示。由测算结果可知,Ⅰ类资源区折现率每降低10%,LCOE平均可以降低0.0051元/(kW·h);Ⅱ类资源区折现率每降低10%,LCOE平均可以降低0.0059元/(kW·h);Ⅲ类资源区折现率每降低10%,LCOE平均可以降低0.0070元/(kW·h)。折现率对集中式光伏发电LCOE的影响不如年利用小时数、单位造价和融资成本显著。

表3-8 集中式光伏发电折现率敏感性分析

变动幅度/%	−25	−20	−15	−10	−5	0	5	10	15	20	25
Ⅰ类资源区/[元/(kW·h)]	0.5532	0.5559	0.5586	0.5612	0.5639	0.5664	0.5690	0.5715	0.5739	0.5764	0.5788
Ⅱ类资源区/[元/(kW·h)]	0.6365	0.6396	0.6427	0.6458	0.6488	0.6518	0.6547	0.6576	0.6605	0.6633	0.6660
Ⅲ类资源区/[元/(kW·h)]	0.7501	0.7538	0.7575	0.7611	0.7646	0.7682	0.7716	0.7750	0.7784	0.7818	0.7850

第3章 可再生能源平准化发电成本敏感性分析

图 3-10 集中式光伏发电折现率敏感性分析图

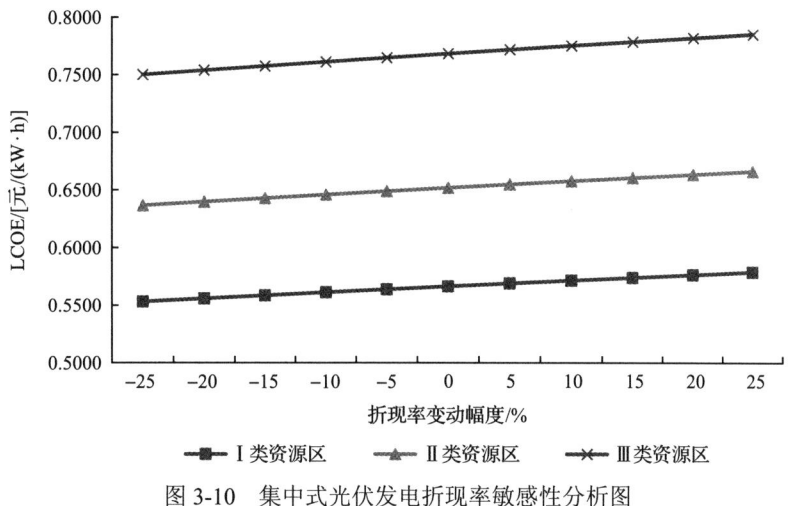

3.4 分布式光伏发电平准化发电成本敏感性分析

通过分布式光伏发电平准化发电成本测算可以看出，分布式光伏发电 LCOE 受年利用小时数、单位造价和融资成本的影响较大。因此，本节拟分别对上述三个因素进行敏感性分析，探索年利用小时数、单位造价和融资成本在±25%的变化范围内对分布式光伏发电 LCOE 的影响。

通过对年利用小时数进行敏感性分析（表 3-9 和图 3-11）可知，年利用小时数对分布式光伏发电 LCOE 影响显著。由表 3-9 可知，分布式光伏发电年利用小时数每提高 10%，LCOE 平均降低 0.0559~0.1262 元/(kW·h)。从图 3-11 可以明显看出，年利用小时数越

表 3-9 分布式光伏发电年利用小时数敏感性分析

变动幅度/%	−25	−20	−15	−10	−5	0	5	10	15	20	25
年利用小时数/h	975	1040	1105	1170	1235	1300	1365	1430	1495	1560	1625
LCOE/[元/(kW·h)]	1.0844	1.0174	0.9582	0.9057	0.8587	0.8163	0.7780	0.7432	0.7114	0.6823	0.6555

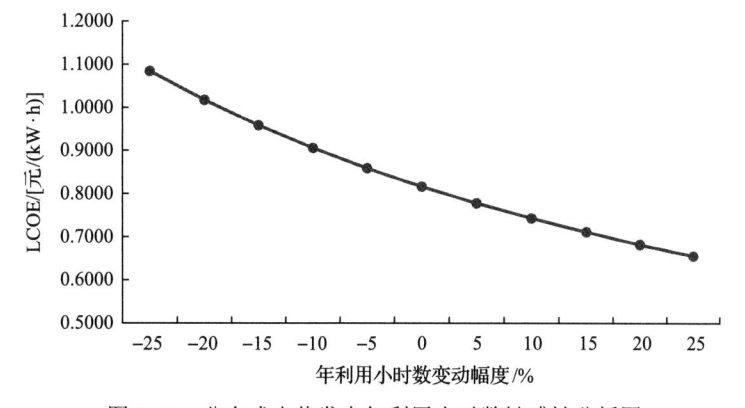

图 3-11 分布式光伏发电年利用小时数敏感性分析图

低，提升年利用小时数对 LCOE 的降低越显著。因此，年利用小时数是建设分布式光伏发电项目考虑的首要因素。

通过对Ⅰ、Ⅱ和Ⅲ类资源区单位造价进行敏感性分析(表 3-10 和图 3-12)可知，单位造价对于分布式光伏发电 LCOE 影响显著。单位造价每降低 10%，Ⅰ、Ⅱ和Ⅲ类资源区分布式光伏发电 LCOE 可以平均降低 0.0619 元/(kW·h)、0.0714 元/(kW·h)和 0.0844 元/(kW·h)左右。从图 3-12 可以明显看出，太阳能资源越差的地区，单位造价对于分布式光伏发电 LCOE 的影响越显著。

表 3-10　分布式光伏发电单位造价敏感性分析

变动幅度/%	−25	−20	−15	−10	−5	0	5	10	15	20	25
Ⅰ类资源区/[元/(kW·h)]	0.5101	0.5411	0.5720	0.6030	0.6339	0.6649	0.6959	0.7268	0.7578	0.7887	0.8197
Ⅱ类资源区/[元/(kW·h)]	0.5867	0.6224	0.6582	0.6939	0.7296	0.7653	0.8010	0.8367	0.8725	0.9082	0.9439
Ⅲ类资源区/[元/(kW·h)]	0.6912	0.7334	0.7756	0.8178	0.8600	0.9022	0.9444	0.9867	1.0289	1.0711	1.1133

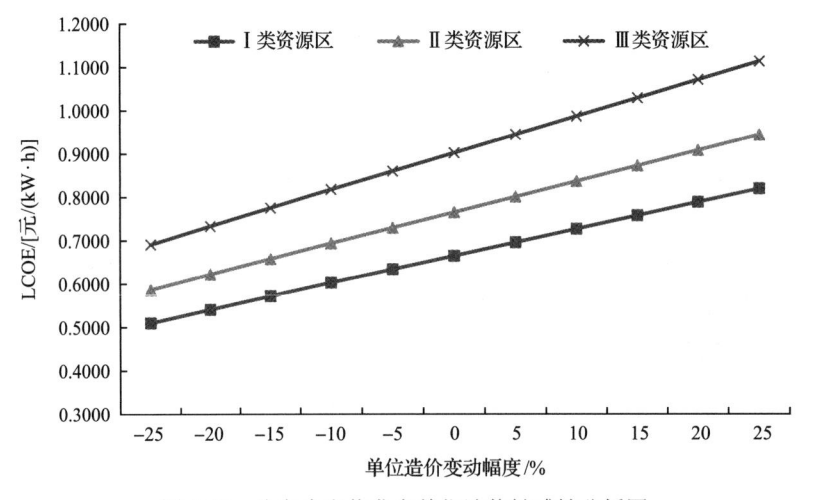

图 3-12　分布式光伏发电单位造价敏感性分析图

通过对Ⅰ、Ⅱ和Ⅲ类资源区融资成本进行敏感性分析(表 3-11 和图 3-13)可知，融资成本每降低 10%，Ⅰ、Ⅱ和Ⅲ类资源区分布式光伏发电 LCOE 可以平均降低 0.0052 元/(kW·h)、0.006 元/(kW·h)和 0.007 元/(kW·h)左右。由于分布式光伏发电项目能获得的贷款比例远低于自有资金比例，故其敏感程度明显低于年利用小时数和单位造价。尽管融资成本对分布式光伏发电 LCOE 的影响程度不如上述两个因素，但随着分布式光伏装

表 3-11　分布式光伏发电融资成本敏感性分析

变动幅度/%	−25	−20	−15	−10	−5	0	5	10	15	20	25
Ⅰ类资源区/[元/(kW·h)]	0.6963	0.6988	0.7014	0.7039	0.7065	0.7091	0.7117	0.7144	0.7171	0.7198	0.7225
Ⅱ类资源区/[元/(kW·h)]	0.8016	0.8045	0.8074	0.8103	0.8133	0.8163	0.8194	0.8224	0.8255	0.8286	0.8317
Ⅲ类资源区/[元/(kW·h)]	0.9451	0.9485	0.9520	0.9555	0.9590	0.9625	0.9661	0.9697	0.9734	0.9770	0.9807

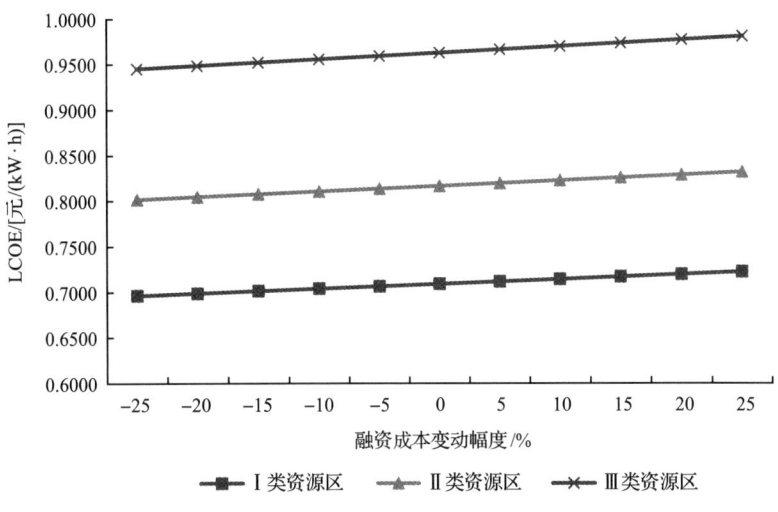

图 3-13 分布式光伏发电融资成本敏感性分析图

机容量的迅速增长，其影响也是比较明显的，而且在分布式光伏发电项目运营费用中，财务费用占比较高。

在以上三个因素中，年利用小时数对 LCOE 的影响最显著，单位造价对 LCOE 的影响次之，融资成本对 LCOE 的影响没有其他两个因素显著，但其影响也是比较明显的（图 3-14）。

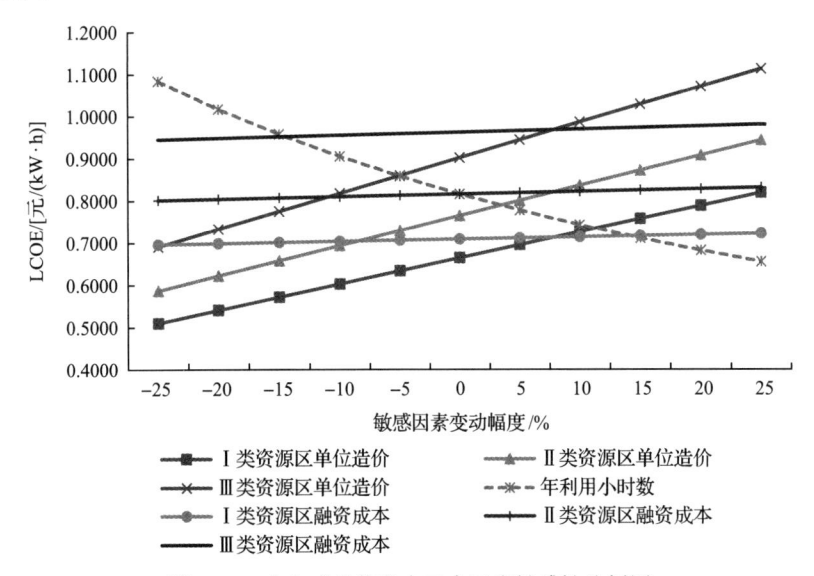

图 3-14 分布式光伏发电三个因素敏感性分析图

除上述三个主要影响因素外，本节还对折现率进行了敏感性分析，如表 3-12 和图 3-15 所示。由测算结果可知，Ⅰ类资源区折现率每降低 10%，LCOE 平均可以降低 0.0109 元/(kW·h)；Ⅱ类资源区折现率每降低 10%，LCOE 平均可以降低 0.0125 元/(kW·h)；Ⅲ类资源区折现率每降低 10%，LCOE 平均可以降低 0.0148 元/(kW·h)。

表 3-12 分布式光伏发电折现率敏感性分析

变动幅度/%	−25	−20	−15	−10	−5	0	5	10	15	20	25
Ⅰ类资源区/[元/(kW·h)]	0.6667	0.6725	0.6782	0.6839	0.6894	0.6949	0.7003	0.7056	0.7109	0.7160	0.7211
Ⅱ类资源区/[元/(kW·h)]	0.7674	0.7741	0.7807	0.7872	0.7936	0.7999	0.8062	0.8123	0.8183	0.8243	0.8301
Ⅲ类资源区/[元/(kW·h)]	0.9046	0.9126	0.9204	0.9281	0.9356	0.9431	0.9505	0.9578	0.9649	0.9719	0.9788

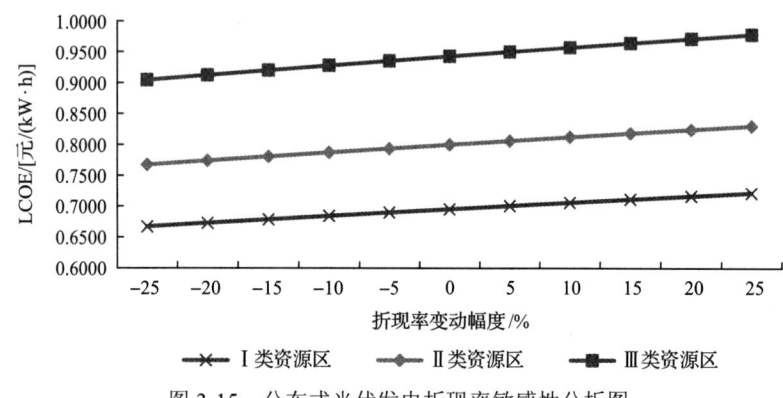

图 3-15 分布式光伏发电折现率敏感性分析图

第4章 可再生能源发电平价上网前景分析

2019年国家能源局公布了第一批风电和光伏发电平价上网项目,其中风电平价项目共计56个,装机容量451万 kW,光伏发电平价项目168个,装机容量1478万 kW。2020年国家能源局公布风电和光伏发电平价上网项目,其中风电平价项目共计158个,装机容量1140万 kW,光伏发电平价项目989个,装机容量3305万 kW[①]。广东、山东和陕西等多个光照条件较好的省份相继启动平价项目,光伏发电平价上网区域和平价上网规模都将进一步扩大。

本章对2020~2025年风电和集中式光伏发电平准化发电成本进行情景分析,探讨风电和集中式光伏发电平价上网前景。

4.1 风电平准化发电成本测算

年利用小时数、单位造价和融资成本是影响风电 LCOE 的重要因素,因此在情景设计上主要根据这三个因素的变动设置成乐观和中性两种情景,乐观情景按最优情景进行设置;中性情景可以理解为明显优于2019年实际情况,国家出台相关政策大力促进风电平价上网,因此本书不再设置悲观情景。在此基础上,将探讨风电在2020~2025年平价上网情况,即风电 LCOE 能否低于对应的煤电上网电价。

乐观情景:2019年全国弃风率已经降至《电力发展"十三五"规划(2016—2020年)》目标中指出的合理水平(5%以内[②])。乐观情景下,年利用小时数在2019年各省年利用小时数的基础上,于2022年达到各类资源区的理论年利用小时数(不存在弃风情况),2023~2025年考虑风机技术进步带来年利用小时数的显著提升,详见表4-1。风电单位造价明显降低,结合风电设备学习曲线模拟,考虑单位造价以每年1.5%的速度下降;关于其他成本,电网接入成本不再由风电企业承担,同时减掉部分不规范的土地使用成本,详见表4-2。关于融资成本,乐观情景下将长期贷款利率设置为4%。

中性情景:2020~2025年弃风情况得到明显改善,在2019年各省年利用小时数的基础上,于2023年达到各类资源区的理论年利用小时数(不存在弃风情况),2024年和2025年考虑风机技术进步带来年利用小时数的小幅度提升,详见表4-3。结合风电设备学习曲线模拟,考虑单位造价以每年1%的速度下降;关于其他成本,电网接入成本不再由风电企业承担,同时减掉部分不规范的土地使用成本,详见表4-4。关于融资成本,中性情景下将长期贷款利率设置为4.5%。

根据以上情景设定,本章详细测算了我国不同区域(不含香港、澳门和台湾)风电的

---

① 《国家发展改革委办公厅 国家能源局综合司关于公布2019年第一批风电、光伏发电平价上网项目的通知》(发改办能源〔2019〕594号).

② 张宇. 国家能源局总工程师韩水:十三五将多措并举解决弃风弃光问题. (2016-11-08)[2020-05-30]. https://news.bjx.com.cn/html/20161108/787014.shtml.

LCOE，详见表 4-5 和表 4-6。整体上，2020~2025 年风电 LCOE 持续下降，且 LCOE 与

表 4-1　2020~2025 年风电乐观情景下年利用小时数设定　　　　（单位：h）

资源区	省(区、市)	理论年利用小时数	年利用小时数					
			2020 年	2021 年	2022 年	2023 年	2024 年	2025 年
Ⅰ类	内蒙古Ⅰ	2700	2570	2635	2700	2850	3050	3350
	新疆Ⅰ	2600	2365	2482	2600	2750	2950	3250
Ⅱ类	内蒙古Ⅱ	2300	2170	2235	2300	2450	2650	2950
	河北Ⅱ	2500	2329	2415	2500	2650	2850	3150
	甘肃Ⅱ	2400	1991	2196	2400	2550	2750	3050
Ⅲ类	吉林Ⅲ	2400	2344	2372	2400	2550	2750	3050
	黑龙江Ⅲ	2450	2432	2441	2450	2600	2800	3100
	甘肃Ⅲ	2200	1925	2062	2200	2350	2550	2850
	宁夏	1900	1841	1870	1900	2050	2250	2550
	新疆Ⅲ	2200	2098	2149	2200	2350	2550	2850
Ⅳ类	北京	1900	1844	1872	1900	2050	2250	2550
	天津	2100	2010	2055	2100	2250	2450	2750
	河北Ⅳ	2200	2096	2148	2200	2350	2550	2850
	山西	2200	2012	2106	2200	2350	2550	2850
	辽宁	2300	2300	2300	2300	2450	2650	2950
	吉林Ⅳ	2200	2144	2172	2200	2350	2550	2850
	黑龙江Ⅳ	2300	2249	2274	2300	2450	2650	2950
	山东	2000	1909	1954	2000	2150	2350	2650
	上海	2500	2210	2355	2500	2650	2850	3150
	江苏	2250	2065	2158	2250	2400	2600	2900
	浙江	2200	2127	2163	2200	2350	2550	2850
	安徽	2200	1939	2070	2200	2350	2550	2850
	福建	2800	2693	2746	2800	2950	3000	3000
	江西	2100	2052	2076	2100	2250	2450	2750
	河南	1800	1587	1693	1800	1950	2150	2450
	湖北	2200	2040	2120	2200	2350	2550	2850
	湖南	2100	2007	2053	2100	2250	2450	2750
	重庆	2300	2097	2199	2300	2450	2650	2950
	四川	2600	2569	2584	2600	2750	2950	3250
	陕西	2000	1954	1977	2000	2150	2350	2650
	青海	2000	1829	1914	2000	2150	2350	2650
	西藏	2200	2182	2191	2200	2350	2550	2850
	广东	1900	1708	1804	1900	2050	2250	2550
	广西	2400	2390	2395	2400	2550	2750	3050
	海南	1900	1730	1815	1900	2050	2250	2550
	贵州	1900	1874	1887	1900	2050	2250	2550
	云南	2850	2822	2836	2850	3000	3000	3000

表4-2 2020～2025年风电乐观情景下单位造价设定　　（单位：元/kW）

资源区	省(区、市)	单位造价					
		2020年	2021年	2022年	2023年	2024年	2025年
Ⅰ类	内蒙古Ⅰ	6213	6120	6028	5937	5848	5761
	新疆Ⅰ	6213	6120	6028	5937	5848	5761
Ⅱ类	内蒙古Ⅱ	6213	6120	6028	5937	5848	5761
	河北Ⅱ	6307	6212	6119	6027	5937	5848
	甘肃Ⅱ	6213	6120	6028	5937	5848	5761
Ⅲ类	吉林Ⅲ	6354	6259	6165	6072	5981	5892
	黑龙江Ⅲ	6354	6259	6165	6072	5981	5892
	甘肃Ⅲ	6213	6120	6028	5937	5848	5761
	宁夏	6213	6120	6028	5937	5848	5761
	新疆Ⅲ	6213	6120	6028	5937	5848	5761
Ⅳ类	北京	6589	6491	6393	6297	6203	6110
	天津	6589	6491	6393	6297	6203	6110
	河北Ⅳ	6307	6212	6119	6027	5937	5848
	山西	6307	6212	6119	6027	5937	5848
	辽宁	6448	6351	6256	6162	6070	5979
	吉林Ⅳ	6354	6259	6165	6072	5981	5892
	黑龙江Ⅳ	6354	6259	6165	6072	5981	5892
	山东	6448	6351	6256	6162	6070	5979
	上海	6589	6491	6393	6297	6203	6110
	江苏	6589	6491	6393	6297	6203	6110
	浙江	6589	6491	6393	6297	6203	6110
	安徽	6307	6212	6119	6027	5937	5848
	福建	6589	6491	6393	6297	6203	6110
	江西	6307	6212	6119	6027	5937	5848
	河南	6307	6212	6119	6027	5937	5848
	湖北	6354	6259	6165	6072	5981	5892
	湖南	6354	6259	6165	6072	5981	5892
	重庆	6354	6259	6165	6072	5981	5892
	四川	6307	6212	6119	6027	5937	5848
	陕西	6213	6120	6028	5937	5848	5761
	青海	6213	6120	6028	5937	5848	5761
	西藏	6354	6259	6165	6072	5981	5892
	广东	6589	6491	6393	6297	6203	6110
	广西	6354	6259	6165	6072	5981	5892
	海南	6495	6398	6302	6207	6114	6022
	贵州	6354	6259	6165	6072	5981	5892
	云南	6354	6259	6165	6072	5981	5892

表 4-3　2020～2025 年风电中性情景下年利用小时数设定　　　（单位：h）

资源区	省(区、市)	理论年利用小时数	年利用小时数					
			2020年	2021年	2022年	2023年	2024年	2025年
Ⅰ类	内蒙古Ⅰ	2700	2538	2603	2668	2700	2800	3000
	新疆Ⅰ	2600	2306	2424	2541	2600	2700	2900
Ⅱ类	内蒙古Ⅱ	2300	2138	2203	2268	2300	2400	2600
	河北Ⅱ	2500	2287	2372	2457	2500	2600	2800
	甘肃Ⅱ	2400	1889	2094	2298	2400	2500	2700
Ⅲ类	吉林Ⅲ	2400	2330	2358	2386	2400	2500	2700
	黑龙江Ⅲ	2450	2428	2437	2446	2450	2550	2750
	甘肃Ⅲ	2200	1856	1994	2131	2200	2300	2500
	宁夏	1900	1826	1856	1885	1900	2000	2200
	新疆Ⅲ	2200	2073	2124	2175	2200	2300	2500
Ⅳ类	北京	1900	1830	1858	1886	1900	2000	2200
	天津	2100	1988	2033	2078	2100	2200	2400
	河北Ⅳ	2200	2070	2122	2174	2200	2300	2500
	山西	2200	1965	2059	2153	2200	2300	2500
	辽宁	2300	2300	2300	2300	2300	2400	2600
	吉林Ⅳ	2200	2130	2158	2186	2200	2300	2500
	黑龙江Ⅳ	2300	2236	2262	2287	2300	2400	2600
	山东	2000	1886	1932	1977	2000	2100	2300
	上海	2500	2138	2283	2428	2500	2600	2800
	江苏	2250	2019	2112	2204	2250	2350	2550
	浙江	2200	2108	2145	2182	2200	2300	2500
	安徽	2200	1874	2005	2135	2200	2300	2500
	福建	2800	2666	2720	2773	2800	2900	3000
	江西	2100	2040	2064	2088	2100	2200	2400
	河南	1800	1533	1640	1747	1800	1900	2100
	湖北	2200	2000	2080	2160	2200	2300	2500
	湖南	2100	1983	2030	2077	2100	2200	2400
	重庆	2300	2047	2148	2249	2300	2400	2600
	四川	2600	2561	2577	2592	2600	2700	2900
	陕西	2000	1943	1966	1989	2000	2100	2300
	青海	2000	1786	1872	1957	2000	2100	2300
	西藏	2200	2178	2187	2196	2200	2300	2500
	广东	1900	1660	1756	1852	1900	2000	2200
	广西	2400	2388	2393	2398	2400	2500	2700
	海南	1900	1688	1773	1858	1900	2000	2200
	贵州	1900	1868	1881	1894	1900	2000	2200
	云南	2850	2815	2829	2843	2850	2950	3000

表 4-4 2020～2025 年风电中性情景下单位造价设定　　（单位：元/kW）

资源区	省(区、市)	单位造价					
		2020年	2021年	2022年	2023年	2024年	2025年
Ⅰ类	内蒙古Ⅰ	6340	6277	6214	6152	6090	6029
	新疆Ⅰ	6340	6277	6214	6152	6090	6029
Ⅱ类	内蒙古Ⅱ	6340	6277	6214	6152	6090	6029
	河北Ⅱ	6436	6372	6308	6245	6182	6121
	甘肃Ⅱ	6340	6277	6214	6152	6090	6029
Ⅲ类	吉林Ⅲ	6484	6419	6355	6291	6229	6166
	黑龙江Ⅲ	6484	6419	6355	6291	6229	6166
	甘肃Ⅲ	6340	6277	6214	6152	6090	6029
	宁夏	6340	6277	6214	6152	6090	6029
	新疆Ⅲ	6340	6277	6214	6152	6090	6029
Ⅳ类	北京	6724	6657	6590	6524	6459	6395
	天津	6724	6657	6590	6524	6459	6395
	河北Ⅳ	6436	6372	6308	6245	6182	6121
	山西	6436	6372	6308	6245	6182	6121
	辽宁	6580	6514	6449	6385	6321	6258
	吉林Ⅳ	6484	6419	6355	6291	6229	6166
	黑龙江Ⅳ	6484	6419	6355	6291	6229	6166
	山东	6580	6514	6449	6385	6321	6258
	上海	6724	6657	6590	6524	6459	6395
	江苏	6724	6657	6590	6524	6459	6395
	浙江	6724	6657	6590	6524	6459	6395
	安徽	6436	6372	6308	6245	6182	6121
	福建	6724	6657	6590	6524	6459	6395
	江西	6436	6372	6308	6245	6182	6121
	河南	6436	6372	6308	6245	6182	6121
	湖北	6484	6419	6355	6291	6229	6166
	湖南	6484	6419	6355	6291	6229	6166
	重庆	6484	6419	6355	6291	6229	6166
	四川	6436	6372	6308	6245	6182	6121
	陕西	6340	6277	6214	6152	6090	6029
	青海	6340	6277	6214	6152	6090	6029
	西藏	6484	6419	6355	6291	6229	6166
	广东	6724	6657	6590	6524	6459	6395
	广西	6484	6419	6355	6291	6229	6166
	海南	6628	6562	6496	6431	6367	6303
	贵州	6484	6419	6355	6291	6229	6166
	云南	6484	6419	6355	6291	6229	6166

表 4-5 乐观情景下 2020～2025 年风电 LCOE　　［单位：元/(kW·h)］

资源区	省(区、市)	LCOE					
		2020 年	2021 年	2022 年	2023 年	2024 年	2025 年
Ⅰ类	内蒙古Ⅰ	0.3282	0.3169	0.3063	0.2880	0.2676	0.2430
	新疆Ⅰ	0.3547	0.3350	0.3172	0.2977	0.2759	0.2497
Ⅱ类	内蒙古Ⅱ	0.3844	0.3695	0.3555	0.3313	0.3045	0.2727
	河北Ⅱ	0.3639	0.3478	0.3328	0.3116	0.2880	0.2598
	甘肃Ⅱ	0.4168	0.3757	0.3416	0.3192	0.2942	0.2646
Ⅲ类	吉林Ⅲ	0.3639	0.3557	0.3477	0.3248	0.2993	0.2691
	黑龙江Ⅲ	0.3516	0.3463	0.3410	0.3190	0.2944	0.2651
	甘肃Ⅲ	0.4304	0.3984	0.3706	0.3444	0.3155	0.2815
	宁夏	0.4490	0.4369	0.4254	0.3913	0.3544	0.3119
	新疆Ⅲ	0.3968	0.3833	0.3706	0.3444	0.3155	0.2815
Ⅳ类	北京	0.4697	0.4575	0.4457	0.4098	0.3711	0.3263
	天津	0.4329	0.4188	0.4055	0.3755	0.3427	0.3043
	河北Ⅳ	0.4019	0.3880	0.3750	0.3484	0.3192	0.2847
	山西	0.4177	0.3953	0.3750	0.3484	0.3192	0.2847
	辽宁	0.3748	0.3703	0.3660	0.3409	0.3133	0.2806
	吉林Ⅳ	0.3957	0.3863	0.3771	0.3504	0.3210	0.2863
	黑龙江Ⅳ	0.3784	0.3699	0.3618	0.3371	0.3098	0.2774
	山东	0.4468	0.4317	0.4173	0.3852	0.3503	0.3097
	上海	0.3958	0.3685	0.3443	0.3223	0.2979	0.2686
	江苏	0.4219	0.4000	0.3800	0.3535	0.3243	0.2898
	浙江	0.4104	0.3990	0.3881	0.3605	0.3302	0.2944
	安徽	0.4324	0.4018	0.3750	0.3484	0.3192	0.2847
	福建	0.3291	0.3193	0.3099	0.2919	0.2841	0.2809
	江西	0.4100	0.4007	0.3917	0.3628	0.3312	0.2942
	河南	0.5233	0.4860	0.4531	0.4151	0.3742	0.3274
	湖北	0.4147	0.3952	0.3771	0.3504	0.3210	0.2863
	湖南	0.4212	0.4072	0.3940	0.3649	0.3331	0.2959
	重庆	0.4040	0.3819	0.3618	0.3371	0.3098	0.2774
	四川	0.3322	0.3265	0.3209	0.3011	0.2791	0.2526
	陕西	0.4243	0.4146	0.4053	0.3742	0.3404	0.3010
	青海	0.4517	0.4274	0.4053	0.3742	0.3404	0.3010
	西藏	0.3892	0.3831	0.3771	0.3504	0.3210	0.2863
	广东	0.5053	0.4738	0.4457	0.4098	0.3711	0.3263
	广西	0.3574	0.3525	0.3477	0.3248	0.2993	0.2691
	海南	0.4934	0.4657	0.4406	0.4052	0.3669	0.3227
	贵州	0.4493	0.4411	0.4330	0.3983	0.3607	0.3173
	云南	0.3062	0.3013	0.2965	0.2796	0.2764	0.2732

表 4-6　中性情景下 2020～2025 年风电 LCOE　　　［单位：元/(kW·h)］

资源区	省(区、市)	LCOE 2020年	2021年	2022年	2023年	2024年	2025年
Ⅰ类	内蒙古Ⅰ	0.3429	0.3323	0.3222	0.3161	0.3033	0.2825
	新疆Ⅰ	0.3750	0.3551	0.3371	0.3274	0.3137	0.2914
Ⅱ类	内蒙古Ⅱ	0.4027	0.3884	0.3749	0.3671	0.3500	0.3223
	河北Ⅱ	0.3825	0.3666	0.3519	0.3436	0.3287	0.3045
	甘肃Ⅱ	0.4525	0.4074	0.3703	0.3527	0.3369	0.3113
Ⅲ类	吉林Ⅲ	0.3780	0.3708	0.3639	0.3590	0.3429	0.3167
	黑龙江Ⅲ	0.3638	0.3596	0.3556	0.3522	0.3366	0.3114
	甘肃Ⅲ	0.4602	0.4266	0.3974	0.3827	0.3642	0.3343
	宁夏	0.4674	0.4566	0.4462	0.4394	0.4153	0.3767
	新疆Ⅲ	0.4146	0.4020	0.3900	0.3827	0.3642	0.3343
Ⅳ类	北京	0.4890	0.4781	0.4676	0.4605	0.4352	0.3946
	天津	0.4521	0.4391	0.4266	0.4189	0.3977	0.3636
	河北Ⅳ	0.4200	0.4071	0.3947	0.3872	0.3685	0.3382
	山西	0.4412	0.4188	0.3983	0.3872	0.3685	0.3382
	辽宁	0.3871	0.3840	0.3810	0.3780	0.3603	0.3318
	吉林Ⅳ	0.4113	0.4030	0.3950	0.3895	0.3707	0.3402
	黑龙江Ⅳ	0.3929	0.3857	0.3786	0.3736	0.3562	0.3280
	山东	0.4670	0.4529	0.4394	0.4312	0.4085	0.3720
	上海	0.4220	0.3935	0.3685	0.3556	0.3401	0.3150
	江苏	0.4454	0.4235	0.4035	0.3925	0.3738	0.3436
	浙江	0.4276	0.4173	0.4074	0.4009	0.3815	0.3500
	安徽	0.4615	0.4295	0.4015	0.3872	0.3685	0.3382
	福建	0.3430	0.3341	0.3255	0.3200	0.3074	0.2956
	江西	0.4259	0.4178	0.4100	0.4046	0.3842	0.3513
	河南	0.5589	0.5198	0.4856	0.4681	0.4412	0.3982
	湖北	0.4365	0.4173	0.3995	0.3895	0.3707	0.3402
	湖南	0.4400	0.4270	0.4146	0.4070	0.3864	0.3534
	重庆	0.4271	0.4048	0.3845	0.3736	0.3562	0.3280
	四川	0.3440	0.3394	0.3348	0.3313	0.3174	0.2948
	陕西	0.4407	0.4324	0.4243	0.4186	0.3966	0.3613
	青海	0.4774	0.4529	0.4307	0.4186	0.3966	0.3613
	西藏	0.4028	0.3981	0.3934	0.3895	0.3707	0.3402
	广东	0.5367	0.5045	0.4757	0.4605	0.4352	0.3946
	广西	0.3695	0.3658	0.3622	0.3590	0.3429	0.3167
	海南	0.5222	0.4943	0.4689	0.4553	0.4302	0.3901
	贵州	0.4658	0.4590	0.4524	0.4473	0.4227	0.3834
	云南	0.3169	0.3130	0.3091	0.3060	0.2941	0.2874

风资源情况密切相关。在乐观情景和中性情景两种情景下，2020年全国风电LCOE均值分别为0.4062元/(kW·h)和0.4261元/(kW·h)，2025年LCOE均值分别为0.2865元/(kW·h)和0.3388元/(kW·h)。相比2016年情景LCOE 0.5086元/(kW·h)均有显著下降。这主要是因为两种情景下风电的年利用小时数得到了持续的提升，与2016年情景相比，不仅不存在弃风现象，而且技术进步有效地提升了年利用小时数。从风资源区角度来看，2020~2025年两种情景下风电LCOE均值与风资源情况正相关，即风资源丰富的地区，其风电LCOE就低，见图4-1。

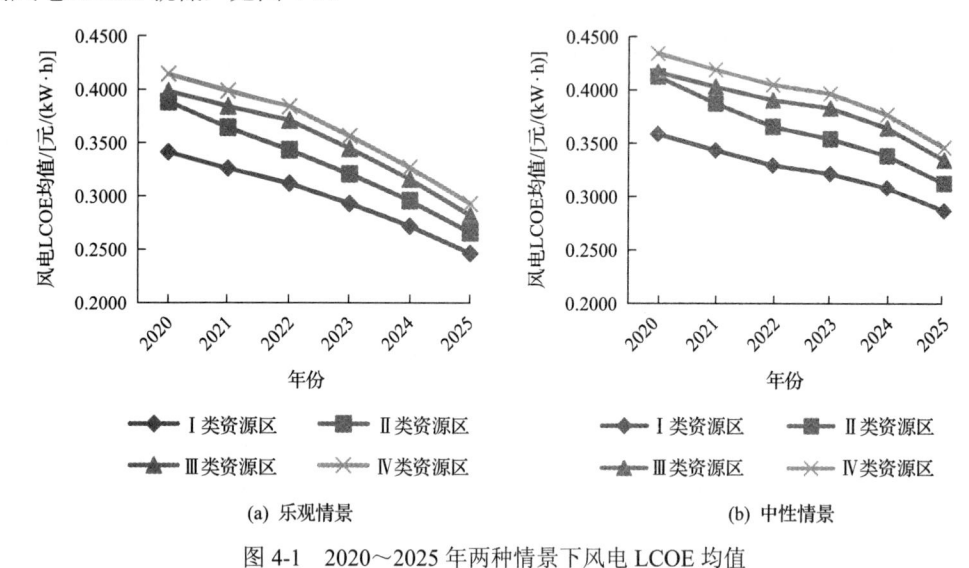

图4-1 2020~2025年两种情景下风电LCOE均值

4.2 风电平价上网前景分析

2019年，国务院常务会议决定2020年取消煤电联动机制，煤电标杆上网电价机制改为煤电上网电价由"基准价+上下浮动"组成的市场化机制,基准价按当地现行煤电标杆上网电价确定，浮动幅度范围为上浮不超过10%、下浮原则上不超过15%，同时要求2020年电价只能降不能涨[①]。通过对比两种情景下风电LCOE与煤电上网电价，可分析各地区风电平价上网前景。

在乐观情景下，根据表4-6和表4-7，如果以当地煤电上网"基准价"为衡量标准，则全国有13个区域的风电可在2020年平价上网，这些区域包括河北Ⅱ、吉林Ⅲ、黑龙江Ⅲ、辽宁、上海、浙江、福建、江西、湖北、湖南、四川、广西和云南，尤其是福建、四川和广西风电LCOE显著低于当地煤电上网"基准价"。22个区域的风电在"十四五"期间可平价上网，这些区域包括内蒙古Ⅰ、新疆Ⅰ、内蒙古Ⅱ、甘肃Ⅱ、甘肃Ⅲ、北京、天津、河北Ⅳ、山西、吉林Ⅳ、黑龙江Ⅳ、山东、江苏、安徽、河南、重庆、陕西、青海、西藏、广东、海南和贵州。但宁夏和新疆Ⅲ的风电在"十四五"期间难以实现平价

---

① 李克强主持召开国务院常务会议 部署加强市场价格监测预测预警 保持物价基本稳定保障基本民生等. (2019-09-26)[2020-06-20]. http://www.gov.cn/premier/2019-09/26/content_5433667.htm.

表 4-7 乐观情景下 2020～2025 年风电平价情况(以煤电上网电价计)

资源区	省(区、市)	基准价/[元/(kW·h)]	平价时间	(基准价+上浮10%)/[元/(kW·h)]	平价时间	(基准价+下浮15%)/[元/(kW·h)]	平价时间
Ⅰ类	内蒙古Ⅰ	0.2829	2024年	0.3112	2022年	0.2405	未平价①
	新疆Ⅰ	0.2600	2025年	0.2860	2024年	0.2210	未平价
Ⅱ类	内蒙古Ⅱ	0.3035	2025年	0.3339	2023年	0.2580	未平价
	河北Ⅱ	0.3644	2020年	0.4008	2020年	0.3097	2024年
	甘肃Ⅱ	0.3078	2024年	0.3386	2023年	0.2616	未平价
Ⅲ类	吉林Ⅲ	0.3731	2020年	0.4104	2020年	0.3171	2024年
	黑龙江Ⅲ	0.3740	2020年	0.4114	2020年	0.3179	2024年
	甘肃Ⅲ	0.3078	2025年	0.3386	2024年	0.2616	未平价
	宁夏	0.2595	未平价	0.2855	未平价	0.2206	未平价
	新疆Ⅲ	0.2600	未平价	0.2860	2025年	0.2210	未平价
Ⅳ类	北京	0.3598	2025年	0.3958	2024年	0.3058	未平价
	天津	0.3655	2024年	0.4021	2023年	0.3107	2025年
	河北Ⅳ	0.3720	2023年	0.4092	2020年	0.3162	2025年
	山西	0.3320	2024年	0.3652	2023年	0.2822	未平价
	辽宁	0.3749	2020年	0.4124	2020年	0.3187	2024年
	吉林Ⅳ	0.3731	2023年	0.4104	2020年	0.3171	2025年
	黑龙江Ⅳ	0.3740	2021年	0.4114	2020年	0.3179	2024年
	山东	0.3949	2023年	0.4344	2021年	0.3357	2025年
	上海	0.4155	2020年	0.4571	2020年	0.3532	2022年
	江苏	0.3910	2022年	0.4301	2020年	0.3324	2024年
	浙江	0.4153	2020年	0.4568	2020年	0.3530	2024年
	安徽	0.3884	2022年	0.4272	2021年	0.3301	2024年
	福建	0.3932	2020年	0.4325	2020年	0.3342	2020年
	江西	0.4143	2020年	0.4557	2020年	0.3522	2024年
	河南	0.3779	2024年	0.4157	2023年	0.3212	未平价
	湖北	0.4161	2020年	0.4577	2020年	0.3537	2023年
	湖南	0.4500	2020年	0.4950	2020年	0.3825	2023年
	重庆	0.3964	2021年	0.4360	2020年	0.3369	2024年
	四川	0.4012	2020年	0.4413	2020年	0.3410	2020年
	陕西	0.3545	2024年	0.3900	2023年	0.3013	2025年
	青海	0.3247	2025年	0.3572	2024年	0.2760	未平价
	西藏	0.3000	2025年	0.3300	2024年	0.2550	未平价
	广东	0.4530	2022年	0.4983	2021年	0.3851	2024年
	广西	0.4207	2020年	0.4628	2020年	0.3576	2020年
	海南	0.4298	2023年	0.4728	2021年	0.3653	2025年
	贵州	0.3515	2025年	0.3867	2024年	0.2988	未平价
	云南	0.3358	2020年	0.3694	2020年	0.2854	2023年

① "未平价"指 2020～2025 年不能实现平价上网目标。

上网目标。如果以当地煤电上网"基准价+上浮10%"为衡量标准,则全国有18个区域的风电可在2020年平价上网,这些区域包括河北Ⅱ、吉林Ⅲ、黑龙江Ⅲ、河北Ⅳ、辽宁、吉林Ⅳ、黑龙江Ⅳ、上海、江苏、浙江、福建、江西、湖北、湖南、重庆、四川、广西和云南。除宁夏外,其余地区均可在"十四五"期间实现平价上网目标。如果以当地煤电上网"基准价+下浮15%"为衡量标准,全国13个区域的风电在2025年前平价上网比较困难,这些区域包括:内蒙古Ⅰ、新疆Ⅰ、内蒙古Ⅱ、甘肃Ⅱ、甘肃Ⅲ、宁夏、新疆Ⅲ、北京、山西、河南、青海、西藏和贵州。

在中性情景下,根据表4-6和表4-8,如果以当地煤电上网"基准价"为衡量标准,则全国有6个区域的风电可在2020年平价上网,这些区域包括黑龙江Ⅲ、福建、湖南、四川、广西和云南;18个区域的风电在"十四五"期间可以平价上网,这些区域包括内蒙古Ⅰ、河北Ⅱ、吉林Ⅲ、天津、河北Ⅳ、辽宁、吉林Ⅳ、黑龙江Ⅳ、山东、上海、江苏、浙江、安徽、江西、湖北、重庆、广东和海南;其余13个区域的风电难以在"十四五"期间实现平价上网目标,这些区域包括新疆Ⅰ、内蒙古Ⅱ、甘肃Ⅱ、甘肃Ⅲ、宁夏、新疆Ⅲ类、北京、山西、河南、陕西、青海、西藏和贵州。如果以当地煤电上网"基准价+上浮10%"为衡量标准,全国有15个区域的风电可在2020年平价上网,这些区域包括河北Ⅱ、吉林Ⅲ、黑龙江Ⅲ、辽宁、黑龙江Ⅳ、上海、浙江、福建、江西、湖北、湖南、重庆、四川、广西和云南;17个区域的风电可在"十四五"期间实现平价上网目标,这些区域包括内蒙古Ⅰ、内蒙古Ⅱ、甘肃Ⅱ、甘肃Ⅲ、北京、天津、河北Ⅳ、山西、吉林Ⅳ、山东、江苏、安徽、河南、陕西、广东、海南和贵州;其余5个区域的风电难以在"十四五"期间实现平价上网目标,这些区域包括新疆Ⅰ、宁夏、新疆Ⅲ、青海和西藏。如果以当地煤电上网"基准价+下浮15%"为衡量标准,则全国12个区域的风电可在2025年前平价上网,这些区域包括河北Ⅱ、吉林Ⅲ、黑龙江Ⅲ、上海、浙江、福建、江西、湖北、湖南、重庆、四川和广西。其余25个区域的风电在2025年前难以实现平价上网目标。

风电能否实现平价上网,不仅取决于风电自身LCOE的高低,也受到当地煤电上网电价水平的显著影响。通过上述分析可以发现:能率先实现风电平价上网的地区,不是位于风资源丰富(风电LCOE低)的区域,而是位于经济发展较好、当地煤电上网电价较高的区域。例如,以煤电上网"基准价"为比较标准,乐观情景下,在近两年(2022年之前)可率先平价上网的区域共有15个,其中12个位于Ⅳ类风资源区,如辽宁、黑龙江Ⅳ、上海、浙江、福建、江西、湖北、湖南、四川、广西和云南等,Ⅲ类风资源区2个,这些地区煤电上网电价较高。在中性情境下,在近两年(2022年之前)可率先平价上网的区域全部集中在Ⅲ和Ⅳ类风资源区,而尽管Ⅰ和Ⅱ类风资源区的风电LCOE较低,但难以实现,因为这些区域一般是我国的煤炭和煤电基地,当地煤电上网电价很低。从平价上网或价格竞争力角度而言,风电布局应该逐步向我国中部和东南沿海等经济发达地区转移。

表 4-8　中性情景下 2020～2025 年风电平价情况（以煤电上网电价计）

资源区	省(区、市)	基准价/[元/(kW·h)]	平价时间	(基准价+上浮10%)/[元/(kW·h)]	平价时间	(基准价+下浮15%)/[元/(kW·h)]	平价时间
Ⅰ类	内蒙古Ⅰ	0.2829	2025年	0.3112	2024年	0.2405	未平价
	新疆Ⅰ	0.2600	未平价	0.2860	未平价	0.2210	未平价
Ⅱ类	内蒙古Ⅱ	0.3035	未平价	0.3339	2025年	0.2580	未平价
	河北Ⅱ	0.3644	2022年	0.4008	2020年	0.3097	2025年
	甘肃Ⅱ	0.3078	未平价	0.3386	2024年	0.2616	未平价
Ⅲ类	吉林Ⅲ	0.3731	2021年	0.4104	2020年	0.3171	2025年
	黑龙江Ⅲ	0.3740	2020年	0.4114	2020年	0.3179	2025年
	甘肃Ⅲ	0.3078	未平价	0.3386	2025年	0.2616	未平价
	宁夏	0.2595	未平价	0.2855	未平价	0.2206	未平价
	新疆Ⅲ	0.2600	未平价	0.2860	未平价	0.22100	未平价
Ⅳ类	北京	0.3598	未平价	0.3958	2025年	0.3058	未平价
	天津	0.3655	2025年	0.4021	2024年	0.3107	未平价
	河北Ⅳ	0.3720	2024年	0.4092	2021年	0.3162	未平价
	山西	0.3320	未平价	0.3652	2025年	0.2822	未平价
	辽宁	0.3749	2024年	0.4124	2020年	0.3187	未平价
	吉林Ⅳ	0.3731	2024年	0.4104	2021年	0.3171	未平价
	黑龙江Ⅳ	0.3740	2023年	0.4114	2020年	0.3179	未平价
	山东	0.3949	2025年	0.4344	2023年	0.3357	未平价
	上海	0.4155	2021年	0.4571	2020年	0.3532	2024年
	江苏	0.3910	2024年	0.4301	2021年	0.3324	未平价
	浙江	0.4153	2022年	0.4568	2020年	0.3530	2025年
	安徽	0.3884	2023年	0.4272	2022年	0.3301	未平价
	福建	0.3932	2020年	0.4325	2020年	0.3342	2021年
	江西	0.4143	2022年	0.4557	2020年	0.3522	2025年
	河南	0.3779	未平价	0.4157	2025年	0.3212	未平价
	湖北	0.4161	2022年	0.4577	2020年	0.3537	2025年
	湖南	0.4500	2020年	0.4950	2020年	0.3825	2025年
	重庆	0.3964	2022年	0.4360	2020年	0.3369	2025年
	四川	0.4012	2020年	0.4413	2020年	0.3410	2021年
	陕西	0.3545	未平价	0.3900	2025年	0.3013	未平价
	青海	0.3247	未平价	0.3572	未平价	0.2760	未平价
	西藏	0.3000	未平价	0.3300	未平价	0.2550	未平价
	广东	0.4530	2024年	0.4983	2022年	0.3851	未平价
	广西	0.4207	2020年	0.4628	2020年	0.3576	2024年
	海南	0.4298	2025年	0.4728	2022年	0.3653	未平价
	贵州	0.3515	未平价	0.3867	2025年	0.2988	未平价
	云南	0.3358	2020年	0.3694	2020年	0.2854	未平价

4.3 集中式光伏发电平准化发电成本测算

年利用小时数、单位造价和融资成本是影响集中式光伏发电 LCOE 的重要因素,因此在情景设计上主要根据这三个因素的变动设置成乐观和中性两种情景。乐观情景按最优情景进行设置,中性情景可以理解为明显优于 2019 年实际情况,由于国家出台相关政策大力促进集中式光伏发电平价上网,所以本书不再设置悲观情景。在此基础上,将探讨集中式光伏发电在 2020~2025 年平价上网情况,即集中式光伏发电 LCOE 能否低于对应的煤电上网电价。

乐观情景下,年利用小时数按照该省份光资源条件计算得出年有效利用小时数,弃光率控制在 3%内,详见表 4-9。光伏系统在参考目前光伏组件市场价格大幅度降低的基础上,近 10 年来(2010~2020 年)光伏发电项目单位千瓦平均造价下降 75%[1],假设 2020 年后光伏组件造价下降进入瓶颈期,年均下降 6%,详见表 4-10。结合调研数据,长期贷款利率设定为 5%。

中性情景下,按照 5%的弃光率设定年利用小时数,详见表 4-11。2020 年后光伏组件技术学习率显著下降,年均下降 5%,详见表 4-12。长期贷款利率设定为 5.5%。

表 4-9　2020~2025 年集中式光伏发电乐观情景年利用小时数设定　　(单位:h)

资源区	省(区、市)	年有效利用小时数	年利用小时数					
			2020 年	2021 年	2022 年	2023 年	2024 年	2025 年
Ⅰ类	青海Ⅰ	1696	1662	1670	1679	1687	1692	1696
	新疆Ⅰ	1536	1505	1513	1521	1528	1533	1536
	甘肃Ⅰ	1597	1565	1573	1581	1589	1594	1597
	宁夏	1500	1470	1478	1485	1493	1497	1500
	内蒙古Ⅰ	1750	1715	1724	1733	1741	1747	1750
Ⅱ类	青海Ⅱ	1548	1517	1525	1533	1540	1545	1548
	新疆Ⅱ	1350	1323	1330	1337	1343	1347	1350
	甘肃Ⅱ	1400	1372	1379	1386	1393	1397	1400
	陕西	1557	1526	1534	1541	1549	1554	1557
	山西	1473	1444	1451	1458	1466	1470	1473
	河北	1574	1543	1550	1558	1566	1571	1574
	内蒙古Ⅱ	1700	1666	1675	1683	1692	1697	1700
	黑龙江	1500	1470	1478	1485	1493	1497	1500
	吉林	1520	1490	1497	1505	1512	1517	1520
	辽宁	1355	1328	1335	1341	1348	1352	1355
	云南	1335	1308	1315	1322	1328	1332	1335
	四川	1522	1492	1499	1507	1514	1519	1522
	北京	1214	1190	1196	1202	1208	1212	1214
	天津	1318	1292	1298	1305	1311	1315	1318

---

[1] 国新网. 国新办举行中国可再生能源发展有关情况发布会. (2021-03-30)[2021-06-30]. http://www.nea.gov.cn/2021-03/30/c_139846095.htm.

续表

资源区	省(区、市)	年有效利用小时数	年利用小时数					
			2020年	2021年	2022年	2023年	2024年	2025年
Ⅲ类	山东	1421	1393	1400	1407	1414	1418	1421
	安徽	1162	1139	1145	1150	1156	1160	1162
	江苏	1138	1115	1121	1127	1132	1136	1138
	浙江	1095	1073	1079	1084	1090	1093	1095
	上海	1179	1155	1161	1167	1173	1177	1179
	福建	1121	1099	1104	1110	1115	1119	1121
	广东	1089	1067	1073	1078	1084	1087	1089
	广西	1044	1023	1028	1034	1039	1042	1044
	贵州	1107	1085	1090	1096	1101	1105	1107
	海南	1369	1342	1348	1355	1362	1366	1369
	江西	1035	1014	1019	1025	1030	1033	1035
	湖北	1055	1034	1039	1044	1050	1053	1055
	河南	1349	1322	1329	1336	1342	1346	1349

表4-10 2020～2025年集中式光伏发电乐观情景单位造价设定　（单位：元/kW）

资源区	省(区、市)	单位造价					
		2020年	2021年	2022年	2023年	2024年	2025年
Ⅰ类	青海Ⅰ	3251	3056	2872	2700	2538	2386
	新疆Ⅰ	3251	3056	2872	2700	2538	2386
	甘肃Ⅰ	3251	3056	2872	2700	2538	2386
	宁夏	3251	3056	2872	2700	2538	2386
	内蒙古Ⅰ	3251	3056	2872	2700	2538	2386
Ⅱ类	青海Ⅱ	3251	3056	2872	2700	2538	2386
	新疆Ⅱ	3251	3056	2872	2700	2538	2386
	甘肃Ⅱ	3251	3056	2872	2700	2538	2386
	陕西	3251	3056	2872	2700	2538	2386
	山西	3322	3123	2935	2759	2594	2438
	河北	3322	3123	2935	2759	2594	2438
	内蒙古Ⅱ	3251	3056	2872	2700	2538	2386
	黑龙江	3322	3123	2935	2759	2594	2438
	吉林	3322	3123	2935	2759	2594	2438
	辽宁	3322	3123	2935	2759	2594	2438
	云南	3322	3123	2935	2759	2594	2438
	四川	3322	3123	2935	2759	2594	2438
	北京	3393	3190	2998	2818	2649	2490
	天津	3393	3190	2998	2818	2649	2490

续表

资源区	省(区、市)	单位造价					
		2020 年	2021 年	2022 年	2023 年	2024 年	2025 年
Ⅲ类	山东	3393	3190	2998	2818	2649	2490
	安徽	3393	3190	2998	2818	2649	2490
	江苏	3393	3190	2998	2818	2649	2490
	浙江	3393	3190	2998	2818	2649	2490
	上海	3393	3190	2998	2818	2649	2490
	福建	3393	3190	2998	2818	2649	2490
	广东	3393	3190	2998	2818	2649	2490
	广西	3322	3123	2935	2759	2594	2438
	贵州	3322	3123	2935	2759	2594	2438
	海南	3322	3123	2935	2759	2594	2438
	江西	3322	3123	2935	2759	2594	2438
	湖北	3322	3123	2935	2759	2594	2438
	河南	3322	3123	2935	2759	2594	2438

表 4-11　2020～2025 年集中式光伏发电中性情景年利用小时数设定　　（单位：h）

资源区	省(区、市)	年有效利用小时数	年利用小时数				
			2020 年	2021 年	2022 年	2023 年	2024 年	2025 年
Ⅰ类	青海Ⅰ	1696	1611	1628	1645	1662	1679	1696
	新疆Ⅰ	1536	1459	1475	1490	1505	1521	1536
	甘肃Ⅰ	1597	1517	1533	1549	1565	1581	1597
	宁夏	1500	1425	1440	1455	1470	1485	1500
	内蒙古Ⅰ	1750	1663	1680	1698	1715	1733	1750
Ⅱ类	青海Ⅱ	1548	1471	1486	1502	1517	1533	1548
	新疆Ⅱ	1350	1283	1296	1310	1323	1337	1350
	甘肃Ⅱ	1400	1330	1344	1358	1372	1386	1400
	陕西	1557	1479	1495	1510	1526	1541	1557
	山西	1473	1399	1414	1429	1444	1458	1473
	河北	1574	1495	1511	1527	1543	1558	1574
	内蒙古Ⅱ	1700	1615	1632	1649	1666	1683	1700
	黑龙江	1500	1425	1440	1455	1470	1485	1500
	吉林	1520	1444	1459	1474	1490	1505	1520
	辽宁	1355	1287	1301	1314	1328	1341	1355
	云南	1335	1268	1282	1295	1308	1322	1335
	四川	1522	1446	1461	1476	1492	1507	1522
	北京	1214	1153	1165	1178	1190	1202	1214
	天津	1318	1252	1265	1278	1292	1305	1318

续表

资源区	省(区、市)	年有效利用小时数	年利用小时数					
			2020年	2021年	2022年	2023年	2024年	2025年
Ⅲ类	山东	1421	1350	1364	1378	1393	1407	1421
	安徽	1162	1104	1116	1127	1139	1150	1162
	江苏	1138	1081	1092	1104	1115	1127	1138
	浙江	1095	1040	1051	1062	1073	1084	1095
	上海	1179	1120	1132	1144	1155	1167	1179
	福建	1121	1065	1076	1087	1099	1110	1121
	广东	1089	1035	1045	1056	1067	1078	1089
	广西	1044	992	1002	1013	1023	1034	1044
	贵州	1107	1052	1063	1074	1085	1096	1107
	海南	1369	1301	1314	1328	1342	1355	1369
	江西	1035	983	994	1004	1014	1025	1035
	湖北	1055	1002	1013	1023	1034	1044	1055
	河南	1349	1282	1295	1309	1322	1336	1349

表4-12 2020～2025年集中式光伏发电中性情景单位造价设定 （单位：元/kW）

资源区	省(区、市)	单位造价						
		2020年	2021年	2022年	2023年	2024年	2025年
Ⅰ类	青海Ⅰ	3410	3240	3078	2924	2778	2639
	新疆Ⅰ	3410	3240	3078	2924	2778	2639
	甘肃Ⅰ	3410	3240	3078	2924	2778	2639
	宁夏	3410	3240	3078	2924	2778	2639
	内蒙古Ⅰ	3410	3240	3078	2924	2778	2639
Ⅱ类	青海Ⅱ	3410	3240	3078	2924	2778	2639
	新疆Ⅱ	3410	3240	3078	2924	2778	2639
	甘肃Ⅱ	3410	3240	3078	2924	2778	2639
	陕西	3410	3240	3078	2924	2778	2639
	山西	3485	3311	3145	2988	2839	2697
	河北	3485	3311	3145	2988	2839	2697
	内蒙古Ⅱ	3410	3240	3078	2924	2778	2639
	黑龙江	3485	3311	3145	2988	2839	2697
	吉林	3485	3311	3145	2988	2839	2697
	辽宁	3485	3311	3145	2988	2839	2697
	云南	3485	3311	3145	2988	2839	2697
	四川	3485	3311	3145	2988	2839	2697
	北京	3560	3382	3213	3052	2899	2754
	天津	3560	3382	3213	3052	2899	2754

续表

资源区	省(区、市)	单位造价					
		2020年	2021年	2022年	2023年	2024年	2025年
Ⅲ类	山东	3560	3382	3213	3052	2899	2754
	安徽	3560	3382	3213	3052	2899	2754
	江苏	3560	3382	3213	3052	2899	2754
	浙江	3560	3382	3213	3052	2899	2754
	上海	3560	3382	3213	3052	2899	2754
	福建	3560	3382	3213	3052	2899	2754
	广东	3560	3382	3213	3052	2899	2754
	广西	3485	3311	3145	2988	2839	2697
	贵州	3485	3311	3145	2988	2839	2697
	海南	3485	3311	3145	2988	2839	2697
	江西	3485	3311	3145	2988	2839	2697
	湖北	3485	3311	3145	2988	2839	2697
	河南	3485	3311	3145	2988	2839	2697

本节详细测算了两种情境下集中式光伏发电 LCOE，结果详见表 4-13 和表 4-14。整体上，2020~2025 年集中式光伏发电 LCOE 在持续下降，见图 4-2。在乐观情景和中性情景两种情景下，2020 年全国(不含湖南、西藏、香港、澳门和台湾)集中式光伏发电 LCOE 均值分别为 0.3460 元/(kW·h) 和 0.3644 元/(kW·h)，2025 年 LCOE 均值分别为 0.2701 元/(kW·h) 和 0.2862 元/(kW·h)，相比 2016 年情景 LCOE 0.8199 元/(kW·h) 均大幅下降。由于弃光率设定较低，集中式光伏发电 LCOE 与光资源情况密切相关，光资源丰富的区域集中式光伏发电 LCOE 明显要低。

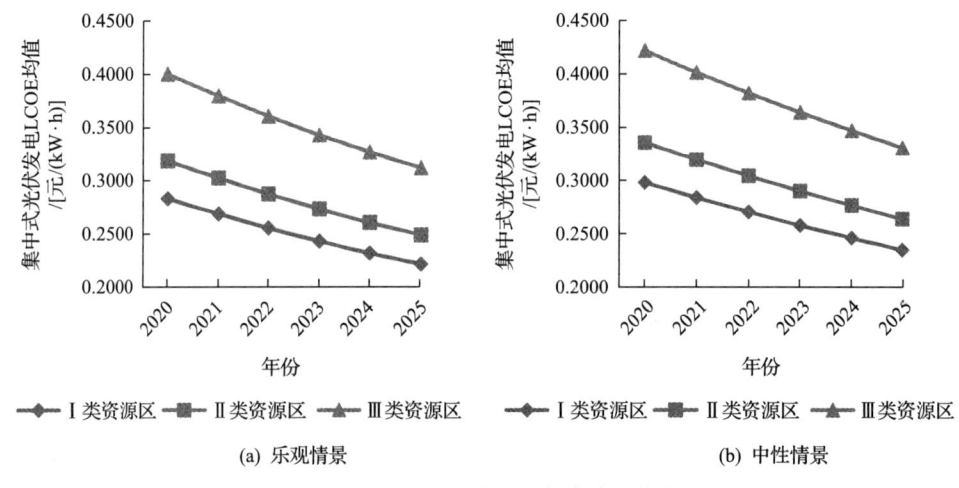

图 4-2 2020~2025 年两种情景下集中式光伏发电 LCOE
(a) 乐观情景　(b) 中性情景

表 4-13 乐观情景下 2020～2025 年集中式光伏发电 LCOE　　［单位：元/(kW·h)］

资源区	省(区、市)	LCOE					
		2020年	2021年	2022年	2023年	2024年	2025年
Ⅰ类	青海Ⅰ	0.2692	0.2558	0.2432	0.2314	0.2208	0.2110
	新疆Ⅰ	0.2960	0.2811	0.2672	0.2542	0.2425	0.2317
	甘肃Ⅰ	0.2851	0.2708	0.2574	0.2449	0.2336	0.2233
	宁夏	0.3028	0.2876	0.2733	0.2600	0.2480	0.2370
	内蒙古Ⅰ	0.2612	0.2482	0.2360	0.2245	0.2142	0.2048
Ⅱ类	青海Ⅱ	0.2938	0.2790	0.2652	0.2523	0.2407	0.2300
	新疆Ⅱ	0.3351	0.3182	0.3024	0.2876	0.2743	0.2620
	甘肃Ⅱ	0.3236	0.3073	0.2920	0.2777	0.2649	0.2531
	陕西	0.2921	0.2775	0.2638	0.2509	0.2393	0.2287
	山西	0.3132	0.2974	0.2826	0.2688	0.2563	0.2448
	河北	0.2939	0.2791	0.2652	0.2523	0.2406	0.2298
	内蒙古Ⅱ	0.2685	0.2551	0.2426	0.2308	0.2202	0.2105
	黑龙江	0.3078	0.2923	0.2777	0.2641	0.2519	0.2406
	吉林	0.3039	0.2886	0.2742	0.2608	0.2487	0.2376
	辽宁	0.3395	0.3223	0.3062	0.2911	0.2776	0.2651
	云南	0.3444	0.3270	0.3106	0.2953	0.2815	0.2689
	四川	0.3035	0.2882	0.2739	0.2605	0.2484	0.2373
	北京	0.3838	0.3642	0.3459	0.3287	0.3132	0.2990
	天津	0.3544	0.3364	0.3195	0.3037	0.2894	0.2763
Ⅲ类	山东	0.3296	0.3129	0.2972	0.2825	0.2693	0.2571
	安徽	0.4005	0.3800	0.3608	0.3429	0.3267	0.3118
	江苏	0.4087	0.3877	0.3682	0.3499	0.3333	0.3182
	浙江	0.4242	0.4025	0.3822	0.3631	0.3460	0.3302
	上海	0.3949	0.3747	0.3558	0.3381	0.3222	0.3075
	福建	0.4147	0.3934	0.3736	0.3550	0.3382	0.3228
	广东	0.4265	0.4047	0.3842	0.3651	0.3478	0.3320
	广西	0.4372	0.4148	0.3939	0.3744	0.3568	0.3406
	贵州	0.4129	0.3919	0.3722	0.3537	0.3371	0.3218
	海南	0.3362	0.3191	0.3032	0.2883	0.2748	0.2625
	江西	0.4409	0.4183	0.3973	0.3775	0.3598	0.3434
	湖北	0.4327	0.4106	0.3900	0.3706	0.3532	0.3371
	河南	0.3410	0.3237	0.3075	0.2924	0.2787	0.2662

表 4-14 中性情景下 2020～2025 年集中式光伏发电 LCOE [单位：元/(kW·h)]

资源区	省(区、市)	LCOE					
		2020年	2021年	2022年	2023年	2024年	2025年
Ⅰ类	青海Ⅰ	0.2834	0.2698	0.2571	0.2452	0.2339	0.2234
	新疆Ⅰ	0.3116	0.2967	0.2826	0.2694	0.2570	0.2453
	甘肃Ⅰ	0.3001	0.2858	0.2723	0.2596	0.2477	0.2364
	宁夏	0.3188	0.3035	0.2891	0.2756	0.2629	0.2510
	内蒙古Ⅰ	0.2749	0.2618	0.2495	0.2379	0.2270	0.2168
Ⅱ类	青海Ⅱ	0.3093	0.2944	0.2805	0.2674	0.2551	0.2435
	新疆Ⅱ	0.3529	0.3359	0.3200	0.3049	0.2908	0.2775
	甘肃Ⅱ	0.3407	0.3243	0.3089	0.2945	0.2809	0.2680
	陕西	0.3075	0.2928	0.2790	0.2660	0.2537	0.2422
	山西	0.3298	0.3140	0.2990	0.2850	0.2718	0.2593
	河北	0.3094	0.2946	0.2806	0.2674	0.2551	0.2434
	内蒙古Ⅱ	0.2826	0.2692	0.2565	0.2446	0.2334	0.2228
	黑龙江	0.3241	0.3085	0.2939	0.2801	0.2671	0.2549
	吉林	0.3200	0.3046	0.2901	0.2765	0.2637	0.2517
	辽宁	0.3576	0.3403	0.3240	0.3088	0.2944	0.2809
	云南	0.3627	0.3452	0.3287	0.3132	0.2987	0.2849
	四川	0.3196	0.3042	0.2898	0.2762	0.2634	0.2514
	北京	0.4043	0.3847	0.3662	0.3488	0.3324	0.3170
	天津	0.3733	0.3552	0.3382	0.3222	0.3071	0.2929
Ⅲ类	山东	0.3471	0.3303	0.3145	0.2997	0.2857	0.2726
	安徽	0.4219	0.4013	0.3820	0.3639	0.3468	0.3307
	江苏	0.4305	0.4096	0.3898	0.3713	0.3538	0.3374
	浙江	0.4470	0.4252	0.4047	0.3854	0.3673	0.3502
	上海	0.4160	0.3957	0.3767	0.3588	0.3419	0.3261
	福建	0.4369	0.4156	0.3956	0.3767	0.3590	0.3424
	广东	0.4494	0.4275	0.4069	0.3875	0.3692	0.3521
	广西	0.4606	0.4382	0.4171	0.3973	0.3786	0.3611
	贵州	0.4350	0.4139	0.3940	0.3753	0.3578	0.3412
	海南	0.3540	0.3369	0.3209	0.3057	0.2915	0.2782
	江西	0.4645	0.4419	0.4206	0.4006	0.3818	0.3641
	湖北	0.4559	0.4337	0.4129	0.3933	0.3748	0.3575
	河南	0.3591	0.3417	0.3254	0.3101	0.2957	0.2821

4.4 集中式光伏发电平价上网前景分析

通过对比两种情景下集中式光伏发电 LCOE 与煤电上网电价，可分析各地区集中式光伏发电平价上网情况。

在乐观情景下，根据表 4-13 和表 4-15，如果以当地煤电上网"基准价"为衡量标准，则除新疆Ⅱ外，所有地区的集中式光伏发电可在"十四五"期间实现平价上网目标，其中绝大多数区域(28 个区域)集中式光伏发电可在近两三年内(2020~2022 年)平价上网，仅新疆Ⅰ、宁夏和贵州的集中式光伏发电要在"十四五"后期实现平价上网目标。如果以当地煤电上网"基准价+上浮 10%"为衡量标准，则集中式光伏发电更易实现平价上网目标，除新疆Ⅰ、宁夏、新疆Ⅱ和贵州外，其他区域均在 2020 年即可平价上网。如果以当地煤电上网"基准价+下浮 15%"为衡量标准，则全国 8 个区域的集中式光伏发电 2020 年可实现平价上网目标，这些区域包括青海Ⅰ、陕西、河北、黑龙江、吉林、四川、山东和海南；20 个区域的集中式光伏发电"十四五"期间可平价上网，这些区域包括甘肃Ⅰ、内蒙古Ⅰ、青海Ⅱ、甘肃Ⅱ、山西、内蒙古Ⅱ、辽宁、云南、北京、天津、安徽、江苏、浙江、上海、福建、广东、广西、江西、湖北和河南；而新疆Ⅰ、宁夏、新疆Ⅱ和贵州在"十四五"期间难以实现平价上网目标。

在中性情景下，根据表 4-13 和表 4-16，如果以当地煤电上网"基准价"为衡量标准，则全国 16 个区域的集中式光伏发电在 2020 年即可平价上网，这些区域包括青海Ⅰ、甘肃Ⅰ、内蒙古Ⅰ、青海Ⅱ、陕西、山西、河北、内蒙古Ⅱ、黑龙江、吉林、辽宁、四川、山东、河南、广东和海南；15 个区域的集中式光伏发电"十四五"期间可实现平价上网目标，这些区域包括新疆Ⅰ、宁夏、甘肃Ⅱ、云南、北京、天津、安徽、江苏、浙江、上海、福建、广西、贵州、江西和湖北；而新疆Ⅱ 2025 年前无法实现平价上网。如果以当地煤电上网"基准价+上浮 10%"为衡量标准，则全国绝大部分区域(23 个区域)的集中式光伏发电在 2020 年即可平价上网，这些区域包括青海Ⅰ、甘肃Ⅰ、内蒙古Ⅰ、青海Ⅱ、陕西、山西、河北、内蒙古Ⅱ、黑龙江、吉林、辽宁、云南、四川、天津、山东、安徽、浙江、上海、广东、广西、海南、湖北和河南，其余地区可在"十四五"期间实现平价上网目标。如果以当地煤电上网"基准价+下浮 15%"为衡量标准，则全国仅 3 个区域(河北、四川和海南)集中式光伏发电可在 2020 年平价上网；17 个区域的集中式光伏发电可在"十四五"期间平价上网，这些区域包括青海Ⅰ、甘肃Ⅰ、内蒙古Ⅰ、青海Ⅱ、陕西、山西、内蒙古Ⅱ、黑龙江、吉林、辽宁、云南、天津、山东、浙江、上海、广东和河南；但仍存在 12 个区域的集中式光伏发电难以在"十四五"期间实现平价上网目标，这些区域包括新疆Ⅰ、宁夏、新疆Ⅱ、甘肃Ⅱ、北京、安徽、江苏、福建、广西、贵州、江西和湖北。

综上分析，在两种情景下，50%以上地区集中式光伏发电在 2020 年即可平价上网，绝大多数地区的集中式光伏发电将在"十四五"前期实现平价上网目标。随着光伏发电造价成本的持续下降，光伏发电行业成长逻辑正逐渐摆脱对政策和补贴的依赖，全面平价时代即将到来。

表 4-15 乐观情景下 2020～2025 年集中式光伏发电平价情况(以煤电上网电价计)

资源区	省(区、市)	基准价/[元/(kW·h)]	平价时间	(基准价+上浮 10%)/[元/(kW·h)]	平价时间	(基准价+下浮 15%)/[元/(kW·h)]	平价时间
Ⅰ类	青海Ⅰ	0.3247	2020 年	0.3572	2020 年	0.2760	2020 年
	新疆Ⅰ	0.2600	2023 年	0.2860	2021 年	0.2210	未平价
	甘肃Ⅰ	0.3078	2020 年	0.3386	2020 年	0.2616	2022 年
	宁夏	0.2595	2024 年	0.2855	2022 年	0.2206	未平价
	内蒙古Ⅰ	0.2829	2020 年	0.3112	2020 年	0.2405	2022 年
Ⅱ类	青海Ⅱ	0.3247	2020 年	0.3572	2020 年	0.2760	2022 年
	新疆Ⅱ	0.2600	未平价	0.2860	2024 年	0.2210	未平价
	甘肃Ⅱ	0.3078	2021 年	0.3386	2020 年	0.2616	2025 年
	陕西	0.3545	2020 年	0.3900	2020 年	0.3013	2020 年
	山西	0.3320	2020 年	0.3652	2020 年	0.2822	2023 年
	河北	0.3644	2020 年	0.4008	2020 年	0.3097	2020 年
	内蒙古Ⅱ	0.3035	2020 年	0.3339	2020 年	0.2580	2021 年
	黑龙江	0.3740	2020 年	0.4114	2020 年	0.3179	2020 年
	吉林	0.3731	2020 年	0.4104	2020 年	0.3171	2020 年
	辽宁	0.3749	2020 年	0.4124	2020 年	0.3187	2022 年
	云南	0.3358	2021 年	0.3694	2020 年	0.2854	2024 年
	四川	0.4012	2020 年	0.4413	2020 年	0.3410	2020 年
	北京	0.3598	2022 年	0.3958	2020 年	0.3058	2025 年
	天津	0.3655	2020 年	0.4021	2020 年	0.3107	2023 年
Ⅲ类	山东	0.3949	2020 年	0.4344	2020 年	0.3357	2020 年
	安徽	0.3884	2021 年	0.4272	2020 年	0.3301	2024 年
	江苏	0.3910	2021 年	0.4301	2020 年	0.3324	2023 年
	浙江	0.4153	2021 年	0.4568	2020 年	0.3530	2024 年
	上海	0.4155	2020 年	0.4571	2020 年	0.3532	2023 年
	福建	0.3932	2022 年	0.4325	2020 年	0.3342	2025 年
	广东	0.4530	2020 年	0.4983	2020 年	0.3851	2022 年
	广西	0.4207	2021 年	0.4628	2020 年	0.3576	2024 年
	贵州	0.3515	2024 年	0.3867	2022 年	0.2988	未平价
	海南	0.4298	2020 年	0.4728	2020 年	0.3653	2020 年
	江西	0.4143	2022 年	0.4557	2020 年	0.3522	2025 年
	湖北	0.4161	2021 年	0.4577	2020 年	0.3537	2024 年
	河南	0.3779	2020 年	0.4157	2020 年	0.3212	2022 年

表 4-16 中性情景下 2020～2025 年集中式光伏发电平价情况（以煤电上网电价计）

资源区	省(区、市)	基准价/[元/(kW·h)]	平价时间	(基准价+上浮10%)/[元/(kW·h)]	平价时间	(基准价+下浮15%)/[元/(kW·h)]	平价时间
I类	青海Ⅰ	0.3247	2020年	0.3572	2020年	0.2760	2021年
	新疆Ⅰ	0.2600	2024年	0.2860	2022年	0.2210	未平价
	甘肃Ⅰ	0.3078	2020年	0.3386	2020年	0.2616	2023年
	宁夏	0.2595	2025年	0.2855	2023年	0.2206	未平价
	内蒙古Ⅰ	0.2829	2020年	0.3112	2020年	0.2405	2023年
Ⅱ类	青海Ⅱ	0.3247	2020年	0.3572	2020年	0.2760	2023年
	新疆Ⅱ	0.2600	未平价	0.2860	2025年	0.2210	未平价
	甘肃Ⅱ	0.3078	2023年	0.3386	2021年	0.2616	未平价
	陕西	0.3545	2020年	0.3900	2020年	0.3013	2021年
	山西	0.3320	2020年	0.3652	2020年	0.2822	2024年
	河北	0.3644	2020年	0.4008	2020年	0.3097	2020年
	内蒙古Ⅱ	0.3035	2020年	0.3339	2020年	0.2580	2022年
	黑龙江	0.3740	2020年	0.4114	2020年	0.3179	2021年
	吉林	0.3731	2020年	0.4104	2020年	0.3171	2021年
	辽宁	0.3749	2020年	0.4124	2020年	0.3187	2023年
	云南	0.3358	2022年	0.3694	2020年	0.2854	2025年
	四川	0.4012	2020年	0.4413	2020年	0.3410	2020年
	北京	0.3598	2023年	0.3958	2021年	0.3058	未平价
	天津	0.3655	2021年	0.4021	2020年	0.3107	2024年
Ⅲ类	山东	0.3949	2020年	0.4344	2020年	0.3357	2021年
	安徽	0.3884	2022年	0.4272	2020年	0.3301	未平价
	江苏	0.3910	2022年	0.4301	2021年	0.3324	未平价
	浙江	0.4153	2022年	0.4568	2020年	0.3530	2025年
	上海	0.4155	2021年	0.4571	2020年	0.3532	2024年
	福建	0.3932	2023年	0.4325	2021年	0.3342	未平价
	广东	0.4530	2020年	0.4983	2020年	0.3851	2024年
	广西	0.4207	2022年	0.4628	2020年	0.3576	未平价
	贵州	0.3515	2025年	0.3867	2023年	0.2988	未平价
	海南	0.4298	2020年	0.4728	2020年	0.3653	2020年
	江西	0.4143	2023年	0.4557	2021年	0.3522	未平价
	湖北	0.4161	2022年	0.4577	2020年	0.3537	未平价
	河南	0.3779	2020年	0.4157	2020年	0.3212	2023年

第5章 市场化条件下可再生能源经济性分析

未来市场在能源资源配置中将起到决定性的作用,这是我国能源体制革命的重要内容。目前,我国电力市场化改革进程进一步加快,本章在电力市场环境下分析风光发电的经济性。

5.1 市场化条件下风光发电经济性研究现状

市场化条件下风光发电经济性研究方法主要包括优先次序法、线性规划法、动态规划法、网络流法和混合整数规划五种方法,分别概述如下。

5.1.1 优先次序法

在优先次序法下,机组根据短期边际成本进行报价,电力市场按照机组报价从低到高对其进行调度排序,因而短期边际成本较低的机组会实现优先调度。当短期边际成本较低机组的出力不能满足系统的电力需求时,短期边际成本较高的机组才会被调度。理论上讲,按照优先次序法进行电力调度可使系统边际成本达到最低,有利于降低供用电成本。但简单优先次序法未能考虑机组组合约束对电力调度的影响,因而所得结果不一定满足电力系统运行的一系列约束条件。

毕艳华等(2004)采用动态规划法对传统优先次序法进行了优化,提出解决机组组合问题的新思路,但动态规划法也是根据机组报价表进行逆推,检验计算结果是否符合机组组合要求,未能在电价形成过程中直接考虑机组组合约束,故也不适合直接用于实际大型电力系统的模拟。

Ciarreta等(2012)假设不存在风光发电,对西班牙电力市场进行了反事实模拟。其通过分析机组的简单报价,模拟了西班牙电力市场每小时的出清价格,并和实际历史出清价格进行比较,量化了风光发电对西班牙电力市场价格的影响。结果表明,与优先次序效应引起的电价下降相比,风光发电获得的补贴要高得多。Ciarreta等(2012)进行的反事实模拟不需要考虑风光发电出力,因而模拟结果不受其出力波动的影响,极大程度上简化了机组组合问题,但实际电力系统并非均不包含可再生能源发电,所涉及的机组组合问题要更为复杂。

Tveten等(2013)研究了德国近年来推广光伏发电的优先次序效应,比较了2009~2011年德国的电力市场出清价格,运用回归分析方法构建了德国电力市场出清价格和敏感性因素的关系模型,并预测了德国2010年7月到2011年7月有无光伏发电情形下的电价。结果表明,光伏发电导致平均电价、日平均最高电价和日电价变动幅度分别下降了7%、13%和23%。如果将优先次序效应考虑在内,则太阳能固定电价机制下净消费者成本比电费账单中列示的低23%。研究认为,评估固定电价机制的总成本和总收益需考虑优先次序效应。该文献所用回归分析方法要求以大量历史数据为预测基础，故不适用于尚未建立起完备电力市场的国家。

Staffell 和 Green(2016)以 2020 年英国电力系统为例，将一种非线性优化调度算法与优先次序法进行比较，发现开机成本和最小出力两大约束是两种方法运算结果出现偏差的主要原因：优先次序法会低估调峰机组和基荷机组最优投资水平，使对应机组运行时间缩短到 30%。该文献提出一种简易的启发式算法以减小优先次序法对开机成本的计量误差，并保持其快速、简单和透明的优点，但该文献仍未考虑机组最小出力约束。

Morales 和 Pineda(2017)分析了供给不确定的电力市场按照传统优先次序法进行调度的经济无效问题。该文献以日前和实时两阶段电力市场为研究对象，对常规出清机制（日前和实时市场均按优先次序法独立形成出清结果）和随机出清机制（两阶段电力市场联合优化以最小化系统预期总运行成本）进行了比较。该文献先推导出一个程式化两阶段电力市场协同优化调度规则的解析式，所涉及的电力系统涵盖了灵活发电、不灵活发电和随机发电，且输电容量不受限制。然后，该文献引入传统两阶段电力市场的两种变形，它们分别会产生价格一致或者成本高效的优先次序方案，第一种变形允许虚拟竞价，第二种变形要求随机电量可以被集中调度。实例分析的结果表明，优先次序、经济有效、价格一致存在冲突，不能同时在同一电力系统得到满足。由于中国目前尚未形成完备的电力市场，所以仅针对最基础的现货电力市场展开研究，不考虑现货电力市场和日前电力市场的联合优化。

Lunackova 等(2017)评估了光伏电站对捷克供电曲线的影响。该文献基于 2010～2015 年捷克现货电力市场数据，以实时电价对可再生能源电力供应的弹性估计优先次序效应，分别评估了光伏发电和其他可再生能源发电对捷克电力供应的影响。结果表明，捷克光伏发电出力没有降低实时电价，反而使终端消费者的成本增加了一倍。除光伏发电外其他可再生能源（主要是水能和风能）发电每天和每周的数据存在优先次序效应，从而得到结论——捷克倾向于使用光伏发电而不是其他可再生能源发电的政策可能是次优的。该文献依旧是以电力市场历史交易数据为基础进行统计分析。

5.1.2 线性规划法

线性规划法是在线性约束条件下求解线性目标函数极值的一种方法。汪峰和白晓民(2001)提出购电者与发电公司签订的合同电量在机组间进行分配、剩余电量进行市场竞价的模式，并用优先次序法和线性规划法对剩余电量交易进行了研究，算例分析的结果表明两种方法的适用性，但该文献在测算过程中未能考虑机组最小技术出力约束。

杨静等(2005)考虑了电网运行的诸多约束条件，并以交易电量最大为目标，构建了电力市场日前多边交易模型，结合遗传算法和线性规划法对模型进行求解。但线性规划法将各时段报价曲线视为线性，不能推广到非线性报价的一般情形，所得结果的准确性有待进一步研究。

Tiwari 等(2008)将基于报价的经济调度模型转化为二次规划问题，并对某一大型电力市场进行了测试，比较了二次规划法和线性规划法下模型的求解结果，发现运用两种方法所得结果的差异主要由线性规划法对报价曲线的线性近似引起，且差异很小。二次规划法由于不需要对报价曲线进行近似，释放了运算内存。该文献证明，在求解基于报价的经济调度模型时，二次规划法即便不是更好的选择，至少也和线性规划法同样有效。

Li 等（2016）构建了传输受限的区域电力系统和供热系统联合优化线性模型，以协调区域电力系统和供热系统的短期运行。该文献通过对管道温度进行动力学拟合，构建了区域供热系统蓄热能力模型，并通过确定性模型和鲁棒模型将机组组合约束与区域供热系统线性模型相结合，采用 Benders 分解算法进行求解。对实际电力系统的测试结果表明，该方法能显著促进风电，给实际电力系统带来可观的收益。

5.1.3 动态规划法

动态规划法是将多阶段决策过程划分成若干相互联系的单阶段过程，通过逐个求解这些单阶段子问题，得到原问题的最优解，但子问题的划分容易出现"维数灾"（杨静等，2005）。

曾勇红和王锡凡（2006）将随机负荷考虑在内，构建了发电厂出力与报价均衡的博弈模型，并用动态规划法测算了电厂发电总成本，但该文献仅考虑了用电侧负荷波动的影响，未考虑发电侧间歇性发电出力波动的影响。

高强（2008）构建了一种考虑交流潮流约束的机组组合模型，并将拉格朗日松弛法和动态规划法用于求解该模型，不过该文献未能考虑机组爬坡约束和间歇性发电出力对运算结果的影响。

Zeng 和 Xie（2008）将供电方竞价策略视为发电成本和竞争对手竞价行为的函数，构建了多区域电力市场供应拍卖随机非线性纳什博弈模型。该模型考虑了不确定性、风险及多区域电力系统物理约束的影响。该文献运用动态规划法对该模型进行了求解，算例分析的结果表明模型的适用性。但随着市场参与者数量、电力系统规模和情景设置数量的增加，上述随机非线性纳什博弈模型的数值求解过程会更加复杂。此外，区域用电需求、电力出清价格、其他电力行业参与者的成本分配，以及发电和输电的可获得性存在的诸多不确定使多区域电力市场供应拍卖趋于复杂。因此，需进一步研究优化模型求解的方法。

费蓉（2009）将动态规划法用于解决最短路径问题，并将其推广到邮路问题和电力市场动态分区定价问题。仿真实验的结果表明方法的有效性。但该文献仅考虑了电力市场分区定价问题的应用，电力市场多目标优化问题的应用方向和前景还有待探索。

Jiang 和 Li（2012）首先建立了风电运营成本评价模型及考虑风电和火电优化调度模型，然后结合线性规划法和动态规划法对模型进行求解。该方法不用寻求既包含混合整数变量又考虑风电接入的大型电网约束的非线性动态规划模型。算例分析的结果表明该方法的合理性、正确性和实用性。

Saravanan 等（2013）用动态规划法求解随机机组组合问题。该文献用近似状态决策方法建立了用电侧和发电侧随机模型，并在一个由 4 台机组组成的 8h 系统中进行了测试，测试结果显示该方法可使系统总成本最小。但该文献仅考虑了机组的运行约束，未能考虑风光发电波动的影响。

陈光宇等（2018）考虑了风电出力波动和电网安全约束，建立了含风电接入的多目标机组组合模型。该文献利用置信区间解决风电出力的波动性问题，从而简化风电出力的情景设置，并用 Benders 分解法对多目标模型进行降维处理，提出一种基于解集动态分析的多目标优化算法。此外，该文献通过一种探测机制和预处理方法加快了模型的收敛速度。

5.1.4 网络流法

在网络流法中，网络指各边均对应一个边容量的有向图。网络流满足容量限制、反对称性和流量平衡三条性质。同动态规划法一样，网络流法也易陷入"维数灾"（杨静等，2005）。周京阳等（2001）介绍了网络流法的基本概念、原始对偶法及原始单纯形法竞价过程，并用网络流法处理了机组启停约束、爬坡约束、电力平衡约束和电网安全约束等，但文献中所述网络流法搜索范围较大，运算耗时较长。李慧娟等（2002）、刘娅和刘东升（2010）以总购电费用最低为目标，提出一种同时考虑电力平衡约束、机组最大最小出力约束、运行备用约束、自动发电控制约束、机组启停约束和爬坡约束的综合竞价模型，分别通过改进优先次序法和改进原始对偶法求解机组组合问题和竞价问题。

5.1.5 混合整数规划

混合整数规划是要求部分决策变量取值为整数的规划问题。Hong 和 Hong(2005)提出了一种基于模糊马尔可夫决策过程和模糊 c 均值的报价策略。该文献首先定义了系统状态和电厂报价策略，然后基于电厂报价策略，用模糊 c 均值对系统状态进行聚类，在此基础上，通过模糊马尔可夫决策过程进行次优多阶段决策，并用线性规划法解决和竞价策略相关的 0-1 状态问题。该文献所述方法可以极大减少变量和约束的数量。

耿建等（2009）阐述了安全约束机组组合问题的基本数学模型，并基于混合整数规划提出安全约束机组组合问题优化算法。该文献指出，混合整数规划引入了割平面和分支割平面，可以有效避免组合爆炸性问题，从而提高算法的实用性。

蔡秋娜等（2012）考虑了错峰充电模式，基于传统安全约束机组组合问题，提出了含可入网混合电动汽车的电力系统优化调度模型。该文献根据可入网混合电动汽车的充放电特性，将上述优化调度模型分解为综合考虑碳排放成本、燃料成本和可入网混合电动汽车经济性的机组组合模型，以及计及交流潮流约束的充放电计划优化模型，并用混合整数规划和牛顿-拉夫逊潮流算法进行求解。该文献未能考虑可入网混合电动汽车充放电功率不确定的影响。

Cebulla 和 Fichter(2017)基于成本最低优化模型，评估了简单线性规划法、混合整数线性规划法及风电和光伏发电份额占比对储能要求的影响。结果表明，简单线性规划法忽略了影响运行成本的技术约束，导致火电厂调度灵活性高出实际情况，从而低估了储能需求。相反，混合整数线性规划法下的储能要求会更高。但随着风光发电比例的增加，两种方法所得结果的偏差会变小。该文献仅考虑到线性情形，没有推广到更为复杂的非线性情形，也未考虑需求响应对储能要求的影响。

线性规划法仅适用于目标函数和约束条件均为线性的情形，对于多阶段非线性报价模型不适用或者计算结果精度存在偏差。动态规划法和网络流法容易陷入"维数灾"（杨静等，2005）。优先次序法能够将发电容量和成本分别与发电产出和电价对应起来，且简单易行,是解决电力调度相关问题(如评估新技术对电价和碳排放的影响,以及研究新增容量的最佳投资水平等)的一种经典方法(Staffell and Green, 2016),故采用优先次序法对电力市场进行模拟。鉴于简单优先次序法未能考虑机组组合问题的一些动态约束条件,在进行电力市场模拟时,借鉴混合整数规划的思想处理了机组最大最小出力等约束,以保证运算结果尽可能符合电力系统的实际运行情况。

5.2 风光发电经济性建模

本节将风光发电的度电收益和平准化发电成本进行比较,以两者之间的差值估计风电光伏发电提供单位电能的净经济价值,从而分析风光发电的经济性。

5.2.1 装机类型假设

研究假设区域全部装机类型包括风电、光伏发电、生物质发电、径流式水电、抽水蓄能、核电、气电、热电联产、综合利用和常规煤电。除区域内部电力装机外,还考虑了跨省跨区送受电对区域电力电量平衡的影响。

5.2.2 资源出力模型

一般而言,某种发电资源最高出力水平由装机容量、负荷率上限和厂用电率共同决定。除此之外,煤电机组还要考虑最小技术出力约束,风光发电出力受地区风光资源条件的限制,并有如下概率模型(Lun and Lam, 2000;王成山等,2005;Atwa et al., 2010)。

1. 风电出力概率模型

通常认为区域风速近似服从 Weibull 分布,其概率密度函数可表达为

$$f(v) = \frac{k}{c}\left(\frac{v}{c}\right)^{k-1}\exp\left[-\left(\frac{v}{c}\right)^k\right] \tag{5-1}$$

累积分布函数为

$$F(v) = 1 - \exp\left[-\left(\frac{v}{c}\right)^k\right] \tag{5-2}$$

式中,v 为风速;k 为形状参数;c 为尺度参数。

式(5-2)两边各取两次对数,得到式(5-3):

$$\ln\{-\ln[1-F(v)]\} = k\ln v - k\ln c \tag{5-3}$$

画出 $\ln\{-\ln[1-F(v)]\}$ 与 $\ln v$ 的图像,可以发现其为一条直线,直线的斜率是 k,纵截距是 $-k\ln c$。

形状参数 k 等于 2 的 Weibull 分布又称 Rayleigh 分布,其概率密度函数为

$$f(v) = \frac{2v}{c^2}\exp\left[-\left(\frac{v}{c}\right)^2\right] \tag{5-4}$$

风电输出功率 P_W 与风速 v 之间的关系可用式(5-5)近似简化表述：

$$P_W = \begin{cases} 0, & v \leqslant v_{ci} \text{ 或 } v > v_{co} \\ \dfrac{v - v_{ci}}{v_r - v_{ci}} P_r, & v_{ci} < v \leqslant v_r \\ P_r, & v_r < v \leqslant v_{co} \end{cases} \tag{5-5}$$

式中，v_{ci} 为切入风速；v_{co} 为切出风速；v_r 为额定风速；P_r 为风力发电机额定功率。

根据风速的概率密度函数及风电输出功率与风速之间的关系，得到风电输出功率的概率密度函数为

$$f(P_W) = \frac{k(v_r - v_{ci})}{P_r c}\left(\frac{P_W v_r - P_W v_{ci} + P_r v_{ci}}{P_r c}\right)^{k-1}\exp\left[-\left(\frac{P_W v_r - P_W v_{ci} + P_r v_{ci}}{P_r c}\right)^k\right] \tag{5-6}$$

2. 光伏发电出力概率模型

各时段光照强度近似服从 β 分布，其概率密度函数为

$$f(r) = \frac{\Gamma(\alpha+\beta)}{\Gamma(\alpha)\Gamma(\beta)}\left(\frac{r}{r_{\max}}\right)^{\alpha+1}\left(1-\frac{r}{r_{\max}}\right)^{\beta-1} \tag{5-7}$$

式中，r 为实际光照强度；$r_{\max}$ 为最大光照强度；Γ 为 Gamma 函数；α,β 为形状参数。

考虑 M 个面积为 A_m、光电转换效率为 η_m ($m=1, 2, \cdots, M$) 的太阳能组件，这些组件的全部有功功率 P_S 可以计算如下：

$$P_S = r\sum_{m=1}^{M} A_m \eta_m \tag{5-8}$$

根据光照强度的概率密度函数及太阳能组件输出功率与光照强度之间的关系，得到太阳能组件输出功率的概率密度函数为

$$f(P_S) = \frac{\Gamma(\alpha+\beta)}{\Gamma(\alpha)\Gamma(\beta)}\left(\frac{P_S}{P_{\max}}\right)^{\alpha-1}\left(1-\frac{P_S}{P_{\max}}\right)^{\beta-1} \tag{5-9}$$

$$P_{\max} = r_{\max}\sum_{m=1}^{M} A_m \eta_m \tag{5-10}$$

式中，$P_{\max}$ 为太阳能组件最大输出功率。

5.2.3 机组组合问题

进行电力调度除需考虑各类型发电机组本身的出力限制,还要考虑机组之间如何进行组合及相应的约束条件,包括电力平衡约束、运行备用约束、机组最大最小出力约束、爬坡约束和启停约束等(耿建等,2009;蔡秋娜等,2012)。

理想情况下,电力市场出清结果可以实现电力资源的最优配置,从而使电力系统总成本达到最低。故以研究期间电力系统总成本最低作为市场情形下机组组合问题的目标函数。电力系统总成本由机组运行成本和启停成本构成,如式(5-11)所示。

目标函数:

$$\min \sum_t \sum_i (\text{OC}_{it} + \text{SUC}_{it} + \text{SDC}_{it}) \tag{5-11}$$

式中,t 为时间参数;i 为机组参数;OC_{it} 为机组 i 在时刻 t 的运行成本;SUC_{it} 为机组 i 在时刻 t 的开机成本;SDC_{it} 为机组 i 在时刻 t 的停机成本。

主要约束条件包括以下几方面。

电力平衡约束:

$$\sum_i P_{it} = D_t + L_t, \quad \forall t \tag{5-12}$$

式中,P_{it} 为机组 i 在时刻 t 的供电出力;D_t 为系统 t 时的负荷;L_t 为系统 t 时的线损。

运行备用要求:

$$\sum_i R_{it} \geq \underline{R_t}, \quad \forall t \tag{5-13}$$

式中,R_{it} 为机组 i 在时刻 t 提供的运行备用;$\underline{R_t}$ 为系统 t 时最低运行备用要求。

机组最大最小出力约束:

$$\underline{P_i} u_{it} \leq P_{it} + R_{it} \leq \overline{P_i} u_{it}$$
$$u_{it} = \begin{cases} 1, & \text{开机} \\ 0, & \text{停机} \end{cases}, \quad \forall i, t \tag{5-14}$$

式中,$\underline{P_i}$ 为机组 i 供电出力下限;$\overline{P_i}$ 为机组 i 供电出力上限;u_{it} 为机组 i 在时刻 t 的运行状态,取 1 表示开机,取 0 表示停机。

爬坡约束:

$$R_{\text{down}}^i \leq P_{i(t+1)} - P_{it} \leq R_{\text{up}}^i, \quad \forall i, t \tag{5-15}$$

式中,R_{down}^i 为机组 i 向下爬坡约束;R_{up}^i 为机组 i 向上爬坡约束。

启停约束:

$$\begin{cases} (\Delta t_{\text{on}}^{it} - \underline{\Delta t_{\text{on}}^{i}})(u_{it} - u_{i(t+1)}) \geqslant 0 \\ (\Delta t_{\text{off}}^{it} - \underline{\Delta t_{\text{off}}^{i}})(u_{i(t+1)} - u_{it}) \geqslant 0 \end{cases}, \quad \forall i,t \tag{5-16}$$

式中，$\Delta t_{\text{on}}^{it}$ 为机组 i 截至时刻 t 累计开机时长；$\Delta t_{\text{off}}^{it}$ 为机组 i 截至时刻 t 累计停机时长；$\underline{\Delta t_{\text{on}}^{it}}$ 为机组 i 最小开机时长；$\underline{\Delta t_{\text{off}}^{it}}$ 为机组 i 最小停机时长。

5.2.4 市场出清规则

根据优先次序法，假设除国家规定进行优先调度的发电机组外，电力市场中的其余机组按短期边际成本进行报价，电力系统根据报价从低到高对机组进行调度排序，并以满足区域电力电量需求的机组边际成本作为统一出清价格结算上网电量。如果市场在优先调度机组就已全部出清，则按参与市场竞价的机组的最低报价核定出清价格，以保证超低负荷情形下的出清机组也可获得一定的市场收益。稀缺情形下，当可获得的电力供给不能满足负荷和5%的系统运行备用要求时，管理当局需卸载部分负荷并制定合理的电价上限，以维持电力系统的安全稳定运行并保证调峰机组恰当的收益水平。

5.2.5 电力供给曲线

根据市场出清规则，运用优先次序法，模拟电力市场中非优先发电机组的经济调度，得到非优先发电机组电力供给曲线示意图，如图 5-1 所示。一般情形下，电力市场根据边际成本递增原则对机组进行调度排序，并以满足系统电力电量需求的机组边际成本确定统一出清价格，形成实时电价。在电力供给紧张的情况下，电力市场的出清价格达到管理当局规定的电价上限。

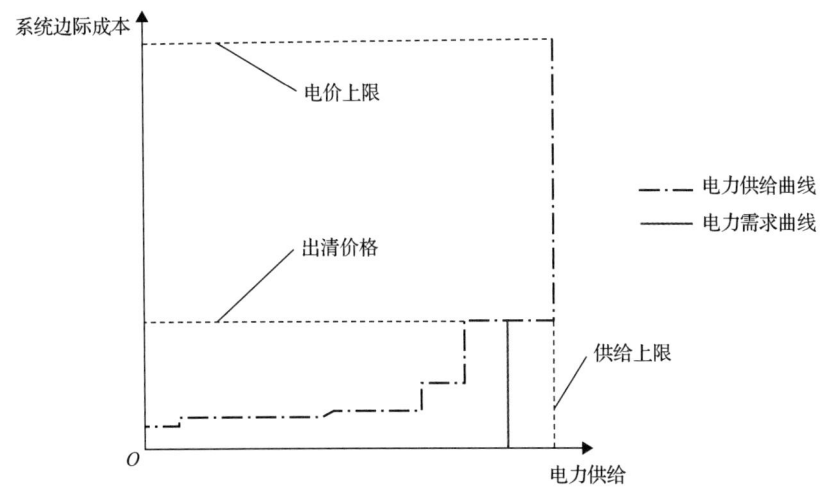

图 5-1 非优先发电机组电力供给曲线示意图

图示电力供给和需求包括运行备用；图中所示电力需求曲线为一条竖直线，即将某时刻电力消费设置为刚性需求，仅是为了示意该时刻电力市场的出清情况而做的简化处理，不代表任何实际情形。案例分析以广东省实际历史数据为基础。

5.2.6 风光发电经济性评价模型

根据美国能源信息署(U.S. Energy Information Administration, 2013)提出的发电资源经济性评价思路,得到评估资源发电经济性的一般模型,具体过程如下。

测算发电资源的平准化发电成本,评估发电资源提供单位电能的成本。

测算发电资源提供单位电能的度电收益。标杆上网电价情形下,发电资源提供单位电能的度电收益等于其标杆上网电价。市场情形下,可以用发电资源年供电收入除以年上网电量,得到发电资源提供单位电能的度电收益为

$$\overline{R} = \frac{R}{E} \tag{5-17}$$

$$R = \int \text{price}_t \cdot P_t \text{d}t \tag{5-18}$$

$$E = \int P_t \text{d}t \tag{5-19}$$

式中,$\overline{R}$ 为发电资源提供单位电能的度电收益;R 为发电资源年供电收入;E 为发电资源年上网电量;price_t 为电力市场 t 时的出清价格;P_t 为发电资源 t 时的供电出力。

将发电资源提供单位电能的度电收益和其平准化发电成本作差,得到发电资源提供单位电能的净经济价值为

$$\text{NV} = \overline{R} - \text{LCOE} \tag{5-20}$$

式中,NV 为发电资源提供单位电能的净经济价值。

5.3 风光发电经济性评价案例分析

广东省是中国最大的省级经济体和电力消费省,也是国家首批售电侧改革试点之一,始终走在国家电力体制改革的最前沿。因此,根据广东省具体实际模拟其电力市场出清情况对于国家深化电力体制改革具有重要的战略意义和参考价值。本节以广东省为例,结合其具体装机类型和发电资源出力情况,构建广东省电力市场出清模型,测算广东省风光发电在标杆上网电价情形和市场情形下的经济性,并对其进行比较。

5.3.1 标杆上网电价情形下风光发电经济性

根据2.2节构建的平准化发电成本模型和参数设置,得到2017年标杆情景下广东省风电、光伏发电经济性评价结果,如表5-1所示。

根据表5-1,标杆上网电价情形下风电提供单位电能的净经济价值为正,说明标杆上网电价情形下,风电提供单位电能的度电收益高于其成本,也就是说风电的标杆上网电

表 5-1 2017 年标杆上网电价情形下广东省风电、光伏发电经济性评价结果

资源类型	风电	光伏发电
年发电量/(亿 kW·h)[①]	62	20
装机容量/万 kW	335	332
年利用小时数/h	1851	602
单位容量装机初始投资/(元/kW)	6825	7000
平准化发电成本/[元/(kW·h)]	0.50	1.37
标杆上网电价/[元/(kW·h)]	0.60[②]	0.85[③]
净经济价值/[元/(kW·h)]	0.10	−0.52

[①] 2017 年广东省风电、光伏发电量和装机容量数据来源：《全国电力工业统计快报(2017 年)》。
[②] 参照 2017 年广东省新建陆上风电标杆上网电价。数据来源：国家发展改革委改价格〔2015〕3044 号文。
[③] 参照 2017 年广东省新建光伏电站标杆上网电价。数据来源：国家发展改革委改价格〔2016〕2729 号文。

价高于其平准化发电成本。这表明标杆上网电价情形下，风电具有较好的经济性。光伏发电提供单位电能的净经济价值为负，说明标杆上网电价情形下，光伏发电提供单位电能的度电收益不足以弥补其成本，也就是说光伏发电的标杆上网电价比其平准化发电成本低。这表明标杆上网电价情形下，光伏发电的经济性不佳。

表 5-1 显示，光伏发电的标杆上网电价明显高于风电，但标杆上网电价情形下，风电的经济性却优于光伏发电。这是由于评估发电资源的经济性不能仅考虑其度电收益，还需比较其单位供电成本。由表 5-1 可知，光伏发电的平准化发电成本远高于风电。从而标杆上网电价情形下，风电的经济性优于光伏发电。因而，可以考虑从降低初始投资和提高年利用小时数着手，降低风力发电和光伏发电的单位供电成本，改善其经济性。

5.3.2 市场情形下风光发电经济性

1. 装机类型概述

广东省风电、光伏发电装机容量等参数见表 5-1。鉴于风光发电出力受地区风光资源限制，故不同于其他机组根据负荷率上限估计最大出力约束，研究基于苏剑等(2013)关于某屋顶光伏出力的研究和调研所获数据，对广东省风电、光伏实时出力情况进行模拟。除风电、光伏发电和煤电外，广东省其余发电机组类型、装机容量、综合厂用电率、负荷率上限和供电上限如表 5-2 所示。

由于煤电机组最大最小出力约束受装机类型和单机规模的影响，故需依据装机类型和单机规模对煤电机组进行细分。根据表 5-3 所示 2017 年 1 月广东省不完全统计的 200MW、300MW、600MW、1000MW 热电联产机组、综合利用机组和常规煤电机组的具体装机情况，推算得到 2017 年广东省全部煤电机组的装机情况，详见表 5-4。

表 5-2 除风电、光伏发电、煤电外广东省装机构成

装机类型	装机容量/万 kW	综合厂用电率[①]/%	负荷率上限/%	供电上限/MW
生物质发电	97[②]	5.39	85[③]	777
径流式水电	912[④]	1.31	45	4050
抽水蓄能	498[⑤]	1.31	100	4915
核电	1047[⑥]	5.4	87[⑦]	8661
气电	1643[⑧]	2.02	100	16097

注：负荷率=发电机组某时期实际发电量/发电机组该时期满负荷发电量。供电上限=装机容量×负荷率上限×(1−综合厂用电率)。

① 数据来源：国家能源局《2016 年度全国电力价格情况监管通报》。

② 根据 2016 年广东省生物质发电累计并网容量 72.2 万 kW 和同比增长率 33.8%推算得到 2017 年广东省生物质发电装机容量。数据来源：国家可再生能源中心《2017 可再生能源数据手册》。

③ 假设生物质发电和径流式水电负荷率上限较其容量因子高出 5%，得到表 5-2 所示结果。生物质发电和径流式水电容量因子数据来源：《"十三五"后期坚持与强化煤电供给侧结构改革政策》。

④ 根据《全国电力工业统计快报(2017 年)》，2017 年广东省水电装机容量增长速度为 0.0%，故以 2016 年广东省径流式水电装机容量估计 2017 年广东省径流式水电装机容量。数据来源：广州电力交易中心。

⑤ 根据 2017 年广东省水电装机容量 1410 万 kW 与径流式水电装机容量作差得到 2017 年广东省抽水蓄能发电装机容量。2017 年广东省水电装机容量数据来源：《全国电力工业统计快报(2017 年)》。

⑥ 数据来源：《全国电力工业统计快报(2017 年)》。

⑦ 出于安全性考虑，假设核电出力相对恒定。根据 2017 年广东省核电发电量 802 亿 kW·h/(对应装机容量·8760h)估计核电负荷率上限。2017 年广东省核电发电量数据来源：《全国电力工业统计快报(2017 年)》。

⑧ 2016 年广东省火电装机容量 7538 万 kW，2017 年装机容量 7779 万 kW，鉴于 2016 年和 2017 年广东省火电装机规模变动不大，假设 2017 年广东省火电装机构成与 2016 年保持一致，结合 2016 年广东省气电装机容量 1592 万 kW，得到 2017 年广东省气电装机容量估计值为 1643 万 kW。2016 年广东省气电、火电装机容量数据来源：广州电力交易中心；2017 年广东省火电装机容量数据来源：《全国电力工业统计快报(2017 年)》。

表 5-3 2017 年 1 月广东省不完全统计煤电机组构成

单机容量/MW	供热机组数	纯凝机组数	总数
1000	0	14	14
600	1	35	36
300	17	36	53
200	2	0	2

注：300MW 纯凝机组中有 4 台为综合利用机组。

数据来源：《广东电网煤耗在线监测系统月报(2017 年 1 月)》。

表 5-4 2017 年广东省煤电机组构成

装机类型	单机容量/MW	机组数	综合厂用电率/%	负荷率上限/%
综合利用	300	5	6.38	100
热电联产	600	1	6.38	90
	300	20	6.38	90
	200	2	6.38	90
常规煤电	1000	17	6.38	100
	600	41	6.38	100
	300	38	6.38	100

注：热电机组由于供热带不到 90%以上的负荷，故以 90%设置负荷率上限。

外来电会对广东省电力电量的平衡产生较大影响。经调研，2015年湖北、湖南、云南、贵州和广西送广东电量合计 1737 亿 kW·h，同年广东省全社会用电量 5311 亿 kW·h[①]。根据南方电网官方声明，截至"十二五"规划期末，所有跨省交易电量中水电占比 75%，外来水电满足了广东省 24.53% 的用电需求。可见，外来水电是保障广东省电力电量供应的一个重要源泉。因此，在进行广东省电力市场模拟时有必要考虑外来水电的影响。

假设外来水电具有较高的灵活性，可根据受端地区出清价格的高低进行出力调整，即在电价高峰增加出力，在电价低谷减少出力，以最大化市场收益。研究根据边际成本递增原则和统一出清价格规则设置市场化条件下电力系统的出清规则，并依据优先次序法形成电力市场供给曲线。在此调度原则和出清规则下，电力市场出清价格和用电负荷基本呈同向变动，用电低谷一般也为电价低谷，用电高峰一般也为电价高峰。因此，为使市场收益最大，外来水电应尽可能保证出力与受端地区负荷波动保持一致，即在高负荷、高电价时段增加出力，在低负荷、低电价时段减少出力。本书根据 2015 年广东省全社会用电量中外来水电占比和 2017 年广东省实际用电负荷来模拟市场情形下广东省外来水电的出力。

2. 资源出力情况

根据调研获得的 2010 年 4~12 月广东省不完全统计的风电出力数据，依照统计期间被统计机组日发电量将风电出力划分为大风日、中风日、小风日和无风日四类，其中，大风日 21 天，中风日 48 天，小风日 184 天，无风日 22 天，统计期共 275 天。分别从大风日、中风日和小风日中随机挑选一天代表 2010 年相应典型日的风电出力，结合统计期间被统计机组累计发电量 1.56 亿 kW·h 和 2017 年广东省风电量 62 亿 kW·h 的比例，模拟得到 2017 年广东省风电在大风日、中风日和小风日的实时出力曲线，如图 5-2 所示，横轴表示时间，纵轴表示某一时刻风电出力。风电出力具有很强的随机性和波动性，大风日风电出力为 2013~3168MW，中风日风电出力为 573~2686MW，小风日风电出力为 0~1205MW。

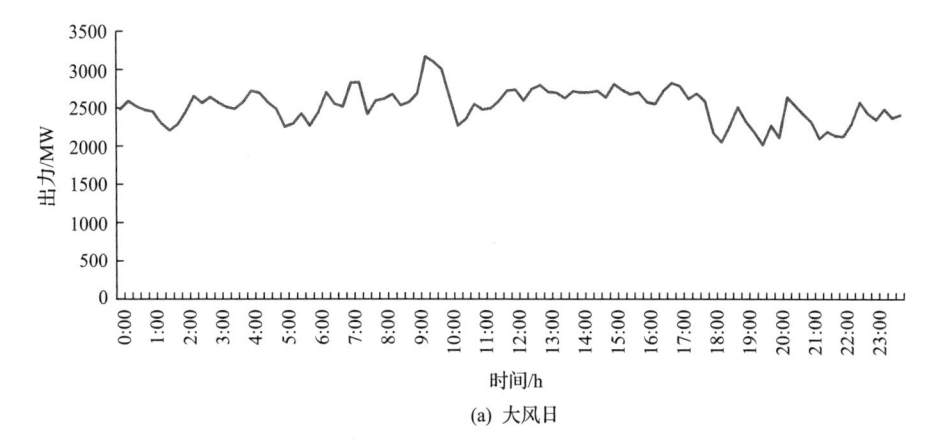

(a) 大风日

---

① 数据来源：《2015 年电力工业统计资料汇编》。

(b) 中风日

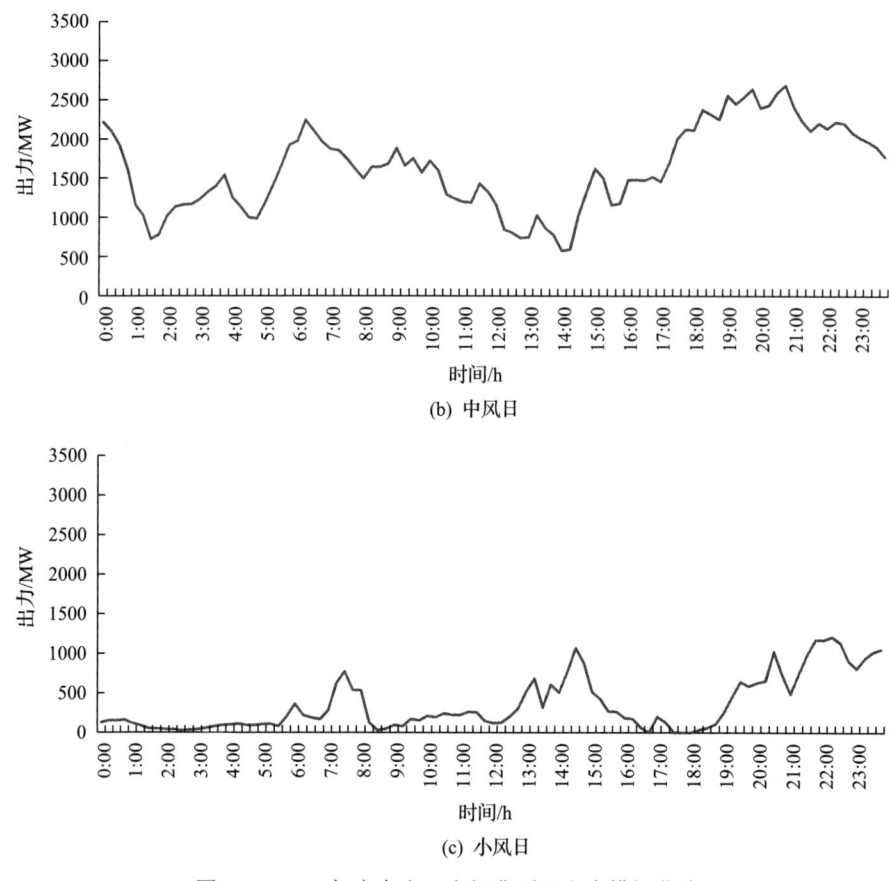

(c) 小风日

图 5-2 2017 年广东省风电场典型日出力模拟曲线

光伏发电出力与时间和季节具有很强的相关关系。参照某屋顶光伏的出力可以发现，在有光情形下，光伏发电实时出力曲线大致呈开口向下的抛物线形状，并且在 12:30 左右达到一天中的出力最高峰，夏季在 5:00~20:00 有出力，春秋在 6:00~19:00 有出力，冬季在 7:00~18:00 有出力。结合该屋顶光伏年发电量 13147MW·h（苏剑等，2013）和 2017 年广东省太阳能年发电量 20 亿 kW·h 的比例，模拟得到 2017 年广东省不同季节有光情形下光伏发电出力模拟曲线，如图 5-3 所示。横轴表示时间，纵轴表示某一时刻光伏发电的出力。夏季光伏发电出力最高可达 1643MW，春秋最高可达 1170MW，冬季最高可达 637MW。

同判断某天风电出力情况需考虑该天是大风日、中风日、小风日还是无风日一样，判断某天光伏发电出力情况需考虑该天是有光日还是无光日，再参考该天所属季节，得到该天光伏发电的实时出力。为简化处理，假设某天为有光日，则白天一直为有光情形；假设某天为无光日，则白天一直为无光情形，即不存在白天半天有光、半天无光的情形。根据苏剑等（2013）的研究，有光日夏季光照时长 15h，春秋 13h，冬季 11h，结合广东省太阳能年辐照时数 2200h 和季节划分标准（以公历 2~3 月为春季，4~9 月为夏季，10~

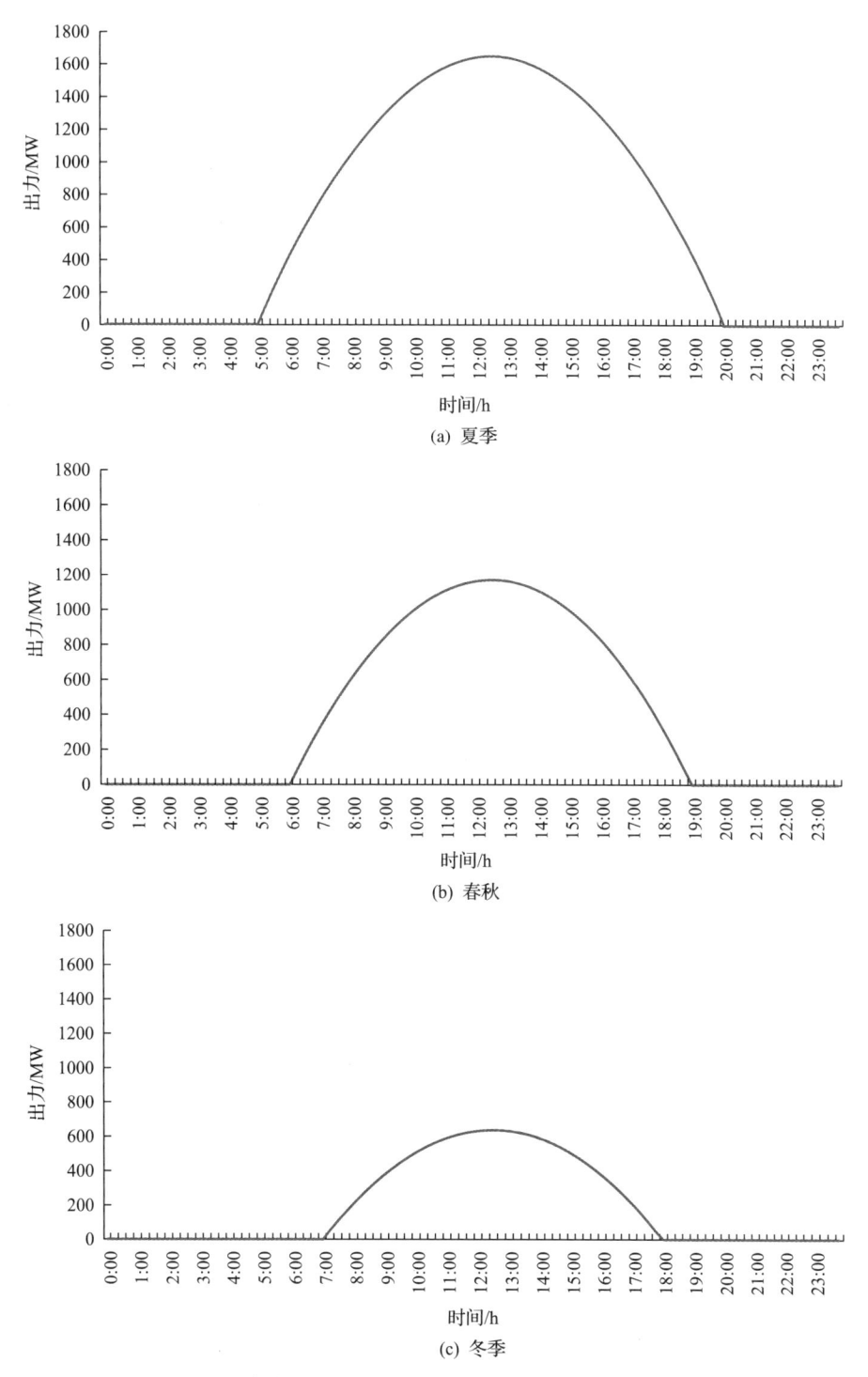

图 5-3　2017 年广东省不同季节有光情形下光伏发电出力模拟曲线

11月为秋季，12月~翌年1月为冬季)①，得到广东省年有光天数约160.98天，将其与365天进行比较，得到广东省一年内有光日和无光日的比例约为160.98∶204.02。

3. 机组组合约束

考虑到数据的可获得性，并鉴于广东省风光发电渗透水平不高，对机组爬坡和启停影响不大，出于简化目的，暂不考虑机组爬坡和启停约束及相关成本，在计及机组的边际成本时，主要考虑其运行成本。由于燃料成本在火电机组运行成本中占绝对比例，故以供电燃料成本为火电机组边际成本的简单替代。

以调研获得的2017年广东省实际用电负荷数据为基础设置电力平衡约束。分别以1月28日、10月23日和8月9日用电负荷数据代表广东省冬季周末、春秋工作日和夏季工作日的电力需求情况(这里假设广东省春秋电力需求基本一致)。根据10月22日和10月25日广东省用电负荷分别计算得到相应时间广东省日用电量，发现10月22日广东省日用电量约为10月25日广东省日用电量的88%，据此假设广东省周末用电负荷约为工作日用电负荷的88%，从而将广东省冬季周末、春秋工作日和夏季工作日负荷曲线推广到春夏秋冬四季工作日和周末6种情形，得到图5-4所示2017年广东省典型日负荷曲线。

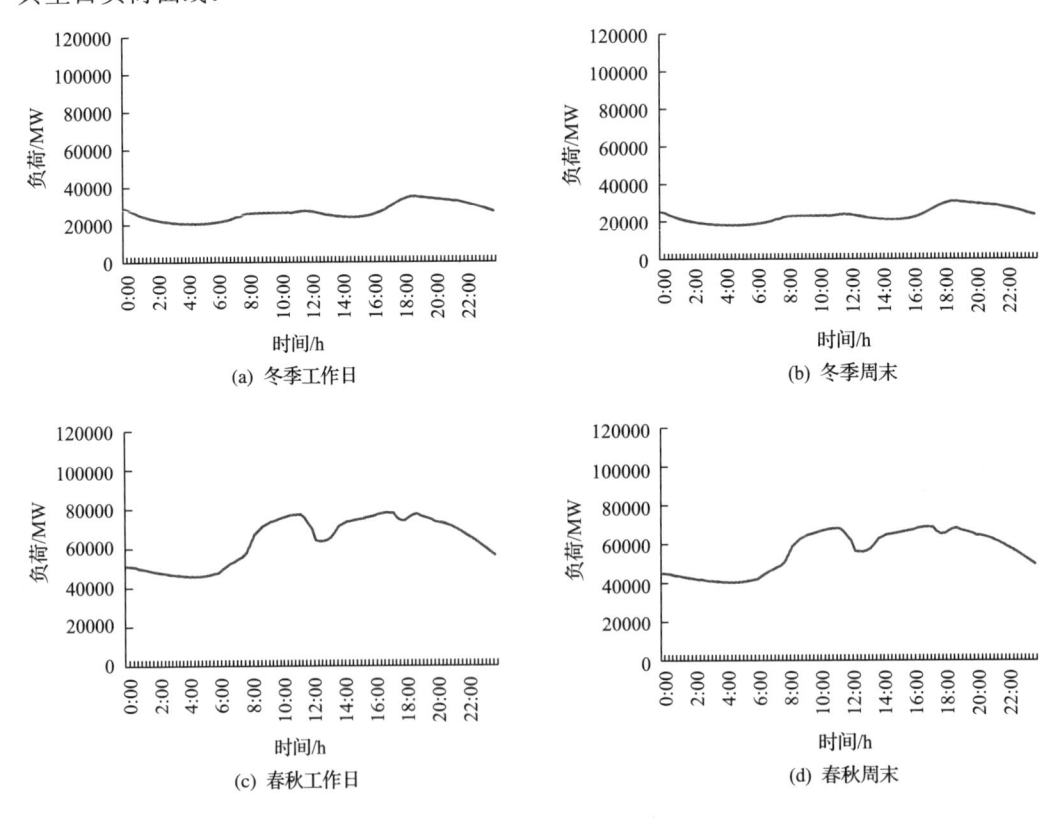

(a) 冬季工作日

(b) 冬季周末

(c) 春秋工作日

(d) 春秋周末

---

① 南方网. 广州的四季气候. (2002-07-15). [2018-12-12]. http://news.southcn.com/gdnews/nyda/200207151788.htm.

(e) 夏季工作日　　　　　　　　　　　(f) 夏季周末

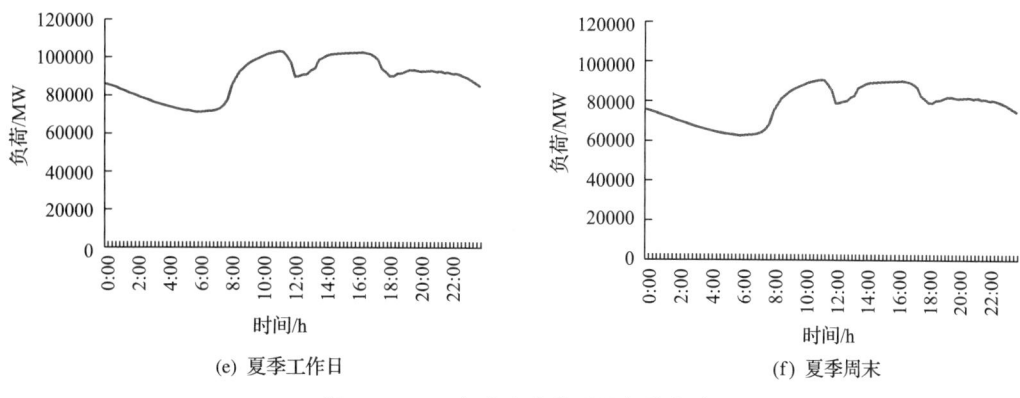

图 5-4　2017 年广东省典型日负荷曲线

图 5-4 中，横轴表示时间，纵轴表示某一时刻广东省的用电负荷。从图 5-4 可以看出，广东省典型日用电负荷大致呈"三峰三谷"趋势，且季节差异较大，冬季晚峰高，夏季早峰高，春秋"三峰"基本保持一致。广东省冬季工作日用电负荷为 20383～34908MW，周末用电负荷为 17955～30750MW；春秋工作日用电负荷为 45750～78132MW，周末用电负荷为 40301～68826MW；夏季工作日用电负荷为 71260～103092MW，周末用电负荷为 62773～90813MW。

根据广东省季节划分标准，按照 5∶2 设置工作日和周末比例，得到广东省年持续负荷曲线，如图 5-5 所示。图 5-5 中，纵轴表示用电负荷，横轴表示用电负荷达到某一数值的持续时间。广东省用电负荷为 17955～103092MW。用电负荷达到 103092MW 的持续时间仅为 32.59h。广东省全年用电负荷均不低于 17955MW，即用电负荷达到 17955MW 的持续时间为 8760h。

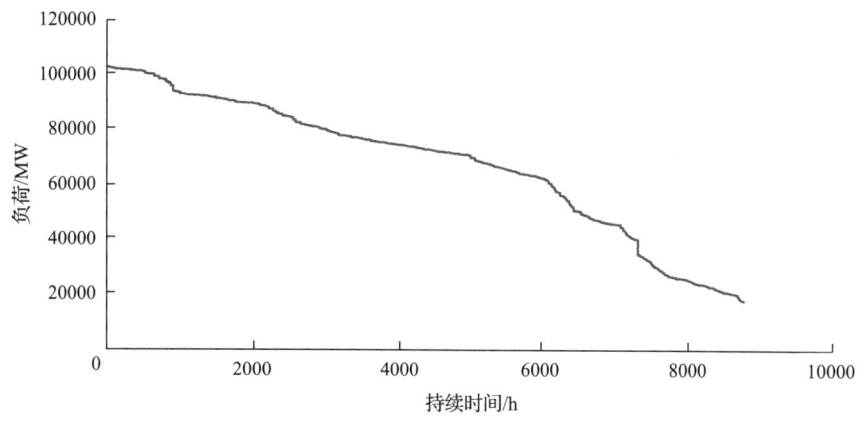

图 5-5　广东省年持续负荷曲线

经检验，根据所选典型日负荷曲线和广东省季节划分标准及设定的工作日、周末比例，推算得到广东省年用电量约 5950 亿 kW·h，与 2017 年广东省全社会用电量 5959 亿 kW·h[①]相差不大，说明所选典型日负荷曲线和设定的相关比例的合理性。

---

① 数据来源：《全国电力工业统计快报(2017 年)》。

2016年广东电网企业线损率为3.25%[1]，在进行电力市场模拟时，需根据这一比率将用电负荷折算成供电负荷，再结合电力系统运行备用要求，按照边际成本递增原则对发电机组进行调度排序。鉴于广东省电力系统规模较大，按全省日最大供电负荷的5%考虑运行备用要求。机组最大供电出力由装机容量、负荷率上限和综合厂用电率共同决定，最小出力约束主要考虑煤电机组的最小技术出力。本书假设常规煤电机组和综合利用煤电机组负荷率超过45%（不包含45%）时方可开机，热电机组负荷率超过50%（不包含50%）时方可开机。

4. 市场出清规则

国家发展改革委发布的《优先发电优先购电计划编制暂行办法》规定优先发电优先购电的适用范围包括：

(1) 一类优先保障。①纳入规划的风能、太阳能、生物质能等可再生能源发电。②为满足调峰调频和电网安全需要发电。③为提升电力系统调峰能力，促进可再生能源消纳，可再生能源调峰机组发电。④为保障供热需要，供热方式合理、实现在线监测并符合环保要求的热电联产机组，在采暖期按"以热定电"原则发电。

(2) 二类优先保障。①跨省跨区送受电中国家计划、地方政府协议送电。②水电。③核电。④余热、余压、余气发电。⑤超低排放燃煤机组。

结合广东省实际情况，对优先发电机组调度排序如下：①风能、太阳能、生物质能发电；②外来水电；③径流式水电；④核电；⑤综合利用煤电。

由于广东省不存在民生供热硬性要求，热电联产机组同常规煤电机组、抽水蓄能电站和气电机组一起按照短期边际成本递增原则进行调度排序，电力系统根据满足区域电力电量需求的机组边际成本形成统一出清价格结算上网电价。若电力市场在优先发电机组时就已出清，则以参与市场竞价的边际成本最低的机组的报价为此时的出清价格。

5. 电力供给曲线

在优先次序法下，要形成电力市场供给曲线，关键是依据边际成本对参与市场竞价的机组进行调度排序。广东省参与市场竞价的各类型机组的边际成本详述如下。

自2017年9月1日起，广东省天然气管网有限公司统筹销售的天然气门站价格下调到2.32元/m³[2]。假设1m³天然气可以发电5.18kW·h[3]，结合气电综合厂用电率2.02%，得到气电边际成本约为457.11元/(MW·h)。

理想情况下，假设抽水蓄能电站能够及时、准确地获取电价的相关信息，据此做出抽水或发电决定，以期使抽水成本达到最低，发电经济收益达到最高。据此假设抽水蓄能电站在低负荷、低电价时段抽水蓄能，在高负荷、高电价时段按抽四发三的效率进行发电调峰，结合抽水蓄能电站综合厂用电率1.31%，得到抽水蓄能发电边际成本。

---

[1] 数据来源：《2016年度全国电力价格情况监管通报》；线损率=线路损失负荷/供电负荷。
[2] 数据来源：粤发改价格函〔2017〕4694号。
[3] 苏俭玮. 燃气发电困境. (2012-02-15). [2018-12-12]. http://blog.sina.com.cn/s/blog_752f03130100xr8k.html.

煤电边际成本由供电煤耗和电煤价格共同决定。煤电机组的供电煤耗和负荷率具有一定的相关关系。经调研，亚临界 300MW 煤电机组供电煤耗随负荷率变动情况如表 5-5 所示。

表 5-5 亚临界 300MW 煤电机组供电煤耗随负荷率变动情况

	负荷率					
	100%	85%	75%	65%	55%	45%
供电煤耗/[g/(kW·h)]	337.0	341.4	347.4	355.8	366.8	380.2
煤耗差/[g/(kW·h)]	—	4.4	6	8.4	11	13.4
煤耗差差额/[g/(kW·h)]	—	—	1.6	2.4	2.6	2.4

从表 5-5 可以看出，亚临界 300MW 煤电机组的供电煤耗随负荷率的增加而减少，且大致呈二次函数关系，负荷率每相差 10%，供电煤耗的差额约相差 2.4g/(kW·h)。据此假设负荷率每相差 10%，广东省煤电机组供电煤耗的差额也相差 2.4g/(kW·h)。继而依据《广东电网煤耗在线监测系统月报（2017 年 1 月）》不完全统计的煤电机组 80%、90% 负荷率下的供电煤耗，推算得到广东省煤电机组不同负荷率下的供电煤耗。

2017 年广东省电煤价格指数为 600.26～641.20 元/t[①]，折合成标准煤价格为 841.00～898.35 元/t。分别以 2017 年广东省电煤价格指数范围的上限和下限设置高低煤价情形，结合广东省煤电机组的供电煤耗，推算得到广东省煤电机组不同负荷率下的供电煤耗和边际成本，如表 5-6 所示。

表 5-6 广东省煤电机组不同负荷率下的供电煤耗和边际成本

项目	机组类型	单机容量/MW	负荷率					
			≥90%	80%～90%	70%～80%	60%～70%	50%～60%	45%～50%
供电煤耗/[g/(kW·h)]	热电联产	600[①]	—	286	290	296	305	—
		300[②]	—	296	299	304	311	—
		200[③]	—	307	308	312	318	—
	常规煤电	1000	272	273	277	284	293	304
		600	289	291	295	301	310	321
		300	301	301	304	309	316	326
低煤价情形下边际成本/[元/(MW·h)]	热电联产	600	—	241	244	249	256	—
		300	—	249	251	256	262	—
		200	—	258	259	262	267	—
	常规煤电	1000	228	230	233	239	246	256
		600	243	245	248	253	260	270
		300	253	253	255	260	266	274

① 数据来源：国家发改委价格监测中心. http://jgjc.ndrc.gov.cn/list.aspx?clmld=698.

续表

项目	机组类型	单机容量/MW	负荷率					
			≥90%	80%~90%	70%~80%	60%~70%	50%~60%	45%~50%
高煤价情形下边际成本/[元/(MW·h)]	热电联产	600	—	257	260	266	274	—
		300	—	266	269	273	280	—
		200	—	276	277	280.	286	—
	常规煤电	1000	244	246	249	255	263	273
		600	260	261	265	270	278	288
		300	270	270	273	277	284	293

① 未获得600MW级热电机组煤耗数据。鉴于80%~90%负荷率水平下300MW级热电机组平均供电煤耗相较同等单机规模常规煤电机组低4.63g/(kW·h)，据此假设，在给定负荷率水平下600MW级热电机组平均供电煤耗相较同等单机规模常规煤电机组也低4.63g/(kW·h)，从而根据不同负荷率水平下600MW级常规煤电机组的平均供电煤耗推算得到对应负荷率水平下同等单机规模热电机组的平均供电煤耗。

② 根据300MW级常规煤电机组相邻两档负荷率水平下平均供电煤耗的差异估计同等单机规模热电机组对应负荷率水平下平均供电煤耗的差异。

③ 未获得200MW级热电机组煤耗数据。根据给定负荷率水平下300MW级热电机组和600MW级热电机组供电煤耗之间的差异估计对应负荷率水平下200MW级热电机组和300MW级热电机组供电煤耗之间的差异，从而参照不同负荷率水平下300MW级热电机组和600MW级热电机组供电煤耗数据得到相应负荷率水平下200MW级热电机组的供电煤耗数据。

根据电力市场出清规则和前述资源边际成本，以及广东省典型日负荷曲线和其他机组组合约束，对广东省电力市场出清情况进行模拟，得到广东省春、夏、秋、冬四季工作日和周末在大风日、中风日、小风日、无风日，以及有光日、无光日共48种情形下的电力供给曲线(假设广东省春秋用电负荷相差不大，以同一情形为代表)。

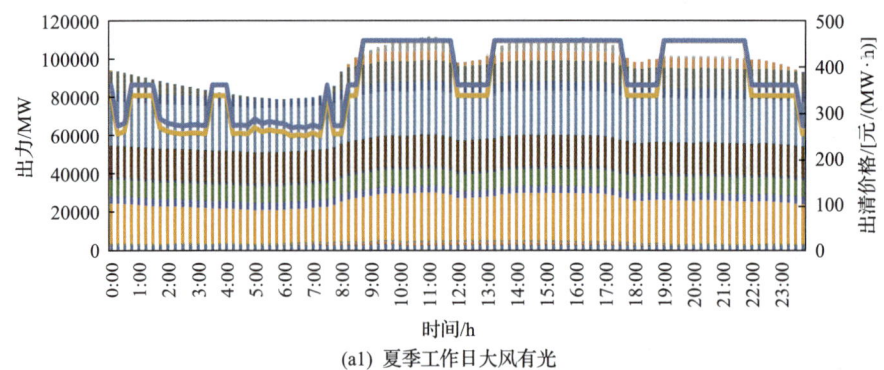

图5-6展示广东省48种情形下电力供给曲线和出清价格。图5-6中横轴表示时间，主要纵轴表示发电资源在某时刻的供电出力，次要纵轴表示该时刻的出清价格。图5-6中，资源供电出力位置靠上还是靠下表示调度排序靠后还是靠前。出力排在最下面的是国家规定优先发电、优先购电的风电、光伏发电、生物质能发电、外来水电、径流式水电、核电和综合利用煤电。除上述机组外，图5-6中出力位置越靠下，表明资源边际供电成本越低，调度排序越靠前；出力位置越靠上，表明资源边际供电成本越高，调度排序越靠后。出力排在最上面的是边际供电成本偏高的煤电和抽水蓄能发电及边际供电成本最高的气电。

(a1) 夏季工作日大风有光

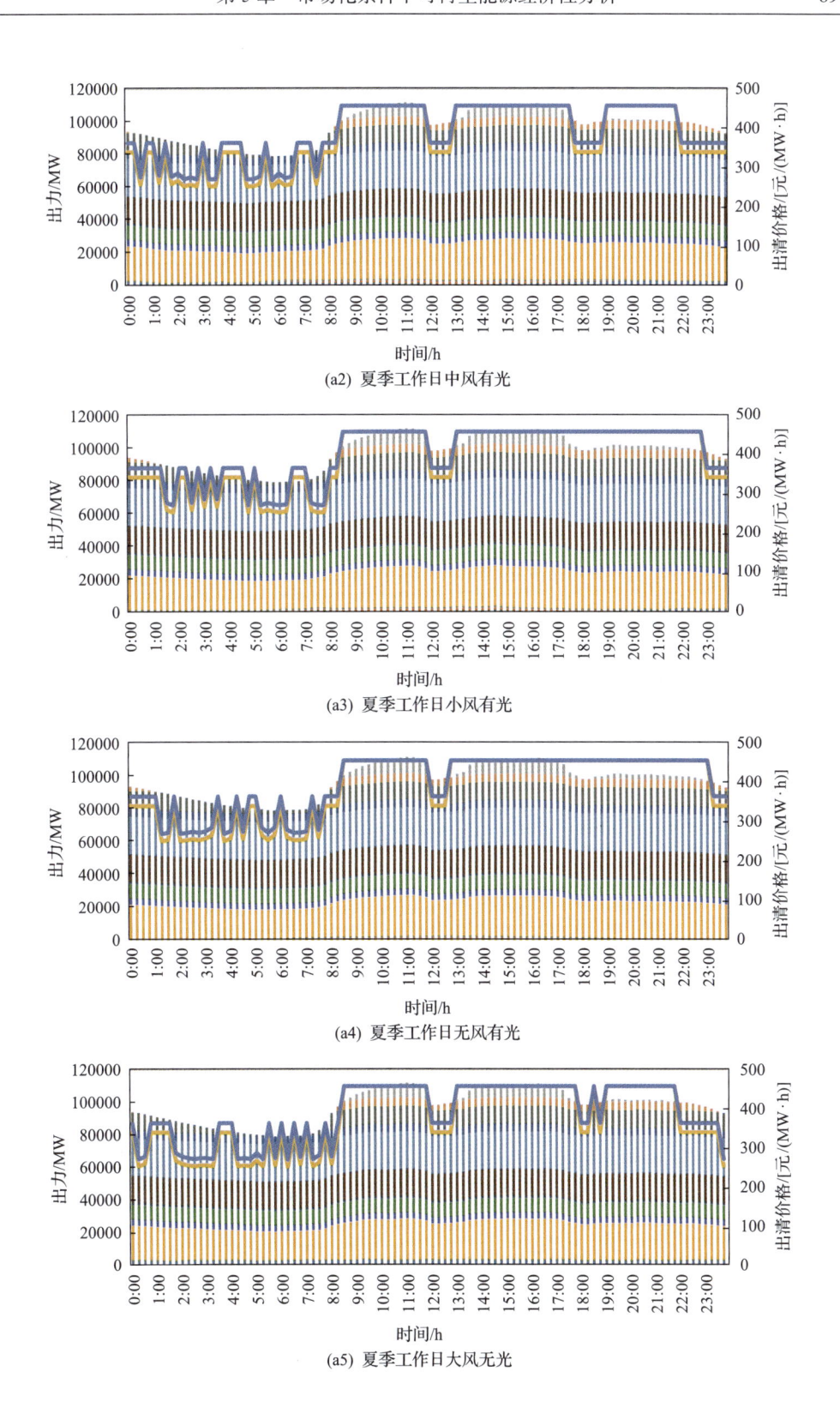

第5章　市场化条件下可再生能源经济性分析

(a2) 夏季工作日中风有光

(a3) 夏季工作日小风有光

(a4) 夏季工作日无风有光

(a5) 夏季工作日大风无光

(a6) 夏季工作日中风无光

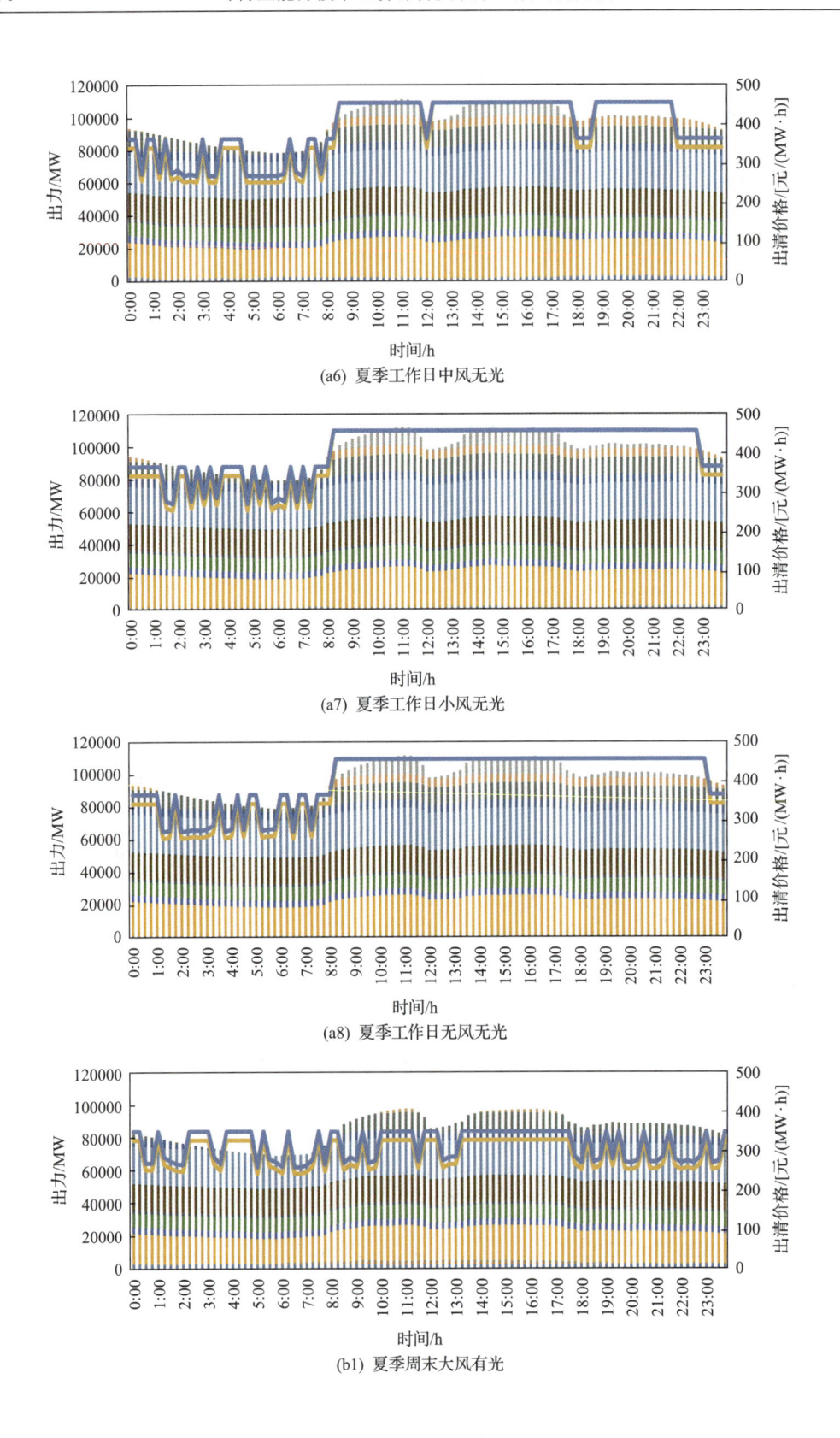

(a7) 夏季工作日小风无光

(a8) 夏季工作日无风无光

(b1) 夏季周末大风有光

(b2) 夏季周末中风有光

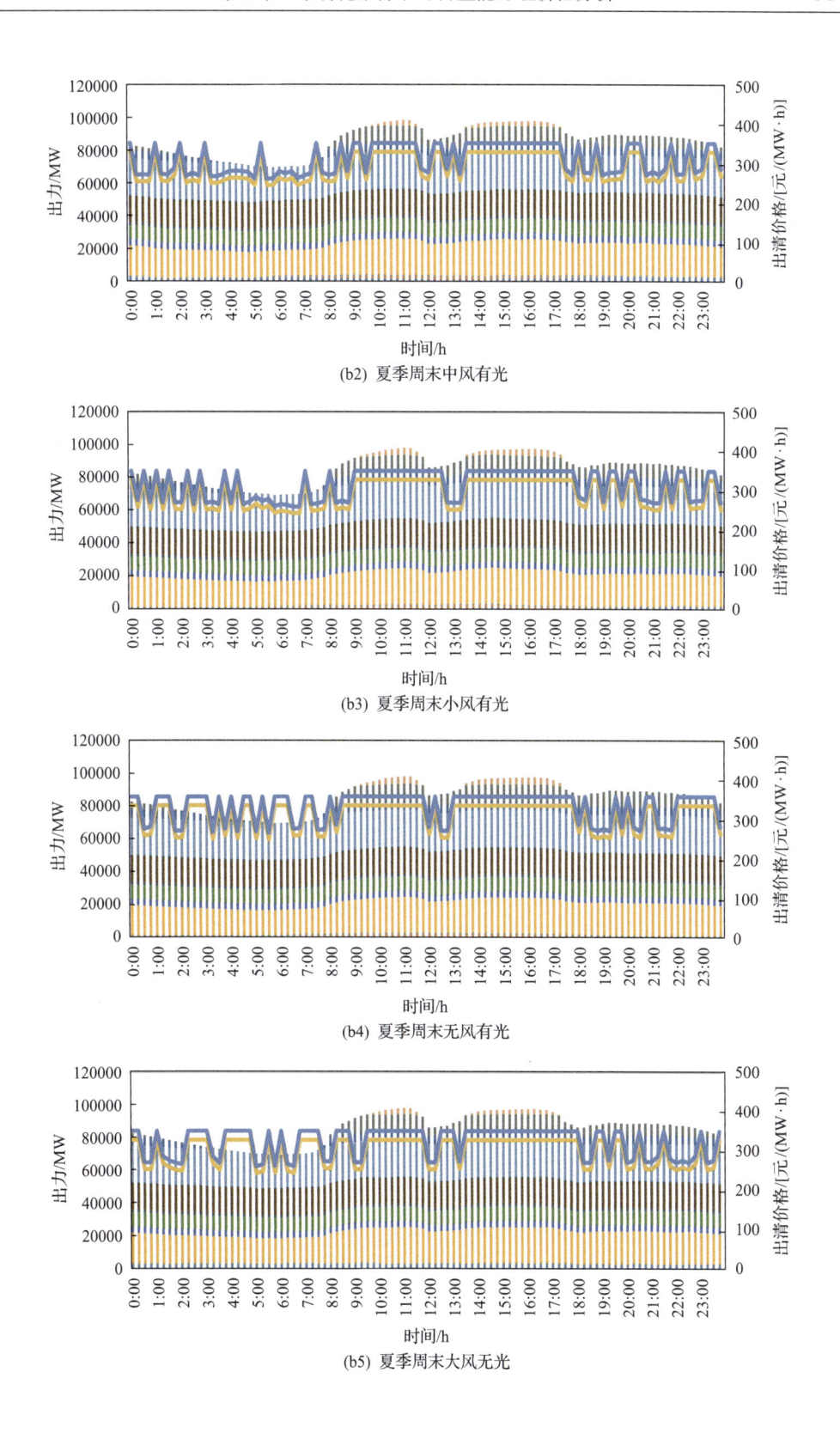

(b3) 夏季周末小风有光

(b4) 夏季周末无风有光

(b5) 夏季周末大风无光

(b6) 夏季周末中风无光

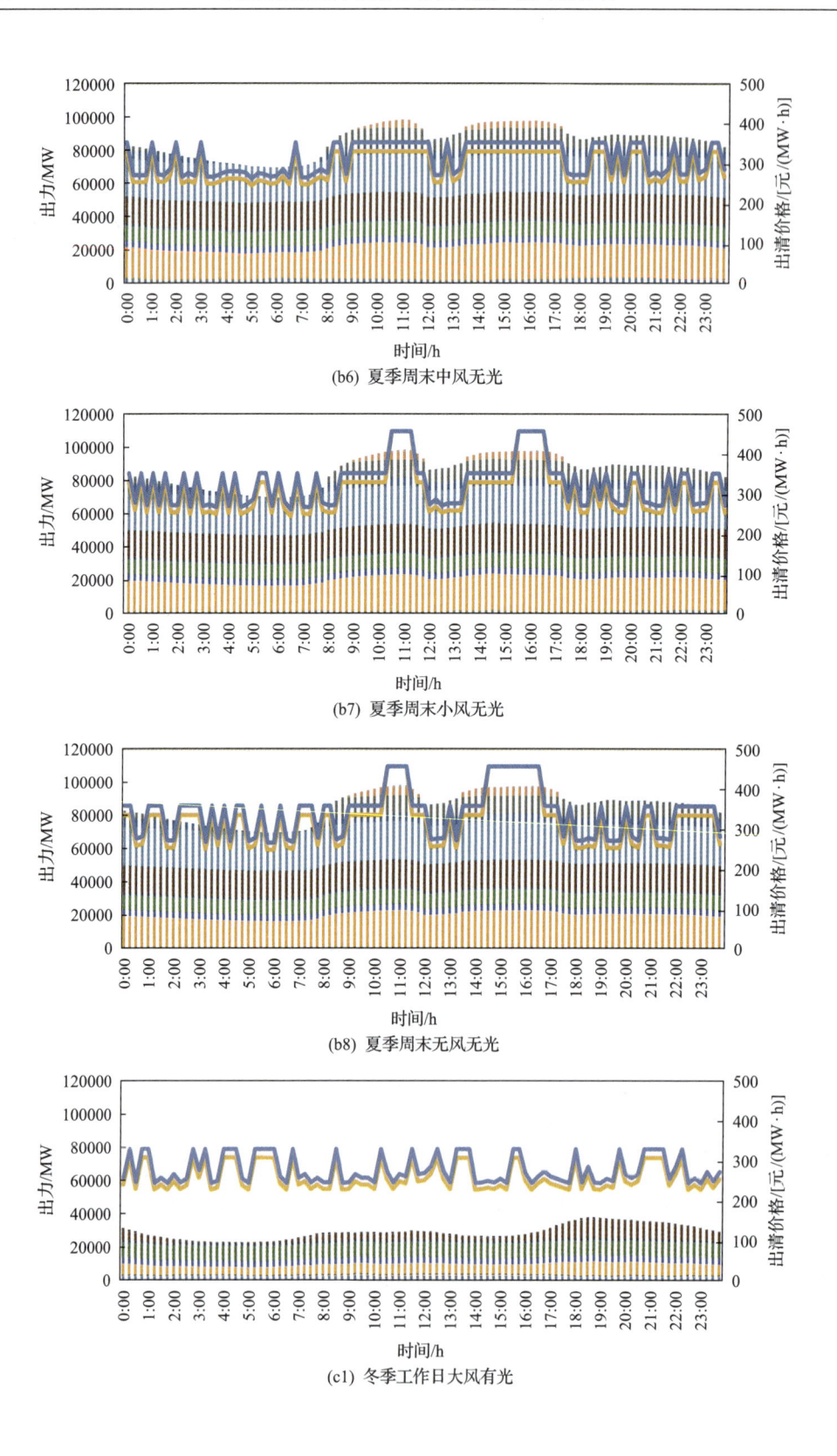

(b7) 夏季周末小风无光

(b8) 夏季周末无风无光

(c1) 冬季工作日大风有光

(c2) 冬季工作日中风有光

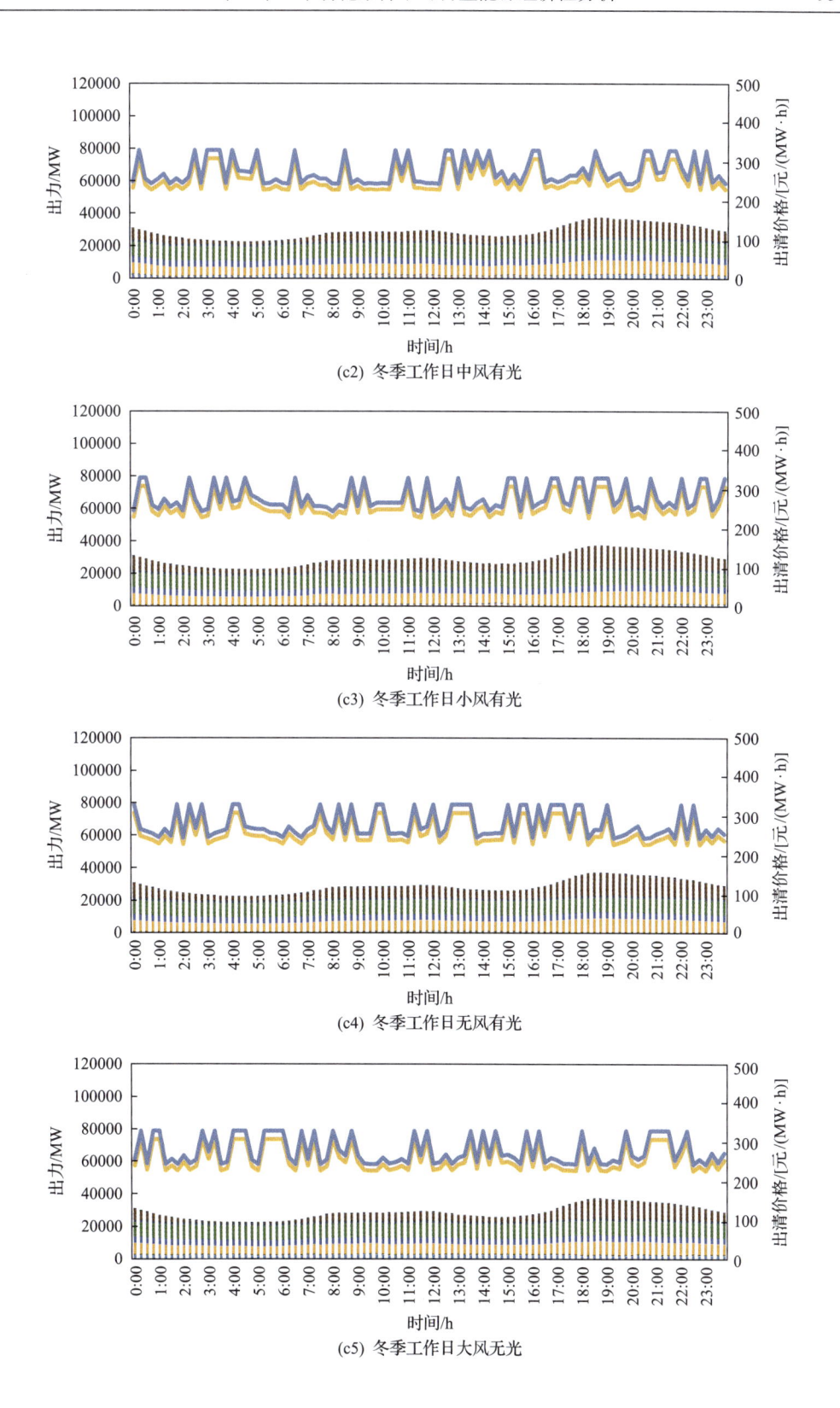

(c3) 冬季工作日小风有光

(c4) 冬季工作日无风有光

(c5) 冬季工作日大风无光

(c6) 冬季工作日中风无光

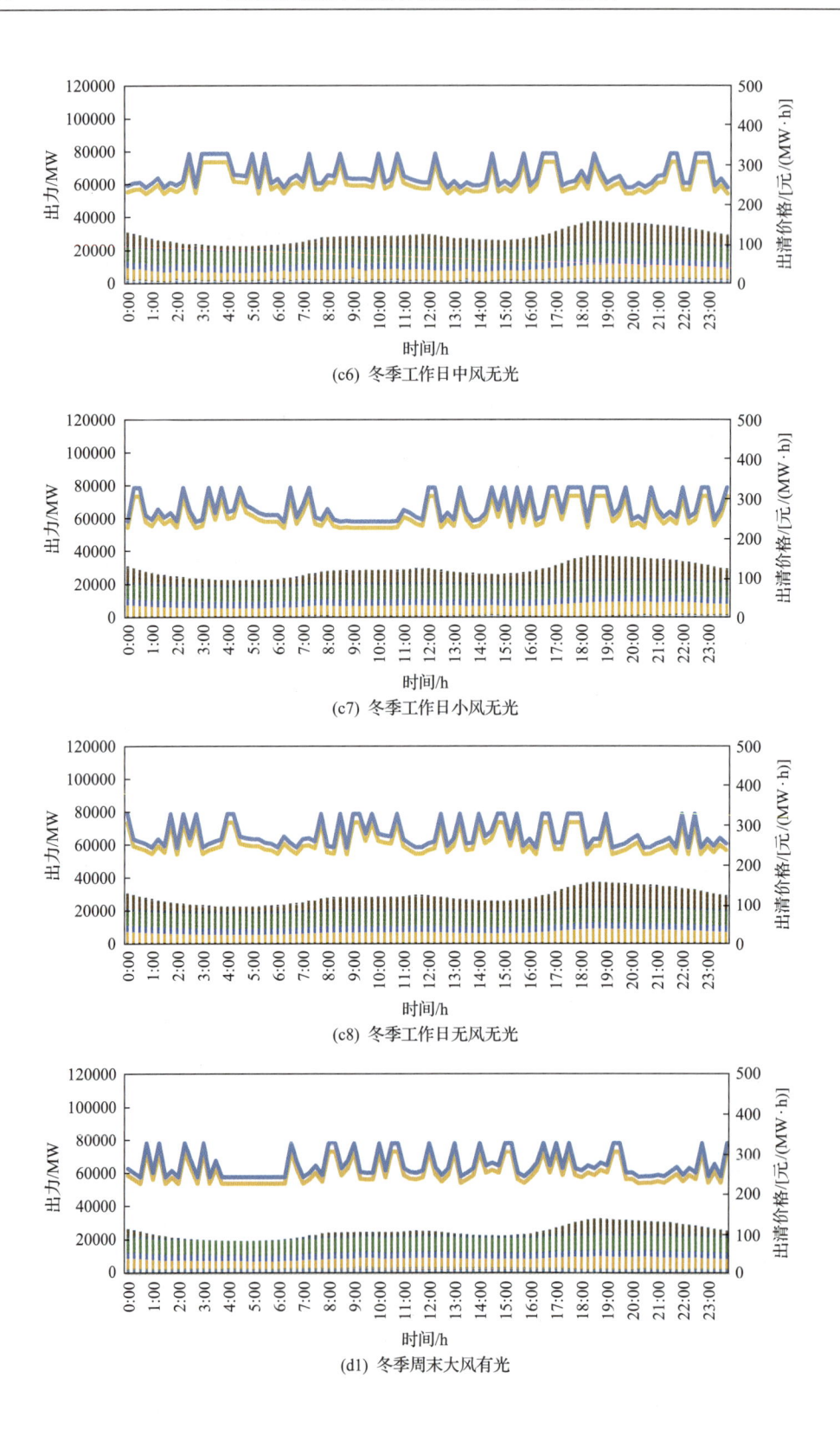

(c7) 冬季工作日小风无光

(c8) 冬季工作日无风无光

(d1) 冬季周末大风有光

(d2) 冬季周末中风有光

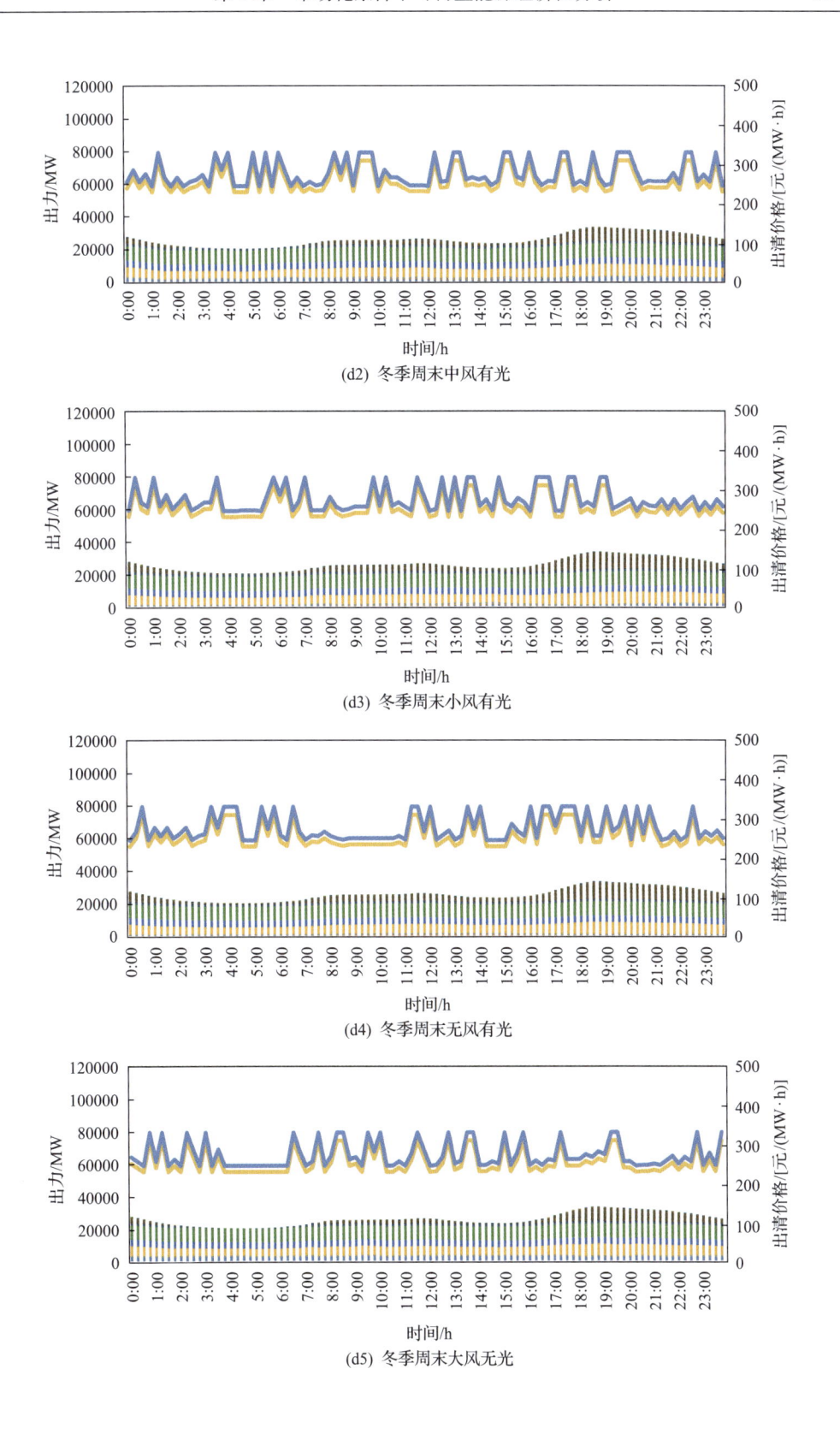

(d3) 冬季周末小风有光

(d4) 冬季周末无风有光

(d5) 冬季周末大风无光

(d6) 冬季周末中风无光

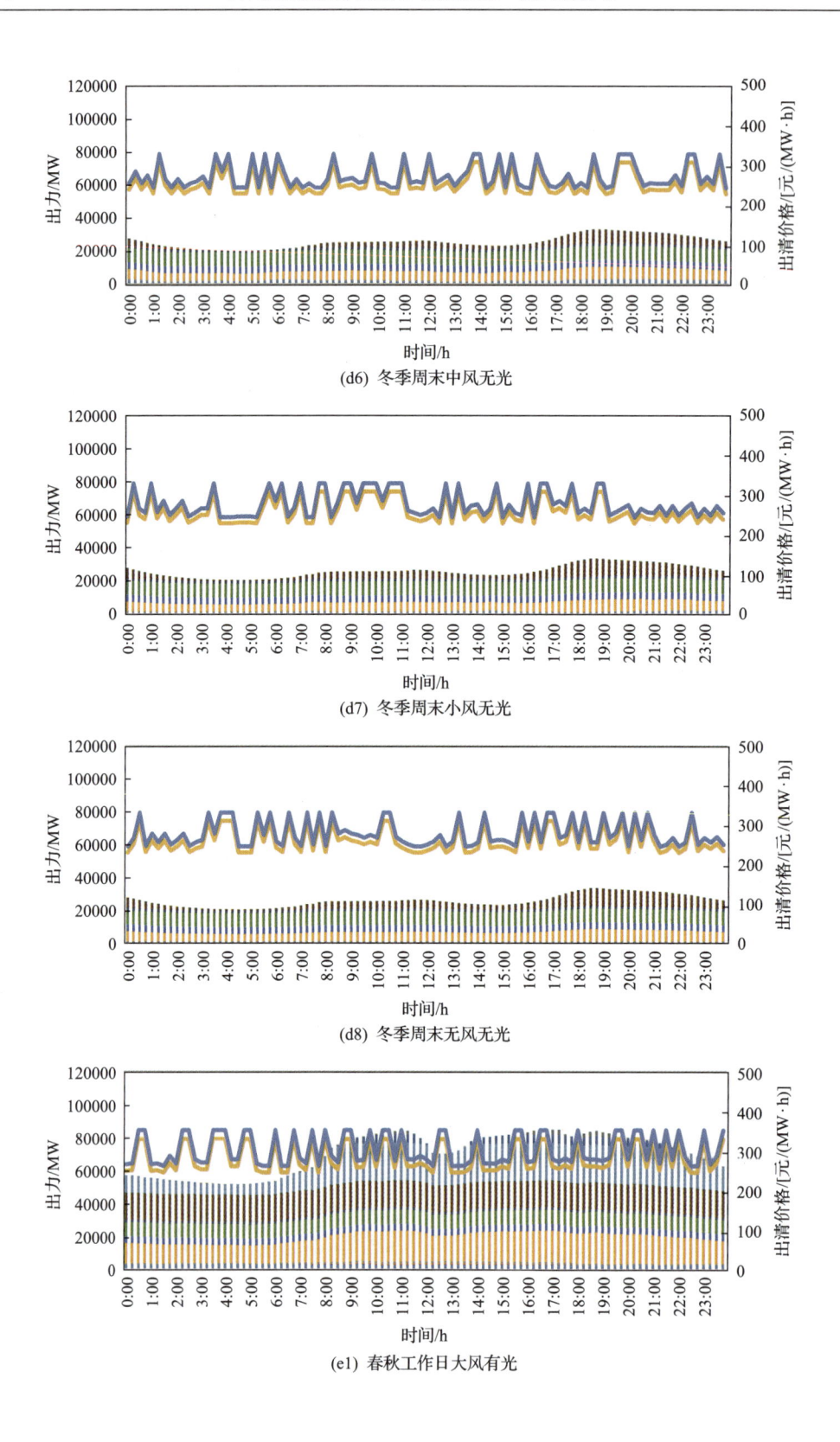

(d7) 冬季周末小风无光

(d8) 冬季周末无风无光

(e1) 春秋工作日大风有光

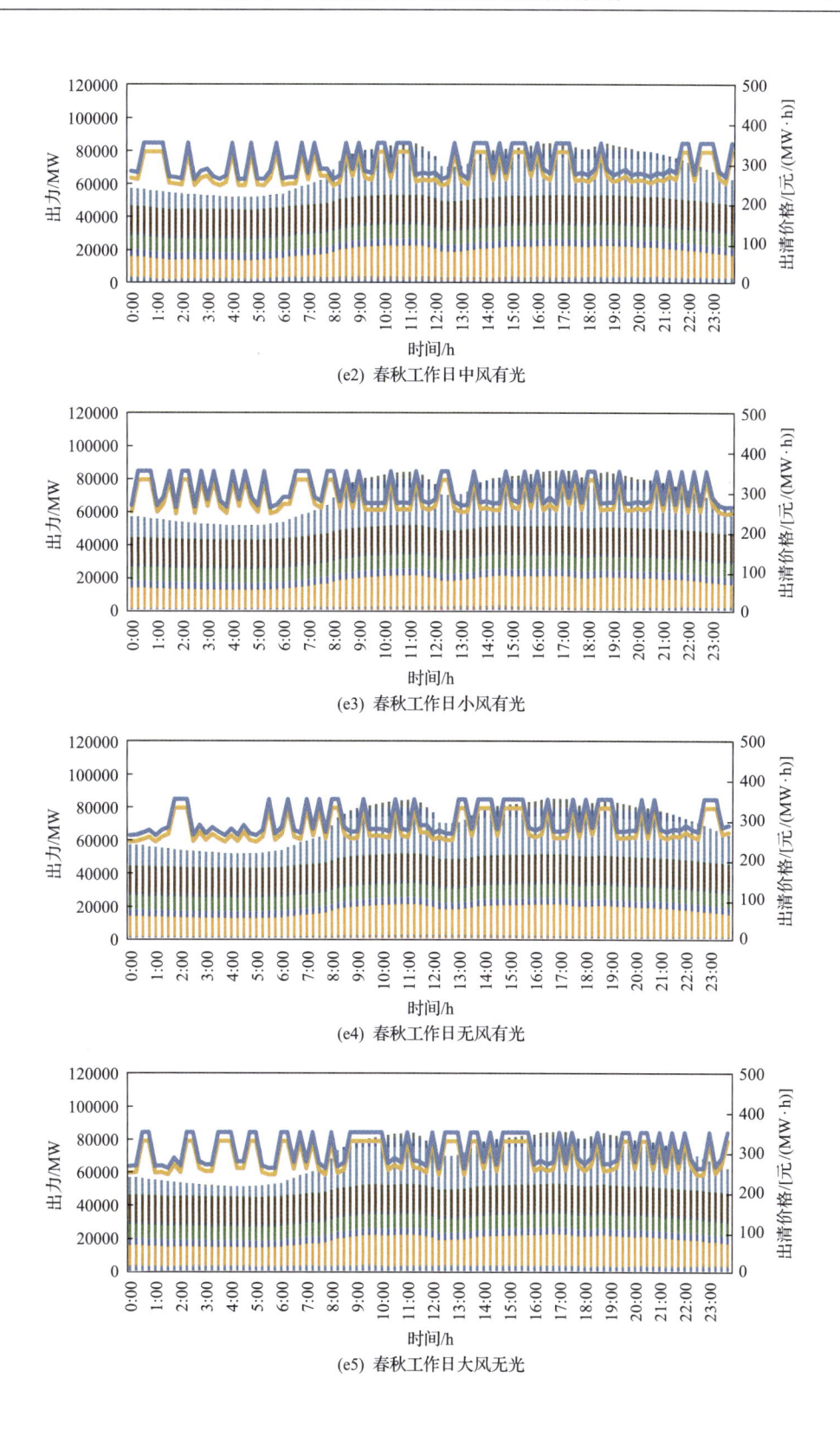

第 5 章 市场化条件下可再生能源经济性分析

(e2) 春秋工作日中风有光

(e3) 春秋工作日小风有光

(e4) 春秋工作日无风有光

(e5) 春秋工作日大风无光

(e6) 春秋工作日中风无光

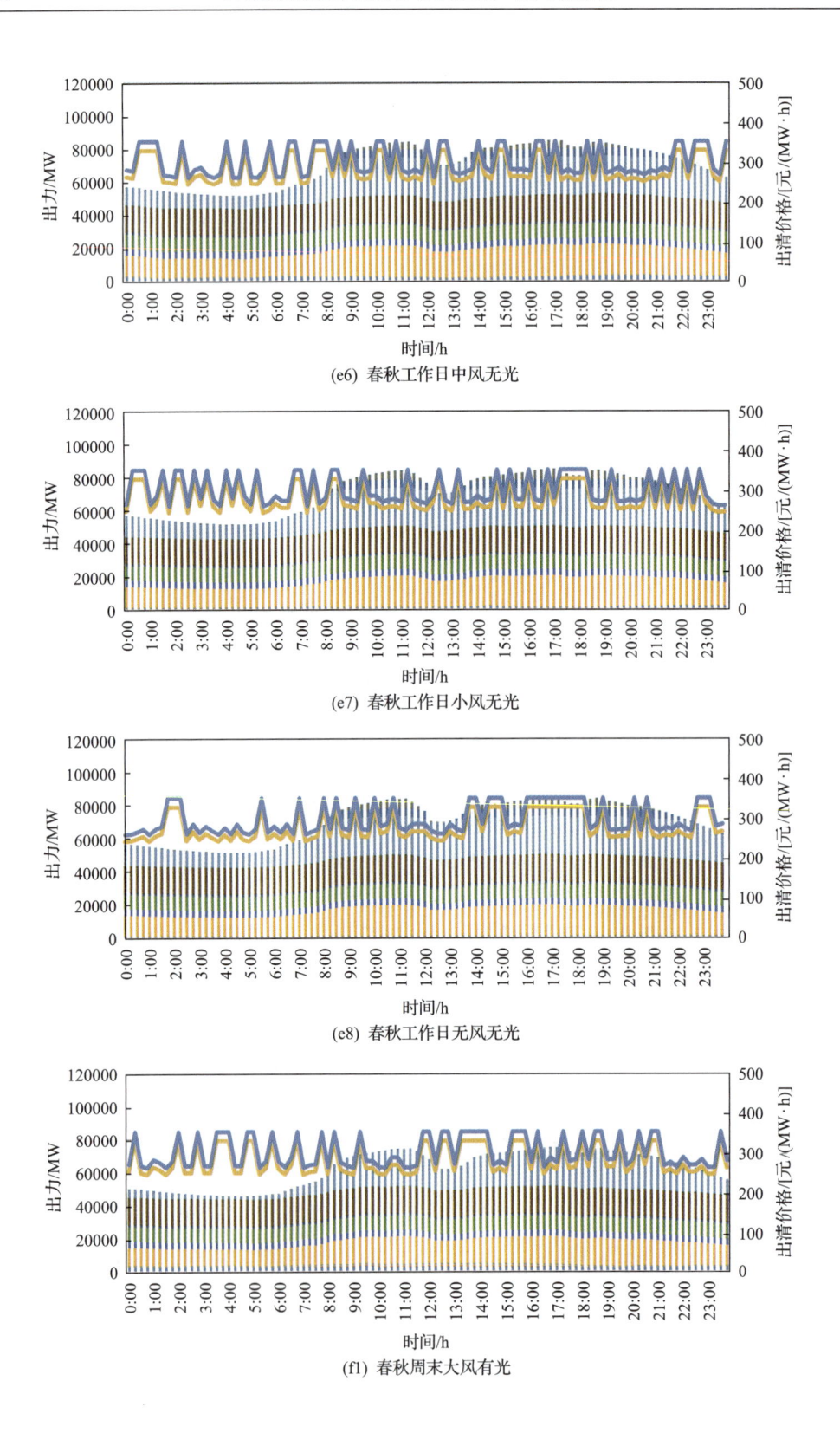

(e7) 春秋工作日小风无光

(e8) 春秋工作日无风无光

(f1) 春秋周末大风有光

(f2) 春秋周末中风有光

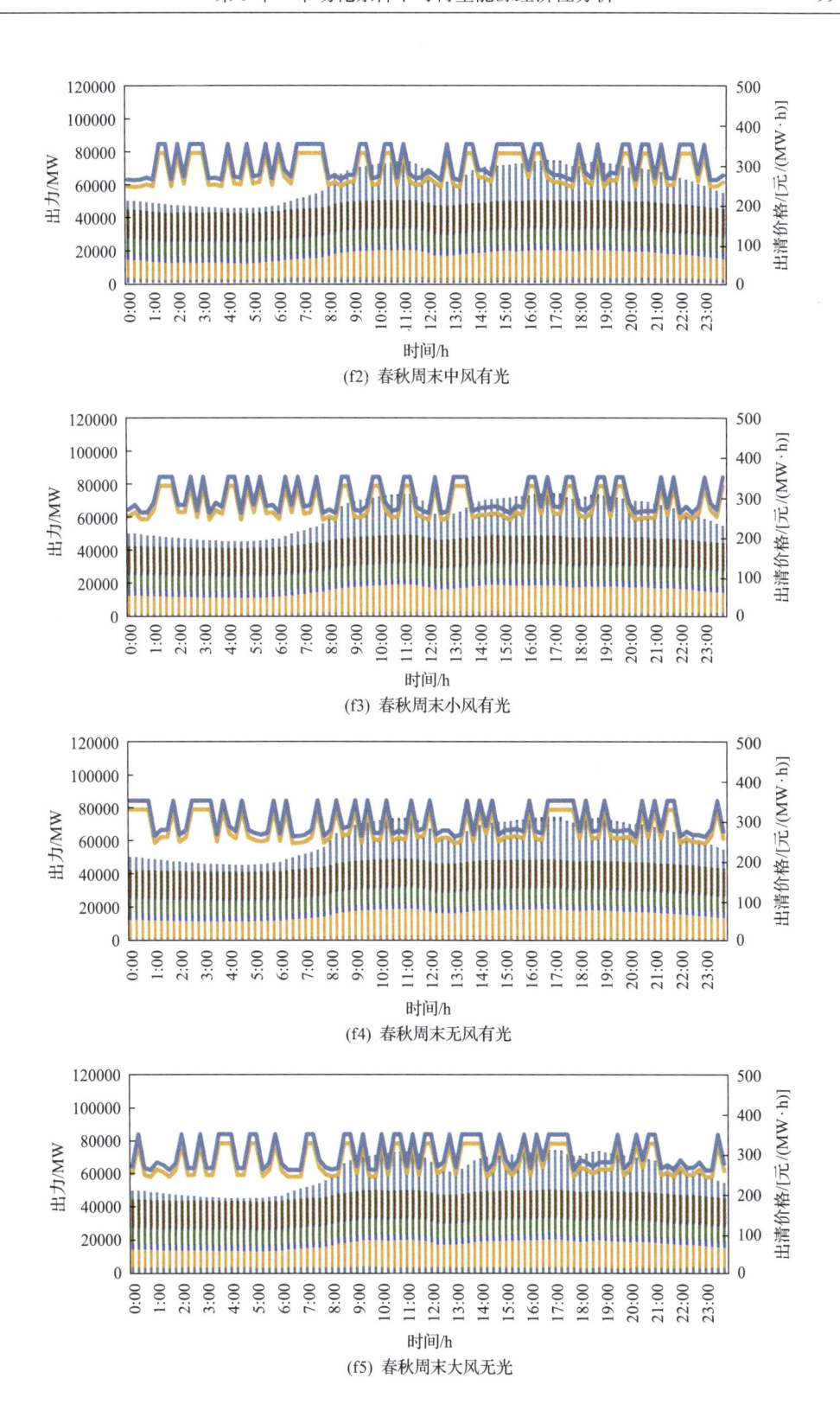

(f3) 春秋周末小风有光

(f4) 春秋周末无风有光

(f5) 春秋周末大风无光

(f6) 春秋周末中风无光

(f7) 春秋周末小风无光

(f8) 春秋周末无风无光

图例：
- 风电
- 太阳能发电
- 生物质发电
- 外来水电
- 径流式水电
- 核电
- 综合利用
- 1000MW级常规煤电出力≥90%
- 80%≤1000MW级常规煤电出力<90%
- 70%≤1000MW级常规煤电出力<80%
- 60%≤1000MW级常规煤电出力<70%
- 600MW级热电出力≥80%
- 600MW级常规煤电出力≥90%
- 70%≤600MW级热电出力<80%
- 80%≤600MW级常规煤电出力<90%
- 50%≤1000MW级常规煤电出力<60%
- 70%≤600MW级常规煤电出力<80%
- 60%≤600MW级热电出力<70%
- 300MW级热电出力≥80%
- 50%≤300MW级热电出力<80%
- 300MW级常规煤电出力≥90%
- 60%≤600MW级常规煤电出力<70%
- 80%≤300MW级常规煤电出力<90%
- 70%≤300MW级常规煤电出力<80%
- 60%≤300MW级热电出力<70%
- 45%<1000MW级常规煤电出力<50%
- 50%<600MW级热电出力<60%
- 200MW级热电出力≥80%
- 70%≤200MW级热电出力<80%
- 60%≤300MW级常规煤电出力<70%
- 50%≤600MW级常规煤电出力<60%
- 50%≤300MW级热电出力<60%
- 60%≤200MW级热电出力<70%
- 50%≤300MW级常规煤电出力<60%
- 50%≤200MW级热电出力<60%
- 45%<600MW级常规煤电出力<50%
- 45%<300MW级常规煤电出力<50%
- 抽水蓄能
- 气电

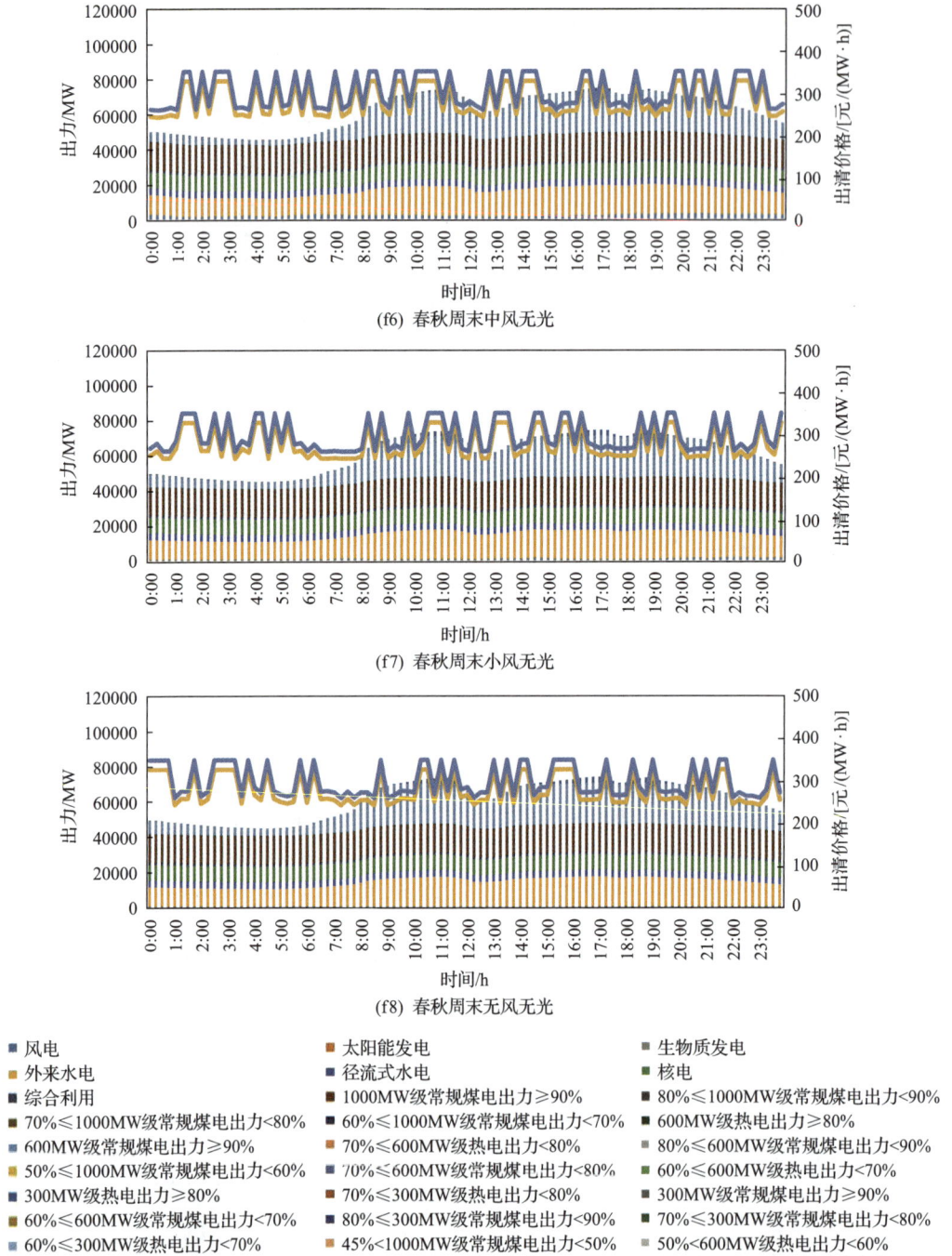

图 5-6 广东省 48 种情形下电力供给曲线和出清价格

广东省电力市场模拟的结果表明，夏季工作日由于负荷较高，多数时间以气电为出清机组，其次以抽水蓄能发电为出清机组，只有少数时间会在高边际成本的煤电出清。由于广东省用电负荷的季节性差异较大，其他时节主要以煤电为出清机组，有时在抽水蓄能发电出清。

从图 5-6 可以看出，电力市场出清价格和用电负荷的波动基本一致。这是由于除国家规定优先发电、优先购电的机组外，电力市场按短期边际成本递增原则对机组的调度进行优先排序，所以负荷越高，出清机组的边际成本越高。假设区域电力系统根据出清机组的边际成本统一结算上网电价，因而电价和负荷基本呈同步变动。

对广东省电力市场进行模拟时发现，除在以气电为边际出清机组的时刻，高低煤价情形下的出清价格曲线重合，其余时刻煤价均会对电力市场的出清价格产生影响，即煤价不仅会影响煤电作为边际出清机组时的电价，还会影响抽水蓄能发电作为边际出清机组时的电价。这是由于假设抽水蓄能电站在低负荷、低电价时段抽水蓄能，在高负荷、高电价时段发电调峰，其边际供电成本由谷时电价决定。负荷低谷多在低边际成本煤电出清，故抽水蓄能电站的边际供电成本与谷时电价和对应煤电机组的边际供电成本相关联，从而，其作为出清机组时的电价受煤价影响。

6. 风光发电经济性

根据广东省电力市场模拟结果，得到市场化条件下广东省风光发电在 48 种情形下的日收益，如表 5-7 所示。

表 5-7　市场化条件下广东省风光发电在 48 种情形下的日收益　（单位：万元）

典型日类型		低煤价情形		高煤价情形	
		风电	光伏发电	风电	光伏发电
夏季工作日	大风有光	2149.42	659.49	2213.75	670.51
	中风有光	1424.50	676.69	1466.47	686.74
	小风有光	328.45	683.64	333.88	691.60
	无风有光	0.00	689.17	0.00	696.25
	大风无光	2204.67	0.00	2265.25	0.00
	中风无光	1438.47	0.00	1476.35	0.00
	小风无光	333.61	0.00	338.74	0.00
	无风无光	0.00	0.00	0.00	0.00
夏季周末	大风有光	1721.15	492.47	1838.54	526.06
	中风有光	1072.41	493.08	1145.55	526.71
	小风有光	235.57	499.22	251.64	533.27
	无风有光	0.00	515.62	0.00	550.79
	大风无光	1757.91	0.00	1877.81	0.00
	中风无光	1088.36	0.00	1162.59	0.00
	小风无光	240.72	0.00	255.73	0.00
	无风无光	0.00	0.00	0.00	0.00

续表

典型日类型		低煤价情形		高煤价情形	
		风电	光伏发电	风电	光伏发电
春秋工作日	大风有光	1634.29	277.59	1745.76	296.52
	中风有光	1048.84	287.72	1120.38	307.34
	小风有光	221.50	278.00	236.60	296.96
	无风有光	0.00	283.78	0.00	303.13
	大风无光	1683.70	0.00	1798.54	0.00
	中风无光	1048.20	0.00	1119.69	0.00
	小风无光	221.13	0.00	236.21	0.00
	无风无光	0.00	0.00	0.00	0.00
春秋周末	大风有光	1630.46	282.73	1741.66	302.01
	中风有光	1059.61	283.51	1131.88	302.85
	小风有光	220.16	277.63	235.17	296.57
	无风有光	0.00	276.68	0.00	295.55
	大风无光	1640.74	0.00	1752.64	0.00
	中风无光	1051.18	0.00	1122.87	0.00
	小风无光	222.10	0.00	237.24	0.00
	无风无光	0.00	0.00	0.00	0.00
冬季工作日	大风有光	1509.28	117.74	1612.22	125.77
	中风有光	958.49	117.77	1023.87	125.81
	小风有光	207.19	117.62	221.33	125.65
	无风有光	0.00	122.70	0.00	131.07
	大风无光	1512.08	0.00	1615.21	0.00
	中风无光	963.61	0.00	1029.33	0.00
	小风无光	209.27	0.00	223.54	0.00
	无风无光	0.00	0.00	0.00	0.00
冬季周末	大风有光	1495.83	121.11	1597.86	129.37
	中风有光	968.51	118.97	1034.57	127.08
	小风有光	200.71	118.95	214.39	127.06
	无风有光	0.00	115.95	0.00	123.86
	大风无光	1476.01	0.00	1576.68	0.00
	中风无光	955.90	0.00	1021.10	0.00
	小风无光	203.17	0.00	217.02	0.00
	无风无光	0.00	0.00	0.00	0.00

煤价会影响煤电和抽水蓄能发电作为边际机组时的出清价格，从而影响发电机组的收益水平。以 2017 年广东省电煤价格指数 600.26～641.20 元/t 的上下限分别设置高低煤价情形，比较高低煤价对风电和光伏发电收益的影响。两种情形下的电煤价格指数相差 40.94 元/t，折合为标准煤价格相差 57.35 元/t。

通过表 5-7 可以发现，总体而言，可再生能源发电的经济性与煤价呈同向变动，且受煤价的影响较大。与光伏发电相比，风电收益受煤价的影响更大，仅 57.35 元/t 的煤价差异便会使风电日收益产生 5.13～119.9 万元的变动；光伏发电收益受煤价的影响较小，57.35 元/t 的煤价差异会使光伏发电的日收益产生 7.08～35.17 万元的变动。

表 5-7 显示，对于同一负荷日同一光照情形，风电出力水平越高，收益也越高。这是由于广东省风光发电渗透水平不高，对电价的影响不大，故风光发电收益和出力呈正相关关系，即出力越高，风光发电收益越高；反之，出力越低，风光发电收益越低。

从表 5-7 可以看出，同一负荷日风电在无光情形下的收益比有光情形下的收益高，光伏发电的收益随风电出力的增加而减少。这是由于市场情形下，风电和光伏发电调度排序靠前，风电(或光伏发电)增加出力会使电力系统在边际成本较低的机组出清，从而降低市场电价。在光伏发电(或风电)出力不发生变动的前提下，其市场收益会减少。

上述结论在负荷较低的春、秋、冬三季不一定成立。例如，冬季周末大风有光情形下风电的收益比冬季周末大风无光情形下风电的收益高。这是由于负荷较低时段，电力系统多在煤电机组出清。风电(或光伏发电)增加出力，会降低煤电机组的负荷率，使其供电煤耗和边际成本增加，从而抬高电力市场出清价格，导致光伏发电(或风电)的市场收益增加、经济性变好。因此，风电(或光伏发电)出力发生变动对光伏发电(或风电)经济性的影响取决于出力变动和负荷的综合作用。

根据广东省四季划分标准和大风日、中风日、小风日、无风日、有光日、无光日，以及设定的工作日、周末比例，结合表 5-7 所示广东省风电、光伏发电在 48 种情形下的日收益，参照年持续负荷曲线的绘制方法，得到广东省风电、光伏发电年持续收益曲线，分别如图 5-7 和图 5-8 所示。

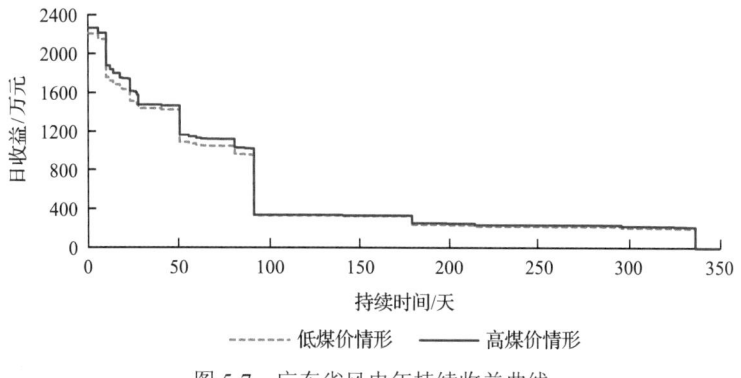

图 5-7 广东省风电年持续收益曲线

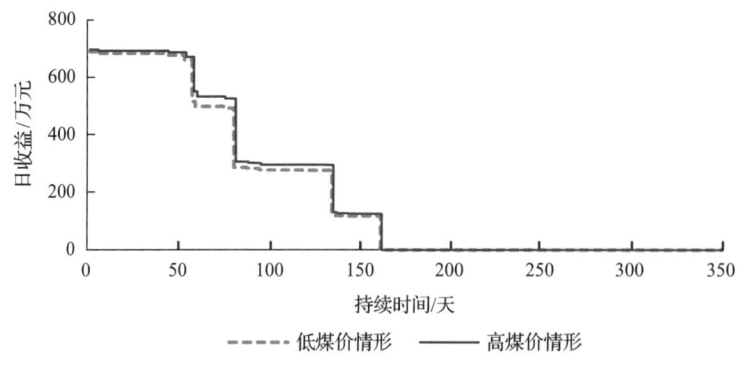

图 5-8 广东省光伏发电年持续收益曲线

在图 5-7 和图 5-8 中,纵坐标表示风电或光伏发电的日收益,横坐标表示日收益达到某一数值的持续时间。从图 5-7 和图 5-8 可以看出,在高、低煤价情形下资源发电日收益的持续状况类似,故仅对低煤价情形展开分析,高煤价情形以此类推。

由图 5-7 可知,低煤价情形下风电日收益为 0~2204.67 万元,日收益达到 2204.67 万元的持续时间仅 5.6 天,日收益为 0 的持续时间有 29.2 天。将风电日收益范围均匀划分为三段,分别代表高、中、低日收益水平,即日收益不超过 734.89 万元为低日收益水平,日收益超过 734.89 万元(不包含 734.89 万元)但不超过 1469.78 万元为中日收益水平,日收益超过 1469.78 万元(不包含 1469.78 万元)为高日收益水平。可以发现,广东省约 27.9 天风电获得高日收益,63.7 天获得中日收益,273.4 天获得低日收益。

图 5-8 表明,低煤价情形下光伏发电日收益为 0~689.17 万元,日收益达到 689.17 万元的持续时间仅 4.6 天,日收益为 0 的持续时间有 204.0 天(这里列示的天数仅是为了阐述风电和光伏发电在一年 365 天 8760h 中的收益持续情况,不代表通常意义上的日历天。因而,光伏发电日收益为 0 的天数比无光日多,这是由于光伏发电仅在白天有出力)。将光伏发电日收益范围均匀划分为三段,分别代表高、中、低日收益水平,即日收益不超过 229.72 万元为低日收益水平,日收益超过 229.72 万元(不包含 229.72 万元)但不超过 459.45 万元为中日收益水平,日收益超过 459.45 万元(不包含 459.45 万元)为高日收益水平。可以发现,广东省约 80.5 天光伏发电获得高日收益,53.7 天获得中日收益,230.8 天获得低日收益。

对比图 5-7 和图 5-8 可以发现,风电日收益的波动较大,光伏发电的日收益则呈现明显的四阶段特征。这是由于风电出力随机性较强,而光伏发电出力相对平稳,且与时间和季节之间具有一定的相关关系。

光伏发电出力呈现四阶段特征,而非夏季、春秋和冬季三阶段特征,这是由于广东省夏季用电负荷很高,按 0.88 的比例推算得到的周末负荷和工作日负荷差异较大,相应地,周末出清价格和工作日出清价格差异较大,有光情形下光伏发电的收益差异也较大,所以光伏发电年持续收益曲线呈现四阶段特征。

根据 5.2.6 节构建的资源发电经济性评价模型,结合广东省电力市场模拟结果,得到市场情形下广东省风光发电经济价值,如表 5-8 所示。

表 5-8 市场情形下广东省风光发电经济价值

经济性指标	低煤价情形		高煤价情形	
	风电	光伏发电	风电	光伏发电
度电收益/[元/(kW·h)]	0.32	0.35	0.33	0.36
净经济价值/[元/(kW·h)]	−0.18	−1.02	−0.17	−1.01

电力市场模拟的结果显示，市场情形下广东省风电、光伏发电提供单位电能的净经济价值为负。这表明风电、光伏发电的市场收益不足以弥补其成本，在电力市场的经济性欠佳。因此，电力体制改革背景下需设计必要的政策措施来保障风光发电的生存和发展。

通过表 5-8 可以看出，光伏发电提供单位电能的度电收益明显高于风电，这是由它们迥异的出力特性导致的。光伏发电出力和负荷呈正相关关系，风电出力则具有较强的随机性，且多在负荷较低的夜间出力较高。有光情形下，负荷电价高峰也是光伏发电的出力高峰，此时风电出力却不确定，甚至多数情形下出力偏低，故光伏发电提供单位电能的度电收益明显高于风电。市场条件下，风电提供单位电能的净经济价值显著高于光伏发电，在电力市场的经济性明显更优。未来随着光伏发电造价的快速降低，光伏发电的经济性会大幅改善。

同表 5-7 所得结论一致，表 5-8 也显示煤价会对风电和光伏发电的经济性产生较大影响，仅 57.35 元/t 的煤价差异就会使风电、光伏发电提供单位电能的度电收益产生 0.01 元/(kW·h) 的变动。煤价会影响风电和光伏发电的经济性是由于煤电和抽水蓄能发电边际供电成本与煤价相关联，从而煤电和抽水蓄能发电作为边际出清机组时的电价也与煤价相关联，这使风电、光伏发电的市场收益受到煤价的影响。这也显示，市场情形下的电价与发电机组成本密切相关，从而推行电力体制改革是经济有效的。

对比表 5-1 和表 5-8 可以发现，市场条件下风电、光伏发电提供单位电能的净经济价值明显低于标杆上网电价情形，表明风电、光伏发电在电力市场的经济性不佳。其原因是假设电力市场按照边际成本递增原则统一结算发电机组的标杆上网电价，电力市场出清价格低于标杆上网电价，风光发电经济性不佳。尽管如此，市场情形下采用经济调度原则而非传统的均衡调度规则，大幅提高了低边际成本机组的利用率和风光发电的消纳水平，降低了电价和发用电成本，增加了消费者剩余。

5.4 出力特性和用电负荷增加对风光发电经济性影响

广东省电力市场模拟的结果显示，光伏发电的度电收益明显高于风电，这与风电、光伏发电的出力特性有关。5.4.1 节就风电、光伏发电出力和负荷的相关性展开详细论证。此外，广东省作为中国最大的省级经济体和电力消费省，未来用电潜力不容小觑，故本节的另一研究重点是分析用电负荷增加对资源发电经济性的影响。

5.4.1 出力特性对风光发电经济性影响

本小节采用蒙特卡罗模拟对广东省风电、光伏发电出力和负荷之间的相关性进行论证，具体思路如下。

首先，根据广东省季节划分标准和设置的工作日、周末比例及选定的典型日负荷曲线，模拟得到广东省给定某天的负荷情况（为简化处理，假设一年 12 个月均为标准 4 周 28 天，本部分共模拟了 12×28=336 天广东省风光发电出力和负荷的情况）。

其次，假设风资源状况和光照情况呈均匀分布，根据广东省大风日、中风日、小风日、无风日及有光日、无光日比例，做出风资源状况和光照情况的累计概率分布图，分别如图 5-9 和图 5-10 所示。在图 5-9 中，横坐标表示风资源状况，即某天属于无风日、小风日、中风日或大风日，纵坐标表示风资源状况从无风、小风、中风到大风发生概率的累计值。在图 5-10 中，横坐标表示光照情况，即某天属于有光日或无光日，纵坐标表示光照情况从无光到有光发生概率的累计值。

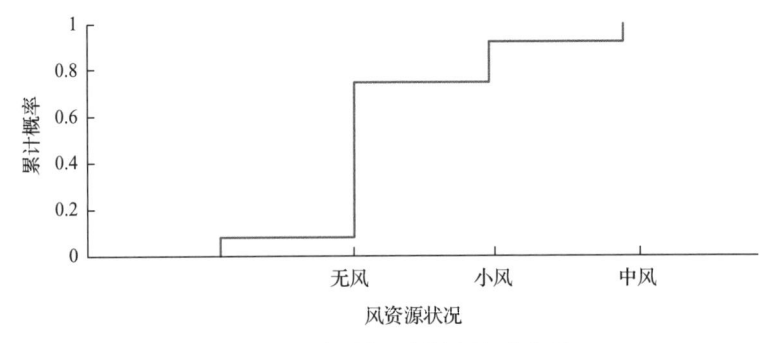

图 5-9 风资源状况累计概率分布图

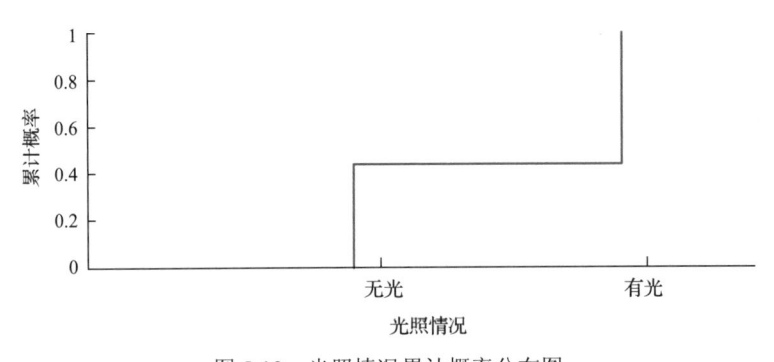

图 5-10 光照情况累计概率分布图

再次，独立生成两个服从 0~1 均匀分布的随机数，作为风资源状况和光照情况累计发生概率的一个模拟值。参照图 5-9 和图 5-10，确定给定某天的风资源状况和光照情况。结合广东省风光发电典型日出力曲线及季节划分标准，得到广东省给定某天的风电、光伏发电的出力。

第 5 章 市场化条件下可再生能源经济性分析

最后，重复上述过程，直至模拟出一年 336 天风电、光伏发电和负荷的情况，计算风电、光伏发电出力和负荷的相关系数，判断风电、光伏发电出力和负荷的相关性。

蒙特卡罗模拟的结果表明，风电出力和负荷的相关系数为−0.05，光伏发电出力和负荷的相关系数为 0.26，说明风电出力和负荷呈轻微的负相关关系，光伏发电出力和负荷呈正相关关系。这是由于风电出力随机性较强，且多在负荷较低的夜间出力较高，光伏发电出力则与时间和季节具有很强的相关性，有光情形下，光伏发电于正午达到一天的出力最高峰，届时用电负荷也比较高。此外，广东省夏季达到一年的用电高峰，夏季光照情况良好，有光情形下光伏发电出力也较高。因此，光伏发电出力和负荷呈正相关关系。

风电、光伏发电不同的出力特性导致光伏发电提供单位电能的度电收益明显高于风电，这是由于市场电价和负荷的变动密切相关。光伏发电出力和负荷呈正相关关系，在市场情形下，负荷电价高峰也是光伏发电的出力高峰，在负荷电价低谷光伏发电出力往往也比较低，因此光伏发电提供单位电能的度电收益较高。而风电出力的波动性和随机性较强，并且和负荷呈轻微的负相关关系，往往在夜间负荷电价低谷有出力，负荷电价高峰的出力却不确定，因此风电提供单位电能的度电收益偏低。

尽管光伏发电平准化发电成本远高于风电，提供单位电能的净经济价值远低于风电，但由于光伏发电出力和负荷呈正相关关系，具有一定的削峰作用，所以发展光伏发电对于维持电力系统的安全稳定运行具有一定的指导意义。同时，鉴于风电、光伏发电出力特性迥异，可以考虑发展风光互补发电系统，作为解决间歇性可再生能源发展给电力系统造成的安全隐患的思路。

图 5-11 和图 5-12 显示风电出力、光伏发电出力和负荷之间的关系。横轴表示模拟的 336 天以 15min 为时间间隔选取观察点的累计点数，主要纵坐标轴表示该观察点对应的风电出力或光伏发电出力，次要纵坐标轴表示该点下的负荷。比较图 5-11 和图 5-12

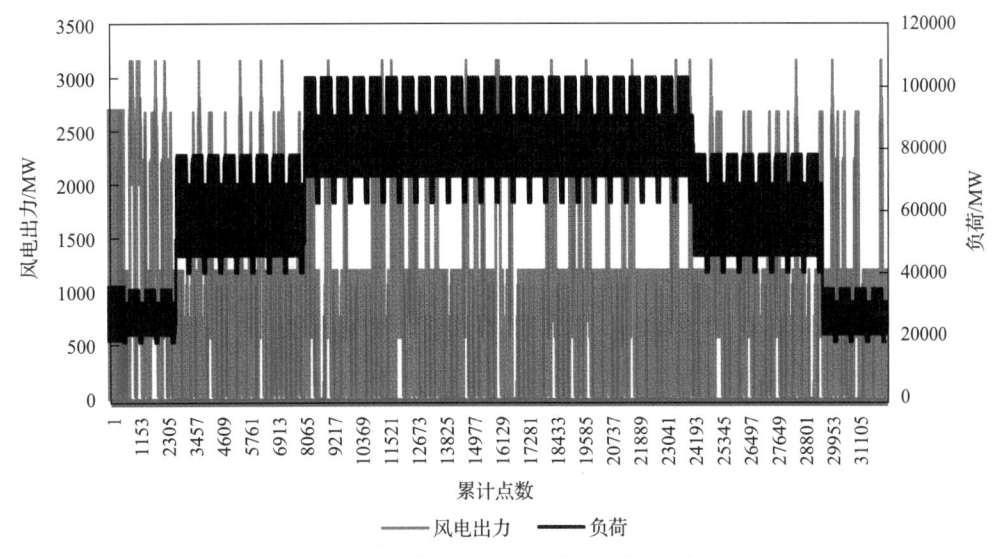

图 5-11 风电出力和负荷之间的关系

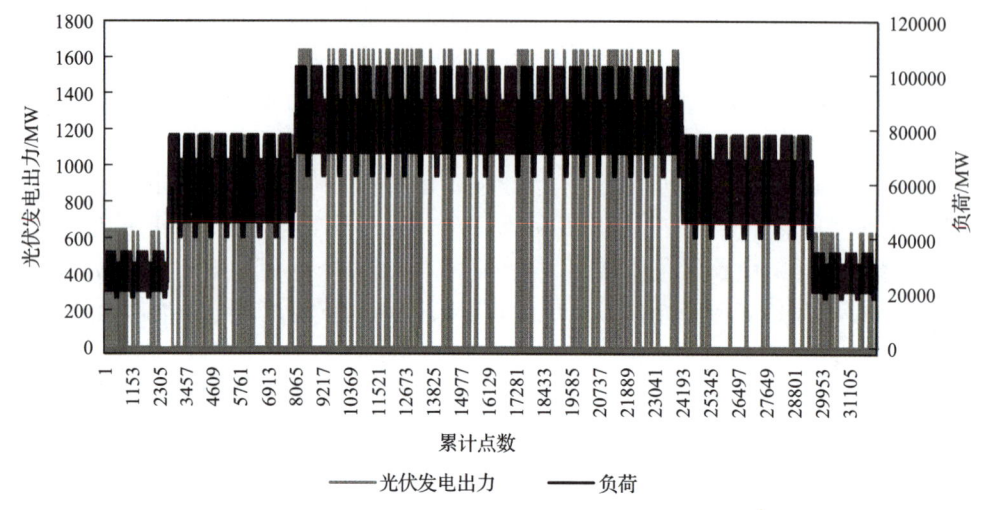

图 5-12 光伏发电出力和负荷之间的关系

可以发现，风电出力的随机性和波动性较强，与负荷之间的相关关系较弱。光伏发电出力则呈现明显的阶段划分，且与负荷变动基本保持同步。

5.4.2 用电负荷增加对风光发电经济性影响

未来广东省经济会进一步增加，用电需求将进一步扩大。基于此，本小节进行如下反事实模拟——假设广东省用电负荷增加为目前的 1.1 倍，电力装机构成、资源出力情况和其他机组组合约束保持不变，研究用电负荷增加对广东省风电和光伏发电经济性的影响。

进行上述反事实模拟需考虑稀缺定价机制，即当可获得的电力供给不能满足负荷和 5%的系统运行备用要求时，管理当局需卸载部分负荷并制定合理的电价上限，以维持电力系统的安全稳定运行并保证调峰机组恰当的收益水平。

假设稀缺情形下执行 2 元/(kW·h)的计划定价，根据 5.2 节所述电力市场模拟思路，得到用电负荷增加为目前的 1.1 倍时广东省电力市场出清结果，如图 5-13 所示。

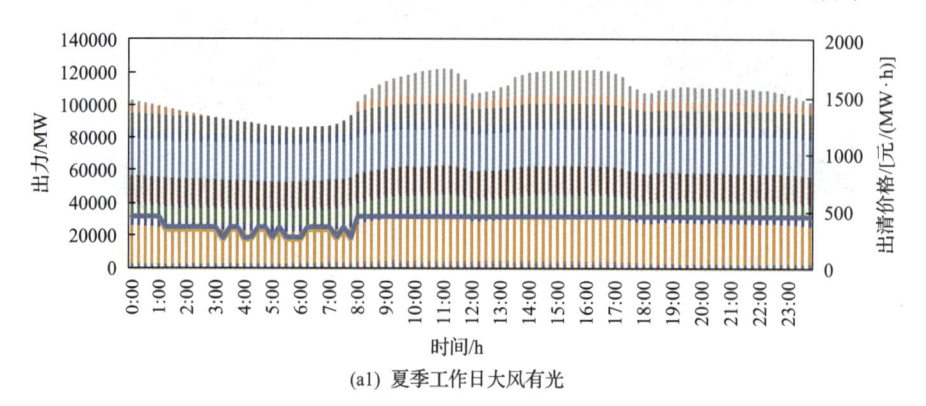

(a1) 夏季工作日大风有光

(a2) 夏季工作日中风有光

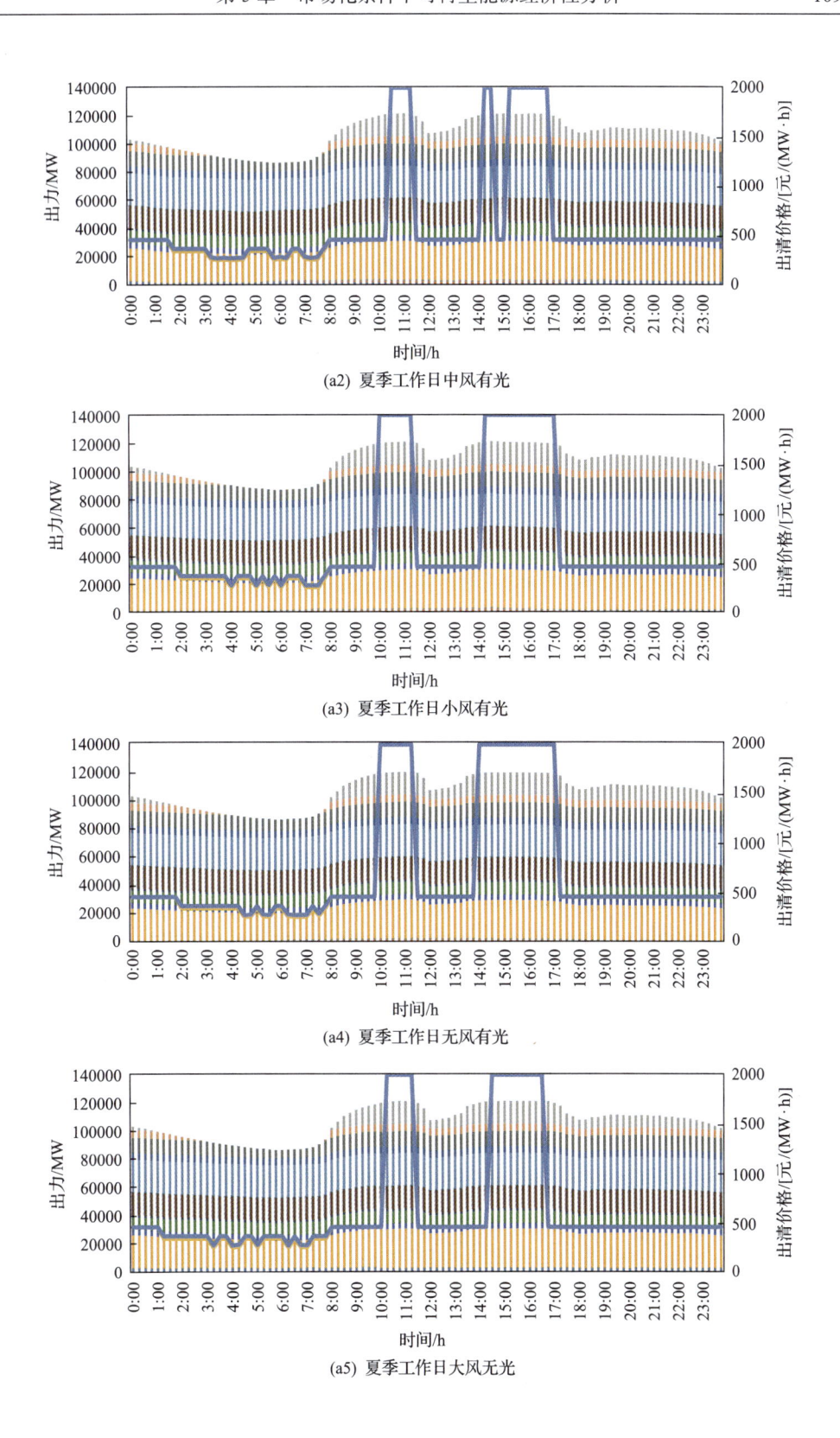

(a3) 夏季工作日小风有光

(a4) 夏季工作日无风有光

(a5) 夏季工作日大风无光

(a6) 夏季工作日中风无光

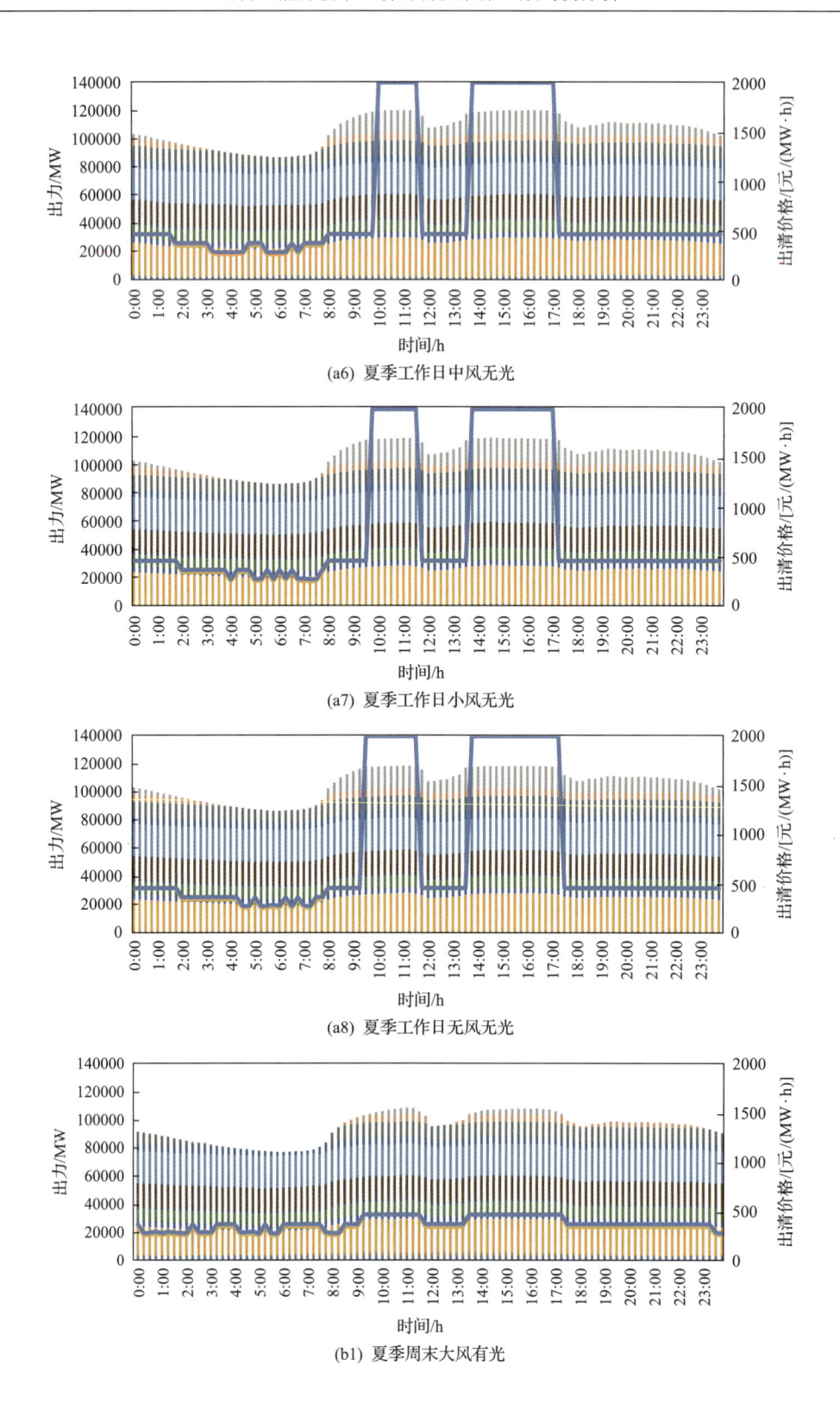

(a7) 夏季工作日小风无光

(a8) 夏季工作日无风无光

(b1) 夏季周末大风有光

(b2) 夏季周末中风有光

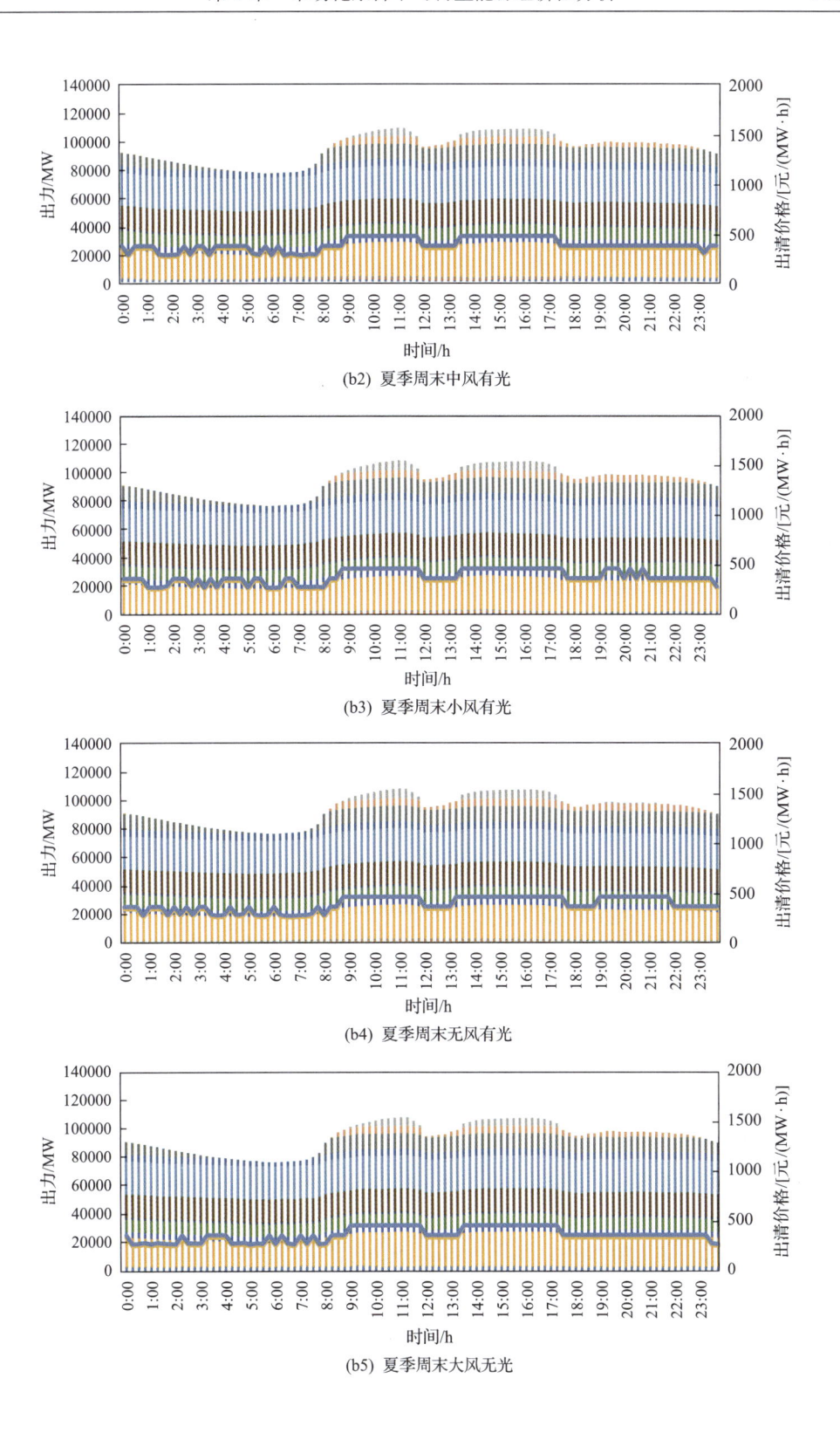

(b3) 夏季周末小风有光

(b4) 夏季周末无风有光

(b5) 夏季周末大风无光

(b6) 夏季周末中风无光

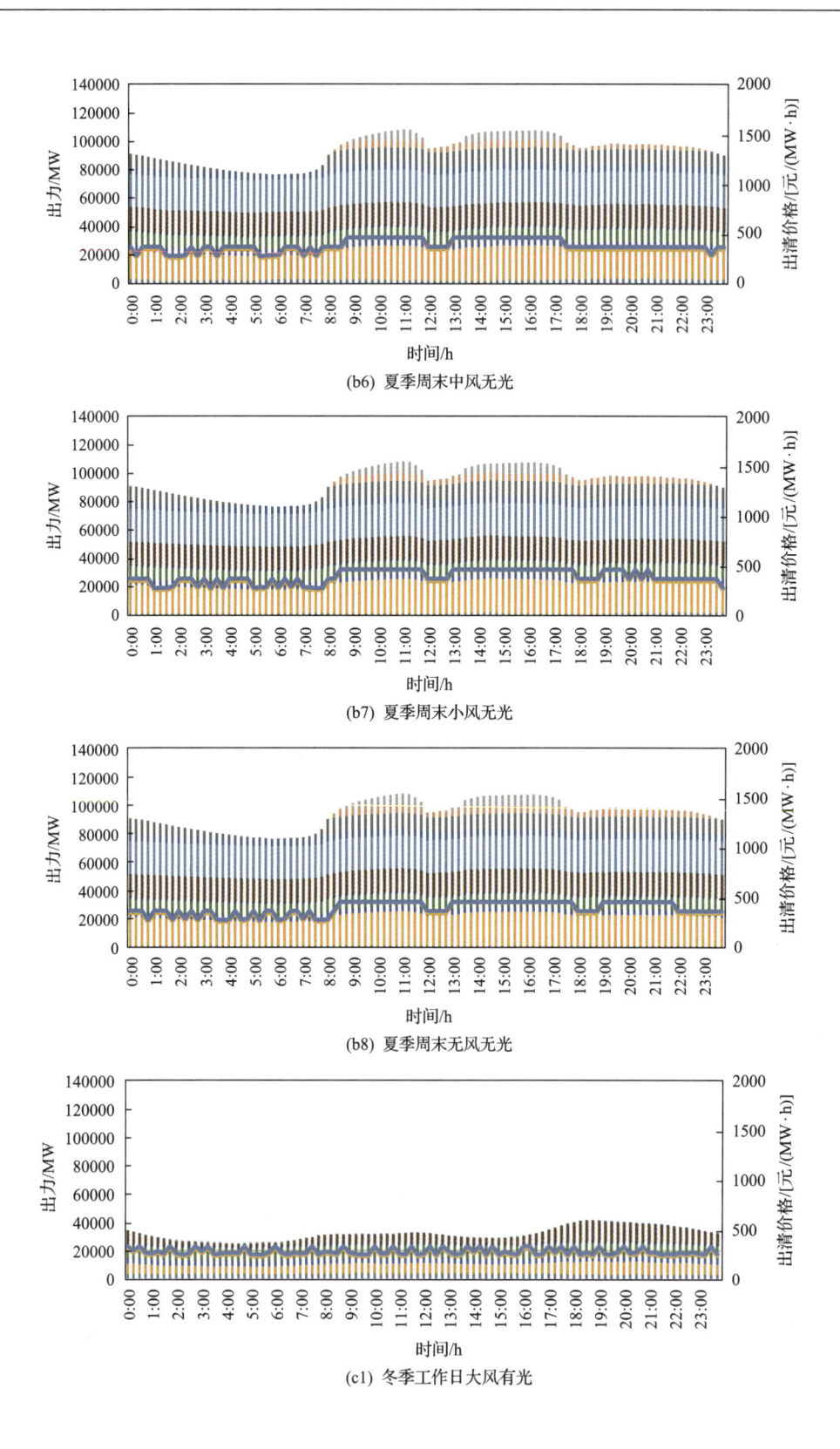

(b7) 夏季周末小风无光

(b8) 夏季周末无风无光

(c1) 冬季工作日大风有光

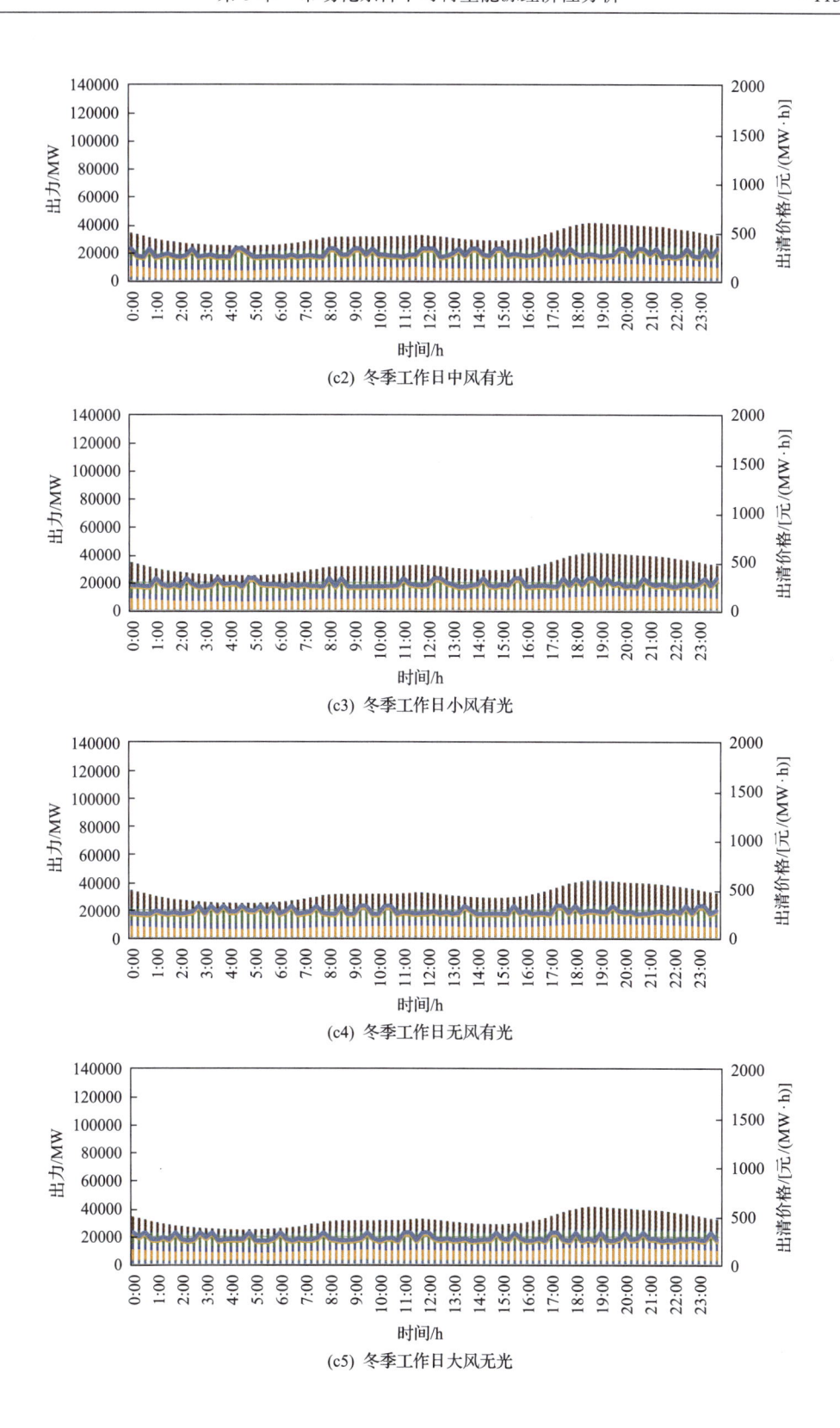

第 5 章 市场化条件下可再生能源经济性分析

(c2) 冬季工作日中风有光

(c3) 冬季工作日小风有光

(c4) 冬季工作日无风有光

(c5) 冬季工作日大风无光

(c6) 冬季工作日中风无光

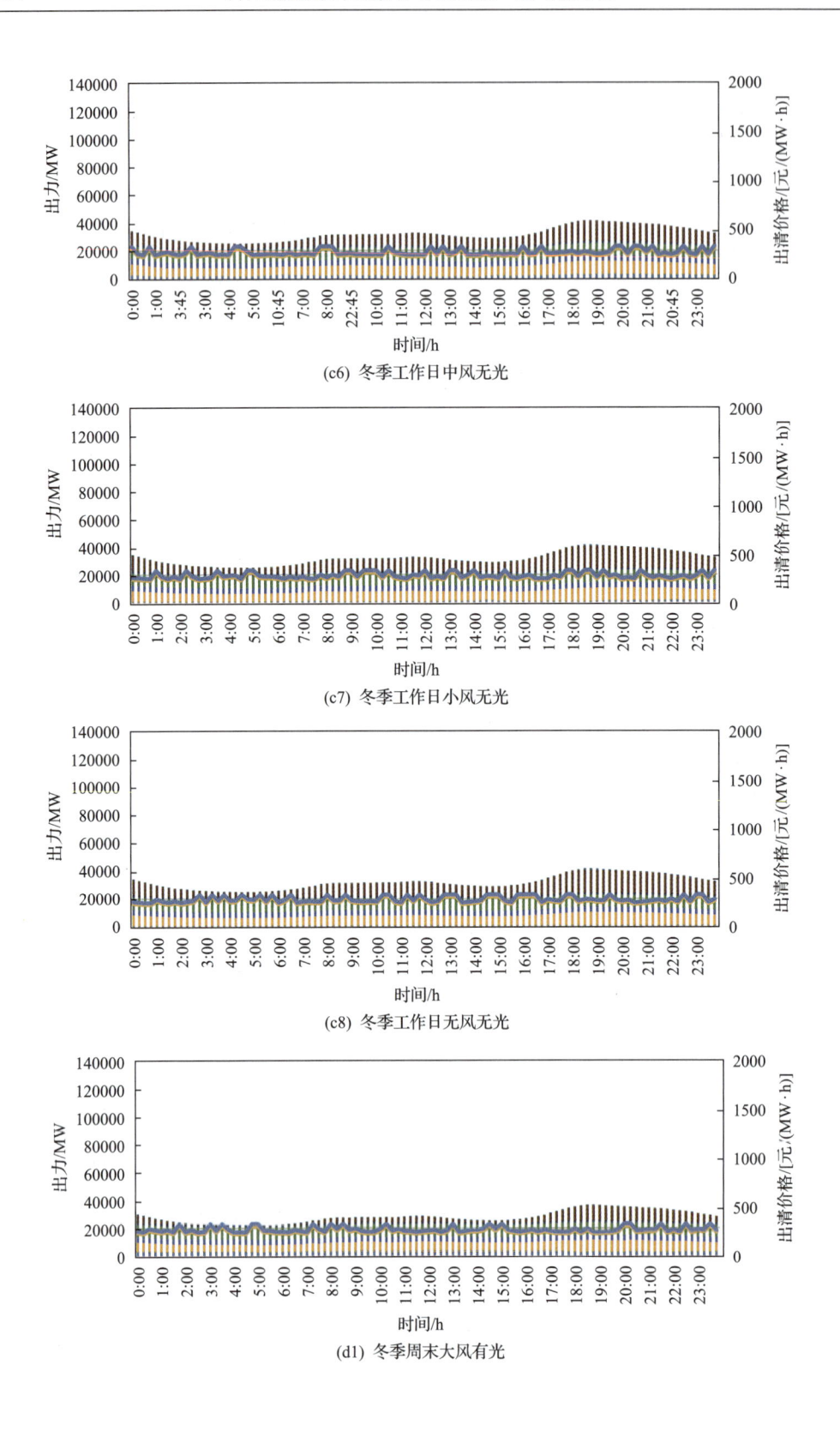

(c7) 冬季工作日小风无光

(c8) 冬季工作日无风无光

(d1) 冬季周末大风有光

(d2) 冬季周末中风有光

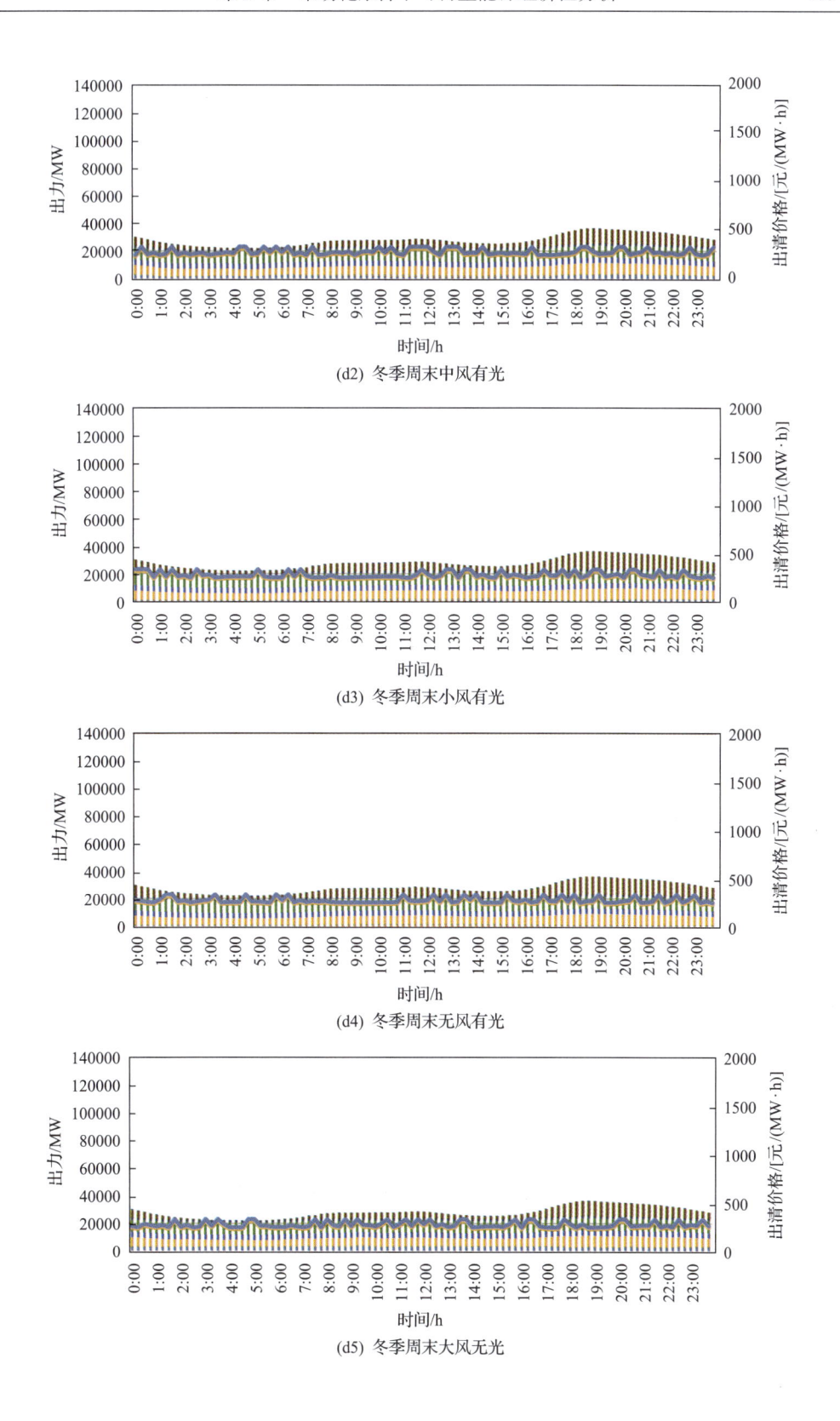

(d3) 冬季周末小风有光

(d4) 冬季周末无风有光

(d5) 冬季周末大风无光

(d6) 冬季周末中风无光

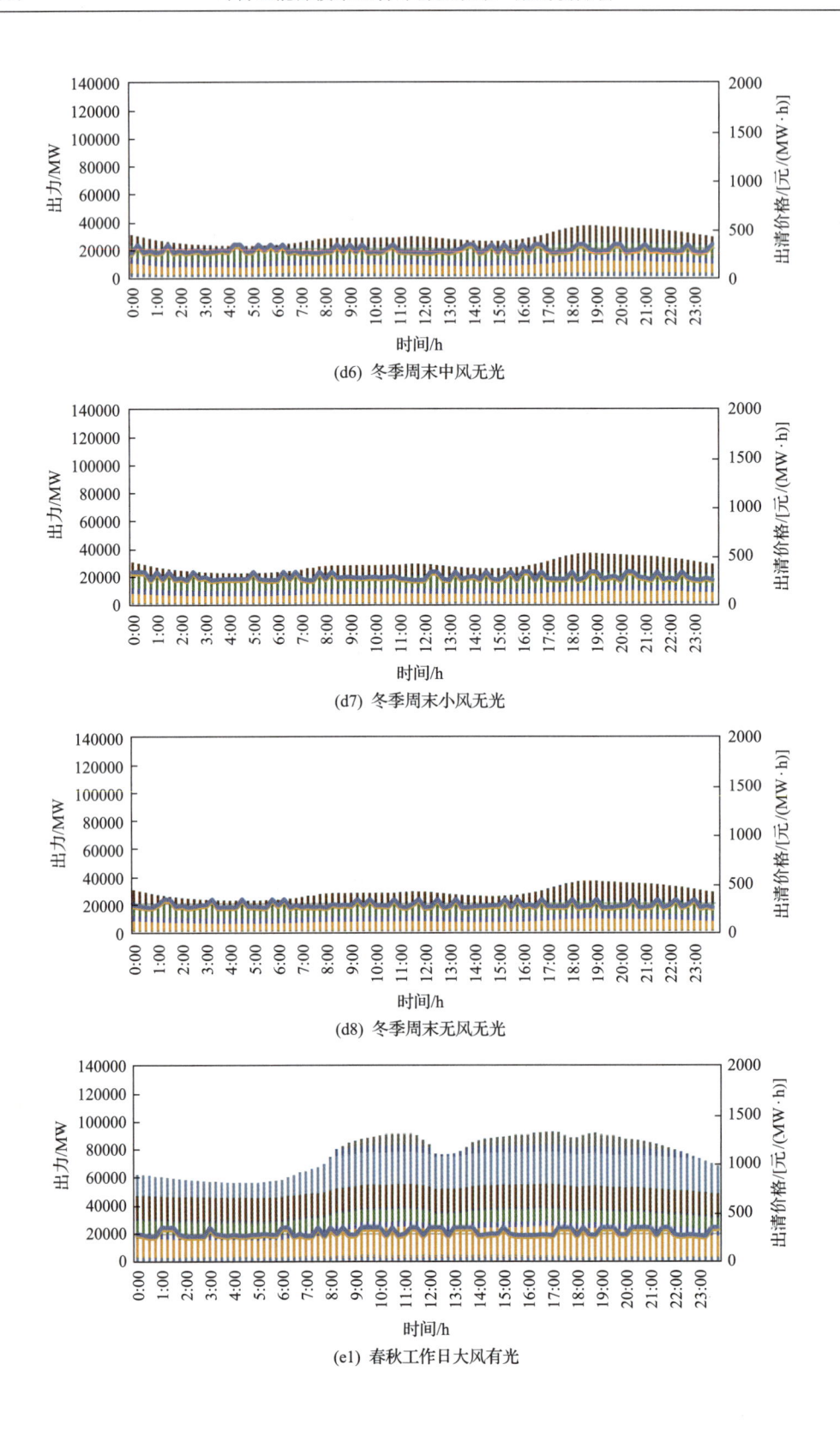

(d7) 冬季周末小风无光

(d8) 冬季周末无风无光

(e1) 春秋工作日大风有光

(e2) 春秋工作日中风有光

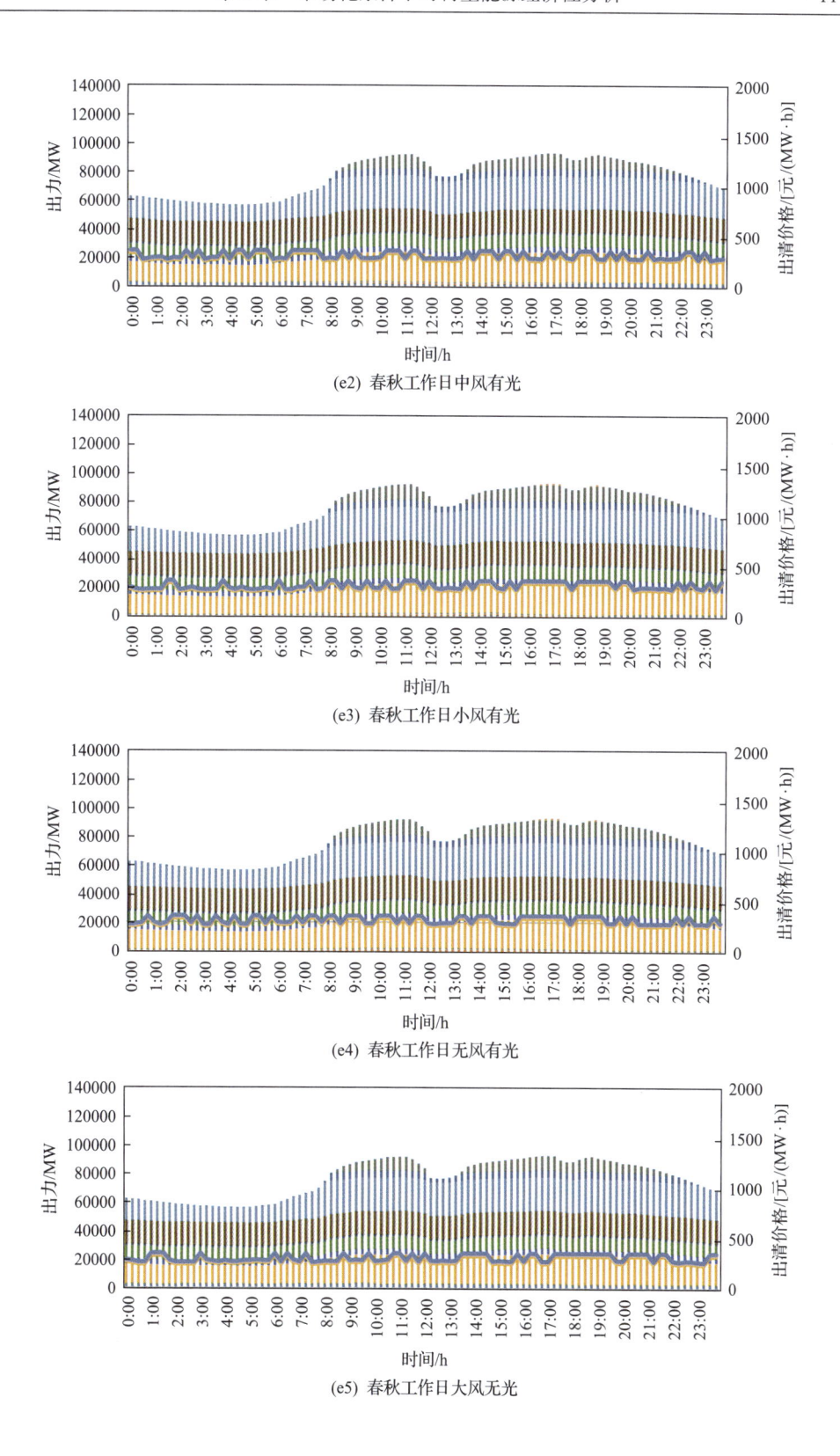

(e3) 春秋工作日小风有光

(e4) 春秋工作日无风有光

(e5) 春秋工作日大风无光

(e6) 春秋工作日中风无光

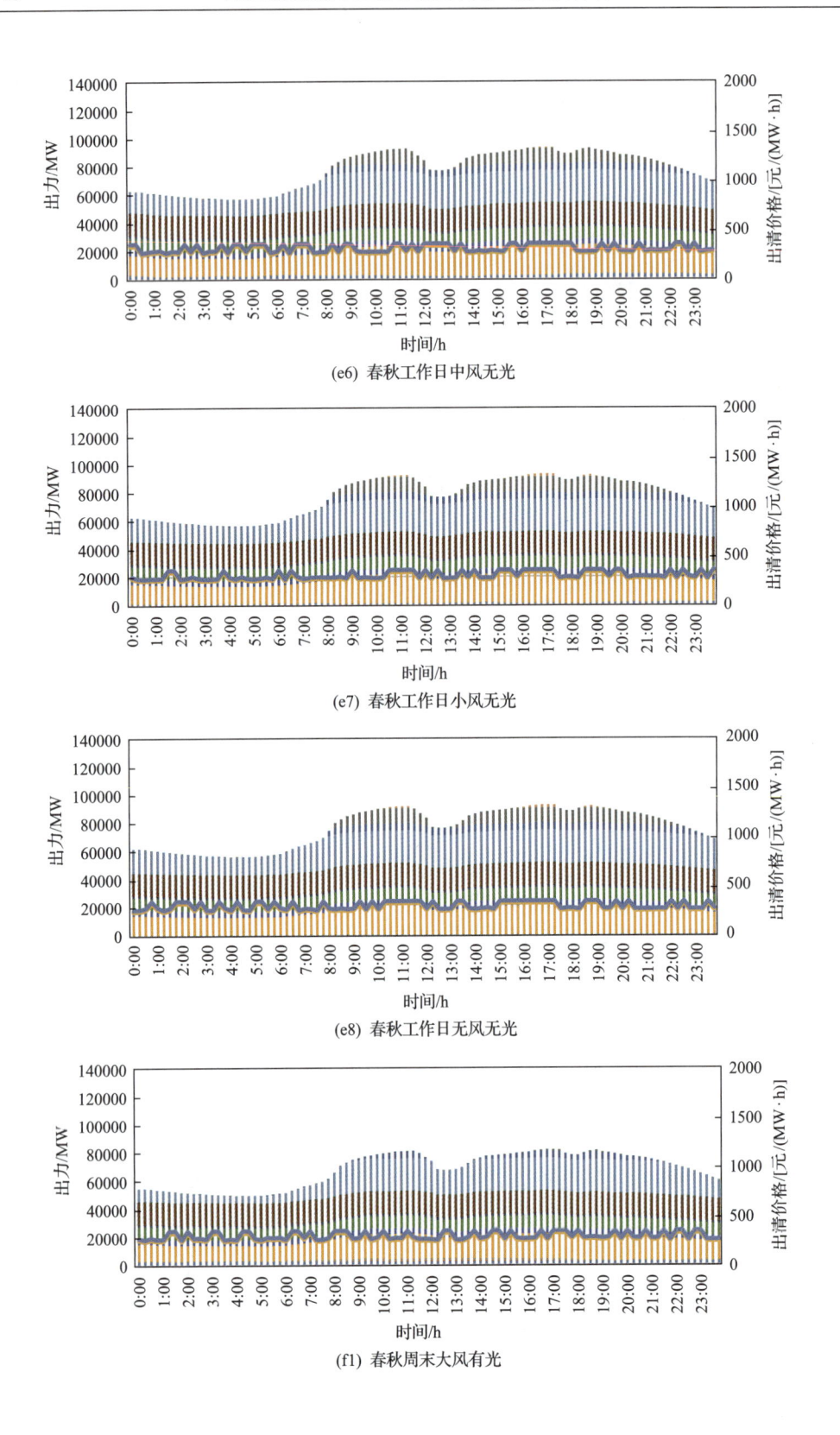

(e7) 春秋工作日小风无光

(e8) 春秋工作日无风无光

(f1) 春秋周末大风有光

(f2) 春秋周末中风有光

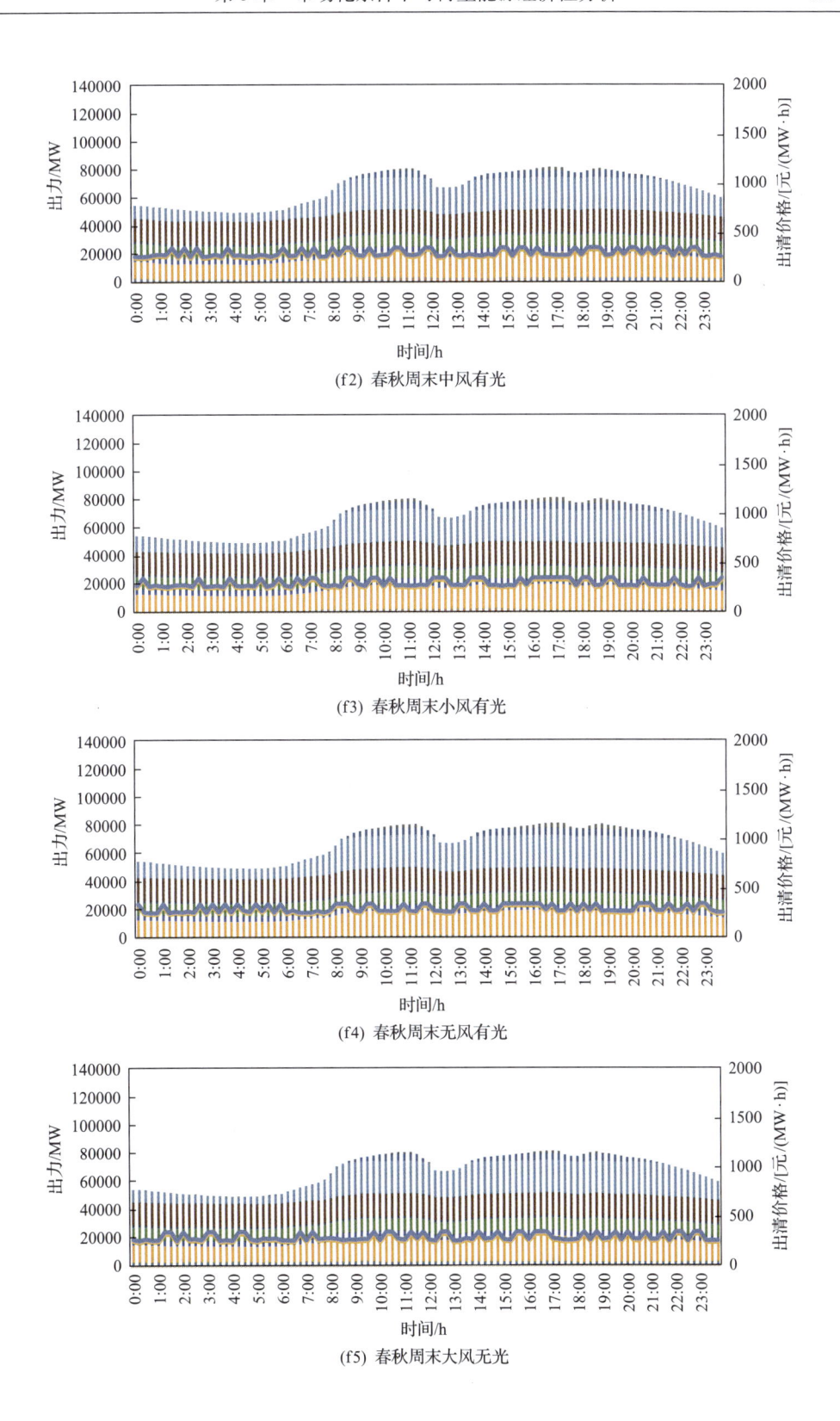

(f3) 春秋周末小风有光

(f4) 春秋周末无风有光

(f5) 春秋周末大风无光

(f6) 春秋周末中风无光

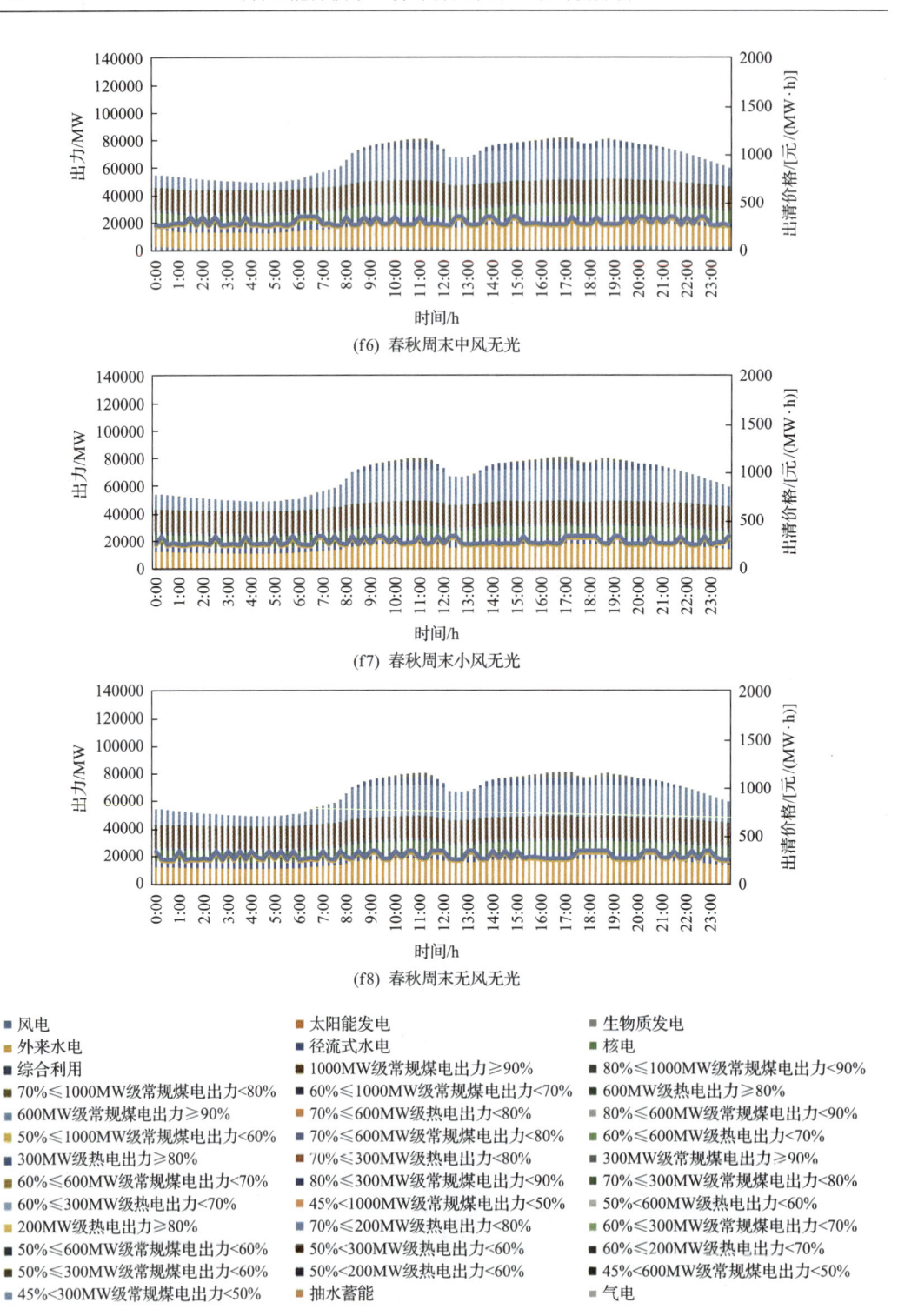

(f7) 春秋周末小风无光

(f8) 春秋周末无风无光

图 5-13 用电负荷增加为目前的 1.1 倍时广东省电力供给曲线和出清价格

从图 5-13 可以看出，如果用电负荷增加为目前的 1.1 倍，只有在夏季工作日的少数用电高峰，广东省电力市场的出清价格会达到管理当局规定的电价上限。尽管如此，总体而言，负荷增加明显提高了气电和高边际成本煤电的年利用小时数，抬高了电价，导致风电、光伏发电的经济性变好。

根据广东省电力市场模拟结果，得到用电负荷增加为目前的 1.1 倍后，广东省风光发电 48 种情形下的日收益如表 5-9 所示。

表 5-9 用电负荷增加为目前的 1.1 倍后广东省风光发电 48 种情形下的日收益（单位：万元）

资源类型		低煤价情形		高煤价情形	
		风电	光伏发电	风电	光伏发电
夏季工作日	大风有光	2420.69	711.80	2455.41	715.02
	中风有光	2165.39	1400.37	2183.26	1403.47
	小风有光	573.09	1663.98	575.23	1667.12
	无风有光	0.00	1722.66	0.00	1725.73
	大风无光	3767.69	0.00	3802.98	0.00
	中风无光	2556.60	0.00	2574.65	0.00
	小风无光	628.54	0.00	630.65	0.00
	无风无光	0.00	0.00	0.00	0.00
夏季周末	大风有光	2052.71	642.60	2140.69	658.37
	中风有光	1312.04	647.71	1373.46	661.61
	小风有光	291.94	655.15	303.16	667.43
	无风有光	0.00	660.94	0.00	672.07
	大风无光	2054.34	0.00	2138.40	0.00
	中风无光	1340.16	0.00	1400.92	0.00
	小风无光	299.34	0.00	309.96	0.00
	无风无光	0.00	0.00	0.00	0.00
春秋工作日	大风有光	1655.40	289.69	1768.30	309.45
	中风有光	1069.73	286.59	1142.69	306.13
	小风有光	228.46	291.56	244.04	311.44
	无风有光	0.00	296.12	0.00	316.31
	大风无光	1652.72	0.00	1765.44	0.00
	中风无光	1068.32	0.00	1141.19	0.00
	小风无光	224.78	0.00	240.11	0.00
	无风无光	0.00	0.00	0.00	0.00
春秋周末	大风有光	1635.29	279.78	1746.82	298.86
	中风有光	1055.29	280.71	1127.26	299.86
	小风有光	221.28	286.81	236.37	306.37
	无风有光	0.00	287.20	0.00	306.78
	大风无光	1622.34	0.00	1732.99	0.00
	中风无光	1040.65	0.00	1111.63	0.00
	小风无光	218.86	0.00	233.79	0.00
	无风无光	0.00	0.00	0.00	0.00

续表

资源类型		低煤价情形		高煤价情形	
		风电	光伏发电	风电	光伏发电
冬季工作日	大风有光	1500.89	119.34	1603.26	127.48
	中风有光	975.62	122.57	1042.16	130.93
	小风有光	202.29	115.60	216.09	123.49
	无风有光	0.00	114.86	0.00	122.69
	大风无光	1488.32	0.00	1589.83	0.00
	中风无光	949.85	0.00	1014.63	0.00
	小风无光	205.33	0.00	219.34	0.00
	无风无光	0.00	0.00	0.00	0.00
冬季周末	大风有光	1472.04	115.68	1572.44	123.57
	中风有光	971.88	121.69	1038.16	129.99
	小风有光	203.72	116.00	217.61	123.91
	无风有光	0.00	114.97	0.00	122.81
	大风无光	1497.91	0.00	1600.07	0.00
	中风无光	968.36	0.00	1034.40	0.00
	小风无光	206.17	0.00	220.23	0.00
	无风无光	0.00	0.00	0.00	0.00

对比表 5-7 和表 5-9 可以发现,负荷增加会抬高电价,提高风电和光伏发电的收益水平,改善其发电的经济性,但也存在个别异常情况,例如,冬季周末大风有光情形下增加负荷反而降低了风电和光伏发电的收益水平,这是因为增加负荷会提高煤电机组的负荷率,从而降低其供电煤耗和边际成本,相应地,以煤电为边际出清机组时的市场电价下降,风电和光伏发电的市场收益减少,经济性变差。

根据 5.2.6 节构建的风光发电经济性评价模型,结合广东省电力市场模拟结果,得到用电负荷增加为目前的 1.1 倍后,广东省风光发电经济价值反事实模拟结果如表 5-10 所示。

表 5-10 广东省风光发电经济价值反事实模拟结果

资源类型	低煤价情形		高煤价情形	
	风电	光伏发电	风电	光伏发电
度电收益/[元/(kW·h)]	0.42	0.63	0.44	0.64
净经济价值/[元/(kW·h)]	−0.08	−0.74	−0.06	−0.73

综合表 5-8 和表 5-10,如果用电负荷增加为目前的 1.1 倍,尽管风电和光伏发电提供单位电能的净经济价值仍为负,但明显得到了改善。其中,风电提供单位电能的度电收益增加了约 0.1 元/(kW·h),光伏发电提供单位电能的度电收益的增幅较大,约为 0.28 元/(kW·h)。光伏发电提供单位电能的度电收益的增幅比风电大,这是由于光伏发电出力和负荷正相关,有光情形下光伏发电出力高峰也是负荷电价高峰,而假设稀缺情形实

施行政定价,提高了电价的峰值,这导致光伏发电市场收益的增幅较大。

根据反事实模拟结果可以预见,随着广东省经济体量和用电负荷的增加,以及稀缺定价机制的合理化,风光发电发展所需要的扶持机制和补贴措施会逐渐减少,最终有望实现"零补贴",即仅依靠完备的市场机制便可保证风光发电项目的经济可行性。

5.5 结 论

根据本章研究内容,对所得结论做出如下总结。

(1)基于边际成本的竞价上网会降低电力市场出清价格,导致风光发电经济性欠佳。市场情形下,风电经济性优于光伏发电,同时风光发电出力具有互补性。

在基于边际成本的竞价上网规则下,电力市场按照边际成本递增原则对发电机组进行调度排序,而不是遵循标杆上网电价情形下的均衡调度规则,有利于提高低边际成本机组的利用水平。同时,系统以统一出清价格结算机组的上网电价,降低了电价和风光发电的市场收益,导致其发电的经济性不佳。

市场条件下,风电提供单位电能的净经济价值高于光伏发电,说明风电在电力市场的经济性更优。其原因是风电年利用小时数明显高于光伏发电,这导致风电平准化发电成本远低于光伏发电。故为提高风光发电的经济性,需切实保障其年利用小时数:一方面,可以通过改进技术提高设备捕风捕光的能力和能源转换效率;另一方面,可以考虑通过市场和配套机制促进低边际成本可再生能源电力的消纳。

虽然风电在电力市场的经济性更优,但是光伏发电提供单位电能的度电收益更高。这是由于光伏发电出力和负荷呈正相关关系,风电出力和负荷呈轻微的负相关关系,市场情形下电价和负荷基本呈同步变动,所以光伏发电提供单位电能的度电收益更高。此外,鉴于风电和光伏发电迥异的出力特性,可以考虑发展风光互补发电系统以促进可再生能源接网条件下电力系统的安全稳定运行。未来随着风电和光伏发电平准化发电成本的持续降低,其经济价值会得到显著的改善。

(2)市场条件下风光发电的经济性与煤价和用电负荷的变动密切相关。

风光发电的经济性由电价和出力共同决定。任何会影响电价的因素均会对风光发电的经济性产生同向影响。煤价会影响煤电机组的边际成本和抽水蓄能电站在电价低谷的抽水成本,从而影响煤电和抽水蓄能发电作为边际机组时的出清价格,继而对风光发电的经济性产生影响,且影响程度较高。市场情形下按照边际成本递增原则和统一出清价格规则形成发电机组的上网结算价格。在此出清价格规则下,电价和负荷基本呈同步变动。所以,用电负荷的变动也会对风光发电的经济性产生影响。

(3)一般情形下,风电(光伏发电)出力发生变动会对光伏发电(风电)的经济性产生反向影响。该结论在负荷较低的春秋冬三季不一定成立。

风电(光伏发电)出力发生变动会反向影响光伏发电(风电)的经济性。这是由于在市场情形下,风电和光伏发电调度排序靠前。如果风电(光伏发电)出力增加,电力系统会减少调度具有更高边际成本的发电机组,致使电力市场出清价格降低,光伏发电(风电)的市场收益减少,经济性变差;反之,如果风电(光伏发电)出力减少,电力系统会增加调度具有更高边际成本的发电机组，致使电力市场出清价格升高，光伏发电(风电)的市场收益增加，经济性变好。

上述结论在负荷较低的春秋冬三季不一定成立。这是由于在低负荷时段，电力系统多以煤电为边际出清机组，风电(光伏发电)出力增加会降低煤电机组的负荷率，致使其供电煤耗和边际成本增加，电力系统出清价格升高，光伏发电(风电)的市场收益增加，经济性变好；反之，风电(光伏发电)出力减少会提高煤电机组的负荷率，致使其供电煤耗和边际成本降低，电力系统出清价格降低，光伏发电(风电)的市场收益减少，经济性变差。所以，风电(光伏发电)出力发生变动对光伏发电(风电)经济性的影响取决于风电(光伏发电)出力变动和负荷的综合作用。

第二部分：可再生能源政策效果评价、创新模式及政策演化

刘文峰　张兴平　鲁延辉　何慢慢　涂传英　著

第 6 章 基于结构方程模型的我国可再生能源政策评价

本章采用结构方程模型对我国风光发电标杆上网电价政策、税收优惠政策、财政补贴政策、融资政策和目标引导机制的效果进行评价，主要评价这些政策对风光发电成本、规模和消纳三方面的影响。

6.1 结构方程模型

结构方程模型是基于变量的协方差矩阵来分析变量之间关系的一种多元统计分析方法，在 20 世纪 60 年代由 Bock 和 Bargmann 在"验证性因子分析模型"中提出，之后由瑞典统计学家 Joreskog 等众多研究人员进行修改和完善，最后成为一种通用的多元统计分析方法。

6.1.1 结构方程模型的概念

结构方程模型已获得了巨大的发展，广泛应用于心理学、社会学、管理学和经济学等领域多变量问题的研究。廖颖林(2005)详细地介绍了瑞典和美国运用结构方程模型研究顾客满意度的过程，从而总结出运用结构方程模型研究顾客满意度需要注意的问题。林嵩和姜彦福(2006)在详细介绍了结构方程模型的基本原理和主要特征的基础上，通过一个示例，介绍了结构方程模型应用于管理研究领域的建模、拟合及评价过程。李维和朱维娜(2014)将影响地区经济发展的因素分为总量因素和结构因素，以重庆市 38 个区(县)为研究对象，通过结构方程模型定量地研究了各因素对地区经济发展的影响，得出总量因素和结构因素均对经济发展有显著影响的结论。近年来，结构方程模型经常被引用到综合评价研究中。王玉姣(2014)通过对文献资料的分析，构建了工程项目社会影响评价的指标体系，并对常见的项目评价方法的特点和适用性等进行对比分析，结合工程项目影响因素多、评价指标难以量化和变量间可能存在相关关系等特点，认为常见的项目评价方法在此并不适用，从而引进结构方程模型对工程项目社会影响进行评价。赵仁铃(2015)参考文献和资料，通过专家访谈构建了研究生考生综合素质评价指标体系，通过调查问卷的方法获取数据，并使用结构方程模型计算出各指标的权重。熊国经等(2017)选取了 13 个学术期刊评价指标，运用偏最小二乘(partial least squares，PLS)法结构方程模型，计算和分析图情类期刊的综合影响力，指出 PLS 结构方程模型不仅可以解决指标之间存在多重共线的问题，还能对指标进行筛选。基于此，采用基于偏最小二乘的结构方程模型(PLS-SEM)(structural equation modeling，SEM)对我国现有风光发电政策效果进行分析，具有理论依据和现实依据，是可行的。

6.1.2 结构方程模型的构成

按照变量能否直接测量的特点，结构方程模型的变量分为潜变量(隐变量或构面)和显变量(观察变量或指标等)。潜变量不能直接测量，只能通过观察变量间接测量，在模型图中以圆形或椭圆形表示。显变量是可以直接测量获取数据的变量，在模型图中以矩形表示。

按照不同变量之间的关系，结构方程模型包括结构模型和测量模型。结构模型讨论潜变量之间的相互关系，潜变量之间的关系可以是直接的，也可以是间接的。测量模型则表明了潜变量与显变量之间的关系，分为反映型和形成型两大类。结构方程模型的理论模型见图6-1。

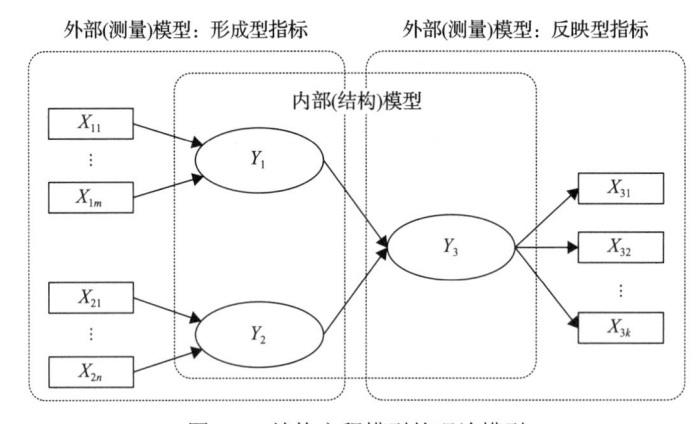

图 6-1 结构方程模型的理论模型

6.2 风电政策效果评价

本节构建结构方程模型分析中国风电现有标杆上网电价政策、税收优惠政策、融资政策和目标引导机制对风电成本、风电规模和风电消纳三个方面的影响。

6.2.1 结构方程模型的构建

1. 政策及其影响假设

通过对我国风电政策进行梳理可以发现，目前我国现有的风电政策有标杆上网电价政策、税收优惠政策、融资政策和目标引导机制。现有风电政策推动风电发展的效果，可以从三个方面来评价相关风电政策的效果，分别是：①风电成本，风电政策主要对风电的设备组件成本、接入成本、财务(融资)成本和土地成本有影响；②风电规模，主要包括风电并网容量、风电发电量和风电投资规模；③风电消纳，主要包括风能的开发利用、风电就近消纳和平均弃风率等。将中国风电现有的标杆上网电价政策、税收优惠政策、融资政策和目标引导机制对风电成本、风电规模、风电消纳三个方面的影响机理进行分析，提出了以下9个假设。

(1)标杆上网电价政策对风电成本的影响：2009 年，我国风电确定按四类资源区分别设置不同的上网标杆电价。自 2014 年起，连续三年风电标杆上网电价进行了下调，这使风电企业要想获利，必须将风电成本降低。由此提出假设 1：标杆上网电价政策对风电的成本有正向作用。

(2)标杆上网电价政策对风电规模的影响：我国的风电标杆上网电价政策实行的是固定电价加补贴模式，其中隐含的补贴模式吸引着投资者投资风电项目。由此提出假设 2：标杆上网电价政策对风电的规模有正向作用。

(3)标杆上网电价政策对风电消纳的影响：我国的风电标杆上网电价逐年下调，一方面致使风电企业降低成本以获取收益；另一方面迫使风电企业提高其年利用小时数以促进设备利用效率，从而提高企业收益。由此提出假设 3：标杆上网电价政策对风电的消纳有正向作用。

(4)税收优惠政策对风电成本的影响：我国风电项目主要涉及增值税和企业所得税的优惠，增值税享有"即征即退 50%"的优惠，而企业所得税享有"三免三减半"的优惠。对于风电企业，税收优惠政策减轻了运营期间的成本负担。由此提出假设 4：税收优惠政策对风电的成本有正向作用。

(5)税收优惠政策对风电规模的影响：风电项目作为新能源产业，在我国享有很大的税收优惠政策，税收优惠政策对企业来说是一项利好的政策，这提高了投资者投资风电的热情，有利于刺激风电规模的扩大。由此提出假设 5：税收优惠政策对风电的规模有正向作用。

(6)融资政策对风电成本的影响：优惠的融资利率水平能明显降低风电成本。由此提出假设 6：融资政策对风电成本有正向作用。

(7)融资政策对风电规模的影响：顺畅的融资渠道和优惠的融资利率水平对风电投资者具有一定的吸引力，有利于刺激风电规模的扩大。由此提出假设 7：融资政策对风电规模有正向作用。

(8)目标引导机制对风电规模的影响：目前目标引导机制主要是配额制。配额制政策依据全国可再生能源开发利用中长期总量目标，制定各省(区、市)能源消费总量中的可再生能源比重目标和全社会用电量中的非水电可再生能源电量比重指标，我国风电规模离规划目标还有一定的差距，目标引导机制有利于引导风电的合理开发利用。由此提出假设 8：目标引导机制对风电规模有正向作用。

(9)目标引导机制对风电消纳的影响：作为目标引导机制的配额制政策明确规定了各省(区、市)行政区域全社会用电量中非水电可再生能源电力消纳量比重目标，有利于引导电厂合理地进行发电，以及电网公司必须对保障的电量进行消纳。由此提出假设 9：目标引导机制对风电消纳有正向作用。

2. 政策效果分析理论模型

图 6-2 为我国风电现有政策推动风电发展的影响机制理论研究模型。其中，标杆上网电价政策、税收优惠政策、融资政策和目标引导机制是结构方程模型的 4 个自变量(潜变量)，而风电成本、风电规模和风电消纳是结构方程模型的 3 个因变量(潜变量)。

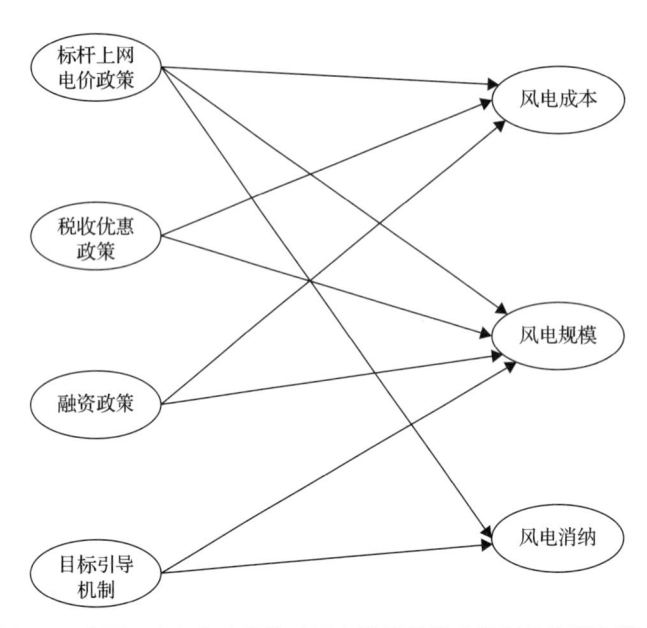

图 6-2 我国风电现有政策推动风电发展的影响机制理论研究模型

6.2.2 问卷设计

采用问卷调查的方式来收集相关数据，量表的题项来源于相关文献的整理、与相关研究学者的探讨、实地调研时与相关现场操作人员和管理人员的深度访谈。问卷题项采用七点量表进行测量，具体计分方式为：完全不赞同①、不赞同②、比较不赞同③、不确定④、比较赞同⑤、赞同⑥、完全赞同⑦，量表题项的具体内容见表 6-1。

表 6-1 风电政策变量量表题项的具体内容

潜变量	显变量(题项)	题项内容
标杆上网电价政策	标杆上网电价政策 1	现有风电标杆上网电价对投资者吸引力强
	标杆上网电价政策 2	现有风电标杆上网电价的稳定性强
	标杆上网电价政策 3	现有风电标杆上网电价政策有利于风电发电成本的降低
	标杆上网电价政策 4	现有风电标杆上网电价政策有利于风电消纳
税收优惠政策	税收优惠政策 1	现有风电税收优惠政策力度大，对投资者吸引力强
	税收优惠政策 2	现有风电税收优惠政策的稳定性强
	税收优惠政策 3	现有风电税收优惠政策操作简便，能落实到位
融资政策	融资政策 1	现有风电融资政策的吸引力强
	融资政策 2	现有风电融资政策的稳定性强
	融资政策 3	现有风电融资利率水平(现行商业银行融资基准利率约 4.9%)是比较优惠的利率
	融资政策 4	现有风电融资渠道比较通畅
目标引导机制	目标引导机制 1	现有目标引导机制(如配额制)有利于风电装机的增加
	目标引导机制 2	现有目标引导机制(如配额制)有利于风电消纳
	目标引导机制 3	现有目标引导机制(如配额制)操作简单、执行的可行性强

续表

潜变量	显变量(题项)	题项内容
风电成本	风电成本 1	现有政策对降低风电主要组件成本很有帮助
	风电成本 2	现有政策对降低风电接入成本很有帮助
	风电成本 3	现有政策对降低风电融资成本很有帮助
	风电成本 4	现有政策对降低风电土地成本很有帮助
风电规模	风电规模 1	现有政策对实现风电"十三五"累计装机容量目标很有帮助
	风电规模 2	现有政策对实现风电"十三五"年发电量目标很有帮助
	风电规模 3	现有政策有助于风电投资持续稳定增长
风电消纳	风电消纳 1	现有政策能有效促进风电就近消纳
	风电消纳 2	现有政策能明显提高风能年利用量
	风电消纳 3	现有政策有助于将风电弃风率维持在一个较低水平

本次调查主要采用电子问卷的形式进行在线发放和回收，问卷主要发给熟悉风电运行和政策的相关人员，主要包括风电行业、电网公司、政府和研究机构等单位的相关人员进行填答，以提高问卷可靠性，问卷构成如图 6-3 所示。结构方程模型样本数量一般遵循 Barclay 等(1995)提出的十倍数原则，潜变量的题项数量最多为 4，单一潜变量的路径数量最多是 4，样本数量不应该低于 40，本次调查共收回 180 份有效问卷，符合十倍数原则。

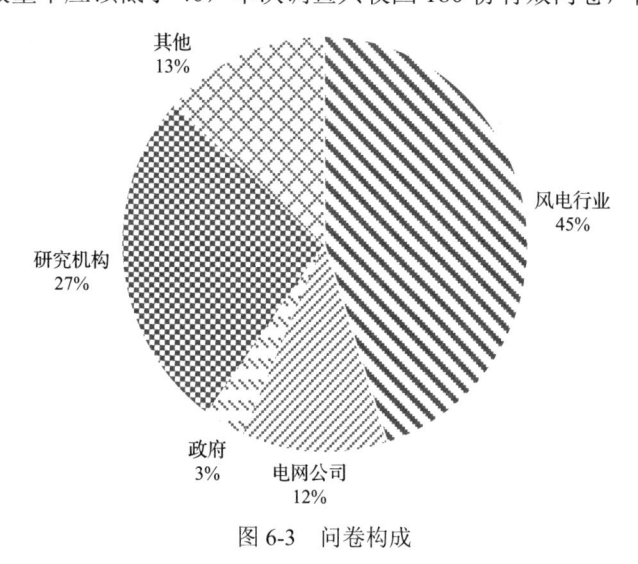

图 6-3 问卷构成

6.2.3 样本描述性统计和正态性检验

表 6-2 为 24 个显变量的描述性统计和正态性检验的相关指标值。在 24 个显变量中，所有数据全距都在 4 以上，且标准差都大于 1，说明数据离散程度较高，受访者在所有题项上，看法有较大差异，具有区分度。PLS-SEM 虽然在非正态分布时也能获得较可靠的估计结果，但是仍然要确保数据资料没有出现过度偏态，以免对估计结果显著性造成影响。偏度和峰度是用来检验数据是否为正态分布的两个参数，其中，偏度衡量数据分布是

否左右对称,若填答的资料有向左端或右端靠拢的状况,则视为偏斜,若偏度大于1或者小于–1,则视为数据偏斜;峰度用来衡量数据分布是否过于集中,峰度大于1表示峰度过高,小于–1表示峰度过于平坦。24个变量的偏度和峰度均在–1~1,数据符合要求。

表6-2 风电政策变量描述性统计和正态性检验的相关指标值

潜变量(构面)	显变量(题项)	最小值	最大值	均值	标准差	偏度	峰度
标杆上网电价政策	标杆上网电价政策1	1	7	4.27	1.47	–0.63	–0.14
	标杆上网电价政策2	1	7	4.00	1.50	–0.21	–0.57
	标杆上网电价政策3	1	7	4.37	1.37	–0.49	–0.54
	标杆上网电价政策4	1	7	4.07	1.44	–0.05	–0.91
税收优惠政策	税收优惠政策1	1	7	4.47	1.48	–0.37	–0.74
	税收优惠政策2	1	7	3.88	1.44	–0.23	–0.51
	税收优惠政策3	1	6	4.10	1.41	–0.43	–0.62
融资政策	融资政策1	1	6	3.95	1.36	–0.23	–0.73
	融资政策2	1	7	4.00	1.38	–0.19	–0.52
	融资政策3	2	7	4.60	1.22	–0.55	–0.28
	融资政策4	2	6	4.25	1.22	–0.32	–0.74
目标引导机制	目标引导机制1	1	7	4.32	1.45	–0.60	–0.16
	目标引导机制2	1	7	4.35	1.39	–0.53	–0.06
	目标引导机制3	1	6	4.10	1.33	–0.66	–0.23
风电成本	风电成本1	1	7	4.47	1.27	–0.59	0.62
	风电成本2	1	7	4.45	1.38	–0.42	–0.17
	风电成本3	1	6	4.20	1.24	–0.55	–0.31
	风电成本4	1	7	4.05	1.42	–0.23	–0.89
风电规模	风电规模1	1	6	4.50	1.22	–0.92	0.48
	风电规模2	1	7	4.52	1.23	–0.63	0.22
	风电规模3	1	7	4.43	1.18	–0.52	0.32
风电消纳	风电消纳1	1	7	4.22	1.50	–0.47	–0.50
	风电消纳2	1	6	4.50	1.22	–0.92	0.48
	风电消纳3	1	7	3.95	1.49	–0.16	–0.68

6.2.4 模型评估与检验

1. 外部模型评估与检验

1)因素负荷量

因素负荷量反映了显变量被所属潜变量解释的程度。高因素负荷量意味着指标间共同性高,并能由其所属潜变量解释。指标因素负荷量至少应达到统计显著水平。即便因素负荷量达到统计显著水平,其值也可能极小,因此一般情况下,标准化因素负荷量应大于等于0.700,在0.400～0.700的指标,如果删除后可以增加CR(或AVE)到建议阈值,可以删除,否则应保留,低于0.400的测量指标应删除(Hair等,2011),本书探索性研究且使用的是自创新量表,因此0.600以上的因素负荷量可以接受。如表6-3所示,融资政策3因素负荷量为0.3174,低于0.4,将其删除。一般来说,因素负荷量在0.4～0.7的显变量,如果删除后可以增加组合信度(composite reliability,CR)或平均变异萃取量(average variation extraction,AVE)到建议阈值,才可删除,否则应给予保留。因量表设计较新,0.6以上的因素负荷量是可以接受的范围,故只考虑因素负荷量为0.4～0.6的显变量的删除或保留。风电成本1因素负荷量为0.5534,低于0.6,但成本潜变量的CR和AVE值均在阈值0.5以上,根据Hair等(2011)的建议可不用删除风电成本1,因此题项风电成本1给予保留。

表6-3 风电政策模型的因素负荷量

变量	标杆上网电价政策	税收优惠政策	融资政策	目标引导机制	风电成本	风电规模	风电消纳
标杆上网电价政策1	0.7022						
标杆上网电价政策2	0.6083						
标杆上网电价政策3	0.8865						
标杆上网电价政策4	0.7881						
税收优惠政策1		0.8241					
税收优惠政策2		0.9115					
税收优惠政策3		0.8499					
融资政策1			0.8980				
融资政策2			0.8984				
融资政策3			0.3174(删)				
融资政策4			0.6818				
目标引导机制1				0.9532			
目标引导机制2				0.9293			
目标引导机制3				0.9115			
风电成本1					0.5534(留)		
风电成本2					0.8846		
风电成本3					0.8613		
风电成本4					0.8198		
风电规模1						0.9283	
风电规模2						0.8955	
风电规模3						0.8984	
风电消纳1							0.8364
风电消纳2							0.8079
风电消纳3							0.8088

在考虑因素负荷量是否达到阈值后，还需考察因素负荷量的显著性。因为显变量为非正态分布，需使用 Bootstrapping（拔靴法）计算标准误差，进而计算出 T 值和 P 值来考察因素负荷量的显著性。Bootstrapping 的设定抽样 5000 次，计算结果如表 6-4 所示。由计算结果可知，所有显变量的 P 值均小于 0.05，即在 5%的显著性水平下，所有显变量均显著。

表 6-4 模型的因素负荷量计算结果

题项	因素负荷量	标准误差	T 值	P 值
标杆上网电价政策 1←标杆上网电价	0.702	0.050	13.938	0.000
标杆上网电价政策 2←标杆上网电价	0.608	0.085	7.174	0.000
标杆上网电价政策 3←标杆上网电价	0.887	0.016	56.751	0.000
标杆上网电价政策 4←标杆上网电价	0.788	0.029	27.180	0.000
税收优惠政策 1←税收优惠	0.824	0.032	25.600	0.000
税收优惠政策 2←税收优惠	0.912	0.013	72.008	0.000
税收优惠政策 3←税收优惠	0.850	0.029	29.711	0.000
融资政策 1←融资政策	0.918	0.019	49.464	0.000
融资政策 2←融资政策	0.929	0.013	71.984	0.000
融资政策 4←融资政策	0.645	0.072	8.964	0.000
目标引导机制 1←目标引导机制	0.953	0.011	88.781	0.000
目标引导机制 2←目标引导机制	0.929	0.014	66.737	0.000
目标引导机制 3←目标引导机制	0.912	0.016	56.524	0.000
风电成本 1←风电成本	0.553	0.108	5.110	0.000
风电成本 2←风电成本	0.885	0.019	47.390	0.000
风电成本 3←风电成本	0.861	0.029	29.818	0.000
风电成本 4←风电成本	0.820	0.028	29.857	0.000
风电规模 1←风电规模	0.928	0.013	70.319	0.000
风电规模 2←风电规模	0.896	0.023	38.790	0.000
风电规模 3←风电规模	0.899	0.017	51.874	0.000
风电消纳 1←风电消纳	0.836	0.033	25.339	0.000
风电消纳 2←风电消纳	0.808	0.040	20.079	0.000
风电消纳 3←风电消纳	0.809	0.035	23.346	0.000

2) 组合信度

CR 表示潜变量内部变数的一致性，潜变量的 CR 值高，表明其测量变量是高度相关的，即它们都在衡量相同的潜变量，对全面测量该潜变量有利。CR 的值为 0.000~1.000，值越高表示信度越佳。对于探索性研究，CR 值为 0.600~0.700 是可以接受的，CR 的值为 0.700~0.900 较佳，若值大于 0.900 或大于 0.950，则一般情况下不能接受，因为其表示所有指标测量到的都是同样的现象，即指标不是其所属潜变量具有效度的测量指标。风电政策模型各潜变量的 CR 值如表 6-5 所示。由表 6-5 可知，模型的 7 个潜变量的 CR 值为 0.8~0.9，其中目标引导机制和风电规模的 CR 值较高。

表 6-5　风电政策模型 CR 值

标杆上网电价政策	税收优惠政策	融资政策	目标引导机制	风电成本	风电规模	风电消纳
0.837	0.897	0.876	0.952	0.867	0.933	0.858

3) 平均变异萃取量

AVE 等于某一潜变量所有测量变量的因素负荷量平方的总平均。如果模型的 AVE 值大于等于 0.500，表示被测度的潜变量解释了其测量变量指标超过 50%的变异，如果模型的 AVE 值小于 0.500，表明变异误差成分大于潜变量所能解释的比例。表 6-6 为模型各潜变量的 AVE 值，模型的 7 个潜变量的 AVE 值均大于阈值 0.5，说明 7 个潜变量均具有较佳的收敛效度。

表 6-6　风电政策模型的 AVE 值

标杆上网电价政策	税收优惠政策	融资政策	目标引导机制	风电成本	风电规模	风电消纳
0.568	0.744	0.707	0.868	0.626	0.824	0.669

4) 区别效度

区别效度是指某一潜变量与其他潜变量实际的差异程度。区别效度的评估可以使用交叉负荷量指标(cross loading)和 Fornell-Larcker 指标。交叉负荷量判定区别效度的标准较为宽松，其结果通常都是具有区别效度，而 Fornell-Larcker 标准较为严格。其中，交叉负荷量是一个显变量对其所属潜变量的因素负荷量应大于该显变量属于其他模型中潜变量时的因素负荷量(交叉负荷量)。Fornell-Larcker 指标认为潜变量与其所属显变量(相比较与其他潜变量)应具有较大的共同变异，其判别标准为潜变量的 AVE 平方根应大于该潜变量与其他潜变量相关系数的值。

表 6-7 为模型的交叉负荷量，除显变量风电消纳 2 对潜变量风电规模的交叉负荷量 (0.9275)外，所有 7 个潜变量的因素负荷量(粗体部分)均大于交叉负荷量。

表 6-7　风电政策模型的交叉负荷量

变量	标杆上网电价政策	税收优惠政策	融资政策	目标引导机制	风电成本	风电规模	风电消纳
标杆上网电价政策 1	**0.7022**	0.4858	0.1979	0.3126	0.4348	0.4619	0.3462
标杆上网电价政策 2	**0.6083**	0.2886	0.4179	0.3591	0.2633	0.2915	0.3237
标杆上网电价政策 3	**0.8865**	0.5257	0.3889	0.4597	0.5578	0.5281	0.5783
标杆上网电价政策 4	**0.7881**	0.5514	0.4898	0.5427	0.5850	0.4891	0.6524
税收优惠政策 1	0.6054	**0.8240**	0.4513	0.5006	0.4010	0.4482	0.5098
税收优惠政策 2	0.5545	**0.9116**	0.5326	0.4310	0.4452	0.5205	0.5223
税收优惠政策 3	0.4700	**0.8500**	0.4839	0.4030	0.2825	0.4432	0.3852
融资政策 1	0.4828	0.5263	**0.9182**	0.4114	0.4778	0.4964	0.4811
融资政策 2	0.4994	0.5473	**0.9291**	0.4703	0.5800	0.5222	0.5386

续表

变量	标杆上网电价政策	税收优惠政策	融资政策	目标引导机制	风电成本	风电规模	风电消纳
融资政策 4	0.1990	0.3209	**0.6446**	0.0774	0.2744	0.2860	0.2903
目标引导机制 1	0.5102	0.4497	0.3745	**0.9532**	0.5417	0.5017	0.5730
目标引导机制 2	0.5946	0.5312	0.4168	**0.9293**	0.4879	0.4752	0.6666
目标引导机制 3	0.4709	0.4551	0.3869	**0.9115**	0.5221	0.4580	0.5155
风电成本 1	0.4749	0.2903	0.2897	0.2672	**0.5533**	0.2496	0.2800
风电成本 2	0.5698	0.3956	0.4671	0.5154	**0.8852**	0.7607	0.6801
风电成本 3	0.5014	0.3854	0.5666	0.5728	**0.8610**	0.7442	0.7200
风电成本 4	0.4645	0.3138	0.3823	0.3436	**0.8196**	0.6495	0.5743
风电规模 1	0.5896	0.4535	0.4580	0.5335	0.7842	**0.9275**	0.8079
风电规模 2	0.5030	0.5479	0.5100	0.3879	0.6432	**0.8960**	0.6775
风电规模 3	0.5431	0.4946	0.4903	0.4733	0.7042	**0.8986**	0.7775
风电消纳 1	0.5192	0.5829	0.4604	0.5406	0.5015	0.5441	**0.8364**
风电消纳 2	0.5896	0.4535	0.4580	0.5335	0.7842	0.9275	**0.8079**
风电消纳 3	0.5071	0.3110	0.3955	0.4727	0.4951	0.5446	**0.8088**

Fornell-Larcker 是较为严格的评估标准，其指标计算结果见表 6-8。对角线粗体部分为 7 个潜变量的 AVE 平方根，均大于该潜变量与其他潜变量的相关系数。

表 6-8 风电政策模型的 Fornell-Larcker 指标

变量	标杆上网电价政策	税收优惠政策	融资政策	目标引导机制	风电成本	风电规模	风电消纳
标杆上网电价政策	**0.7533**						
税收优惠政策	0.6326	**0.8627**					
融资政策	0.4967	0.5684	**0.8410**				
目标引导机制	0.5673	0.5158	0.4223	**0.9315**			
风电成本	0.6388	0.4435	0.5521	0.5541	**0.7910**		
风电规模	0.6017	0.5483	0.5349	0.5139	0.7844	**0.9075**	
风电消纳	0.6610	0.5534	0.5374	0.6323	0.7340	0.8325	**0.8178**

综合交叉负荷量和 Fornell-Larcker 指标的计算结果表明模型具有区别效度。

2. 内部模型评估与检验

1) 潜变量的共线性诊断

VIF(variance inflation factor)值用于考察潜变量之间的共线性，其评估阈值为 5，当多个潜变量的 VIF 值大于 5 时，表明该潜变量具有共线性问题，需要考虑删除该潜变量或与其他变量合并或使用二阶潜变量来消除共线性问题。模型潜变量的 VIF 值见表 6-9，7 个潜变量的 VIF 值均小于 5，说明模型的潜变量不存在严重的共线性问题。

表 6-9　风电政策模型潜变量的 VIF 值

标杆上网电价政策	税收优惠政策	融资政策	目标引导机制	风电成本	风电规模	风电消纳
1.65	2.07	2.26	3.84	2.03	2.74	1.54

2) 决定系数 R^2

决定系数 R^2 表示对每个内部潜变量的方差解释力。该系数是内因构面的实际值与预测值相关系数的平方，代表模型中所有外生变量对内因变量的整体解释效果。R^2 为 0~1，数值较高代表了较高的解释力，0.670 代表显著、0.333 代表中度、0.190 代表微弱、0.750 代表显著、0.500 代表中度、0.250 代表微弱。模型的决定系数 R^2 见表 6-10，模型的三个被解释变量风电成本、风电规模和风电消纳的决定系数分别为 0.4843、0.4703 和 0.5346，说明这三个被解释变量被四个解释变量分别解释了 48.43%、47.03%和 53.46%的变异，超过了中度解释力，表明这四个政策变量对三个目标变量的解释力较高。

表 6-10　风电政策模型的决定系数 R^2

风电成本	风电规模	风电消纳
0.4843	0.4703	0.5346

3) 效果值 f^2

效果值 f^2 是通过计算的变化来衡量外部潜变量对内部潜变量的相对影响的程度指标，其阈值 0.02 代表小效果，0.15 代表中效果，0.35 代表大效果。表 6-11 为模型的效果值 f^2，标杆上网电价政策对风电成本和风电消纳的效果值分别为 0.300 和 0.290，达到了中效果，接近大效果，说明删除标杆上网电价政策对风电成本和风电消纳目标有显著影响。标杆上网电价政策对风电规模的效果值为 0.087，为小效果。税收优惠政策对风电成本和风电规模的效果值分别为 0.006 和 0.017，没有达到小效果，说明删除税收优惠政策对风电成本和风电规模目标几乎无影响。融资政策对风电成本和风电规模的效果值分别为 0.147 和 0.067，均为小效果，其中融资政策对风电成本的效果值接近中效果。目标引导机制对风电规模和风电消纳的效果值为 0.036 和 0.210，分别为小效果和中效果。

表 6-11　风电政策模型的效果值 f^2

变量	风电成本	风电规模	风电消纳
标杆上网电价政策	0.300	0.087	0.290
税收优惠政策	0.006	0.017	
融资政策	0.143	0.067	
目标引导机制		0.036	0.210

6.2.5　风电政策效果评价结果分析

初始模型的路径系数表明模型各潜变量间的假设关系。如表 6-12 所示，标准化的路径系数在-1~1。路径系数接近 1，表明两潜变量间高度正相关，且通常都会达到显著。路径系数接近-1，表明两潜变量间高度负相关，且通常都会达到显著。路径系数接近 0，表明两潜变量间关系微弱,且通常不会达到显著。P 值应小于 0.050,才能达到显著。

表 6-12　路径系数影响程度

路径系数	影响描述
≤0.2	潜变量之间的影响关系较小,不明显
≤0.4	潜变量之间的影响关系一般,需要考虑
≤0.6	潜变量之间的影响关系较大,需要考虑
≤1	潜变量之间的影响关系很大,必须考虑

表 6-13 为风电政策模型路径系数计算结果,由表中数据可知,除了有 3 条路径(税收优惠政策→风电成本、税收优惠政策→风电规模、目标引导机制→风电规模)在 5%的显著性水平下不显著,其余路径在 5%的显著性水平下均显著。路径目标引导机制→风电规模虽在 5%显著性水平下不显著,但在 10%的显著性水平下显著。

表 6-13　风电政策模型路径系数计算结果

变量	路径系数	标准差	T 值	P 值
标杆上网电价政策→风电成本	0.520	0.075	6.888	0.000
标杆上网电价政策→风电规模	0.301	0.093	3.220	0.001
标杆上网电价政策→风电消纳	0.446	0.074	6.054	0.000
税收优惠政策→风电成本	−0.077	0.084	0.922	0.356
税收优惠政策→风电规模	0.134	0.088	1.524	0.127
融资政策→风电成本	0.338	0.075	4.499	0.000
融资政策→风电规模	0.236	0.070	3.370	0.001
目标引导机制→风电规模	0.175	0.100	1.751	0.080
目标引导机制→风电消纳	0.379	0.076	4.975	0.000

基于结构方程模型的风电政策效果评价的求解结果如图 6-4 所示,结果表明:风电标杆上网电价政策对风电规模、风电成本和风电消纳均具有显著的正向影响,路径系数分别达到了 0.301、0.520 和 0.446。我国风电从 2009 年开始分四类资源区分别确定风电标杆上网电价,该电价对于投资商具有很强的吸引力,有力地促进了风电领域的投资,风电装机规模快速持续增长。随着装机规模的不断扩大,风电机组技术不断成熟,使风电机组的成本也随之下降。另外,我国风电标杆上网电价随着风电的发展在退坡,这种退坡机制也迫使企业不断降低成本。因此,风电标杆上网电价的规模效应及其电价退坡机制的双重作用,使风电成本持续快速下降。风电装机规模的迅速扩大及其他原因,给电网的接入带来了很大的困难,出现了比较严重的弃风现象,这种严重的弃风现象倒逼政府主管部门出台有力政策解决风电消纳问题。另外,电价的退坡机制也使风电收益空间收窄,因此提高机组的年利用小时数是促进风电行业持续发展的重要保证,风电电价政策的规模效应和电价退坡机制的双重作用也对风电消纳产生了重要的积极影响。但是在实践中,由于补贴资金(可再生能源基金)缺口,风电企业的补贴往往滞后或拖欠,风

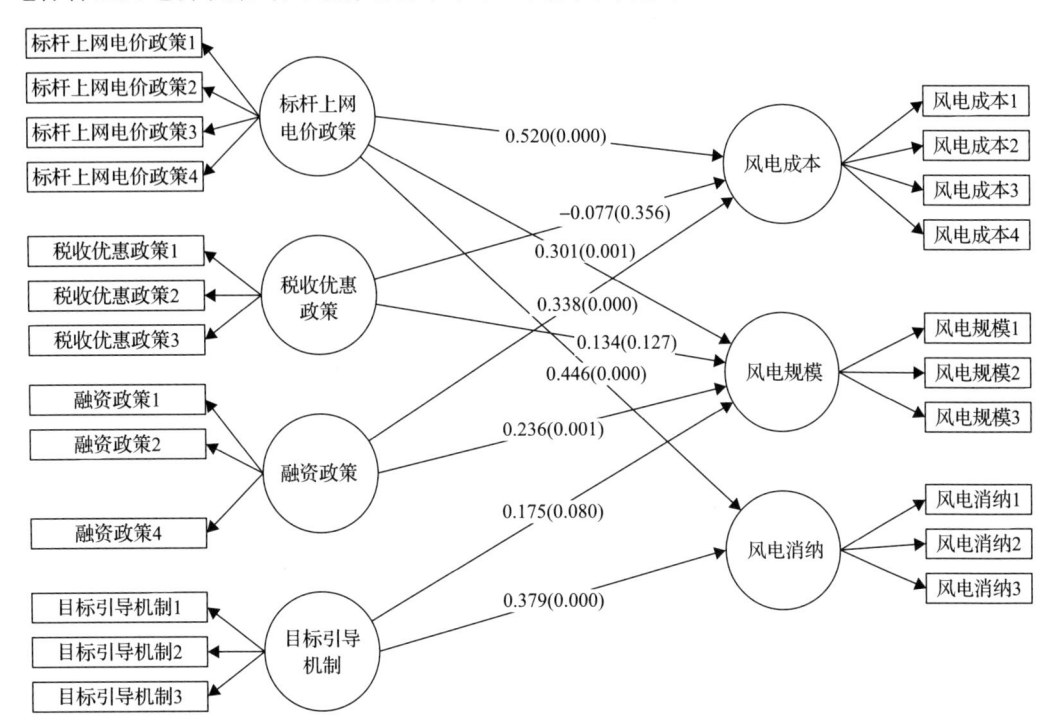

电标杆上网电价政策对风电消纳也带来了一定的不利影响。

图 6-4 基于结构方程模型的风电政策效果评价的求解结果

税收优惠政策对风电成本和风电规模的影响均不显著，这说明税收优惠政策对风电成本和风电规模目标影响有限。从逻辑上看，我国风电税收优惠政策(主要是指增值税"即征即退 50%"的优惠和企业所得税"三免三减半"的优惠)是国家扶持可再生能源产业的激励措施，这无疑会吸引投资者投资风电等相关行业，从而促进风电等相关行业规模的扩大，并有利于风电成本的降低。但根据实地调研，在实际操作中，增值税"即征即退 50%"的优惠政策的退税环节往往存在严重的滞后和拖欠问题，影响着政策实施的效果。对于所得税的优惠，风电企业开始经营时利润较小，如果弃风严重还要亏损，因此"三免三减半"的所得税优惠政策影响有限。除此之外，地方政府为了加大财政收入，在风电项目审批时，一般会征收很高的土地使用税，且测量的面积比实际的面积大(算耕地面积)，增加了风电企业的税收负担。

融资政策对风电成本和风电规模均具有显著的正向影响，路径系数分别为 0.338 和 0.236。从企业的财务报表中可以看出，在风电企业的运行成本中，融资成本占比很高，因而优惠的融资政策有利于风电成本的降低，而且顺畅的融资渠道和优惠的融资利率水平对风电投资者具有一定的吸引力，有利于刺激风电规模的扩大。

目标引导机制对风电消纳目标的路径系数为 0.379，表明目标引导机制对风电消纳有显著的正向影响，但对风电规模的影响不显著，说明目标引导机制对风电规模的影响有限。目标引导机制明确了风电等可再生能源开发利用目标，有利于引导电厂合理地进行发电，以及电网公司必须对保障的电量进行消纳，是一项有利于我国风电消纳的政策。

近年来,"三北"地区弃风问题加剧,国家能源局多次发布风电投资红色预警,严格把控"三北"地区新增装机规模,明确暂停了弃风严重的省(区、市)新增风电项目的建设,我国风电规模增速逐渐放缓,目标引导机制对风电规模的影响有限。

6.3　集中式光伏发电政策效果评价

本节利用结构方程模型对集中式光伏发电标杆上网电价政策、税收优惠政策、财政补贴政策、融资政策及目标引导机制的政策效果进行评价。

6.3.1　结构方程模型的构建

1. 政策及其影响假设

(1)标杆上网电价政策对集中式光伏发电成本的影响。目前,我国根据不同地区的光资源条件分三类资源区制定标杆上网电价,并实行光伏发电标杆上网电价退坡机制,每年对光伏发电标杆上网电价进行调整,而电价会直接影响光伏发电企业的收益情况,进而促进集中式光伏发电企业降低发电成本,保证一定的收益水平。由此提出假设 1:标杆上网电价政策对集中式光伏发电成本有正向作用。

(2)标杆上网电价政策对集中式光伏发电规模的影响。光伏发电标杆上网电价会直接影响光伏发电企业的收益情况,进而影响集中式光伏发电的规模。由此提出假设 2:标杆上网电价政策对集中式光伏发电规模有正向作用。

(3)标杆上网电价政策对集中式光伏发电消纳的影响。标杆上网电价政策会影响光伏发电企业的收益,同时会影响光伏发电发展的规模,二者共同作用,进而对集中式光伏发电的消纳产生影响。由此提出假设 3:标杆上网电价政策对集中式光伏发电消纳有正向作用。

(4)税收优惠政策对集中式光伏发电成本的影响。税收优惠政策对于光伏发电企业的发电成本具有直接影响,通过税收优惠政策可以降低光伏发电企业的发电成本。由此提出假设 4:税收优惠政策对集中式光伏发电成本有正向作用。

(5)税收优惠政策对集中式光伏发电规模的影响。我国集中式光伏发电项目主要涉及增值税和企业所得税的优惠,增值税享有"即征即退50%"的优惠,而企业所得税享有"三免三减半"的优惠。对于集中式光伏发电企业,税收优惠政策减轻了运营期间的成本负担。由此提出假设 5:税收优惠政策对集中式光伏发电规模有正向作用。

(6)财政补贴政策对集中式光伏发电成本的影响。财政补贴政策对光伏发电项目进行补贴,可以减少光伏发电企业的投资成本,有利于光伏发电企业降低发电成本。由此提出假设 6:财政补贴政策对集中式光伏发电成本有正向作用。

(7)财政补贴政策对集中式光伏发电规模的影响。财政补贴政策对光伏发电企业进行补贴,有利于降低企业投资成本,提高收益水平,提高投资积极性,进而对光伏发电企业规模产生直接影响。由此提出假设 7:财政补贴政策对集中式光伏发电规模有正向作用。

(8)融资政策对集中式光伏发电成本的影响。由于光伏发电企业前期融资比例大,企业财务成本较高,所以融资政策的变动会直接影响光伏发电成本。由此提出假设 8:融资政策对集中式光伏发电成本有正向作用。

(9)融资政策对集中式光伏发电规模的影响。与税收优惠、财政补贴政策类似,融资政策影响了光伏发电企业的收益水平,进而影响了光伏发电企业的装机规模。由此提出假设 9:融资政策对集中式光伏发电规模有正向作用。

(10)目标引导机制对集中式光伏发电规模的影响。目标引导机制对于光伏发电装机的优化布局和光伏发电消纳水平都有积极作用,从而对光伏发电发展规模产生影响。由此提出假设 10:目标引导机制对集中式光伏发电规模有正向作用。

(11)目标引导机制对集中式光伏发电消纳的影响。目标引导机制通过设定目标,保证光伏发电装机的优化布局,增加光电的利用比例,有利于集中式光伏发电的消纳,减少弃光。由此提出假设 11:目标引导机制对集中式光伏发电消纳有正向作用。

2. 结构方程模型设计

查阅相关资料和文献,整理出 5 个自变量(潜变量),分别是标杆上网电价政策、税收优惠政策、财政补贴政策、融资政策和目标引导机制;3 个因变量(潜变量)分别是成本目标、规模目标、消纳目标。初始模型预设如图 6-5 所示。

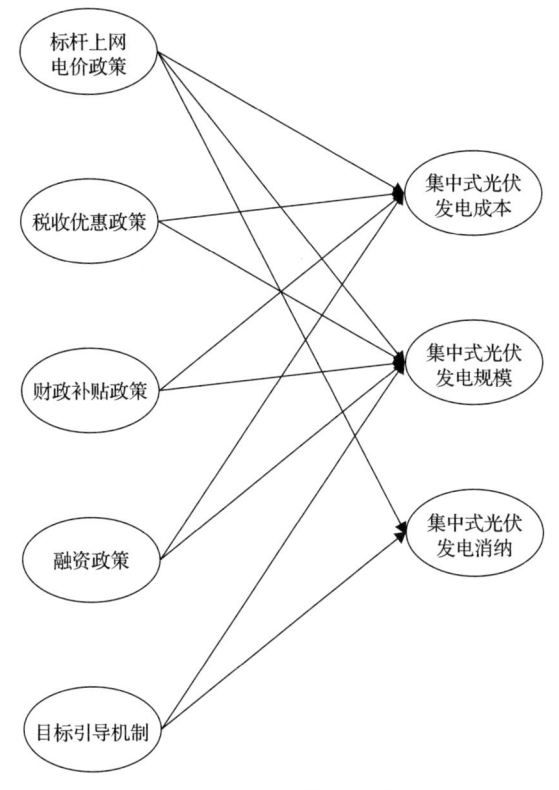

图 6-5 初始模型预设

6.3.2 问卷设计

本小节主要研究现行集中式光伏发电政策对"十三五"期间集中式光伏发电目标的影响程度和路径。采用问卷调查的方式来收集相关数据,问卷题项采用 Likert 七点量表进行测量(表 6-14),具体计分方式:①完全不赞同,②不赞同,③比较不赞同,④不确定,⑤比较赞同,⑥赞同,⑦完全赞同。本次调查主要通过问卷星进行发放和回收,集中式光伏发电政策评价问卷共回收 185 份。剔除填答缺失较多和填答具有明显规律等不合格问卷后,共得到 181 份有效问卷。回收问卷的分布如图 6-6 所示,其中,33%的样本来源于光伏发电企业,4%的样本来源于光伏行业从业者,17%的样本来源于电网企业,3%的样本来源于政府工作者,37%的样本来源于研究机构,6%的样本来源于其他。PLS-SEM 的样本数量一般遵循 Barclay 等(1995)提出的十倍数原则:①样本数至少应等于单一潜变量中最多指标数量的 10 倍;②样本数至少应等于单一潜变量中最多路径数量的 10 倍。潜变量的指标数量最多为 4,单一潜变量的最多路径数量是 5,因此样本数量应不低于 50。

表 6-14 集中式光伏发电政策变量量表题项的具体内容

潜变量	显变量(题项)	题项内容
标杆上网电价政策	标杆上网电价政策 1	现有光伏发电标杆上网电价政策对投资者吸引力强
	标杆上网电价政策 2	现有光伏发电标杆上网电价政策稳定性高
	标杆上网电价政策 3	现有光伏发电标杆上网电价政策有助于集中式光伏发电成本的降低
	标杆上网电价政策 4	现有光伏发电标杆上网电价政策有助于改善集中式光伏发电消纳
税收优惠政策	税收优惠政策 1	现有集中式光伏发电税收优惠政策力度大,对投资者吸引力强
	税收优惠政策 2	现有集中式光伏发电税收优惠政策稳定性高
	税收优惠政策 3	现有集中式光伏发电税收优惠政策操作简便、落实到位
财政补贴政策	财政补贴政策 1	现有集中式光伏发电财政补贴政策力度大、对投资者吸引力强
	财政补贴政策 2	现有集中式光伏发电财政补贴政策稳定性高
	财政补贴政策 3	现有集中式光伏发电项目补贴资金充足、发放到位
融资政策	融资政策 1	现有集中式光伏发电融资政策吸引力强
	融资政策 2	现有集中式光伏发电融资政策稳定性高
	融资政策 3	现有集中式光伏发电融资利率水平(现行商业银行长期贷款利率 4.9%)是比较优惠的利率
	融资政策 4	现有集中式光伏发电融资渠道比较通畅
目标引导机制	目标引导机制 1	现有目标引导机制(如配额制)有利于集中式光伏发电装机的增加
	目标引导机制 2	现有目标引导机制(如配额制)有利于集中式光伏发电消纳
	目标引导机制 3	现有目标引导机制(如配额制)操作简单、可行性强
集中式光伏发电成本	集中式光伏发电成本 1	现有政策有助于集中式光伏发电成本持续降低
	集中式光伏发电成本 2	现有政策有助于降低集中式光伏发电接入成本
	集中式光伏发电成本 3	现有政策有助于降低集中式光伏发电土地使用成本
	集中式光伏发电成本 4	现有政策有助于降低集中式光伏发电融资成本

续表

潜变量	显变量(题项)	题项内容
集中式光伏发电规模	集中式光伏发电规模1	现有政策能有效促进"十三五"期间集中式光伏发电装机容量目标实现
	集中式光伏发电规模2	现有政策能有效促进"十三五"期间集中式光伏发电总量目标实现
	集中式光伏发电规模3	现有政策有助于集中式光伏发电投资持续稳定增长
集中式光伏发电消纳	集中式光伏发电消纳1	现有政策能有效促进集中式光伏发电并网消纳
	集中式光伏发电消纳2	现有政策能明显提高太阳能年利用量
	集中式光伏发电消纳3	现有政策有助于将集中式光伏发电的弃光率维持在一个较低水平

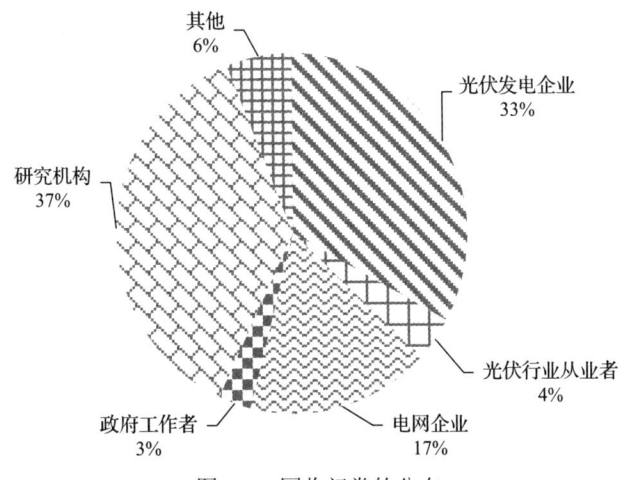

图 6-6 回收问卷的分布

6.3.3 样本描述性统计和正态性检验

采用 SPSS20.0 计算 60 个指标的最大值、最小值、平均值和标准差。标准差小于1，表明受访者对该指标的意见或态度高度一致，该指标的变异性较小，不具有区分度。标准差的大小为 1~2，表明受访者对该指标的意见或态度有较大差异，该指标有较大的变异性，具有区分度。计算结果如表 6-15 所示，所有指标标准差均大于1，说明受访者对所有指标的意见或态度有较大差异，指标有较大的变异性，具有区分度。

表 6-15 集中式光伏发电政策变量描述性统计分析

显变量(题项)	均值	最小值	最大值	标准差	峰度	偏度
标杆上网电价政策1	4.322	1	7	1.452	−0.206	−0.664
标杆上网电价政策2	4.100	1	7	1.550	−0.871	−0.331
标杆上网电价政策3	4.356	1	7	1.302	−0.481	−0.471
标杆上网电价政策4	4.156	1	7	1.468	−0.901	−0.187
税收优惠政策1	4.422	1	7	1.468	−0.879	−0.292
税收优惠政策2	4.122	1	7	1.526	−0.615	−0.416

续表

显变量(题项)	均值	最小值	最大值	标准差	峰度	偏度
税收优惠政策3	4.056	1	6	1.537	−0.728	−0.538
财政补贴政策1	4.244	1	7	1.628	−0.870	−0.276
财政补贴政策2	4.089	1	7	1.554	−0.826	−0.329
财政补贴政策3	3.600	1	7	1.562	−0.922	0.016
融资政策1	4.111	1	7	1.501	−0.677	−0.290
融资政策2	4.056	1	7	1.463	−0.398	−0.376
融资政策3	4.244	1	7	1.478	−0.482	−0.574
融资政策4	4.233	1	6	1.257	−0.623	−0.348
目标引导机制1	4.322	1	7	1.737	−0.773	−0.480
目标引导机制2	4.167	1	7	1.621	−0.409	−0.541
目标引导机制3	3.667	1	6	1.660	−1.151	−0.207
集中式光伏发电成本1	4.433	1	7	1.174	0.816	−0.565
集中式光伏发电成本2	4.433	1	7	1.438	−0.248	−0.476
集中式光伏发电成本3	3.978	1	6	1.430	−0.710	−0.490
集中式光伏发电成本4	4.044	1	7	1.429	−0.763	−0.378
集中式光伏发电规模1	4.678	1	7	1.340	0.354	−0.678
集中式光伏发电规模2	4.689	1	7	1.314	0.356	−0.625
集中式光伏发电规模3	4.456	1	7	1.326	0.175	−0.595
集中式光伏发电消纳1	4.222	1	7	1.504	−0.411	−0.543
集中式光伏发电消纳2	3.956	1	7	1.421	−0.466	−0.272
集中式光伏发电消纳3	4.678	1	7	1.340	0.354	−0.678

PLS-SEM虽然在资料非正态分布时也能获得较可靠的估计结果，但是仍然要确保数据资料没有出现过度偏态，以免对估计结果显著性造成影响。计算结果显示，除目标引导机制3之外，所有指标峰度和偏度绝对值均小于1，满足模型要求。

6.3.4 模型评估与检验

1. 外部模型评估与检验

1）因素负荷量

集中式光伏发电政策因素负荷量计算结果如表6-16所示，成本的AVE值大于0.500不用删除，融资政策4应予以删除，标杆上网电价政策的AVE值小于0.500，因此标杆上网电价政策2应予以删除。

显变量分布非正态，使用拔靴法测量标准误差，计算T值和P值。拔靴法设定为抽样5000次，所有指标P值<0.050，在5%的显著性水平下，所有指标显著。删除指标后的因素负荷量计算结果如表6-17所示，删除指标后的因素负荷量在5%的显著性水平下

均显著。

表 6-16 集中式光伏发电政策因素负荷量计算结果

变量	集中式光伏发电消纳	集中式光伏发电成本	融资政策	标杆上网电价政策	目标引导机制	集中式光伏发电规模	财政补贴政策	税收优惠政策
集中式光伏发电消纳 1	0.801							
集中式光伏发电消纳 2	0.753							
集中式光伏发电消纳 3	0.800							
集中式光伏发电成本 1		0.492						
集中式光伏发电成本 2		0.825						
集中式光伏发电成本 3		0.848						
集中式光伏发电成本 4		0.861						
融资政策 1			0.859					
融资政策 2			0.910					
融资政策 3			0.509					
融资政策 4			0.415(删)					
标杆上网电价政策 1				0.698				
标杆上网电价政策 2				0.681(删)				
标杆上网电价政策 3				0.735				
标杆上网电价政策 4				0.693				
目标引导机制 1					0.867			
目标引导机制 2					0.943			
目标引导机制 3					0.849			
集中式光伏发电规模 1						0.930		
集中式光伏发电规模 2						0.898		
集中式光伏发电规模 3						0.884		
财政补贴政策 1							0.821	
财政补贴政策 2							0.900	
财政补贴政策 3							0.811	
税收优惠政策 1								0.658
税收优惠政策 2								0.864
税收优惠政策 3								0.812

表 6-17 集中式光伏发电政策因素负荷量计算结果（删除指标后）

题项	因素负荷量	标准差	T值	P值
集中式光伏发电消纳 1←集中式光伏发电消纳	0.807	0.042	19.227	0.000
集中式光伏发电消纳 2←集中式光伏发电消纳	0.751	0.061	12.414	0.000
集中式光伏发电消纳 3←集中式光伏发电消纳	0.797	0.038	20.836	0.000
集中式光伏发电成本 1←集中式光伏发电成本	0.496	0.113	4.389	0.000

续表

题项	因素负荷量	标准差	T 值	P 值
集中式光伏发电成本 2←集中式光伏发电成本	0.820	0.041	20.202	0.000
集中式光伏发电成本 3←集中式光伏发电成本	0.847	0.030	28.071	0.000
集中式光伏发电成本 4←集中式光伏发电成本	0.866	0.024	35.999	0.000
融资政策 1←融资政策	0.871	0.029	30.350	0.000
融资政策 2←融资政策	0.928	0.013	69.262	0.000
融资政策 3←融资政策	0.505	0.098	5.175	0.000
标杆上网电价政策 1←标杆上网电价政策	0.673	0.063	10.758	0.000
标杆上网电价政策 3←标杆上网电价政策	0.781	0.044	17.554	0.000
标杆上网电价政策 4←标杆上网电价政策	0.763	0.042	18.171	0.000
目标引导机制 1←目标引导机制	0.867	0.026	33.637	0.000
目标引导机制 2←目标引导机制	0.943	0.012	79.650	0.000
目标引导机制 3←目标引导机制	0.849	0.031	27.213	0.000
集中式光伏发电规模 1←集中式光伏发电规模	0.931	0.013	74.331	0.000
集中式光伏发电规模 2←集中式光伏发电规模	0.898	0.023	39.055	0.000
集中式光伏发电规模 3←集中式光伏发电规模	0.883	0.021	42.387	0.000
财政补贴政策 1←财政补贴政策	0.821	0.032	25.372	0.000
财政补贴政策 2←财政补贴政策	0.900	0.015	61.175	0.000
财政补贴政策 3←财政补贴政策	0.811	0.034	24.050	0.000
税收优惠政策 1←税收优惠政策	0.659	0.065	10.054	0.000
税收优惠政策 2←税收优惠政策	0.863	0.027	31.454	0.000
税收优惠政策 3←税收优惠政策	0.811	0.040	20.457	0.000

2) 组合信度

集中式光伏发电政策潜变量 CR 计算结果如表 6-18 所示，除目标引导机制和规模的组合信度略大于 0.900 之外，其他所有组合信度均较佳，总体而言，所有指标是其所属潜变量具有效度的测量指标。

表 6-18 集中式光伏发电政策潜变量 CR 计算结果

集中式光伏发电消纳	集中式光伏发电成本	融资政策	标杆上网电价政策	目标引导机制	集中式光伏发电规模	财政补贴政策	税收优惠政策
0.828	0.850	0.825	0.784	0.917	0.931	0.882	0.821

3) 平均变异萃取量

集中式光伏发电政策潜变量 AVE 计算结果如表 6-19 所示，所有潜变量的 AVE 值均大于 0.500，表示被测度的潜变量解释了其测量变量指标超 50%的变异。

4) 区别效度

计算结果显示，除集中式光伏发电消纳 3 外，所有显变量对其所属潜变量的因素负荷量均大于该显变量属于其他模型中的潜变量时的因素负荷量。

表 6-19　集中式光伏发电政策潜变量 AVE 计算结果

集中式光伏发电消纳	集中式光伏发电成本	融资政策	标杆上网电价政策	目标引导机制	集中式光伏发电规模	财政补贴政策	税收优惠政策
0.617	0.596	0.625	0.548	0.787	0.817	0.714	0.612

其中，交叉负荷量是一个显变量对其所属潜变量的因素负荷量应大于该显变量属于其他模型中的潜变量时的因素负荷量(交叉负荷量)。集中式光伏发电政策变量交叉负荷量计算结果如表 6-20 所示，模型中显变量对其所属潜变量的因素负荷量均大于该显变量属于其他模型中的潜变量时的因素负荷量，满足模型要求。

表 6-20　集中式光伏发电政策变量交叉负荷量计算结果

显变量(题项)	集中式光伏发电消纳	集中式光伏发电成本	融资政策	标杆上网电价政策	目标引导机制	集中式光伏发电规模	财政补贴政策	税收优惠政策
集中式光伏发电消纳 1	**0.807**	0.524	0.432	0.487	0.344	0.493	0.459	0.582
集中式光伏发电消纳 2	**0.751**	0.446	0.353	0.407	0.257	0.475	0.407	0.324
集中式光伏发电消纳 3	**0.797**	0.635	0.581	0.549	0.423	0.931	0.610	0.387
集中式光伏发电成本 1	0.246	**0.496**	0.207	0.422	0.109	0.215	0.185	0.230
集中式光伏发电成本 2	0.603	**0.820**	0.537	0.472	0.398	0.604	0.544	0.486
集中式光伏发电成本 3	0.630	**0.847**	0.519	0.448	0.350	0.623	0.499	0.345
集中式光伏发电成本 4	0.582	**0.866**	0.427	0.474	0.184	0.573	0.388	0.382
融资政策 1	0.507	0.398	**0.871**	0.428	0.407	0.585	0.687	0.448
融资政策 2	0.578	0.561	**0.928**	0.405	0.488	0.608	0.779	0.539
融资政策 3	0.270	0.383	**0.505**	0.295	0.270	0.264	0.271	0.187
标杆上网电价政策 1	0.368	0.364	0.409	**0.673**	0.270	0.494	0.477	0.378
标杆上网电价政策 3	0.441	0.407	0.235	**0.781**	0.134	0.372	0.190	0.387
标杆上网电价政策 4	0.554	0.512	0.409	**0.763**	0.291	0.372	0.377	0.534
目标引导机制 1	0.386	0.290	0.487	0.318	**0.867**	0.419	0.429	0.287
目标引导机制 2	0.414	0.312	0.461	0.260	**0.943**	0.424	0.462	0.379
目标引导机制 3	0.386	0.348	0.395	0.268	**0.849**	0.428	0.478	0.387
集中式光伏发电规模 1	0.797	0.635	0.581	0.549	0.423	**0.931**	0.610	0.387
集中式光伏发电规模 2	0.679	0.534	0.559	0.472	0.462	**0.898**	0.613	0.477
集中式光伏发电规模 3	0.788	0.676	0.602	0.479	0.411	**0.883**	0.670	0.491
财政补贴政策 1	0.514	0.377	0.661	0.435	0.440	0.580	**0.821**	0.515
财政补贴政策 2	0.578	0.489	0.665	0.384	0.527	0.639	**0.900**	0.607
财政补贴政策 3	0.526	0.516	0.646	0.382	0.334	0.549	**0.811**	0.529
税收优惠政策 1	0.386	0.339	0.275	0.489	0.183	0.328	0.328	**0.659**
税收优惠政策 2	0.526	0.438	0.447	0.525	0.304	0.467	0.571	**0.863**
税收优惠政策 3	0.364	0.337	0.503	0.370	0.446	0.358	0.618	**0.811**

集中式光伏发电政策模型的 Fornell-Larcker 指标如表 6-21 所示,除集中式光伏发电消纳外,所有潜变量与其所属显变量相比较于其他潜变量具有较大的共同变异。

表 6-21 集中式光伏发电政策模型的 Fornell-Larcker 指标

潜变量	集中式光伏发电消纳	集中式光伏发电成本	融资政策	标杆上网电价政策	目标引导机制	集中式光伏发电规模	财政补贴政策	税收优惠政策
集中式光伏发电消纳	0.785							
集中式光伏发电成本	0.693	0.772						
融资政策	0.594	0.570	0.791					
标杆上网电价政策	0.621	0.584	0.478	0.740				
目标引导机制	0.446	0.357	0.505	0.317	0.887			
集中式光伏发电规模	0.836	0.682	0.643	0.554	0.477	0.904		
财政补贴政策	0.640	0.548	0.777	0.472	0.515	0.698	0.845	
税收优惠政策	0.553	0.480	0.526	0.593	0.396	0.499	0.653	0.783

2. 内部模型评估与检验

1)潜变量的共线性诊断

集中式光伏发电政策变量共线性诊断 VIF 计算结果如表 6-22 所示,所有潜变量的 VIF 值均小于 5,表明所有潜变量均不具有共线性问题。

表 6-22 集中式光伏发电政策变量共线性诊断 VIF 计算结果

潜变量	集中式光伏发电消纳	集中式光伏发电成本	集中式光伏发电规模
集中式光伏发电消纳			
集中式光伏发电成本			
融资政策		2.640	2.731
标杆上网电价政策	1.112	1.642	1.643
目标引导机制	1.112		1.426
集中式光伏发电规模			
财政补贴政策		3.197	3.287
税收优惠政策		2.138	2.148

2)决定系数 R^2

集中式光伏发电政策模型的决定系数 R^2 计算结果如表 6-23 所示,5 个潜变量对消纳的解释力较弱,对集中式光伏发电成本和集中式光伏发电规模的解释力中等。

表 6-23 集中式光伏发电政策模型的决定系数 R^2 计算结果

集中式光伏发电消纳	集中式光伏发电成本	集中式光伏发电规模
0.455	0.462	0.577

3）效果值 f^2

集中式光伏发电政策模型的效果值 f^2 计算结果如表 6-24 所示,目前融资政策对集中式光伏发电成本具有中效果,对集中式光伏发电规模具有小效果。目前,光伏发电标杆上网电价政策对集中式光伏发电成本具有中效果,对集中式光伏发电规模具有中效果,对集中式光伏发电消纳具有大效果。目前,目标引导机制对集中式光伏发电消纳具有中效果,对集中式光伏发电规模具有小效果。财政补贴政策对集中式光伏发电成本具有小效果,对集中式光伏发电规模具有大效果。税收优惠政策对集中式光伏发电成本和集中式光伏发电规模均具有小效果。

表 6-24　集中式光伏发电政策模型的效果值 f^2 计算结果

潜变量	集中式光伏发电消纳	集中式光伏发电成本	集中式光伏发电规模
集中式光伏发电消纳			
集中式光伏发电成本			
融资政策		0.047	0.018
电价政策	0.470	0.159	0.119
目标引导机制	0.126		0.023
集中式光伏发电规模			
财政补贴政策		0.015	0.143
税收优惠政策		0.000	0.008

6.3.5　集中式光伏发电政策效果评价结果分析

集中式光伏发电政策模型求解结果如图 6-7 和表 6-25 所示,结果表明:电价政策对集中式光伏发电成本、集中式光伏发电规模和集中式光伏发电消纳的路径系数分别为 0.375,0.287 和 0.534。在 5%的显著性水平下影响显著。表明标杆上网电价政策对集中式光伏发电消纳影响最大,对集中式光伏发电成本影响次之,对集中式光伏发电规模影响最小,在弃光限电背景下,电价下调倒逼光伏发电企业提升运行水平和发电效率,降低系统造价和运营维护成本,通过技术和管理创新来提高投资效益。

目前,集中式光伏发电融资政策对集中式光伏发电成本和规模的路径系数分别为 0.258 和 0.144,在 5%的显著性水平下显著。这表明融资政策可以直接对集中式光伏发电成本和规模产生影响,但力度还有所欠缺。

财政补贴政策对集中式光伏发电成本的 P 值为 0.088,大于 0.050,在 5%的显著水平下不显著,但财政补贴政策对集中式光伏发电规模影响显著,财政补贴政策对集中式光伏发电规模的路径系数是 0.446,影响力较大。

税收优惠政策对集中式光伏发电成本和规模的影响均不显著,实地调研了解到,集中式光伏发电税收优惠政策一直在按照国家相关政策执行,企业也比较认可。但一个项目的落地主要考虑的是风光资源及地方电价情况,税收优惠政策只是其中一个很小的方面,不是主要考虑因素。

目标引导机制对集中式光伏发电规模和消纳的路径系数分别为 0.118 和 0.277，在 5% 的显著性水平下影响显著。由此可以说明，在我国光伏发电发展处于加速学习的阶段，目标引导机制可以直接对集中式光伏发电规模和消纳产生影响，目标引导机制在我国刚刚起步，目前对集中式光伏发电规模和消纳的影响力较小。

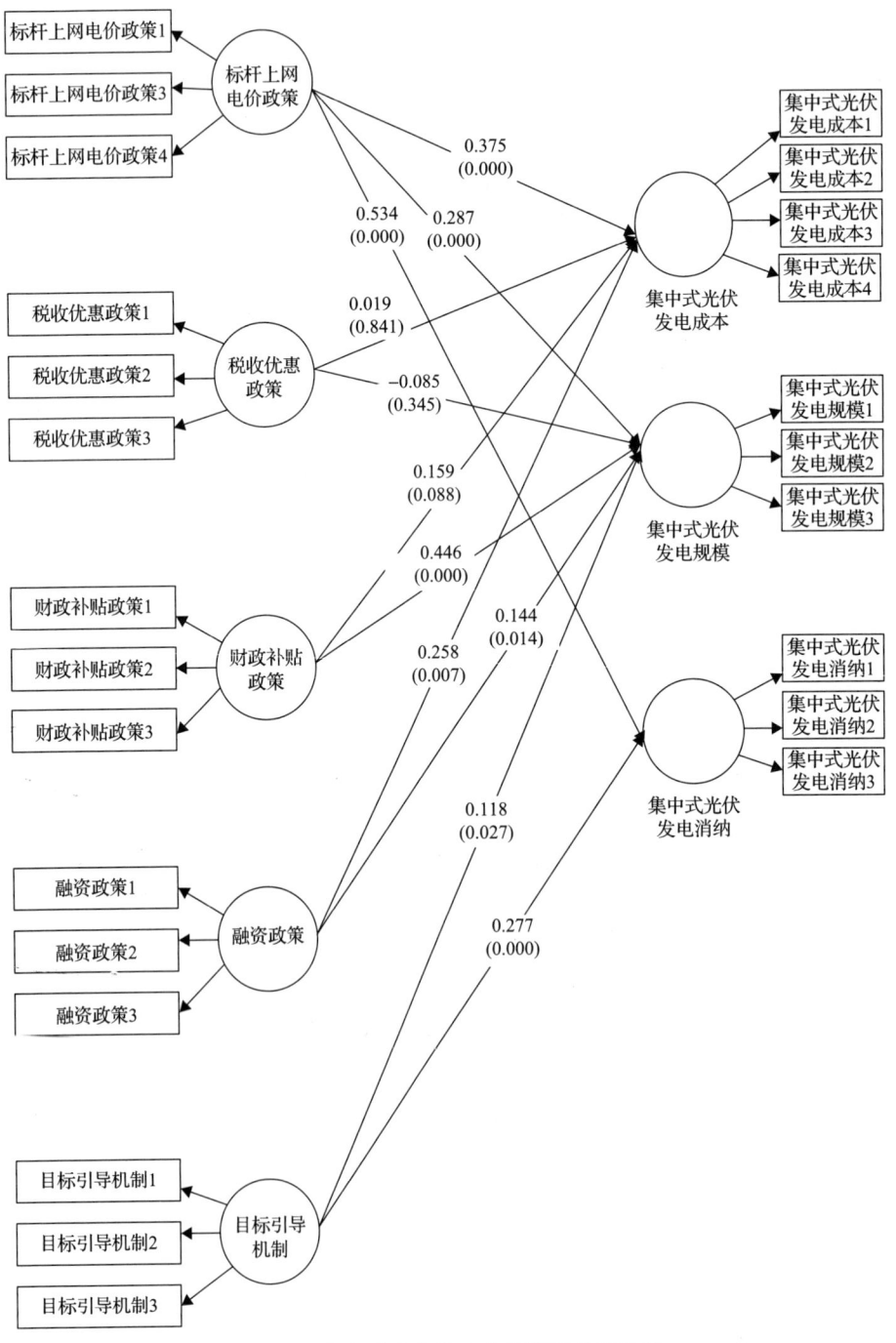

图 6-7　集中式光伏发电政策模型求解结果

表 6-25 集中式光伏发电政策模型的路径系数计算结果

潜变量	路径系数	标准差	T值	P值
融资政策→集中式光伏发电成本	0.258	0.095	2.722	0.007
融资政策→集中式光伏发电规模	0.144	0.059	2.458	0.014
标杆上网电价政策→集中式光伏发电消纳	0.534	0.058	9.167	0.000
标杆上网电价政策→集中式光伏发电成本	0.375	0.088	4.268	0.000
标杆上网电价政策→集中式光伏发电规模	0.287	0.070	4.100	0.000
目标引导机制→集中式光伏发电消纳	0.277	0.058	4.731	0.000
目标引导机制→集中式光伏发电规模	0.118	0.053	2.215	0.027
财政补贴政策→集中式光伏发电成本	0.159	0.093	1.706	0.088
财政补贴政策→集中式光伏发电规模	0.446	0.078	5.749	0.000
税收优惠政策→集中式光伏发电成本	0.019	0.095	0.201	0.841
税收优惠政策→集中式光伏发电规模	−0.085	0.090	0.944	0.345

6.4 分布式光伏发电政策效果评价

本节利用构建结构方程模型分析分布式光伏发电上网模式、税收优惠政策、财政补贴政策及融资政策的政策效果。

6.4.1 结构方程模型的构建

1. 政策及其影响假设

(1)上网模式(主要是标杆上网电价政策)对分布式光伏发电成本的影响。目前，我国分布式光伏发电上网模式包括"自发自用余量上网"和"全额上网"两种。不同上网模式下的投资收益结构差异较大。2013年，我国光伏发电确定按三类资源区分别设置不同的标杆上网电价。自2013年起，已连续三次下调了光伏发电标杆上网电价。近年来，电煤价格持续降低，煤电标杆上网电价也在不断下调。2018年政府工作报告指出，降低电网环节收费和输配电价，一般工商业电价降低10%。这使分布式光伏发电企业要想获利，必须降低光伏发电成本。由此提出假设1：上网模式对光伏发电成本有正向作用。

(2)上网模式对分布式光伏发电规模的影响。不同上网模式下的投资收益水平越高，对光伏投资者的吸引力越强。由此提出假设2：上网模式对分布式光伏发电规模有正向作用。

(3)上网模式对分布式光伏发电消纳的影响。我国光伏发电标杆上网电价、煤电标杆上网电价和一般工商业电价的不断下降，一方面致使分布式光伏发电企业降低成本，另一方面迫使分布式光伏发电企业提高其年利用小时数从而提高企业收益。由此提出假设3：上网模式对分布式光伏发电消纳有正向作用。

(4)税收优惠政策对分布式光伏发电成本的影响。我国分布式光伏发电项目主要涉及增值税和企业所得税的优惠，增值税享有"即征即退50%"的优惠，而企业所得税享有

"三免三减半"的优惠。对于分布式光伏发电企业,税收优惠政策减轻了运营期间的成本负担。由此提出假设 4:税收优惠政策对分布式光伏发电成本有正向作用。

(5)税收优惠政策对分布式光伏发电规模的影响。分布式光伏发电在我国享有很大的税收优惠政策,税收优惠政策对企业来说是一项利好的政策,吸引了投资者投资分布式光伏发电的热情。由此提出假设 5:税收优惠政策对分布式光伏发电规模有正向作用。

(6)财政补贴政策对分布式光伏发电成本的影响。光伏发电产业发展初期,财政补贴政策支持加大对光伏发电产业的前期技术研发投资,从而降低成本,促进光伏发电产业技术进步和规模化发展。由此提出假设 6:财政补贴政策对分布式光伏发电成本有正向作用。

(7)财政补贴政策对分布式光伏发电规模的影响。我国对分布式光伏发电实行全电量补贴政策,电价补贴标准为每千瓦时 0.42 元(含税),期限原则上为 20 年。除国家补贴外,各省和地方政府为促进本地分布式光伏发电产业加快发展,也纷纷出台相关补贴政策,大致可分为以下四种模式:①高额初装补贴模式;②高额全电量补贴模式;③初装补贴为主、全电量补贴为辅模式;④省、市、县三级联动补贴模式。分布式光伏发电补贴模式多样,补贴在收益结构中占比显著,是分布式光伏发电企业一项重要的收益来源,对分布式光伏发电投资者具有很大的吸引力。由此提出假设 7:财政补贴政策对分布式光伏发电规模有正向作用。

(8)融资政策对分布式光伏发电成本的影响。优惠的融资利率水平能明显降低分布式光伏发电成本。由此提出假设 8:融资政策对分布式光伏发电成本有正向作用。

(9)融资政策对分布式光伏发电规模的影响。顺畅的融资渠道和优惠的融资利率水平对分布式光伏发电投资者具有一定的吸引力。由此提出假设 9:融资政策对分布式光伏发电规模有正向作用。

2. 结构方程模型设计

根据前面的分析,整理出 4 个自变量(潜变量),分别是上网模式(主要是标杆上网电价政策)、税收优惠政策、财政补贴政策、融资政策;3 个因变量分别是分布式光伏发电成本、分布式光伏发电规模、分布式光伏发电消纳。分布式光伏发电政策初始模型预设如图 6-8 所示。

6.4.2 问卷设计

采用问卷调查的方式来收集相关数据,问卷题项采用 Likert 七点量表进行测量(表 6-26),具体计分方式:①完全不赞同,②不赞同,③比较不赞同,④不确定,⑤比较赞同,⑥赞同,⑦完全赞同。本次调查主要通过问卷星平台进行在线发放和回收,分布式光伏发电政策评价问卷共回收 65 份。剔除遗漏值较多、可疑的规律性填答和含少量极端值等不合格问卷后,共得到 64 份有效问卷。本次问卷主要投向对分布式光伏发电运行和政策比较了解的群体,从而保证了问卷的可靠性。回收问卷的行业构成如图 6-9 所示。从回收问卷的行业构成来看,13%的样本来源于第三方投资运营者,16%的样本来源于其他光伏行业从业者,16%的样本来源于电网企业,3%的样本来源于政府工作者,47%的样本来源于研究机构,5%的样本来源于其他。问卷回收的地域,涵盖了分布式光

第 6 章 基于结构方程模型的我国可再生能源政策评价 ·153·

伏发电三类资源区,主要包括青海、内蒙古、北京、天津、吉林、黑龙江、上海、安徽、江苏、福建、河南等省(区、市)。潜变量的指标数量最多为 4,单一潜变量的最多路径数量是 4,样本数量应不低于 40,本书中样本数量大于 40,满足十倍数原则的要求。

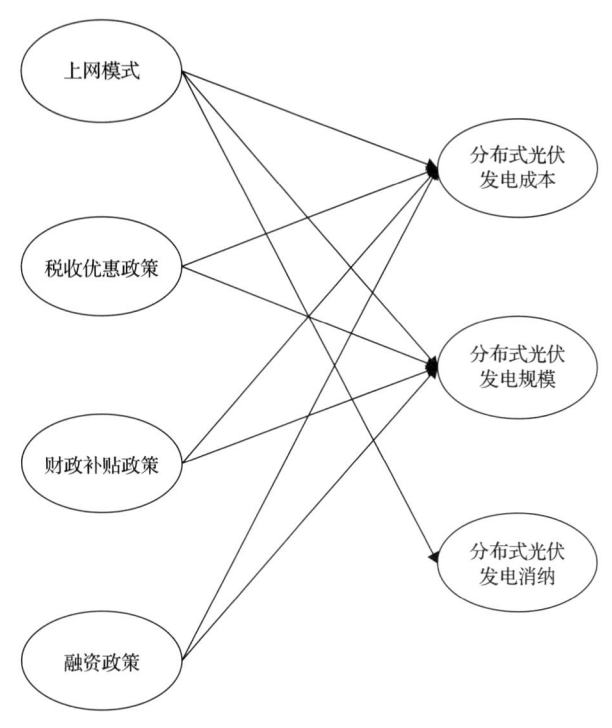

图 6-8 分布式光伏发电政策初始模型预设

表 6-26 分布式光伏发电政策变量量表题项的具体内容

潜变量	显变量(题项)	题项内容
上网模式	上网模式 1	现有分布式光伏发电上网模式吸引力强
	上网模式 2	现有分布式光伏发电标杆上网电价政策对投资者吸引力强
	上网模式 3	现有分布式光伏发电上网模式有助于降低光伏发电成本
	上网模式 4	现有分布式光伏发电上网模式有助于促进光伏发电就近消纳
税收优惠政策	税收优惠政策 1	现有分布式光伏发电税收优惠政策力度大、对投资者吸引力强
	税收优惠政策 2	现有分布式光伏发电税收优惠政策稳定性高
	税收优惠政策 3	现有分布式光伏发电税收优惠政策操作简便、能落实到位
财政补贴政策	财政补贴政策 1	现有分布式光伏发电财政补贴政策对投资者吸引力强
	财政补贴政策 2	现有分布式光伏发电财政补贴政策稳定性高
	财政补贴政策 3	现有分布式光伏发电项目补贴资金充足、发放到位
融资政策	融资政策 1	现有分布式光伏发电融资利率水平(现行商业银行长期贷款利率 4.9%)是比较优惠的利率
	融资政策 2	现有分布式光伏发电融资渠道畅通,还贷灵活,光伏发电金融服务创新性强
	融资政策 3	现有分布式光伏发电融资政策稳定性高

续表

潜变量	显变量(题项)	题项内容
分布式光伏发电成本	分布式光伏发电成本1	现有政策能促进分布式光伏发电成本持续降低
	分布式光伏发电成本2	现有政策能有效推动分布式光伏发电用电侧平价上网
	分布式光伏发电成本3	现有政策有助于降低分布式光伏发电融资成本
分布式光伏发电规模	分布式光伏发电规模1	现有政策能有效促进"十三五"期间分布式光伏发电装机容量目标实现
	分布式光伏发电规模2	现有政策能有效促进"十三五"期间分布式光伏发电量目标实现
	分布式光伏发电规模3	现有政策有助于促进分布式光伏发电投资持续稳定增长
分布式光伏发电消纳	分布式光伏发电消纳1	现有政策能有效促进分布式光伏发电就近消纳
	分布式光伏发电消纳2	现有政策能明显提高太阳能年利用量
	分布式光伏发电消纳3	现有政策有助于将分布式光伏发电的弃光率维持在一个较低水平

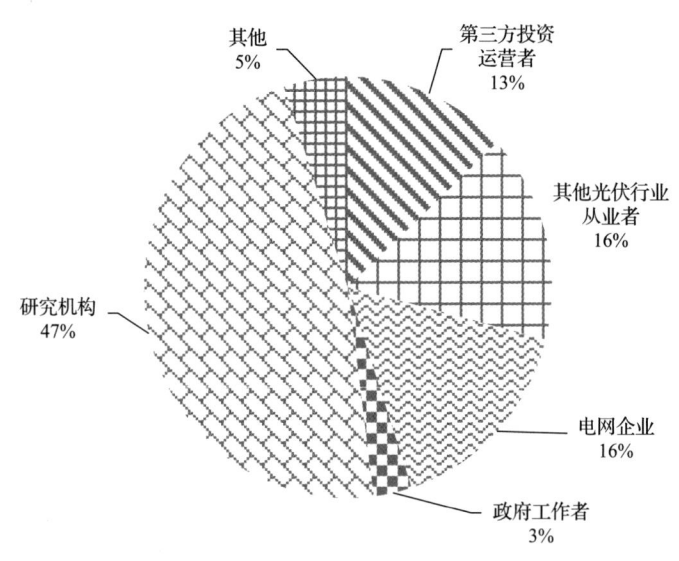

图 6-9 回收问卷的行业构成

6.4.3 样本的描述性统计和正态性检验

分布式光伏发电政策变量描述性统计分析结果如表 6-27 所示。标准差小于 1，表明受访者对该指标的意见或态度高度一致，该指标的变异性较小，不具有区分度。标准差为 1~2，表明受访者对该指标的意见或态度有较大差异，该指标有较大的变异性，具有区分度。计算结果显示，指标的标准差均大于 1，表明受访者对所有指标的意见或态度有较大差异，所有指标有较大的变异性，具有区分度。

PLS-SEM 虽然在数据资料非正态分布时也能获得较可靠的估计结果，但是仍然要确保数据资料没有出现过度偏态，以免对估计结果显著性造成影响。除分布式光伏发电成本2指标外，大部分指标的峰度和偏度绝对值均小于1，满足要求。

表 6-27 分布式光伏发电政策变量描述性统计分析

显变量(题项)	均值	最小值	最大值	标准差	峰度	偏度
上网模式 1	4.460	1	7	1.343	−0.496	−0.417
上网模式 2	4.825	2	6	1.077	0.502	−0.968
上网模式 3	4.476	2	6	1.125	−0.152	−0.556
上网模式 4	4.080	1	7	1.418	−0.874	−0.075
税收优惠政策 1	4.619	2	7	1.441	−0.923	−0.407
税收优惠政策 2	4.746	1	7	1.414	0.430	−0.915
税收优惠政策 3	4.079	1	6	1.536	−0.739	−0.514
财政补贴政策 1	4.317	1	7	1.457	−0.035	−0.449
财政补贴政策 2	4.413	1	7	1.539	0.255	−0.781
财政补贴政策 3	4.080	1	7	1.577	−0.583	−0.508
融资政策 1	4.492	1	7	1.402	−0.015	−0.515
融资政策 2	4.635	1	6	1.131	0.373	−0.648
融资政策 3	4.620	1	7	1.338	0.307	−0.648
分布式光伏发电成本 1	4.460	1	7	1.295	0.245	−0.427
分布式光伏发电成本 2	4.444	1	6	1.081	1.833	−0.975
分布式光伏发电成本 3	4.440	1	7	1.270	0.540	−0.707
分布式光伏发电规模 1	4.508	1	7	1.531	−0.218	−0.477
分布式光伏发电规模 2	5.000	1	7	1.380	0.264	−0.668
分布式光伏发电规模 3	4.603	1	7	1.475	−0.298	−0.648
分布式光伏发电消纳 1	4.349	1	7	1.382	0.420	−0.732
分布式光伏发电消纳 2	4.365	1	6	1.264	0.213	−0.679
分布式光伏发电消纳 3	4.603	1	7	1.579	−0.311	−0.529

6.4.4 模型评估与检验

1. **外部模型评估与检验**

1) 因素负荷量

本书属于探索性研究且使用的是自创新量表，因此 0.600 以上的因素负荷量可以接受。分布式光伏发电政策变量因素负荷量计算结果如表 6-28 所示，上网模式 4 和税收优惠政策 1 因素负荷量均小于 0.400，予以删除。删除指标后的因素负荷量如表 6-29 所示。

测量变量分布非正态，使用拔靴法测量标准误差，计算 T 值和 P 值。拔靴法设定为抽样 5000 次，其中，所有指标 P 值均小于 0.050，在 5%的显著性水平下，所有指标显著。

2) 组合信度

分布式光伏发电政策模型的 CR 计算结果如表 6-30 所示，所有指标的 CR 均在 0.700~0.900，表明所有指标是其所属潜变量具有效度的测量指标。

表 6-28　分布式光伏发电政策变量因素负荷量

显变量(题项)	分布式光伏发电消纳	分布式光伏发电成本	融资政策	上网模式	分布式光伏发电规模	财政补贴政策	税收优惠政策
分布式光伏发电消纳 1	0.776						
分布式光伏发电消纳 2	0.695						
分布式光伏发电消纳 3	0.726						
分布式光伏发电成本 1		0.649					
分布式光伏发电成本 2		0.870					
分布式光伏发电成本 3		0.838					
融资政策 1			0.764				
融资政策 2			0.899				
融资政策 3			0.770				
上网模式 1				0.746			
上网模式 2				0.830			
上网模式 3				0.652			
上网模式 4				0.380(删)			
分布式光伏发电规模 1					0.786		
分布式光伏发电规模 2					0.893		
分布式光伏发电规模 3					0.875		
财政补贴政策 1						0.807	
财政补贴政策 2						0.942	
财政补贴政策 3						0.759	
税收优惠政策 1							0.211(删)
税收优惠政策 2							0.911
税收优惠政策 3							0.685

表 6-29　分布式光伏发电政策变量的因素负荷量(删除指标后)

显变量(题项)	因素负荷量	标准差	T 值	P 值
分布式光伏发电消纳 1←分布式光伏发电消纳	0.791	0.115	6.867	0.000
分布式光伏发电消纳 2←分布式光伏发电消纳	0.668	0.191	3.496	0.000
分布式光伏发电消纳 3←分布式光伏发电消纳	0.728	0.107	6.789	0.000
分布式光伏发电成本 1←分布式光伏发电成本	0.652	0.127	5.141	0.000
分布式光伏发电成本 2←分布式光伏发电成本	0.869	0.055	15.889	0.000
分布式光伏发电成本 3←分布式光伏发电成本	0.836	0.042	20.028	0.000
融资政策 1←融资政策	0.765	0.076	10.055	0.000
融资政策 2←融资政策	0.899	0.037	23.973	0.000
融资政策 3←融资政策	0.770	0.059	12.976	0.000
上网模式 1←上网模式	0.759	0.090	8.400	0.000

续表

显变量(题项)	因素负荷量	标准差	T 值	P 值
上网模式2←上网模式	0.858	0.039	21.869	0.000
上网模式3←上网模式	0.662	0.082	8.072	0.000
分布式光伏发电规模1←分布式光伏发电规模	0.788	0.076	10.388	0.000
分布式光伏发电规模2←分布式光伏发电规模	0.893	0.030	29.955	0.000
分布式光伏发电规模3←分布式光伏发电规模	0.872	0.035	24.738	0.000
财政补贴政策1←财政补贴政策	0.807	0.047	17.111	0.000
财政补贴政策2←财政补贴政策	0.942	0.020	46.074	0.000
财政补贴政策3←财政补贴政策	0.758	0.093	8.134	0.000
税收优惠政策2←税收优惠政策	0.926	0.065	14.253	0.000
税收优惠政策3←税收优惠政策	0.679	0.217	3.134	0.002

表 6-30　分布式光伏发电政策模型的 CR 计算结果

分布式光伏发电消纳	分布式光伏发电成本	融资政策	上网模式	分布式光伏发电规模	财政补贴政策	税收优惠政策
0.774	0.832	0.854	0.806	0.888	0.876	0.791

3) 平均变异萃取量

分布式光伏发电政策模型的 AVE 计算结果如表 6-31 所示，所有指标的 AVE 均大于 0.500，表明被测度的潜变量均能解释其显变量指标超过 50%的变异。

表 6-31　分布式光伏发电政策模型的 AVE 值

分布式光伏发电消纳	分布式光伏发电成本	融资政策	上网模式	分布式光伏发电规模	财政补贴政策	税收优惠政策
0.534	0.626	0.661	0.583	0.727	0.704	0.660

4) 区别效度

分布式光伏发电政策模型的交叉负荷量计算结果如表 6-32 所示，模型中显变量对其所属潜变量的因素负荷量均大于该显变量属于其他模型中潜变量时的因素负荷量，满足模型要求。

表 6-32　分布式光伏发电政策模型的交叉负荷量计算结果

显变量(题项)	分布式光伏发电消纳	分布式光伏发电成本	融资政策	上网模式	分布式光伏发电规模	财政补贴政策	税收优惠政策
分布式光伏发电消纳1	0.791	0.648	0.474	0.526	0.537	0.372	0.445
分布式光伏发电消纳2	0.668	0.523	0.482	0.286	0.370	0.322	0.277
分布式光伏发电消纳3	0.728	0.412	0.468	0.513	0.595	0.514	0.185
分布式光伏发电成本1	0.516	0.652	0.621	0.527	0.599	0.625	0.244
分布式光伏发电成本2	0.588	0.869	0.657	0.486	0.543	0.419	0.318
分布式光伏发电成本3	0.588	0.836	0.723	0.507	0.598	0.474	0.513
融资政策1	0.459	0.635	0.765	0.511	0.658	0.628	0.153

续表

显变量(题项)	分布式光伏发电消纳	分布式光伏发电成本	融资政策	上网模式	分布式光伏发电规模	财政补贴政策	税收优惠政策
融资政策2	0.544	0.747	0.899	0.556	0.633	0.590	0.360
融资政策3	0.555	0.682	0.770	0.511	0.618	0.516	0.510
上网模式1	0.457	0.439	0.510	0.759	0.699	0.502	0.057
上网模式2	0.520	0.545	0.550	0.858	0.731	0.627	0.291
上网模式3	0.476	0.479	0.416	0.662	0.548	0.311	0.370
分布式光伏发电规模1	0.567	0.545	0.616	0.690	0.788	0.528	0.051
分布式光伏发电规模2	0.598	0.676	0.742	0.772	0.893	0.674	0.346
分布式光伏发电规模3	0.645	0.649	0.637	0.755	0.872	0.670	0.427
财政补贴政策1	0.488	0.555	0.672	0.538	0.649	0.807	0.269
财政补贴政策2	0.528	0.580	0.631	0.589	0.671	0.942	0.517
财政补贴政策3	0.385	0.450	0.464	0.477	0.513	0.758	0.536
税收优惠政策2	0.371	0.463	0.387	0.333	0.340	0.428	0.926
税收优惠政策3	0.310	0.252	0.292	0.121	0.153	0.448	0.679

分布式光伏发电政策模型的 Fornell-Larcker 指标如表 6-33 所示，除成本和上网模式潜变量的 AVE 平方根略小于该潜变量与其他潜变量的相关系数外，其他均满足要求。整体来看，模型中涉及的潜变量都具有一定的区别效度。

表 6-33 分布式光伏发电政策模型的 Fornell-Larcker 指标

潜变量	分布式光伏发电消纳	分布式光伏发电成本	融资政策	上网模式	分布式光伏发电规模	财政补贴政策	税收优惠政策
分布式光伏发电消纳	0.731						
分布式光伏发电成本	0.716	0.791					
融资政策	0.640	0.848	0.813				
上网模式	0.634	0.640	0.648	0.764			
分布式光伏发电规模	0.708	0.734	0.783	0.868	0.852		
财政补贴政策	0.562	0.635	0.711	0.640	0.734	0.839	
税收优惠政策	0.416	0.465	0.421	0.310	0.329	0.516	0.812

2. 内部模型评估与检验

(1) 潜变量的共线性诊断：分布式光伏发电政策潜变量共线性诊断 VIF 计算结果如表 6-34 所示，所有 VIF 指标均小于 5.000，表明潜变量无共线性问题。

(2) 初始模型的决定系数 R^2：分布式光伏发电政策模型的计算结果显示，4 个潜变量对分布式光伏发电成本、规模和消纳均具有较高的解释力，结果如表 6-35 所示。

(3) 初始模型的效果值 f^2：分布式光伏发电政策模型的效果值 f^2 计算结果如表 6-36 所示，融资政策对分布式光伏发电成本和规模具有大效果；上网模式对分布式光伏发电消纳和规模具有大效果,对分布式光伏发电成本具有小效果;财政补贴政策对分布式光伏发电成本具有小效果,对分布式光伏发电规模具有中效果;税收优惠政策对分布式光伏发电成本和规模均具有小效果。

表 6-34　分布式光伏发电政策潜变量共线性诊断 VIF 计算结果

潜变量	分布式光伏发电消纳	分布式光伏发电成本	分布式光伏发电规模
分布式光伏发电消纳			
分布式光伏发电成本			
融资政策		2.343	2.343
上网模式	1.000	1.951	1.951
分布式光伏发电规模			
财政补贴政策		2.579	2.579
税收优惠政策		1.381	1.381

表 6-35　分布式光伏发电政策模型的决定系数 R^2

分布式光伏发电消纳	分布式光伏发电成本	分布式光伏发电规模
0.402	0.747	0.851

表 6-36　分布式光伏发电政策模型效果值 f^2

潜变量	分布式光伏发电消纳	分布式光伏发电成本	分布式光伏发电规模
融资政策		0.882	0.281
上网模式	0.673	0.055	1.112
财政补贴政策		0.005	0.091
税收优惠政策		0.055	0.028

6.4.5　分布式光伏发电政策效果评价结果分析

分布式光伏发电政策模型路径系数及 P 值的计算结果如图 6-10 和表 6-37 所示,结果表明:融资政策对分布式光伏发电成本的路径系数是 0.723,在 5%的显著性水平下显著,表明融资政策对分布式光伏发电成本影响力较大,融资政策有利于分布式光伏发电成本的明显降低。目前,融资政策对分布式光伏发电规模的路径系数是 0.313,在 5%的显著性水平下显著,表明融资政策对分布式光伏发电规模有直接影响。

分布式光伏发电上网模式(主要是标杆上网电价政策)对成本、规模和消纳的路径系数在 5%的显著性水平下均显著,因而该项政策非常关键。具体而言,分布式光伏发电上网模式对分布式光伏发电成本、规模和消纳的路径系数分别是 0.164、0.569 和 0.634,相对而言,分布式光伏发电上网模式对规模和消纳影响力均较大,对成本影响力较小,不明显。由于分布式光伏电价目前较高,对投资者具有很强的吸引力,同时,电价的退坡机制对光伏发电也具有很好的激励作用。但分布式光伏发电上网模式对应的电价政策主要通过电价下调倒逼光伏发电企业提升运行水平和发电效率,降低系统造价和运营维护

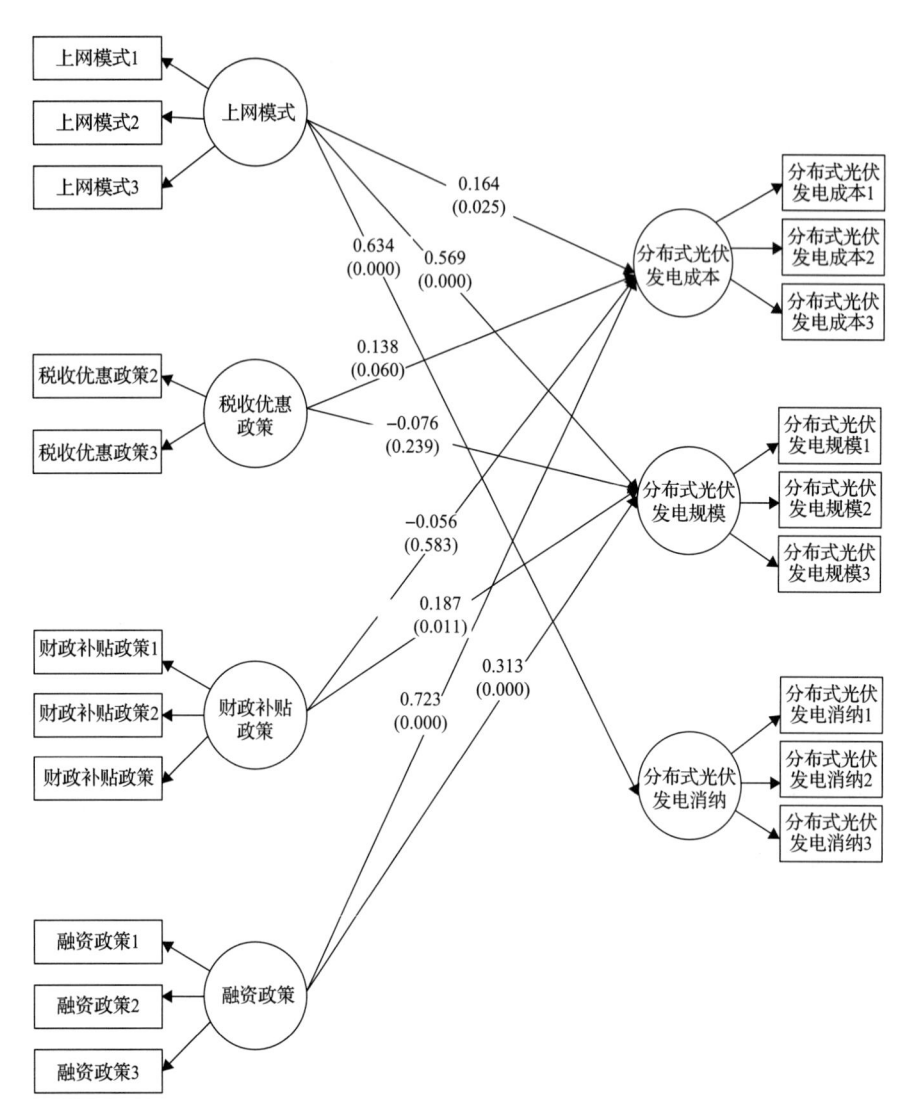

图 6-10　分布式光伏发电政策模型的路径系数和 P 值图

表 6-37　分布式光伏发电政策模型的路径系数和 P 值

潜变量	路径系数	T 值	P 值
融资政策→分布式光伏发电成本	0.723	9.064	0.000
融资政策→分布式光伏发电规模	0.313	3.763	0.000
上网模式→分布式光伏发电消纳	0.634	8.212	0.000
上网模式→分布式光伏发电成本	0.164	2.236	0.025
上网模式→分布式光伏发电规模	0.569	7.421	0.000
财政补贴政策→分布式光伏发电成本	−0.056	0.549	0.583
财政补贴政策→分布式光伏发电规模	0.187	2.552	0.011
税收优惠政策→分布式光伏发电成本	0.138	1.883	0.060
税收优惠政策→分布式光伏发电规模	−0.076	1.178	0.239

成本，据此提高投资效益，但居民和工商业为主的分布式光伏发电相对集中式光伏发电而言规模较小，进行创新的动力明显不足，因而对成本降低的影响相对较低。分布式光伏发电装机规模的迅速扩大，以及本身的不稳定等原因，给电网的接入带来了较大的困难，这种现象不断倒逼政府主管部门有针对性地出台更有利于分布式光伏发电消纳的上网模式，解决分布式光伏发电消纳问题。

财政补贴政策对分布式光伏发电成本影响力较小，不显著，但对分布式光伏发电规模影响显著。通过 LCOE 基准情景的计算可知，在无财政补贴情况下，全国分布式光伏发电项目普遍达不到 8% 的收益率，财政补贴在分布式光伏发电收益构成中占比显著，是人们开发分布式光伏发电项目考虑的重要因素。

分布式光伏发电项目涉及的税收优惠政策主要有所得税和增值税（所得税"三免三减半"，增值税"即征即退 50%"），计算结果表明，税收优惠政策对分布式光伏发电成本和规模影响较小，均不显著。对于企业，经营初期可能处于亏损状态，所得税"三免三减半"政策优惠期限较短，导致优惠力度不够。光伏发电企业由于前期投资较大，进项税可能持续多年处于不足抵扣状态，增值税"即征即退 50%"的优惠政策，前期并不能让这些企业享受到实质性的退款，对光伏发电企业的激励作用有限。对于居民分布式光伏发电，因为分布式光伏发电规模较小，基本达不到税收的起征点，税收优惠政策是众多新能源政策中很小的一个方面，不是人们开发分布式光伏发电项目考虑的主要因素。

第 7 章　基于计量模型的我国可再生能源政策效果研究

经过多年发展，我国可再生能源制度体系以《中华人民共和国可再生能源法》（简称《可再生能源法》）为基础，以一系列专项及综合可再生能源政策为主干，以其他相关法律法规及政策规定为补充。本章从我国区域角度，采用面板数据模型和固定效应的聚类稳健标准误估计方法，对影响我国风电装机容量及发电量的关键政策进行量化评价。

7.1　国内可再生能源政策效果评价模型构建

面板数据涵盖个体和时间上的信息，能够提供更多的客观信息，因而在政策效果评价中多采用面板数据模型。

7.1.1　面板数据模型的理论基础

1. 面板数据模型的内涵

面板数据模型所使用的面板数据是指在一段时间内不同个体在时间和截面上的二维数据，与纯截面数据和时间序列数据相比，面板数据能够提供更多的信息，使样本涵盖个体和时间上的信息，从个体截面看，面板数据是由若干个体在某一时点构成的截面观测值；从时间看，每个个体都是一个时间序列。因此，面板数据具有更多的变化性、更大的自由度和更少的共线性。基于面板数据所建立的计量经济学模型则称为面板数据模型。

2. 面板数据的特点

（1）面板数据可以解决遗漏变量的问题：在计量模型中，遗漏变量偏差是一个普遍存在的问题，虽然可以通过工具变量的方法解决，但有效的工具变量非常难找。遗漏变量通常是由不可观测的个体差异或者异质性造成的，面板数据能够控制个体的异质性，而时间序列数据模型和截面数据模型无法做到。

（2）面板数据能够提供更多个体动态行为的信息，有助于提供动态分析的可靠性：基于单个个体的时间序列数据模型进行动态分析，一方面会受到采样区间的限制；另一方面其研究结论缺乏普适性。而面板数据同时具有横截面和时间两个维度的信息，可以衡量在采样区间内多个个体共同的动态变化特征，从而弱化样本区间的制约，能够解决单独的截面数据模型或者时间序列数据模型不能解决的问题，得到更可靠的研究结论。

（3）面板数据容易避免多重共线性问题：面板数据具有更多的信息、更大的变异、更大的自由度及估计效率，变量间更弱的共线性问题。

(4)面板数据容量较大,提高估计和检验统计量的自由度:面板数据同时具有横截面和时间两个维度的数据,既包含观测同一个体随时间的变化,也包含同一时间不同个体之间的差异,显著扩大了样本的信息量和样本容量,有助于提高参数估计的精度和检验结论的可靠性。

(5)面板数据有助于反映经济结构、经济制度的渐进性变化:对于要考察的经济体系,经济结构和经济制度的变化通常是渐进性的,很难找到一个量化的指标对其进行考量。而在使用面板数据时,时间效应是被解释变量中不随个体变化而只随时间变化的部分,反映了所有个体面对共同因素的影响,因此时间效应可以较好地度量经济结构和经济制度渐变效应。

3. 面板数据的分类

根据面板数据的完整性,面板数据可分为平衡面板数据和非平衡面板数据。

根据面板时间维度的长短和个体数量的多少,可将面板数据分为长面板和短面板。面板数据 T 较小,而 n 较大,这种面板称为短面板;反之,如果 T 较大,而 n 较小,则称为长面板。

根据面板数据中是否含有被解释变量的滞后项,可将面板数据分为动态面板和静态面板。如果解释变量包含被解释变量的滞后项,则为动态面板;反之,则为静态面板。

根据面板数据中参数的不同,面板数据模型的类型一般划分为混合回归模型、变截距模型和变系数模型。混合回归模型是面板数据模型的基本模型,假设样本个体在时间上不存在显著差异,没有个体影响和结构变化,即样本中的每个个体都有完全相同的回归方程。也就是说,模型的截距项和系数不会随个体和时间而改变。混合回归模型的一般形式如下:

$$y_{it} = \alpha + \boldsymbol{x}_{it}\boldsymbol{\beta} + u_{it} \tag{7-1}$$

式中,$i=1,2,\cdots,N$ 为 N 个个体;$t=1,2,\cdots,T$ 为已知的 T 个时点;y_{it} 为被解释变量对个体 i 在时点 t 的观测值;α 为截距项;$\boldsymbol{x}_{it}$ 为 $1\times k$ 的解释变量矩阵(k 为解释变量的数量);$\boldsymbol{\beta}$ 为 $k\times 1$ 的系数向量;u_{it} 为随机误差项。

变截距模型假设存在个体差异但没有结构变化,个体回归方程具有相同的系数,通过不同的截距项来捕获异质性,而未观察到的影响因素则被吸收到截距项中,通过截距项的差别来反映。变截距模型的一般形式如下:

$$y_{it} = \alpha_i + \boldsymbol{x}_{it}\boldsymbol{\beta} + u_{it} \tag{7-2}$$

式中,α_i 为对于不同的个体 i,有不同的截距项 α_i。

变系数模型适用于经济结构变化或未观察到的不同社会经济和人口背景因素的情况,这些因素意味着包含变量的参数可能随时间而变化,也可能因不同的横截面而有所差异,因此,建立模型时需要反映组间的结构差异。假设存在个体差异和结构变化,通过不同的截距项和系数来考量个体差异及个体成员之间的结构变化。变系数模型的一般形式如下:

$$y_{it} = \alpha_i + x_{it}\beta_i + u_{it} \qquad (7\text{-}3)$$

式中，β_i 为第 i 个个体的 $k\times 1$ 系数向量。

进一步地，变截距模型可以分为固定效应(fixed effects，FE)模型和随机效应(random effects，RE)模型(Zhao et al., 2016)。固定效应模型或随机效应模型的选择是面板数据研究的一个基本问题。在固定效应模型中，个体效应或时间效应与解释变量相关，而随机效应模型中的个体效应或时间效应与解释变量不相关。在模型选择中，实证研究部分将会根据实际的数据进行豪斯曼检验并选择适合的面板数据模型。

7.1.2 《可再生能源法》及其配套政策框架下的政策机制

2006 年，我国实施《可再生能源法》有力地促进了可再生能源的快速发展。《可再生能源法》及其配套的一系列政策确立了我国发展可再生能源的基本框架，其基本结构如图 7-1 所示。

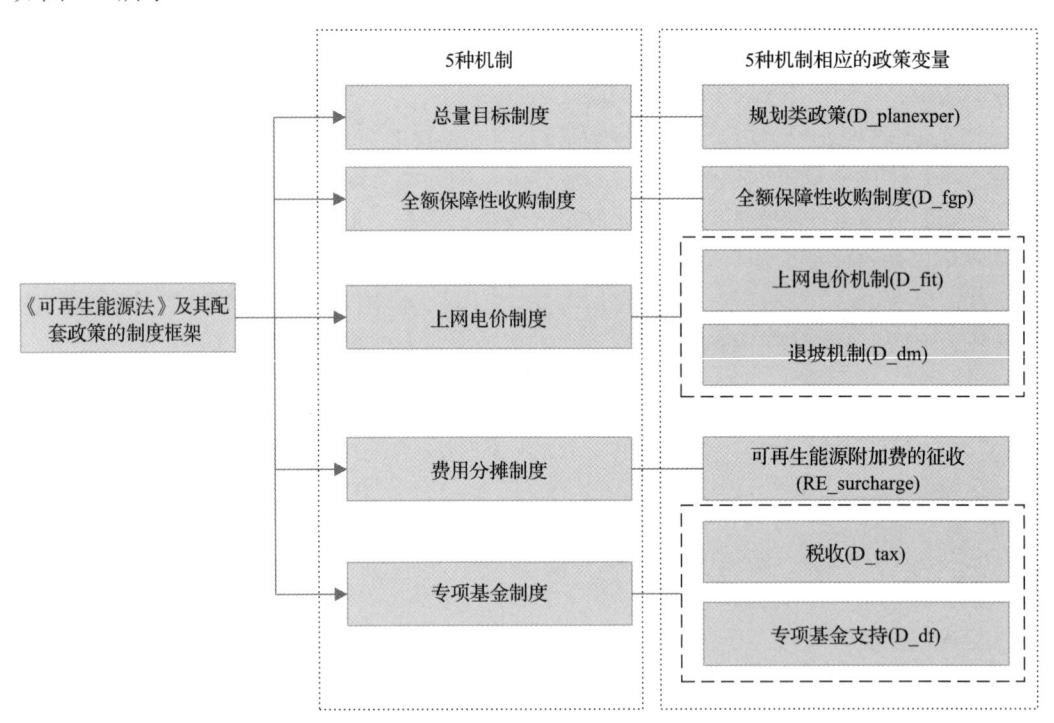

图 7-1 中国《可再生能源法》及其配套政策的制度框架

1. 总量目标制度

总量目标制度也称为国家可再生能源发展目标制度，其目的是确定国家可再生能源的发展目标与时间表，通过可再生能源规划来实现可再生能源发展总量目标制度。《可再生能源法》要求国务院能源部门制定可再生能源生产中长期目标，以及国家可再生能源开发利用计划(Schuman and Lin，2012)，并通过一系列的规划措施来实施，保证总量目标的可控性和稳定性。2007 年国家发展改革委关于印发《可再生能源中长期发展规划》

的通知(发改能源〔2007〕2174号)在中国可再生能源政策领域具有重要的地位。它规定了中国可再生能源发展的总量目标,是可再生能源"十一五"、"十二五"和"十三五"规划的重要参考与指导性文件。因此,本书以规划类政策为代理变量来度量总量目标制度,分析该制度对我国的风电装机容量和发电量的影响。

2. 全额保障性收购制度

全额保障性收购制度要求电网公司优先接入和购买其覆盖区域内生产的可再生能源电力,确保可再生能源发电在市场上的优先地位,在可再生能源的发展过程中具有里程碑式的意义。为落实此项规定,国家电力监管委员会于2007年出台了《电网企业全额收购可再生能源电量监管办法》(电监会25号令),规定电网调度按照国家有关调度的规定优先考虑可再生能源发电。然而,此项措施的作用效果并不明显,2009年我国进一步对《可再生能源法》进行修订,旨在完善强制购买制度,将"全额收购制度"修改为"全额保障性收购制度",可再生能源发电商必须满足电网入网的技术标准,电网公司有义务连接和购买所有可再生能源电力,并通过制定连接的技术标准,确保电网的稳定(Schuman and Lin,2012)。

3. 上网电价制度

上网电价制度是按照各类可再生能源发电的标准成本,直接明确规定各类可再生能源发电的上网电价,电网企业必须按照相应的价格向可再生能源发电企业支付费用。上网电价制度包括两个方面:固定上网电价(feed-in tariff, FIT)机制和上网电价退坡机制。固定上网电价机制在理论上(Sovacool,2010)和实证研究上(Schmid,2012;Rowlands,2005)都被证明是提高风力发电的一项重要而有效的政策措施。同时,上网电价退坡机制也被证明是对风电发展相当重要的政策措施。因此,以固定上网电价机制和上网电价退坡机制作为具体的政策工具,分析其对中国风电装机容量和发电量的影响。固定上网电价机制以固定价格收购可再生能源电力,以确保可再生能源发电商能够收回成本并获得适当的利润。上网电价退坡机制通过逐步减少补贴,最终取消补贴,使可再生能源发电能够不依靠政府补贴逐步融入市场。

4. 费用分摊制度

费用分摊制度是将电网企业收购高成本可再生能源电力所要支出的高于常规能源发电的费用通过可再生能源附加费的形式分摊到销售价格中,以缓解政府财政补贴过高的问题。因此,《可再生能源法》规定,确定的上网电价机制收购可再生能源电量所发生的费用,高于按照常规能源发电平均上网电价计算所发生费用之间的差额,由在全国范围对销售电量征收可再生能源电价附加补偿,而电网企业为收购可再生能源电量而支付的合理的接网费用及其他合理的相关费用,可以计入电网企业输电成本,并从销售电价中回收。我国从2006年开始征收可再生能源附加费,标准为0.1分/(kW·h)。随着可再生能源入网规模的扩大及补贴压力的增大,可再生能源附加费标准也经历了一系列的调整,

2007 年调整为 0.2 分/(kW·h), 2009 年调整为 0.4 分/(kW·h), 2011 年调整为 0.8 分/(kW·h), 2013 年调整为 1.5 分/(kW·h), 2016 年调整为 1.9 分/(kW·h)。

5. 专项基金制度

专项基金制度用于支持可再生能源开发利用的科学技术研究、标准制定和示范工程。其包括两种具体的政策工具：一种是通过税收减免来支持可再生能源发展的税收激励措施；另一种是专项基金支持，解决可再生能源发展中的其他金融障碍问题。

总而言之，我国政府致力于通过一系列政策措施促进可再生能源的发展。总量目标制度为可再生能源发展提供了明确的目标。全额保障性收购制度解决了可再生能源发电入网的问题。上网电价制度通过政府补贴引导发电商的投资行为，并提供一系列财务激励措施积极地影响其投资行为。费用分摊制度是行政导向的，分摊了开发利用可再生能源的高成本问题。专项基金制度用于支持可再生能源项目研发。

7.2 可再生能源政策效果评价的计量经济分析

以我国风电的发展为研究对象，构建计量经济学模型探讨可再生能源政策对风电发展的政策效果。

7.2.1 模型变量

1. 被解释变量：风电发展

一般来说，度量风电发展的指标主要侧重于发电量(Yin and Powers, 2010)，发电装机容量(Menz and Vachon, 2006)或者是风电占发电总量的比例(Carley, 2009)等几个指标。我国是电力消费大国，在发电结构中，煤电占很大比例，风电发电量、风电装机容量占发电总量或总装机容量的比例仍然很低，以风电占发电总量的比例为研究对象并不合适。此外，我国的高弃风率可能会导致政策对风电发电量和装机容量产生不同的政策影响。因此，考虑数据的稳定性及可靠性，使用两个单独的被解释变量来度量中国的风电发展：一个被解释变量是风电的发电总量；另一个被解释变量是省级电网每年的并网风电装机容量，采用风电并网口径而非全口径数据。风电的发电量和装机容量的数据均来自电力行业统计年鉴。

2. 解释变量

1) 总量目标制度

为了反映规划类政策的连续性和稳定性，引入了政策经验变量，即政策实施的年数（变量 D_planexper，详见(Menz and Vachon, 2006)），来度量规划类政策。例如，国家发展改革委关于印发《可再生能源中长期发展规划》的通知在 2007 实施，政策经验变量 2007 年以前的值为 0，2007 年的值为 1，2008 年的值为 2，以此类推。

2) 全额保障性收购制度

《电网企业全额收购可再生能源电量监管办法》(保障性政策)于2007年实施,是关于可再生能源强制入网和购买机制的行动计划。引入虚拟变量 D_fgp 来衡量此政策。变量 D_fgp 在 2007~2017 年取值为 1,其他情况下取值为 0。

然而,由于电网建设和电源建设不协调,保障性政策的实施不到位,该监管办法的政策效果并不明显。《可再生能源法》(修正案)在 2010 年生效,主要是关于强制入网和保障性收购的修订,因此将其作为虚拟变量来度量全额保障性收购制度的政策效果,并与前面监管办法的政策效果进行对比,引入虚拟变量 D′_fgp 表示《可再生能源法》对保障性政策的修订,从而对比修订前保障性政策的政策效果。变量 D′_fgp 在 2010~2017 年取值为 1,其他情况下取值为 0。

3) 上网电价制度

上网电价制度由国务院价格主管部门根据不同类型可再生能源发电的特点和不同地区的情况,按照有利于促进可再生能源开发利用和经济合理的原则确定的上网电价,并根据可再生能源开发利用技术的发展适时调整。核心政策包括固定上网电价机制和上网电价退坡机制。以风电为实证研究对象,因此上网电价政策选取风电上网电价为研究对象。上网电价政策被认为是促进风电发展最为重要的政策之一(Menanteau et al.,2003)。2009 年国家发展改革委关于《完善风力发电上网电价政策的通知》(发改价格〔2009〕1906 号)是中国首个关于风电上网电价的政策(Zhao et al.,2016),在中国风电价格政策领域有非常重要的地位。因此,以虚拟变量的形式来衡量 FIT 制度。上网电价退坡机制采用不同年份政策文件中发布的风电固定上网电价为标准,政策文件主要包括(国家发展改革委关于《完善风力发电上网电价政策的通知》(发改价格〔2009〕1906 号),国家发展改革委关于《适当调整陆上风电标杆上网电价的通知》(发改价格〔2014〕3008 号),国家发展改革委关于《完善陆上风电光伏发电上网标杆电价政策的通知》(发改价格〔2015〕3044 号),国家发展改革委关于《调整光伏发电陆上风电标杆上网电价的通知》(发改价格〔2016〕2729 号),国家发展改革委关于《全面深化价格机制改革的意见》(发改价格〔2017〕1941 号))。进一步地,文件发改价格〔2017〕1941 号再次强调实施上网电价退坡机制的重要性,并指出在 2020 年实现风电与煤电上网电价相当的平价上网愿景。为此引入虚拟变量 D_fit 衡量固定上网电价机制,引入变量 FIT_dm 衡量 FIT 退坡机制,变量 D_fit 在 2009~2017 年的数据取值为 1,其他情况下取值为 0。变量 FIT_dm 的取值为每年风电固定电价的调整电价,详见表 7-1。

表 7-1 我国不同资源区上网电价及调整标准

风资源区	上网电价/[元/(kW·h)]						
	2009 年	下降幅度	2015 年	下降幅度	2016 年	下降幅度	2018 年
Ⅰ类资源区	0.51	0.02	0.49	0.02	0.47	0.07	0.40
Ⅱ类资源区	0.54	0.02	0.52	0.02	0.50	0.05	0.45
Ⅲ类资源区	0.58	0.02	0.56	0.02	0.54	0.05	0.49
Ⅳ类资源区	0.61	0.00	0.61	0.01	0.60	0.03	0.57

Ⅰ类资源区包括：内蒙古自治区除赤峰市、通辽市、兴安盟、呼伦贝尔市以外的其他地区；新疆维吾尔自治区乌鲁木齐市、伊犁哈萨克族自治州、克拉玛依市、石河子市。Ⅱ类资源区包括：河北省张家口市、承德市；内蒙古自治区赤峰市、通辽市、兴安盟、呼伦贝尔市；甘肃省嘉峪关市、酒泉市；云南省。Ⅲ类资源区包括：吉林省白城市、松原市；黑龙江省鸡西市、双鸭山市、七台河市、酒泉市以外其他地区；新疆维吾尔自治区除乌鲁木齐市、伊犁哈萨克族自治州、克拉玛依市、石河子市以外其他地区；宁夏回族自治区。Ⅳ类资源区：除Ⅰ类、Ⅱ类、Ⅲ类资源区以外的其他地区。

4) 费用分摊制度

费用分摊制度解决了电网企业获取高于传统能源的可再生能源电力的成本来源问题，2006年我国颁布《可再生能源发电价格和费用分摊管理试行办法》(发改价格〔2006〕7号)，开始执行关于费用分摊机制的政策，通过征收可再生能源附加费来实现，正如本书第2章讨论的，我国可再生能源附加费已经调整了5次。因此，通过每次调整的可再生能源附加费(变量 RE_surcharge)来衡量可再生能源费用分摊机制。此外，FIT 退坡机制与可再生能源附加费的收取密切相关。为了验证这两种策略之间的交互作用，对交互项的存在性进行了统计检验。因此，实证研究阶段增加了 FIT 退坡机制和可再生能源附加费两种政策机制之间的交互项。

5) 专项基金制度

专项基金制度包括两方面：一方面是税收优惠；另一方面是专项基金支持。对于税收优惠政策，2007年国务院规定，国家重点扶持可再生能源发电企业免交第一到三年企业所得税，第四到六年的企业所得税减半征收。2008年，财政部、国家税务总局《关于资源产品综合利用及其他产品增值税政策的通知》(财税〔2008〕156号)，风电增值税"即征即退50%"。因此，引入变量 D_tax 来衡量税收优惠政策，在2007年和2008年取值为1，2009~2017年的取值为2，其他情况下取值为0。对于专项基金制度支持政策，《可再生能源发展专项资金管理暂行办法》(财建〔2006〕237号)主要内容是解决可再生能源专项资金问题，但是政策效果并不显著。进一步地，财政部、国家发展改革委、国家能源局于2011年发布的《可再生能源发展基金征收使用管理暂行办法》(财综〔2011〕115号)明确规定可再生能源专项资金的具体用途。为了比较这两项政策的具体政策效果，引入虚拟变量 D'_df 和 D_df 分别衡量财建〔2006〕237号文及财综〔2011〕115号文的政策效果。变量 D_df 在 2011~2017 年的取值为 1，其他情况下的取值为 0。变量 D'_df 在 2006~2017 年的取值为 1，其他情况下的取值为 0。

3. 控制变量

1) 省级电力发展趋势：电力需求

电力需求反映的是该地区的电力消纳能力，较高的电力需求能为可再生能源发电提供较大的上网空间，同时电力需求的快速增长使可再生能源发电提供较大的电力供应份额，从而促进可再生能源发电装机容量和发电量的增长。基于此，选择电力需求作为控制变量，减少因遗漏变量造成模型不准确的问题，以电力消费(electricity consumption，EC)来衡量省级电力需求。

2) 能源替代

我国的能源结构以火电为主，火电装机容量占全部装机容量的比例较高。Zhao 等(2016)指出促进煤电替代是中国风电发展的主要动力之一，以省级煤炭消费量(coal consumption，CC)为代理变量表示能源替代变量，衡量能源替代对于可再生能源的影响。

3) 省级社会经济因素

Carley(2009)指出经济增长是影响电力装机容量增长的重要因素，因为它代表更多的电力需求，从而提升可再生能源的投资能力。也有学者将国内生产总值(gross domestic product，GDP)作为可再生能源发展的控制变量(Aguirre and Ibikunle，2014；Polzin et al.，2015)。人口(population，POP)较多的省份可能会建立更多的电力装机以满足日益增长的电力需求，可再生能源的部署可能是满足这一需求的可行选择。因此，本书引入 POP 变量作为模型的控制变量，以进一步减小因遗漏变量带来的误差。

4. 模型

本书实证研究部分分别从风电发电量和装机容量两个维度来衡量可再生能源五大政策机制的政策效果。

1) 国家政策对风电发电量的有效性检验

在实证研究之前，必须进行相关的统计检验。第一步，通过 F 检验确定混合回归模型或固定效应模型。F 检验："H_0：所有的 $u_k=0$"，即混合回归模型是可以接受的。表 7-2 显示，F 检验的 P 值是 0.00，所以强烈地拒绝原假设。此外，"$\rho=0.76$"表明复合扰动项的方差主要由个体效应的变化所致。因此，在模型评估中采用了变截距模型。Zhao 等(2016)使用豪斯曼检验来确定一个特定的模型使用固定效应还是随机效应。然而，传统的豪斯曼检验的假设是随机效应完全有效的，意味着 u_k 和 ε_{kt} 必须独立同分布。因此，如果聚类稳健标准误差与一般标准误差相差很大，则传统的豪斯曼检验不适用。为了避免这种情况出现，本书在豪斯曼检验的同时使用辅助回归做进一步的验证。检验结果如表 7-3 所示，两种检验结果的 P 值都是 0.00，因此实证分析采用固定效应模型。

表 7-2　豪斯曼检验和 F 检验的结果(因变量：风电发电量)

检验类型	ρ	F 值	卡方统计量	P 值
F 检验	0.76	16.53	—	0.00
豪斯曼检验	—	—	21.93	0.00
辅助回归检验	—	—	367.34	0.00

注：ρ 表示复合扰动项的方差中主要由于个体效应变化的占比。

模型(7-4)对《可再生能源法》及其配套政策五个方面制度的政策效果进行评价,其定义如下:

$$\ln WG_{it} = \alpha + \sum_{k=1}^{k} \beta_k \ln C_{kit} + \sum_{n=1}^{n} \gamma_n X_{nit} + \delta Z_{it} + u_i + \varepsilon_{it} \tag{7-4}$$

式中,WG_{it} 为第 $i(i=1,2,\cdots,30)$ 省第 $t(t=2000,2001,\cdots,2017)$ 年风电发电量;α 为常数项;u_i 为各省的固定效应;ε_{it} 为随时间和个体变动的扰动项;C_{kit} 为 k 个控制变量的矩阵,包括 EC、CC、POP 和 GDP;X_{nit} 为 n 个政策变量的矩阵,包括 D_planexper、D_fgp、D_fit、FIT_dm、RE_surcharge、D_tax 和 D_df;β_k 为控制变量的系数;Z_{it} 为交互项;δ 为交互项的系数;γ_n 为政策变量的系数。

模型(7-5)和模型(7-6)进一步衡量全额保障性收购制度和专项基金制度的政策效果并检验模型(7-4)的稳健性:

$$\ln WG_{it} = \alpha + \sum_{k=1}^{k} \beta_k \ln C_{kit} + \sum_{n=1}^{n} \gamma_n X'_{nit} + \delta Z_{it} + u_i + \varepsilon_{it} \tag{7-5}$$

式中,用变量 D'_fgp 代替变量 D_fgp 来度量全额保障性收购制度下不同政策工具的政策效果。

$$\ln WG_{it} = \alpha + \sum_{k=1}^{k} \beta_k \ln C_{kit} + \sum_{n=1}^{n} \gamma_n X''_{nit} + \delta Z_{it} + u_i + \varepsilon_{it} \tag{7-6}$$

式中,用变量 D'_df 代替变量 D_df 来度量专项基金制度下不同政策工具的政策效果。

2) 国家政策对风电装机容量的有效性检验

表 7-3 豪斯曼检验和 F 检验的结果(因变量:风电装机容量)

检验类型	ρ	F 值	卡方统计量	P 值
F 检验	0.77	26.09	—	0.00
豪斯曼检验	—	—	26.55	0.00
辅助回归检验	—	—	183.18	0.00

由表 7-3 可知,对于国家政策对风电装机容量的政策效果识别,固定效应回归模型是最合适的模型。

基于国家政策对风电发电量进行有效性检验的三个模型,进一步检验政策对风电装机容量的政策效果:

$$\ln WC_{it} = \alpha + \sum_{k=1}^{k} \beta_k \ln C_{kit} + \sum_{n=1}^{n} \gamma_n X_{nit} + \delta Z_{it} + u_i + \varepsilon_{it} \tag{7-7}$$

$$\ln WC_{it} = \alpha + \sum_{k=1}^{k} \beta_k \ln C_{kit} + \sum_{n=1}^{n} \gamma_n X'_{nit} + \delta Z_{it} + u_i + \varepsilon_{it} \tag{7-8}$$

$$\ln WC_{it} = \alpha + \sum_{k=1}^{k} \beta_k \ln C_{kit} + \sum_{n=1}^{n} \gamma_n X''_{nit} + \delta Z_{it} + u_i + \varepsilon_{it} \tag{7-9}$$

式中，WC_{it} 为第 $i(i=1,2,\cdots,30)$ 省第 $t(t=2000,2001,\cdots,2017)$ 年的风电装机容量。

7.2.2 数据搜集与统计分析

研究基于中国 30 个省(不包含香港、澳门、台湾和西藏)2000~2017 年的省级面板数据。由于模型中西藏自治区部分变量数据不可得，且风电的装机容量和发电量占全国装机容量和发电量比例仅有 0.0049%和 0.0033%，所以样本不含西藏自治区。

省级风电装机容量和发电量数据来自《(2001~2017)中国电力年鉴》(中国电力年鉴编辑委员会，2001~2017)，每年的用电量、煤炭消费量、GDP 和人口数据来自中国国家统计局 2000~2017 年数据。

表 7-4 是变量定义、数据来源及描述性统计的汇总。

表 7-4 变量定义、数据来源及描述性统计

模型变量	变量符号	定义	样本量	平均值	标准差	最小值	最大值
因变量	WC	风电装机容量/万 kW	540	34.28	59.15	0.00	551.00
	WG	风电发电量/(亿 kW·h)	540	145.82	345.09	0.00	2670.00
控制变量	EC	电力消费/(亿 kW·h)	540	1189.96	1042.53	38.37	5610.13
	CC	煤炭消费量/万 t	540	10562.08	8778.51	0.00	40926.94
	POP	年末常住人口/万人	540	4391.31	2647.41	517.00	11080.83
	GDP	国内生产总值/亿元	540	13427.97	14404.65	263.68	89900.00
总量目标制度	D_planexper	规划类政策的政策经验	540	4.33	4.17	0.00	12.00
全额保障性收购制度	D_fgp	2007 年《电网企业全额收购可再生能源电量监管办法》的实施	540	0.61	0.49	0.00	1.00
	D'_fgp	2009 年《可再生能源法》(修正案)的实施	540	0.44	0.50	0.00	1.00
上网电价制度	D_fit	2009 年发改价格〔2009〕1906 号文的实施	540	0.50	0.50	0.00	1.00
	FIT_dm	上网电价退坡机制：每年的上网电价/[元/(kW·h)]	540	0.30	0.30	0.00	0.61
费用分摊制度	RE_surcharge	可再生能源附加费/[分/(kW·h)]	540	0.62	0.70	0.00	1.90
专项基金制度	D_tax	税收政策和措施的累计数量	540	1.06	0.97	0.00	2.00
	D_df	2011 年财综〔2011〕115 号文的实施	540	0.33	0.47	0.00	1.00
	D'_df	2006 年财建〔2006〕237 号文的实施	540	0.67	0.47	0.00	1.00

7.3 结果和讨论

本章的目的是揭示在《可再生能源法》及其配套政策框架下不同政策工具对风电发电量和装机容量的政策效果。当前国家可再生能源的部署主要聚焦于可再生能源装机容量的增长。例如，我国风电的装机容量远远超过总量目标制度下规划的安装总量目标，但发电量并不高，存在严重的弃风现象。因此，如何促进可再生能源消纳是未来可再生能源发展及政策安排的重要方向。通过分析，本章提供了关于可再生能源政策的整合视角，来探讨其对风电发电量和风电装机容量的政策效果影响。在后续的讨论中，突出探讨了各政策机制作用效果的大小，并将结果与前人的研究进行对比分析。表 7-5 和表 7-6 为被解释变量分别为风电发电量和风电装机容量的固定效应模型实证结果。

表 7-5　面板分析结果（因变量：风电发电量）

变量	模型(7-4)	变量	模型(7-5)	变量	模型(7-6)
EC	−0.219	EC	−0.256	EC	−0.223
	(0.506)		(0.499)		(0.498)
CC	0.073	CC	0.073	CC	0.073
	(0.061)		(0.061)		(0.061)
POP	−1.094	POP	−1.095	POP	−1.121
	(1.114)		(1.122)		(1.112)
GDP	0.496	GDP	0.496	GDP	0.430
	(0.400)		(0.399)		(0.409)
D_planexper	0.237***	D_planexper	0.221***	D_planexper	0.252***
	(0.046)		(0.057)		(0.054)
D_fgp	0.323**	D′_fgp	0.133	D′_fgp	0.146
	(0.146)		(0.103)		(0.105)
D_fit	15.430***	D_fit	13.810***	D_fit	14.950***
	(2.781)		(2.616)		(2.974)
FIT_dm	−26.390***	FIT_dm	−23.460***	FIT_dm	−25.850***
	(4.777)		(4.404)		(5.147)
RE_surcharge	−3.156***	RE_surcharge	−1.656	RE_surcharge	−2.912**
	(1.197)		(1.050)		(1.162)
FIT_dm&RE_surcharge	5.326**	FIT_dm&RE_surcharge	2.883*	FIT_dm&RE_surcharge	5.068
	(1.974)		(1.664)		(1.867)
D_tax	0.003	D_tax	0.102	D_tax	0.104
	(0.081)		(0.107)		(0.114)
D_df	0.221***	D_df	0.218***	D′_df	−0.206
	(0.071)		(0.072)		(0.184)
样本量	510	样本量	510	样本量	510
R^2	0.832	R^2	0.831	R^2	0.831
省份个数	30	省份个数	30	省份个数	30

***、**、*分别表示在 1%、5%、10%的显著性水平下显著。

表 7-6　面板分析结果(因变量：风电装机容量)

变量	模型(7-7)	变量	模型(7-8)	变量	模型(7-9)
EC	−0.444	EC	−0.498	EC	−0.448
	(0.579)		(0.567)		(0.566)
CC	0.095	CC	0.096	CC	0.096
	(0.085)		(0.085)		(0.086)
POP	−1.435	POP	−1.434	POP	−1.482
	(1.036)		(1.045)		(1.029)
GDP	1.120**	GDP	1.105*	GDP	0.967*
	(0.510)		(0.507)		(0.514)
D_planexper	0.322***	D_planexper	0.278***	D_planexper	0.305***
	(0.056)		(0.059)		(0.054)
D_fgp	0.339*	D′_fgp	0.298**	D′_fgp	0.326**
	(0.173)		(0.125)		(0.123)
D_fit	11.000***	D_fit	9.028***	D_fit	11.190***
	(3.091)		(2.924)		(3.302)
FIT_dm	−18.820***	FIT_dm	−15.380***	FIT_dm	−19.850***
	(5.305)		(4.930)		(5.750)
RE_surcharge	−3.196*	RE_surcharge	−1.266	RE_surcharge	−3.454**
	(1.619)		(1.339)		(1.590)
FIT_dm&RE_surcharge	5.183*	FIT_dm&RE_surcharge	2.145	FIT_dm&RE_surcharge	5.931**
	(2.694)		(2.187)		(2.638)
D_tax	−0.017	D_tax	0.120	D_tax	0.163
	(0.115)		(0.114)		(0.130)
D_df	0.200*	D_df	0.198*	D′_df	0.430
	(0.116)		(0.120)		(0.254)
样本量	510	样本量	510	样本量	510
R^2	0.868	R^2	0.868	R^2	0.869
省份个数	30	省份个数	30	省份个数	30

***、**、*分别表示在1%、5%、10%的显著性水平下显著。

7.3.1　《可再生能源法》及其配套政策机制的影响

通过实证数据的量化分析，《可再生能源法》及其配套政策机制对我国风电发展的影响结果有如下几个方面：首先，实证结果突出强调了总量目标制度对于风电发展的作用效果。总量目标制度通过一系列的规划类政策如可再生能源中长期发展规划、可再生能源"十三五"规划等直接对可再生能源未来的发展目标进行了清晰的规划。可再生能源的总量目标制度仍然是政府未来对可再生能源部署的主要手段(Renewables 2017: global status report)。发电量模型和装机容量模型结果都显示了总量目标制度在统计上对风电发展有显著的促进作用。然而，政策对于发电量和装机容量的作用程度不同，结果显示总量目标制度对于装机容量的影响更大。该政策工具有利于吸引投资，因为投资者更青睐具有清晰愿景的长期规划(Polzin et al., 2015)。作为最基础的政策手段，截至 2017 年可再生能源总量目标制度已经在 150 多个国家实施。而 Polzin 等(2015)强调规划类政策对可再生能源部署有相当的促进作用，但在风电部门不显著。造成这种差异的原因可能是中国可再生能源政策主要聚焦于风电的发展，主流政策在于对风电发展的部署，数据显示中国 2017 年超过 50%的可再生能源来源于风电，因此中国规划类政策对于风电发展的促进作用明显。

对于全额保障性收购制度的实证分析，得出了不同的结果。首先，该机制对风电装机容量的影响模型(7-7)、模型(7-8)、模型(7-9)的实证结果显示，该机制对于风电装机容量的增加有显著的促进作用。结果表明，无论实施哪一种具体的政策，该政策机制对风电装机容量的增长都有显著积极的影响。其次，该机制对风电发电量的影响模型(7-4)、模型(7-5)、模型(7-6)的实证结果显示，该机制下不同的实施政策对风电发电量的政策效果不同。具体表现为，模型(7-4)的结果表明当政策变量为 D_fgp 时，该政策对风电发电量的增长有明显的正效应，而当模型(7-5)和模型(7-6)中的政策变量为 D'_fgp 时，该政策对风电发电量的影响不显著。一方面，早期风电规模较小，这一机制对风电的影响是显著的；另一方面，随着风电装机规模的扩大和电网连接的困难，这种机制缺乏一定的强制性，因此对风电发电量的促进作用不显著。全额保障性收购制度是促进风电发展的重要举措，而政策的有效性取决于相关政策的执行情况。虽然《可再生能源法》已经完成了对全额保障性收购制度的修订，但实施细则仍未明确。在实证分析期间，电网企业全额保障性收购可再生能源等措施尚未产生预期的政策效果。因此，在未来有效实施全额保障性收购制度时，需要有具体的实施细则。法律的强制性与具体执行规则的结合是有效实施这一政策机制的关键。

对于上网电价制度，研究表明，FIT 是促进风电部署的重要政策工具。该工具解除了投资者资本市场的限制，通过调整风险或收益结构，给投资者带来强烈的信号，能有效地规避发电商的金融风险。作为促进可再生能源发展的重要政策，FIT 在 2000 年从德国和奥地利开始实施，在许多国家得到广泛应用，并取得了很大的成功(Bolkesjø et al., 2014)。研究结论与 Bolkesjø 等(2014)的结论一致，强调 FIT 对于风电的显著促进作用。此外，FIT 对风电发电量的促进作用大于对风电装机容量的促进作用。其原因可能在于，模型中价格政策是发电商通过增加风电发电量以获得相对高收入的首要动机。进一步地，FIT 退坡机制是电价政策的第二个重要政策机制，其本质是通过规模扩张和技术创新促进风电成本下降，补贴的强度随成本的下降不断降低。此外，上网电价及可再生能源附加费是补贴项目的固有组成部分，而 FIT 的降低与可再生能源附加费的收取密切相关。因此，增加了 FIT 退坡机制和可再生能源附加费两种机制之间的交互项，以捕捉两种机制之间的相互作用。值得注意的是，Gravetter 和 Forzano(2005)指出，当交互项的相互作用达到统计上的显著水平时，交互作用可能掩盖或扭曲任何一个因素的主效应。因此，本书重点研究了这两种政策之间的交互作用，并没有分别单独考察这两种政策对风电发展的影响。当前的研究发现，FIT 退坡机制与可再生能源附加费之间的交互项系数为正，FIT 退坡机制在可再生能源附加费较高的情景中的促进作用要大于可再生能源附加费较低的情景。可再生能源附加费在较高的 FIT 情景中对风电的促进作用要比低 FIT 情景的促进作用更大。交叉项对风电发电量和风电装机容量的正向影响表明,这两种政策机制对风电发展的影响是相互促进的。

对于专项基金制度的实证结果,没有证据表明税收激励对风电发电量和装机容量的增长有统计上的显著影响,专项基金制度对风电部署的影响取决于具体的落地政策。税收政策效果不显著的原因有以下两个方面:第一,对于可再生能源,前三年免征企业所得税,第四到六年减半征收。然而,对于风电场,前期投资较大,前六年利润很低。在弃风严重的地区,甚至会产生负利润。因此,企业所得税对风电企业的激励作用不明显。第二,财政部、国家税务总局关于资源综合利用及其他产品增值税政策的通知,对风电实现的增值税实行"即征即退 50%",由于此政策在 2008 年年底出台,仅与规划政策出台相差一年,而实证分析显示规划政策对风电的发展有着重要的影响,所以增值税政策的效果被减弱了。而专项基金制度的作用效果取决于具体的实施政策,模型(7-4)、模型(7-5)、模型(7-6)和模型(7-7)中,专项基金制度的代理变量是 D_df,结论表明专项基金制度对风电发电量和装机容量的增长有积极显著的影响;而模型(7-6)和模型(7-9)中专项基金制度的代理变量为 D'_df,结果显示影响并不显著。综上所述,无论是对于风电发电量的影响还是对风电装机容量的影响,以《可再生能源发展基金征收使用管理暂行办法》为代表的可再生能源政策资金支持机制的政策效果强于以《可再生能源发展专项资金管理暂行办法》为代表的政策效果。因此,政策的可操作性是专项基金制度的重要因素。

7.3.2 其他因素对中国风电发展的影响

首先,研究结果表明 GDP 对风电装机容量有积极显著的影响(表 7-6),这一发现与 Lin 和 Moubarak(2014)的结论是一致的。值得注意的是,实证结果并没有发现 GDP 对风电并网发电量的增长有显著影响。可能的原因:①GDP 有利于风电投资的增加,进而导致风电装机容量的增加;②我国风电高弃风率的实际情况是风电并网发电量低的一个重要原因。因此,如何有效地降低弃风率是中国如何有效发展风电的一个关键问题。

其次,研究发现电力需求对中国风电增长没有统计学上的显著影响。该结果与 Zhao 等(2016)结论有所差别,他们指出中国电力需求对风电发展有正向显著的促进作用。造成这一结果的原因可能是:一方面,中国可再生能源跨区消纳量大,因此当地电力需求对当地风电的促进作用并不明显;另一方面,中国煤电占主导地位,2017 年煤电占发电总量的 69.2%左右,而风电仅占 4.2%。中国电力产能过剩,中国的基本电力需求可以得到满足,因此发展风电及可再生能源发电是推动能源低碳转型、应对全球气候变化、推进能源生产和消费革命的重要措施。此外,实证结果表明,人口对风电的发展没有显著影响,这与 Carley(2009)的结论一致,即没有证据显示人口的增长对可再生能源发电产生显著的正向影响。能源替代对风电发展也没有显著的影响,这与 Zhao 等(2016)的结论一致。总之,风电及可再生能源发电的发展对政策扶持的依赖度较高,受政策调整的影响较大，主要依靠国家法律和政策的推动。

7.4 结 论

本章重点以中国 30 个省(区、市)2000~2017 年的数据为研究对象，在《可再生能源法》及其配套政策的制度框架下，研究政策对于可再生能源发展的影响。在中国风电快速发展的背景下，以风电为实证研究对象，对《可再生能源法》及其配套政策的 5 个子机制的有效性进行了实证评价。应当认识到，反映国家战略取向的顶层设计对可再生能源的进一步发展至关重要。

基于这一框架，可以得出如下若干结论和政策建议。

首先，总量目标制度、上网电价制度在风电发电量的增长方面有重要作用。全额保障性收购制度对风电发电量的影响取决于其具体政策，即早年发布的政策，如 2007 年发布的《电网企业全额收购可再生能源电量监管办法》对中国风电发电量的增长作用效果显著。而以 2009 年《可再生能源法》对全额保障性收购制度的修订为代表的政策，由于风电装机规模的快速发展，并网难等现象凸显，对中国风电发电量的促进作用反而减弱。FIT 退坡机制和费用分摊机制对风电发电量的增长具有相互促进作用。专项基金制度的两种政策工具：以增值税和企业所得税为代表的税收优惠政策对中国风电的影响不显著；2011 年实施的《可再生能源发展基金征收使用管理暂行办法》所代表的专项基金制度对中国风电的发展产生了显著的促进作用。

其次，总量目标制度和上网电价制度对风电装机容量的增加有重要的作用。全额保障性收购制度中的两种具体政策对中国风电装机容量的增长有明显的正向影响。结果还表明，FIT 退坡机制和费用分摊机制的集合对风电装机容量的增长具有显著的促进作用。全额保障性收购制度对风电装机容量的影响与风电发电量的影响一致，证实了 2009 年《可再生能源法》(修正案)对于风电部署的显著影响。对于专项基金制度，风电装机容量模型与风电发电量模型的结论一致。

再次，风电发电量与风电装机容量模型的结果差异在于总量目标机制对风电装机容量的影响大于对风电发电量的影响。而上网电价制度和专项基金制度对风电发电量的政策效果大于对风电装机容量的影响。

最后，中国风电的部署主要是由政府决心应对气候变化，实现能源低碳转型，进而推动能源革命的重要战略举措，主要由国家战略和相应政策推动。

因此，本书认为在促进风电发电量增加的政策中，应特别注意上网电价制度、费用分摊制度和专项基金制度。特别是 FIT 退坡机制和费用分摊机制的结合。此外，如何设定合理的退坡电价和可再生能源附加费率，从而实现这两项政策相互促进的最大效果，也是一个关键问题。中国风电的弃风影响，阻碍了风电的进一步发展。促进风电消纳，降低风电弃风率是中国进一步开展风电部署的重要任务。因此，在风电部署的过程中应着重考虑这三方面的政策机制。此外，在执行阶段强调政策的强制性和可操作性也势在必行。对于全额保障性收购制度，特别注意保证强制购买计划的实施，可采取法律措施和规范性文件相结合的方式实现。对于专项基金制度，应特别注意政策的可操作性。强制性政策的协调与可操作性是推动中国未来风电发展的关键，也是中国可再生能源发展的重要因素。

第8章　基于国际视角的可再生能源政策效果研究

可再生能源已成为全球能源转型及实现应对气候变化目标的重大战略举措，可再生能源在许多国家得到了快速发展。本章以可再生能源渗透率发展较快的国家为样本，采用固定效应模型，从国际视角对可再生能源政策的效果进行分析。

8.1　可再生能源政策效果评价的面板数据模型构建

8.1.1　聚合政策对可再生能源发电的影响效果

模型中的被解释变量为可再生能源政策效果评价的对象，评价对象可以是可再生能源装机容量或可再生能源发电量等反映可再生能源投资利用状况的指标；解释变量为国际可再生能源各类政策的聚合政策，考量各大类政策对可再生能源的作用效果；为了避免估计的偏差，应适当选择其他影响可再生能源发电的因素作为控制变量。此外，政策的执行到可再生能源项目的建成需要一定时间，因此模型中的政策变量需要进行滞后处理。各个国家存在资源、经济及文化等差异，具有各自不同的特点。因此，建立变截距模型对聚合政策的政策效果进行评价，具体模型如下：

$$Y_{it} = \alpha_i + \boldsymbol{X}_{it-l}\boldsymbol{\beta} + \boldsymbol{C}_{it-l}\boldsymbol{\gamma} + u_{it} \tag{8-1}$$

式中，i 为国家；t 为年份；l 为滞后的期数；α_i 为模型的截距项，对于不同的国家 i，有不同的截距项 α_i；Y_{it} 为第 i 个国家第 t 年的可再生能源发展状况；$\boldsymbol{X}_{it-l}$ 为 $1\times k$ 的聚合政策变量矩阵（k 为聚合政策变量的数量）；$\boldsymbol{\beta}$ 为 $k\times 1$ 聚合政策变量的系数向量；$\boldsymbol{C}_{it-l}$ 为 $1\times n$ 的控制变量矩阵（n 为控制变量的数量）；$\boldsymbol{\gamma}$ 为 $n\times 1$ 的控制变量的系数向量；u_{it} 为随机误差项。

8.1.2　具体政策对可再生能源发电的影响效果

可再生能源的发展受政策影响较大，因此检验聚合政策和具体政策针对可再生能源发电是否存在差异对可再生能源政策的制定具有重要意义。在聚合政策模型的基础上，为了考量每个大类政策下具体政策的政策效果，进一步对各国可再生能源的具体政策引入模型进行实证分析，即在分析聚合政策效果时，不仅研究可再生能源总体政策对可再生能源的影响，还考虑了各细分的具体政策对不同国家可再生能源的影响差异，具体模型如下：

$$Y_{it} = \alpha_i + X'_{it-l}\beta + C_{it-l}\gamma + u_{it} \qquad (8\text{-}2)$$

式中，X'_{it-l} 为 $1\times p$ 的具体政策变量矩阵（p 为具体政策的政策变量的数量）。

8.2 基于国际面板数据的可再生能源政策效果评价

8.2.1 变量和数据来源

根据数据的可得性和可靠性，选择欧盟、经济合作与发展组织、《京都议定书》签署国和发展中国家等对可再生能源政策有大力度的支持，且可再生能源的规模稳步增长的 29 个国家作为研究对象。具体而言，样本国包括澳大利亚、奥地利、比利时、加拿大、中国、捷克、丹麦、芬兰、法国、德国、希腊、匈牙利、印度、爱尔兰、意大利、日本、墨西哥、荷兰、新西兰、挪威、波兰、葡萄牙、韩国、西班牙、瑞典、瑞士、土耳其、英国和美国。由于政策的驱动，样本国的可再生能源总装机容量和年净增长量稳定增加，如图 8-1 所示。1998 年，《京都议定书》的签署是为了人类免受气候变暖的威胁，也是促进碳减排的里程碑，许多国家从 2000 年左右开始关注可再生能源发展的问题。因此，在考虑数据的稳定性和可用性的前提下，选择 2000 年作为研究起始年份，2015 年作为研究结束年份。

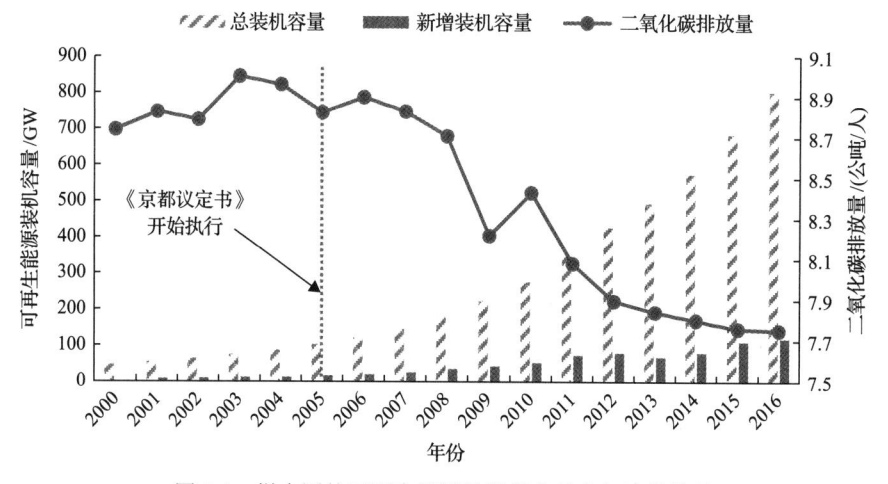

图 8-1　样本国的可再生能源总装机容量和年净增长量

1. 被解释变量的选取

一般来说，可再生能源政策效果评价的度量指标主要聚焦于可再生能源装机容量、发电量，以及可再生能源发电量占发电总量的比例或者可再生能源装机容量占总装机容量的比例等，如 Delmas 和 Montes-Sancho(2011)、Polzin 等(2015)、Dong(2012)以可再生能源装机容量为被解释变量进行考量，Menz 和 Vachon(2006)及 Jenner 等(2013)同时选择可再生能源装机容量和新增装机容量作为被解释变量进行对比，Carley(2009)以可再生能源发电量和可再生能源发电量占发电总量的比例两个指标为被解释变量进行考量，Shrimali 等(2015)以可再生能源装机容量占总电力装机容量的比例为被解释变量，Schmid(2012)则以可再生能源上网装机容量的占比为被解释变量，Aguirre 和 Ibikunle(2014)以可再生能源发电量占发电总量的比例为被解释变量，Marques 和 Fuinhas(2012a)、Marques 等(2010)以可再生能源占一次能源总供应量的比例为被解释变量进行考量。由于不同国家能源结构及可再生能源发展程度不同，所以以可再生能源发电量占发电总量的比例为研究对象并不合适，且国家层面的统计数据有限，考虑数据的可得性及稳定性，选择可再生能源装机容量作为被解释变量来考量可再生能源的发展状况。各国可再生能源装机容量的数据来自国际可再生能源署，该机构致力于在全球范围内积极推动太阳能、风能、水能及地热能等可再生能源向广泛普及和可持续利用的快速转变。为国际合作提供平台和数据支撑，是可再生能源政策、技术、资源和财务的知识库(Whiteman et al.，2017)。

2. 政策变量的选取

可再生能源的政策变量从国际视角可分为 7 大类及 14 个小类的政策工具，具体量化信息由 IEA/IRENA 政策工具数据库提供。大量文献通过这些政策变量来探究其对不同国家可再生能源发展的影响，如 Polzin 等(2015)、Marques 和 Fuinhas(2012a，2012b)、Aguirre 和 Ibikunle(2014)分别以经济合作与发展组织(Organisation for Economic Co-operation and Development，DECD)国家、欧洲国家及全球国家等为样本，通过不同的政策变量指标体系来研究不同的可再生能源政策对于可再生能源的促进作用。由于评价的是国际可再生能源政策效果，所以考虑以下 7 种聚合政策类别和 14 个具体的政策工具：①财税激励政策，旨在降低投资者风险，包括三种具体的政策工具，即电价政策(price policy，PP)、津贴和补贴(grants and subsidies，GS)、税收(tax，T)。②市场化工具，为发电商之间交易和履行责任提供了手段，为市场主体之间的交易提供了公平开放的交易平台，包括温室气体排放配额(greenhouse gas emissions allowances，GGEA)和绿色证书(green certificates，GC)。③直接投资激励，旨在降低可再生能源投资的资本成本，包括地方政府资金支持(funds to sub-national governments，FSG)和基础设施投资(infrastructure investments，II)。④规划类政策，包括制度创新(institutional creation，IC)和战略规划(strategic planning，SP)。发展战略明确了可再生能源在国家发展方式调整、经济结构升级和国家创新体系中的地位，而高度约束性的规划明确了可再生能源的发展目标、主要任务、产业体系及保障措施，根据可再生能源发展目标设定年度项目计划，保证以可预测的规模和技术路线发展可再生能源，使补贴资金更加可控，为市场投资提供预期。可再生能源发展战略引领和规划约束是各国制定可再生能源政策的根基，是促进可再生能源发展的基础。⑤规制类政策,设置可再生能源的发电量占发电总量的最低占比,主要包括规范和标准(codes and standards,CS)、义务计划(obligation schemes,OS)和其他强制性要求(other mandatory requirements,OMR)。⑥信息和教育投入,为进一步部署可再生能源安装提供指导,并为建筑部门雇用的劳动力在能源效率和可再生能源设施方面提供教育和培训。⑦研发投入,用来衡量技术进步对可再生能源的促进作用。前 6 个聚合政策变量由单个国家每年在执行的政策数量来衡量,Aguirre 和 Ibikunle(2014)及 Polzin 等(2015)称其为"可再生能源政策措施的数量积累(accumulated number of renewable energy policies and measures,ANREPM)"。计量经济学模型是定量评价可再生能源政策有效性的常用方法。在经济计量分析的过程中,一个潜在的假设是:一个特定类型的政策越多,越有利于可再生能源装机容量的增加,如文献 Marques 和 Fuinhas(2012a)、Aguirre 和 Ibikunle(2014)、Polzin 等(2015)。在此基础上,设定了可量化的政策变量,并在计量经济学模型的框架下评估可再生能源政策的有效性。此外,某些因素的存在可能推迟可再生能源的投资过程,例如,在建设风电场或太阳能电站的过程中,从政策的执行到项目的建成落地需要一定时间。而被解释变量是可再生能源的装机容量,因此在 Polzin 等(2015)研究的基础上,考虑政策变量对可再生能源装机容量的滞后影响,对可再生能源政策效果进行更为详细的实证评价研究。

3. 控制变量的选取

推动可再生能源生产能力的经济指标包括 GDP(cv_GDP)。电能消耗(electric power consumption,cv_EPC)一定程度上反映了该地区电能需求及能源消耗,CO_2 排放量(cv_CO_2)用来考量 CO_2 排放。考虑到技术因素对可再生能源装机容量的影响,控制变量引入高技术出口(high technology exports,cv_HTE)。这些控制变量的数据来自世界发展指标数据库和 BP 世界能源统计数据库。

4. 虚拟变量的选取

减少温室气体排放和排放交易计划的承诺是推动可再生能源发展的重要因素。这一方向的关键因素之一是 2005 年实施的《京都议定书》。Popp 等(2011)指出签署该协议的国家将对可再生能源部署发展有更大的促进作用。虽然《京都议定书》于 1998 年签署,但当时没有法律效力。《京都议定书》于 2005 年开始生效,这是世界各国第一次以法规的形式限制温室气体排放。因此,采用 2005 年这个时间点建立虚拟变量。2005 年及以后执行《京都议定书》的国家虚拟变量为 1,其他情况下为 0。笔者预计可再生能源装机和《京都议定书》变量之间为正相关关系。

可再生能源政策效果评价的各变量如图 8-2 所示,表 8-1 给出变量的定义、数据来源及描述性统计。

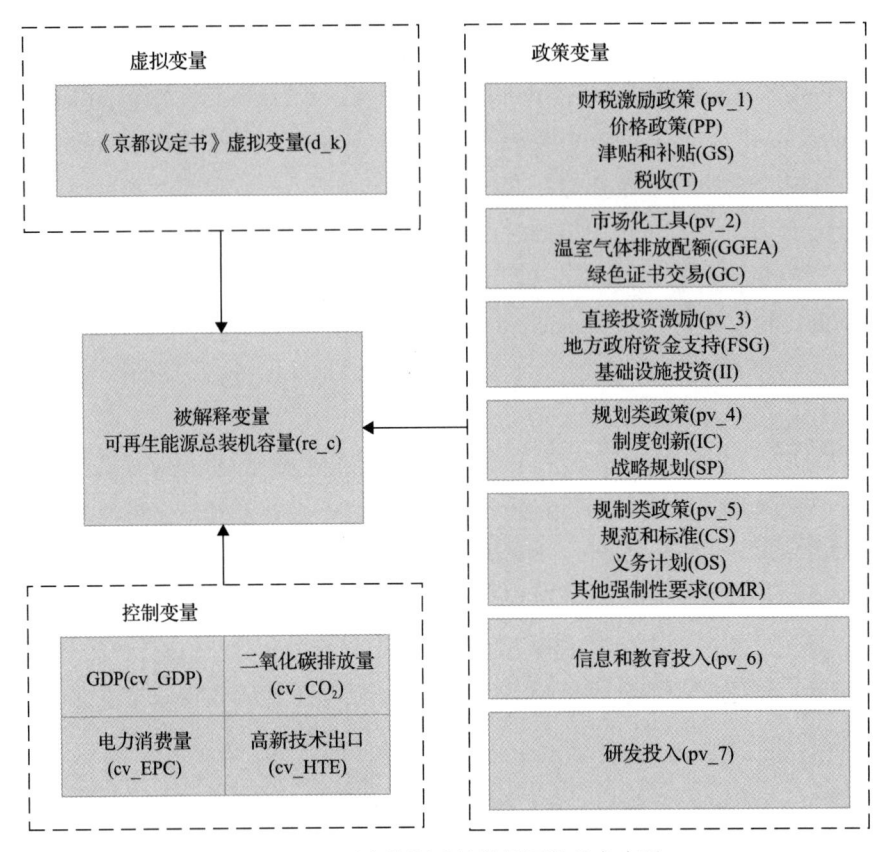

```
┌─────────────────────────┐          ┌─────────────────────────┐
│      虚拟变量            │          │      政策变量            │
│  ┌───────────────────┐  │          │  ┌───────────────────┐  │
│  │《京都议定书》虚拟变量(d_k)│  │          │  │  财税激励政策(pv_1)  │  │
│  └───────────────────┘  │          │  │  价格政策(PP)        │  │
└─────────────────────────┘          │  │  津贴和补贴(GS)      │  │
              │                      │  │  税收(T)            │  │
              │                      │  └───────────────────┘  │
              ▼                      │  ┌───────────────────┐  │
  ┌─────────────────────┐            │  │  市场化工具(pv_2)    │  │
  │   被解释变量         │◄───────────│  │  温室气体排放配额(GGEA)│  │
  │  可再生能源总装机    │            │  │  绿色证书交易(GC)    │  │
  │  容量(re_c)         │            │  └───────────────────┘  │
  └─────────────────────┘            │  ┌───────────────────┐  │
              ▲                      │  │  直接投资激励(pv_3)  │  │
              │                      │  │  地方政府资金支持(FSG)│  │
  ┌─────────────────────┐            │  │  基础设施投资(II)    │  │
  │     控制变量         │            │  └───────────────────┘  │
  │  GDP(cv_GDP) 二氧化碳排放量│       │  ┌───────────────────┐  │
  │             (cv_CO_2)│           │  │  规划类政策(pv_4)    │  │
  │  电力消费量  高新技术出口│          │  │  制度创新(IC)       │  │
  │  (cv_EPC)   (cv_HTE) │           │  │  战略规划(SP)       │  │
  └─────────────────────┘            │  └───────────────────┘  │
                                     │  ┌───────────────────┐  │
                                     │  │  规制类政策(pv_5)    │  │
                                     │  │  规范和标准(CS)      │  │
                                     │  │  义务计划(OS)        │  │
                                     │  │  其他强制性要求(OMR) │  │
                                     │  └───────────────────┘  │
                                     │  ┌───────────────────┐  │
                                     │  │  信息和教育投入(pv_6)│  │
                                     │  └───────────────────┘  │
                                     │  ┌───────────────────┐  │
                                     │  │  研发投入(pv_7)     │  │
                                     │  └───────────────────┘  │
                                     └─────────────────────────┘
```

图 8-2 可再生能源政策效果评价的各变量

表 8-1 可再生能源政策效果变量的定义、数据来源及描述性统计

变量	定义	样本量	平均值	标准差	最小值	最大值
re_c	可再生能源总装机容量/MW	464	8406.035	18517.92	10	182886
cv_GDP	GDP/美元	464	17005.66	28510.70	1066	165974.50
cv_CO_2	二氧化碳排放量/(公吨/人)	464	7.5	4.63	0	20.21
cv_EPC	电力消费量/[(kW·h)/人]	464	6858.25	5399.26	0	25590.69
cv_HTE	高新技术出口(占制成品出口的百分比)	464	16.3	8.46	0	47.84
pv_1	ANREPM(财税激励政策)	464	5.38	5.49	0	31
PP	ANREPM(价格政策)	464	1.08	1.78	0	12
GS	ANREPM(津贴和补贴)	464	1.74	2.19	0	12
T	ANREPM(税收)	464	0.41	0.71	0	3
pv_2	ANREPM(市场化工具)	464	0.53	1.11	0	7
GGEA	ANREPM(温室气体排放配额)	464	0.15	0.45	0	2
GC	ANREPM(绿色证书交易)	464	0.27	0.64	0	5
pv_3	ANREPM(直接投资激励)	464	0.91	1.74	0	9
FSG	ANREPM(地方政府资金支持)	464	0.20	0.52	0	3

续表

变量	定义	样本量	平均值	标准差	最小值	最大值
II	ANREPM（基础设施投资）	464	0.23	0.55	0	2
pv_4	ANREPM（规划类政策）	464	4.21	5.59	0	50
IC	ANREPM（制度创新）	464	0.75	1.32	0	11
SP	ANREPM（战略规划）	464	2.07	3.02	0	28
pv_5	ANREPM（规制类政策）	464	3.90	4.77	0	29
CS	ANREPM（规范和标准）	464	1.02	1.81	0	15
OS	ANREPM（义务计划）	464	0.55	1.08	0	5
OMR	ANREPM（其他强制性要求）	464	0.65	1.21	0	8
pv_6	ANREPM（信息和教育投入）	464	1.51	3.01	0	19
pv_7	研发投入/百万美元	464	94.38	208.52	0	2442.68

8.2.2 模型的建立

国际上各国可再生能源资源存在差别，为研究不同国家政策效果的差异，以前面的 29 个国家为研究样本，首先，构建变截距模型，分析可再生能源聚合政策对可再生能源发展的影响效果；其次，按照聚合政策的细分政策，在聚合政策模型的基础上引入具体的政策变量研究具体细分政策和聚合政策的影响差异。在实证分析可再生能源政策的实施效果时，将从两个角度进行研究，分别为聚合政策对各国可再生能源发展的影响和具体政策对各国可再生能源发展的影响。

1. 面板数据模型

面板数据模型可分为三种类型：混合回归模型、变截距模型和变系数模型（Zhao et al.，2016）。混合回归模型是基本面板数据模型，基本假设是样本中的每个个体都有完全相同的回归方程，模型的截距项与系数不会随个体和时间而改变。变截距模型假设个体的回归方程具有相同的系数，而利用不同的截距项来捕获异质性，未观察到的影响被吸收到截距项中。变系数模型适用于经济结构变化或未观察到不同社会经济和人口背景因素的情况，这些因素意味着所包含变量的响应参数可能随时间而变化，也可能因不同的横截面而不同（Hsiao，2014）。通常来说，不涉及经济结构变化，一般选择变截距模型或混合回归模型。因此，通过 F 检验来确定使用哪种模型。此外，考虑到政策的实施需要一定时间，除了控制变量外，研究中政策变量滞后 l 期。其模型如下：

$$Y_{it} = \text{const} + \sum_{k=1}^{k}\beta_k \boldsymbol{X}_{kit-l} + \sum_{n=1}^{n}\beta_n' \boldsymbol{C}_{nit} + u_i + \varepsilon_{it} \tag{8-3}$$

式中，Y_{it} 为可再生能源发展状况，即可再生能源的装机容量；const 为国家截距项；$\boldsymbol{X}_{kit-l}$ 为 k 个聚合政策变量矩阵；β_k 为第 k 个聚合政策变量的系数；$\boldsymbol{C}_{nit}$ 为 n 个控制变量的矩阵；β_n' 为第 n 个控制变量的系数；$u_i+\varepsilon_{it}$ 为复合扰动项，不可观测的随机变量；u_i 为个体异质性截距项；ε_{it} 为随时间和个体变化的扰动项；i 为第 i 个国家；t 为第 t 年；l 为滞后的期数。

F 检验："H_0：所有的 $u_i=0$"，如果零假设成立，则选择混合回归模型。表 8-2 显示 F 检验的 P 值为 0.00，所以强烈拒绝原假设。此外，"$\rho=0.97$" 表明复合扰动项的方差主要是由个体效应的变化引起的。因此，选择变截距模型对政策进行量化评价。

表 8-2 聚合政策模型豪斯曼检验和 F 检验结果

检验类型	ρ	F 值	卡方统计量	P 值
F 检验	0.97	38.17	—	0.00
豪斯曼检验	—	—	64.29	0.00
辅助回归检验	—	—	67.50	0.00

2. 固定效应模型和随机效应模型

变截距模型可以进一步分为固定效应模型和随机效应模型(Zhao et al.，2016)。固定效应模型或随机效应模型的选择是面板数据模型研究的一个基本问题。在固定效应模型中，个体效应或时间效应与解释变量相关，而随机效应模型中的个体效应或时间效应与解释变量不相关。换言之，随机效应模型允许估计随时间变化和不随时间变化的解释变量系数，而固定效应模型只允许估计随时间变化的解释变量系数(Hsiao，2014)。当 T 是固定的，而 N 较大时，选择固定效应模型还是随机效应模型是比较难以确定的。Zhao 等(2016)使用豪斯曼检验来确定一个特定的模型使用固定效应模型还是随机效应模型。然而，传统的豪斯曼检验假设随机效应模型是完全有效的，意味着 u_i 和 ε_{it} 必须独立同分布。因此，如果聚类稳健标准误差与一般标准误差相差很大，则传统的豪斯曼检验不适用。为了避免这种情况，本书在豪斯曼检验的同时使用辅助回归检验做进一步的验证。检验结果如表 8-2 所示，两种检验结果的 P 值都是 0.00，因此采用固定效应模型更为合适。

数据的对数处理压缩了变量的尺度，方便计算，但不会改变数据的性质和相关关系，同时有助于消除异方差。因此，对所有变量均进行对数处理，如式(8-4)所示。

$$\ln Y_{it} = \text{const} + \sum_{k=1}^{k} \beta_k \ln X_{kit-l} + \sum_{n=1}^{n} \beta_n' \ln C_{nit} + u_i + \varepsilon_{it} \tag{8-4}$$

进一步将《京都协议书》作为虚拟变量添加到面板实证研究中得到模型(8-5)：

$$\ln Y_{it} = \text{const} + \sum_{k=1}^{k} \beta_k \ln X_{kit-l} + \sum_{n=1}^{n} \beta_n' \ln C_{nit} + \beta D_{t-l} + u_i + \varepsilon_{it} \tag{8-5}$$

式中，$D_{t-l}=1$ 为《京都议定书》的执行。

为了评价具体政策的政策效果，建立模型(8-6)：

$$\ln Y_{it} = \text{const} + \sum_{p=1}^{p} \beta_{1p} \ln X_{pit-l}' + \sum_{n=1}^{n} \beta_n' \ln C_{nit} + \beta D_{t-l} + u_i + \varepsilon_{it} \tag{8-6}$$

式中，X'_{pit-l} 为 p 个具体政策的矩阵；β_{1p} 为具体政策的系数。

对于具体政策模型的检验结果如下。

F 检验："H_0：所有的 $u_i=0$"，如果零假设成立，则选择混合回归模型。表 8-3 显示 F 检验的 P 值为 0.00，所以强烈拒绝原假设。此外，"$\rho=0.96$"表明复合扰动项的方差主要是由个体效应的变化引起的。因此，选择变截距模型对政策进行量化评价。

利用豪斯曼检验和辅助回归检验对具体模型政策做进一步的验证。检验结果如表 8-3 所示，两种检验结果的 P 值都是 0.00，因此对于具体政策模型的政策评价采用固定效应模型更为合适。

表 8-3 具体政策模型豪斯曼检验和 F 检验结果

检验类型	ρ	F 值	卡方统计量	P 值
F 检验	0.96	41.36	—	0.00
豪斯曼检验	—	—	46.12	0.00
辅助回归检验	—	—	53.15	0.00

8.3 结果和讨论

本章的目的是揭示不同政策工具对可再生能源装机容量的影响，并对样本国家的聚合政策与具体政策进行进一步探讨。表 8-4 为模型(8-5)和模型(8-6)的实证结果。模型(8-5)是聚合政策的回归结果，模型(8-5)是在模型(8-5)的基础上删除了不显著的聚合政策从而对模型进行稳健性检验。结果表明，聚合政策对可再生能源装机容量的影响在模型(8-5)和模型(8-5)中表现稳健。模型(8-6)是基于模型(8-5)下具体政策工具模型的回归结果。聚合政策和具体政策的实证结果如图 8-3 所示，按政策的影响程度从大到小依次排列。

表 8-4 面板分析结果

变量	模型(8-5) 系数	模型(8-5) 标准误差	模型(8-5) 系数	模型(8-5) 标准误差	变量	模型(8-6) 系数	模型(8-6) 标准误差
cv_GDP	2.265**	0.277	2.168**	0.266	cv_GDP	2.120**	0.272
cv_HTE	0.361**	0.106	0.369**	0.106	cv_HTE	0.420**	0.104
cv_CO$_2$	−1.051**	0.193	−1.050**	0.189	cv_CO$_2$	−1.092**	0.191
cv_EPC	0.210**	0.048	0.209**	0.048	cv_EPC	0.221**	0.048
pv_1	0.182**	0.057	0.152**	0.052	PP	0.191**	0.063
					GS	0.163**	0.066
					T	−0.048	0.099
pv_2	0.299**	0.088	0.286**	0.085	GA	0.315	0.177
					GC	0.188	0.112
pv_3	−0.062	0.073	—	—	—	—	—
pv_4	0.163**	0.056	0.134**	0.051	IC	0.001	0.097
					SP	0.167*	0.074

续表

变量	模型(8-5) 系数	标准误差	系数	标准误差	变量	模型(8-6) 系数	标准误差
pv_5	−0.063	0.060	—	—	—	—	—
pv_6	−0.016	0.070	—	—	—	—	—
pv_7	0.210**	0.046	0.213**	0.045	pv_7	0.191**	0.047
d_k	0.522**	0.072	0.523**	0.070	d_k	0.546**	0.068
截距项	−14.570**	2.393	−13.740**	2.303	截距项	−13.320**	2.354
R^2	0.801		0.800		R^2	0.803	

*、**分别表示在5%和1%的显著性水平下显著。

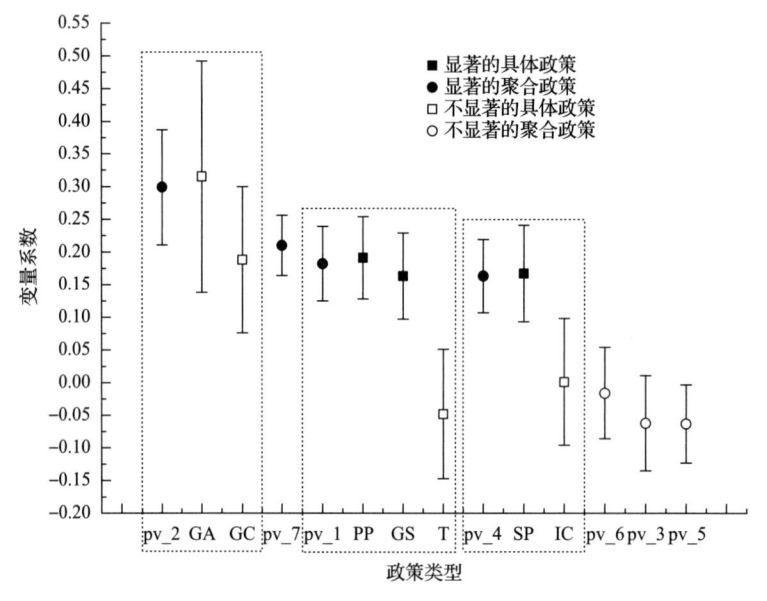

图 8-3 聚合政策和具体政策的实证结果

众所周知,《京都议定书》在减缓气候变化和可再生能源发展方面发挥了重要作用。本章结果证实了《京都议定书》对可再生能源的发展有着重大影响。此外,图 8-3 显示,聚合政策对可再生能源发展的影响程度从大到小依次为市场化工具、研发投入、财税激励政策及规划类政策。具体分析结果表明,这四项聚合政策每增加 10%,就可以在 1% 的显著性水平上分别增加约 3.00%、2.10%、1.82%、1.63%的可再生能源装机容量。对于具体政策工具模型,电价政策、税收、战略规划对于可再生能源的发展促进作用分别在 1%、1%及 5%水平下显著。此外,在所有模型中,四个控制变量都是显著的,特别是 GDP、高技术出口和电力消耗,这些因素与可再生能源装机容量呈正相关关系,而 CO_2 排放量与被解释变量呈负相关关系。下面着重从政策效果显著的可再生能源政策入手对可再生能源政策的有效性进行分析和讨论,并结合 Aguirre 和 Ibikunle(2014)、Johnstone 等(2010)、Marques 和 Fuinhas(2012a,2012b)、Polzin 等(2015)的结论进行对比分析。

1. 财税激励政策

研究发现，财税激励政策对可再生能源装机容量具有显著的正向影响，表明财税激励政策是促进可再生能源发展非常有效的手段。此外，具体政策工具模型的研究结果表明，价格政策和津贴补贴政策非常显著，意味着这两个具体的政策工具在财税激励政策方面起着重要的作用，对财税激励政策的实施及可再生能源的推广有广泛积极的影响。

在可再生能源的开发过程中，在化石能源外部性成本尚未纳入成本核算和电价形成机制的情况下，针对可再生能源实施的价格政策，是可再生能源发展的核心和基石性政策，主要分为上网电价政策和上网溢价政策。上网电价政策即按照各类可再生能源发电的标准成本，直接明确规定各类可再生能源电力的上网电价，电网企业必须按照这样的价格向可再生能源发电企业支付费用(Poruschi et al.，2018；Pablo-Romero et al.，2017)。上网溢价政策是一种基于价格的政策工具，其中符合条件的可再生能源发电商在市场结算电价的基础上支付溢价，此溢价可以是固定的也可以是浮动的。价格政策在一些国家，尤其是中国、德国、西班牙取得了突出的成就。该工具的主要特点是确保可再生能源项目收益的稳定性，吸引各种社会资本进入可再生能源领域。对投资者来说，这是一个重要的市场信号，电价的调整也可以在一定程度上反映技术进步的水平。因此，同时验证了 Pablo 和 Bleda(2012)的结论，该研究强调电价政策的好处是刺激发展和降低可再生能源投资的风险。从政策的演进角度来看，电价政策从 2000 年开始最初只有三个国家执行，到 2015 年研究的样本国家中已经有 21 个国家执行该政策，对于促进可再生能源大规模发展发挥了重要作用。

津贴补贴政策是政府为了促进可再生能源的发展，不以直接的资本收益或回报为目的，提供的财政资助或其他形式的收入或价格作为支持。这一政策是各国普遍采用的政策，从政策补贴的对象来看，可分为投资补贴、产出补贴和消费补贴。投资补贴是对可再生能源生产商投资提供补贴；产出补贴是对可再生能源的产出进行补贴，进一步增加产量，降低成本，提高经济效益。消费补贴是对消费可再生能源电力的用户进行补贴，通过刺激消费达到扩大市场需求的效果，反过来带动生产能力的扩大，进而达到促进可再生能源发展的目的。

然而，税收工具对促进可再生能源发展并不显著。这一工具的主要目标是通过税收手段促进可再生能源发展，然而实证结果却不显著。Johnstone 等(2010)指出投资者可能对依赖公共财政政策来发展可再生能源几乎没有信心，因为随着政府的更迭，这些政策可能会突然退出甚至取消，缺乏稳定性。例如，美国风电的生产抵税(production tax credit，PTC)政策，2005 年后通过不同的法案进行了多次的更新和延期，每次都仅延期 1~2 年，且延期法案颁布的时间距离机制失效的时间不足一个月，甚至是在机制失效后才颁布，美国风电上的投资形成了繁荣-萧条循环景象，政策的不确定性损害了该行业的前景(Barradale，2010)。税收激励的不确定性的另一个原因是经济衰退，尤其是在金融危机期间，只有有限的资源来支持这些措施。因此，税收工具对可再生能源的支持缺乏强制性，导致此类政策的不确定性。同时，Gan 等(2007)也指出税收措施不一定保证达到预期目标，支持了本章的结论。

研究结果验证了 Marques 和 Fuinhas(2012b)的结论，即财税激励政策有助于可再生能源对总能源供应贡献的增大。此外，财税激励政策框架下的多种具体政策工具可刺激可再生能源新技术部署，通过补贴获得更高的资本收益，通过上网电价政策降低资本成本支持投资者对可再生能源装机的投资。总而言之，上网电价政策对投资者来说是一个强有力的信号，调整了风险或回报结构，以解决资本市场的约束。补贴政策被证明是缓解财政约束的有效短期措施。税收优惠政策减轻了可再生能源企业的税负，提高了可再生能源的竞争力，但需要一个稳定的政策环境。

2. 市场化工具

除了财税激励政策，本章还提供了基于市场政策工具的实证研究，包括温室气体排放配额(GGEA)，绿色证书交易(GC)和白色证书(white certificate, WC)。许多样本国家尚未实施白色证书政策，只有韩国和意大利分别在 2007 年和 2011 年引入了这一工具(数据来源于 International Energy Agency(IEA) 和 International Renewable Energy Agency(IREA) 政策工具数据库)。因此，主要关注温室气体排放配额和绿色证书交易这两种工具。

对于具体的可再生能源政策工具，温室气体排放配额或绿色证书交易制度政策对可再生能源发展没有明显的影响，但是基于市场化工具的温室气体排放配额和绿色证书交易的聚合政策对可再生能源的扩张在 1%的水平下有着显著的影响。由此可见，这两个具体政策之间存在协同效应，即市场化工具的实施需要温室气体排放配额和绿色证书交易的结合。一方面，温室气体排放配额旨在减少二氧化碳排放，解决温室气体排放问题，而绿色证书交易旨在促进可再生能源的利用，解决能源结构问题。另一方面，这两个政策实质上是通过以市场为基础的工具来减少温室气体排放。实证分析表明，这两项具体政策的结合对促进可再生能源的发展起到了非常重要的作用。因此，温室气体排放配额和绿色证书交易的结合可能是推动整个社会以最小的成本实现能源转型的最有效的方式。

3. 直接投资激励

直接投资激励包括地方政府资金支持(FSG)、基础设施投资(II)。地方政府资金支持是指联邦资金以区域、地方或市县级为目标的直接投资。基础设施投资是指提供可再生能源接入电网的基础设施的投资。实证分析结果表明，直接投资激励在提高可再生能源装机方面的作用并不显著。在此，本章验证了 Polzin 等(2015)的研究结论，即这种形式的直接投资激励对于促进可再生能源方面的开发效果不显著。这与 Jager 等(2011)突出强调电网扩张有利于可再生能源部署和投资的结论形成了鲜明的对比。各种研究不一致的原因可能在于不同的可再生能源技术的结构不同，而不同的样本区域发展重点和电厂规模不同。

4. 规划类政策

各国为了促进可再生能源的快速发展，制定了符合自己国家发展特点的规划类政策，主要包括制度创新(IC)和战略规划(SP)。实证结果表明，在 2000～2015 年，规划类政策有效地促进了可再生能源部门产能的增加。从具体政策来看，制度创新对于可再生能源装机容量的促进效果不明显，而战略规划对于可再生能源有明显的促进作用，因为投资者都喜欢一个稳定的政策环境,而战略规划提供了这样的保障。如图 8-3 所示,聚合的规划类政策(制度创新和战略规划工具的结合)与具体政策中战略规划政策对可再生能源的促进作用都是显著的,但是聚合政策在 1%显著水平下就显著,而战略规划在 5%的水平下才显著。这表明制度创新政策在某方面促进了战略规划政策工具的实施效果,对于加速战略规划的部署非常有效。

基于以上分析,实证结果支持了制度创新和长期政策承诺在有效的政策组合中发挥强有力的作用。承诺、创造、稳定性、可靠性和可预测性都是增加市场参与者信心、降低监管风险,从而显著降低资本成本的要素。因此,实证结果表明,明确的战略规划有助于可再生能源发展。因此,通过战略规划,并结合制度创新,可提供长期稳定的政策环境,支持可再生能源的长远发展。

5. 规制类政策及信息和教育投入

由表 8-4 可知,规制类政策对于可再生能源装机的促进效果不显著。Polzin 等(2015)指出规制类政策中监管机制和监管制度的市场化也吸引了机构投资者,然而实证结果并不显著,支持了本书的结论;Aguirre 和 Ibikunle(2014)也没有发现规制类政策对于可再生能源的显著性影响,该结论与 Marques 和 Fuinhas(2012a)的结论一致。然而 Gan 等(2007)从理论上阐释规制类政策是促进可再生能源发展的最有效的政策类型,与本书的实证结果不一致。因此,从实证研究角度来看,该政策对于促进可再生能源发展的效果不理想。再者,信息和教育投入类的政策措施与工具,如装机过程中的援助及建议、信息披露等对可再生能源并没有显著的促进作用。

6. 研发投入

为了衡量研发投入对可再生能源装机的政策效果,选择详细的样本国家研发投入预算作为代理变量来替代政策工具的数量,数据来源于国际能源署能源技术研究与发展数据库。在 20 世纪 70 年代,可再生能源政策框架以研发项目为主(Aguirre and Ibikunle,2014)。评价政策是否影响及如何影响可再生能源部署,结果表明研发投入变量与被解释变量之间有着高度的统计显著性(在 1%显著水平下)及正相关关系,因此对于样本国家,研发的投入是促进可再生能源发展的重要因素。可再生能源技术仍然昂贵,不能与化石燃料技术竞争,因此需要通过研发投入不断降低成本,创造更先进、成本更低的可再生能源技术。

7. 非政策变量

除上述政策变量外,统计上显著的非政策变量是 GDP、高技术出口、CO_2 排放量、电力消耗和《京都议定书》的签署。这些非政策变量中,CO_2 排放量与因变量呈负相关关系,其余变量对可再生能源部署有正向影响。值得注意的是,2005 年《京都议定书》的实施是碳排放的重要里程碑,对各国决策者触动极大,推动了世界发展观念的变革及低碳经济的转型。虽然一些国家由于短期内低碳发展的高成本而未能实现减排目标,但许多国家长期致力于寻求低碳发展道路。不可否认的是,低碳发展理念将促进可再生能源的长期部署,这是一种有效的减排途径。

8.4 结 论

本章重点以 29 个国家 2000~2015 年的数据为样本,考察可再生能源公共政策的作用效果。通过对可再生能源的聚合政策和具体政策分别进行政策效果的实证评价,探讨了聚合政策和具体政策对可再生能源发展的影响。

分析表明,某些聚合政策一直是推动可再生能源发展的动力。一方面,七类聚合政策中有四类政策促进了可再生能源的快速发展,其政策影响程度从大到小依次为市场化工具、研发投入、财税激励政策、规划类政策。特别地,模型结果表明,当这四类政策投入增加 10%,各国每年将分别增加 3.00%、2.10%、1.82%和 1.63%的可再生能源装机容量。然而,其他三项聚合政策,包括直接投资激励、规制类政策、信息和教育投入,其政策效果并不显著。从具体政策措施来看,价格政策、津贴补贴政策是财税激励政策中对可再生能源激励比较稳定的政策措施。从规划类政策来看,战略规划是促进可再生能源发展的主要政策措施。当价格政策、津贴补贴政策及战略规划投入增加 10%,各国可再生能源装机容量平均每年将增加 1.91%、1.63%和 1.67%。

在相同的分析框架下,对聚合政策及其具体政策进行了政策效果评价,实证结果发现,在具体政策中存在协同效应,因此政策制定者必须将具体政策的结合及经济条件考虑纳入政策设计中。例如,单独的具体政策措施温室气体排放配额或者绿色证书交易对于可再生能源并无显著的促进作用,但两项政策措施的结合对于促进可再生能源的发展效果明显。值得注意的是,在未来的可再生能源发展中,应特别关注市场化政策工具。在制定市场化政策时,将温室气体排放配额与绿色证书交易相结合可以更好地避免政策失灵。一方面,各国可以通过温室气体排放配额直接控制温室气体排放,如设定排放量上限,并在全球范围内分配相应数量的配额;另一方面,通过绿色证书交易等间接手段增加可再生能源消耗的比例,减少温室气体排放。此外,制度创新对于可再生能源发展并无显著的促进效果,而具体政策中的战略规划政策对可再生能源发展有着积极的影响。进一步,这两项政策措施的组合对可再生能源的发展效果更为显著,这表明制度创新有利于促进战略规划政策的实施。

实证结果强调,2005 年实施的《京都议定书》在样本国家对可再生能源部署具有显著积极的影响。事实上,由于《京都议定书》的生效,许多国家都推出了可再生能源发展政策,以促进可再生能源的发展。实证结果还表明,模型中控制变量 GDP、电力消费和高技术出口对可再生能源的可持续发展具有积极影响;然而,模型中的另一个控制变量 CO_2 排放量,对可再生能源的部署有显著的负向影响。

总体而言,实证结果表明,可再生能源的发展基本上建立在补贴政策、战略规划和研发投入等政策工具的共同作用下,而市场化的政策工具应该由温室气体排放配额和绿色证书交易相结合。随着政府补贴和支出的增加,可再生能源的进一步发展方向是市场驱动而非政策驱动。因此,市场化政策工具的合理设计还需进一步探讨。

第 9 章　可再生能源技术创新模式的国际比较

由于国情不同，各国可再生能源技术创新模式也不尽相同。本章对四个典型国家可再生能源产业技术创新模式进行比较研究。

9.1　可再生能源技术创新模式分析

产业技术创新是国家技术创新在产业层面的细化，国家技术创新模式为产业技术创新的发展奠定了基础，因此在分析产业技术创新模式过程中，要充分考虑到影响国家技术创新模式发展的基本要素，即驱动力、主体、资源和支持环境。

产业技术创新过程一般从新产品或新工艺设想的产生开始，经过技术的开发(或引进、消化吸收)和生产，直到商业化和规模化。具有明显的阶段性，对每个阶段的分析是把握产业技术创新模式的关键。

从产业技术创新模式发展的全过程看，在同一阶段，不同的基本要素均起到关键作用；在不同阶段，同一基本要素也存在着一定的演变规律。综上所述，为了更准确地把握产业技术创新模式的基本规律及特点，需从关键阶段和基本要素两个角度对产业技术创新模式进行综合分析。

9.1.1　关键阶段

对于任何新兴产业，其发展过程都是从基础研发示范逐步发展到商业化和规模化发展阶段。根据这一规律，将产业的技术创新划分为前期研发及产业化发展两大阶段。按照 Weiss 和 Bonvillian(2009)的划分，根据技术成熟度将前期研发阶段细分为基础研发、原型化与示范两个关键阶段；根据产业发展的成熟度将产业化发展阶段细分为商业化与推广和大规模应用两个阶段；在两大阶段之间存在着由以技术研发为主转向以产业发展为主的投资与工程化过渡阶段。

可再生能源产业同其他产业发展过程类似，都是通过技术研发与市场扩散，使可再生能源技术从实验室逐渐走向市场直至大规模商业化。结合徐燕(2016)的分析，得出五个关键阶段的基本特点。

第一，基础研发。这一阶段面临的主要问题是技术创新，用来解决之前可再生能源发展过程中遇到的技术瓶颈和难题，由于研发投入较大，投资回报低，风险较高，且能源安全事关经济安全和国家安全，所以投入与参与主体是政府等公共部门。

第二，原型化与示范阶段。通过研发阶段形成的具有商业化潜力的技术，经过进一步的原型设计，完成技术开发流程，利用示范验证技术生产能力可行性和商业化推广可行性。由于示范项目投资周期较长，风险较高，而且投资金额较大，很难从资本市场短期获得，所以大多数的技术示范项目都是由政府扶持的，并随着示范项目规模的不断扩大，政府需要持续不断地注入资金才能满足示范项目的发展。

第三，投资与工程化阶段。可再生能源在经过技术和商业示范之后，仍需要一个长时期的规模化过程，通过技术学习与扩散，投资速度加快，规模不断扩大，在工程化过程中投资成本、运营维护成本不断降低，通过集群形成产业。在这一阶段，政策方面应重点放在鼓励社会资本投资可再生能源产业，通过给予财政补贴和税收优惠等广泛吸引资金，扩大参与主体范围，完善产业链，实现工程化。

第四，商业化与推广阶段。在学习效应和规模效应双因素作用下，可再生能源沿着学习曲线降低成本，促使机组设备成本、系统安装成本、运营维护成本快速降低，使企业尽快实现盈利。在这一阶段，政策着力点应是将市场机制引入可再生能源产业中，鼓励企业通过技术创新降低生产成本，获取市场竞争优势，从而实现优势盈利，避免企业依靠政府补贴维持发展。

第五，大规模应用阶段。在可再生能源产业实现商业化大规模应用之后，可再生能源具备了与常规能源竞争的价格优势，政府角色应从参与主体转型为"监管者"和"服务者"，承担建设信息交流平台、系统支持等职能，而企业则转型为市场参与主体，承担技术研发和资本投资等职能。

由于各个国家的国情及所采用的国家技术创新模式不同，在可再生能源产业实际发展过程中会出现各种状况。

首先，可再生能源产业的发展阶段侧重点不同或者会跳过某些发展阶段。对于后发国家模式，在基础研发阶段技术特征大多以技术引进为主，缺乏自主创新，技术和产业的发展重心在后面四个阶段，采用后发国家模式的国家往往将大规模技术引进和示范项目同时进行以缩短与技术先进国家的差距，而在投资与工程化、商业化与推广阶段才开始逐渐进行自主创新。

其次，国内外政治和经济环境等因素的变化可能导致个别国家可再生能源产业的发展出现暂时停滞的现象。丹麦风电产业在20世纪末21世纪初的缓慢发展就是由国内政党更替及对欧盟政策的错误判断导致的；美国风电产业在20世纪80年代中期到20世纪末期的缓慢发展就是由全球天然气价格的下跌及美国电力公司非集约化经营改革政策的推行导致的。

尽管出现了以上两种现象，但是技术创新路线的五个关键阶段仍然是每个大力发展可再生能源产业国家的必经之路。选取四个可再生能源产业较为发达或者发展较为迅速的国家，通过分析他们在风光发电领域的发展经验，总结出他们的优缺点，为后面对我国可再生能源产业的分析奠定基础。

9.1.2 基本要素

产业技术创新模式是在多个要素组合与相互作用下形成与发展的，以产业技术创新模式的基本构成要素为出发点，通过分析各要素在产业技术创新过程中的特点和起到的作用可以研究特定的产业技术创新模式。

通过整理相关文献，将驱动力、主体、资源和支持环境作为可再生能源发电产业技术创新的基本构成要素，如图9-1所示。

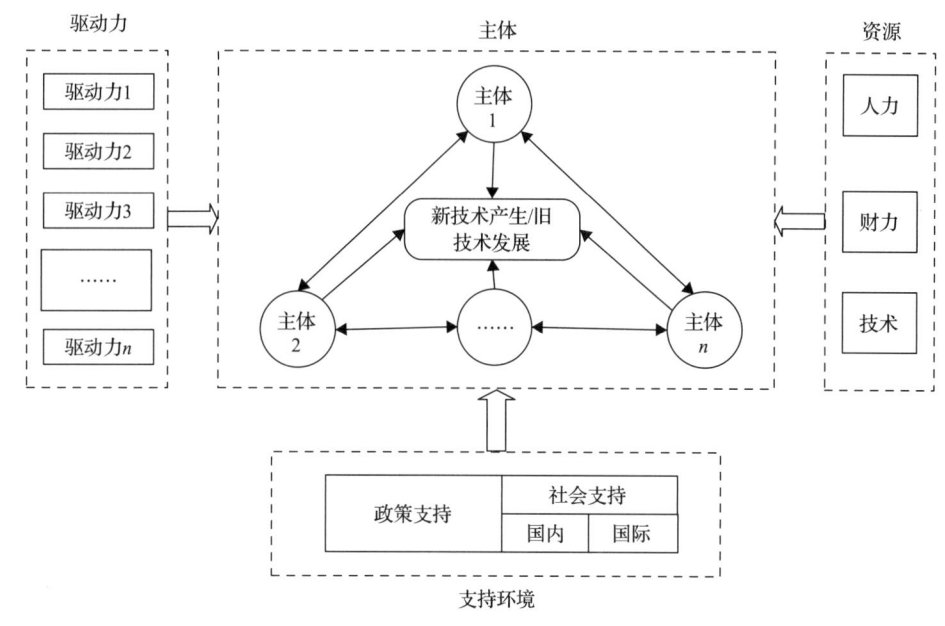

图 9-1 产业技术创新过程中各个基本要素相互关系

从图 9-1 可以看出，技术创新的多主体在驱动力、支持环境及资源的共同促进作用下实现技术创新或产业化的发展。驱动力有多个来源，主要取决于当前的国内外经济、政治及社会环境；主体主要包括政府、企业、科研院所等，在产业发展的前期，政府起到关键作用，而随着产业的日益成熟，企业逐渐发展成关键主体；资源主要包括人力、财力和技术。先发国家在资源方面相对于后发国家具有较大的优势；支持环境主要包括国内和国际支持环境。国内支持环境具体有政府支持、民众支持及投资者支持等，而国际支持环境主要存在于后发国家产业发展的前中期。在后发国家产业发展的前中期，后发国家资金薄弱、技术落后，非常需要外国政府及企业的支持，而外国政府及企业也乐意对后发国家提供支持以快速占领市场。

9.1.3 演变规律分析

在不同发展阶段，各要素的特点及作用各有不同，如图 9-2 所示。

主体根据不同的发展阶段可分为技术创新主体及产业化促进主体。在前两个阶段，主体以促进技术创新为主，最后两个阶段，主体的主要作用以促进产业化发展为主。

驱动力根据不同的发展阶段可分为技术创新驱动力和产业化发展驱动力。在基础研发和原型化与示范阶段，驱动力以技术创新驱动力为主；在商业化与推广及大规模应用阶段，驱动力演变为促进产业化发展驱动力，成熟的技术需要配合成熟的市场才可发挥最大效用。

资源一般包括为技术研发和产业化发展所投入的人力、财力及技术资源，在前两个阶段，先发国家的资源相对于后发国家具有较大优势，但随着技术及产业的发展，在后两个阶段后发国家在资源方面逐渐追赶甚至反超先发国家。

支持环境	技术创新(先发国家)或技术引进(后发国家)	过渡阶段	促进产业健康发展的相关政策等
资源	先发国家：人力、财力及技术资源均较为丰富；后发国家：人力、财力及技术资源中一个或多个较为匮乏	过渡阶段	后发国家资源逐渐丰富，并利用后发国家优势在技术资源方面逐渐追赶上先发国家
驱动力	技术创新驱动力(内因、外因)	过渡阶段	产业化发展驱动力(内因、外因)
主体	以技术创新为主。技术创新主体(先发国家：政府机构、大企业、科研机构；后发国家：以政府主导为主)	过渡阶段	以产业化促进为主。产业化促进主体(先发国家：政府机构、大企业、科研机构；后发国家：以政府主导为主)

基础研发阶段　原型化与示范阶段　投资与工程化阶段　商业化与推广阶段　大规模应用阶段

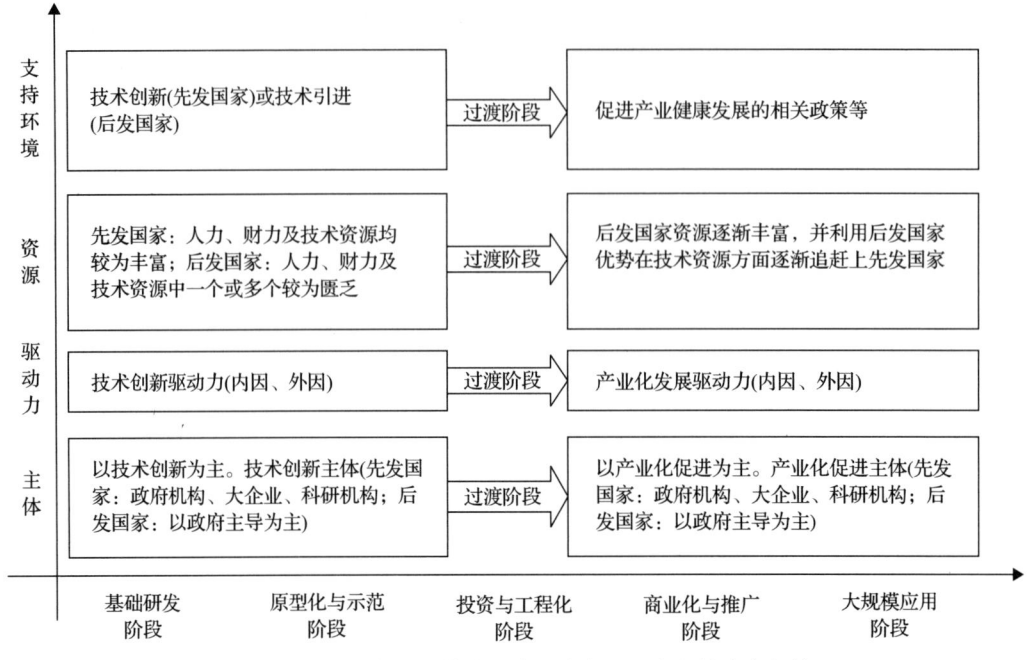

图 9-2　产业技术创新模式基本要素在不同阶段的演变规律

支持环境主要包括国内、国际支持环境，国内支持环境包括针对技术创新、技术引进及产业化促进的各类政策制度支持及社会支持。国际支持环境包括技术和财力援助，这种支持一般发生在技术后发国家产业发展的前两个阶段。

9.2　典型国家可再生能源技术创新模式的比较

不同国家的可再生能源技术创新模式各有千秋，本节从技术创新不同基本要素和不同阶段角度出发，对丹麦、美国、日本及中国可再生能源技术创新模式进行比较研究。

9.2.1　丹麦风电产业技术创新模式研究

与多数发达国家一样，丹麦的产业技术创新模式遵循先发国家模式。在先发国家模式的基础上，丹麦风电产业在技术创新模式的每个阶段，各个基本要素充分发挥着各自的作用，有力地推动着风电产业的发展。

1. 基础研发阶段(20 世纪初~1978 年)

丹麦风机技术的研发起源于 20 世纪初，由于外界普遍不看好风电前景，风电技术在 20 世纪 70 年代之前进展一直很缓慢。直到 1978 年，丹麦风力涡轮机最大额定功率也仅有 40kW。尽管风力涡轮机的额定功率不高，但是在当时研发出来的风力涡轮机成为现代风机的雏形，为之后的风机研发奠定了基础。这一阶段丹麦风电产业技术创新的主要特点是产生新技术、研发基本风机模型及进行风电产业化前期工作。

1) 技术创新驱动力

长久以来传统化石能源的短缺是丹麦风电技术产生的根本原因,而第一次石油危机的发生则直接促进了丹麦风电技术的研发及快速发展。

2) 主体

在基础研发阶段,政府科研机构、公用事业公司及研究型大学共同组成了丹麦大型风机创新系统,而小企业和民间组织则组成了丹麦小型风机创新系统,两股力量共同推进了丹麦风电技术的发展。在丹麦风电技术发展的最初阶段,学者提出的理论和技术也为丹麦风电技术的发展做出了一定的贡献。

1891年丹麦ASKOV大学教授Cour提出的风机概念和技术为20世纪前20年丹麦的风机研究提供了基础。在接下来的40年中,风力涡轮机在丹麦得到进一步的开发和测试。

丹麦政府于20世纪70年代末制订了国家风能研发计划。丹麦RISO国家实验室和丹麦技术大学合作研发出大型风机模型,然后计划交由电力公司制造。但是大多数电力公司对制造风机并不感兴趣。最终,风机是在多合同的基础上制造的,合同的参与者除了丹麦RISO国家实验室和丹麦技术大学之外,SEAS公用事业公司也资助了部分资金。通过干中学(learning-by-doing, LBD)和主体间的互动中学,丹麦风机技术在这一阶段发展迅速。20世纪80年代初期,丹麦又制造出八台大型风机涡轮机,其中七台是由丹麦环境与能源部和SEAS公用事业公司共同组建的丹麦风能技术公司建造的。

丹麦RISO国家实验室除了开发风机模型之外,还承担着风电产业发展的前期工作。主要工作有风场场址调研、风力资源评价及制定严格的风机技术的质量认证、采用标准化系统。经过多年的实地调研,Petersen和他在丹麦RISO国家实验室的同事于1981年出版了丹麦的第一本风力资源地图集,为丹麦风电示范项目及之后的大规模风电发展的选址提供了科学的依据。而之后的五年间,丹麦环境与能源部对风电场的选址进行了更为广泛的评估研究。20世纪70年代末至80年代初期,对于风机制造业这样一个刚刚萌芽的行业,获得可靠的市场声誉非常重要。出于这个原因,1978年丹麦RISO国家实验室开展了一个风机标准测试项目。1979年,又增加了一个正式的风机标准认证程序。该项目对防止在国内外销售不合格技术至关重要,极大地提高了风机的质量与丹麦风机制造业的声誉。

在丹麦,小型风机创新系统从20世纪70年代末开始发展,它相对独立于丹麦政府建立的风能研发计划。小型风机创新系统主要由小企业和民间组织组成,他们以Gedser风机为原型,制造出更为先进的小型风力涡轮机。这些小型风力涡轮机通常的额定功率约为22kW。这些小企业及民间组织大多数不具备较强的经济实力,而且从长远来看,只有少数公司存活下来,但是可以看出丹麦民众对发展风电抱有很高的热情,为之后丹麦风电产业的大发展奠定了群众基础。

3) 资源

这一阶段的人力资源主要包括早期的专家、学者、丹麦RISO国家实验室及丹麦技术大学的科研人员,以及小企业和民间组织内部的专家、学者等;政府及SEAS公用事业公司为风机的技术研发提供了资金支持。而由于丹麦为风电技术先发国家,只能从少数国家得到一些风机技术的基本理论,几乎没有外部技术资源。

4) 支持环境

政府在这一阶段对风电产业的发展进行了大力的扶持。例如,制订国家风能计划,为风机技术的研发投入大量人力、财力,成立国家实验室风能部门;对小型风机创新系统进行扶持等。但是,政府并未出台促进风电发展的相关政策。在社会支持方面,丹麦民众表现出对发展风电的极大热情,加之大型风机创新系统和小型风机创新系统的形成,有力地促进了丹麦风电技术利基(niche)的形成,为之后丹麦风电的发展奠定了基础。

2. 原型化与示范阶段(1979~1981年)

1) 技术创新驱动力

第二次石油危机使丹麦政府重新审视自身的能源结构,并开始进行能源结构改革,正式拉开了丹麦风电产业发展的序幕。此阶段丹麦风电技术创新的主要特点是加大风机技术研发及开展小型风电示范项目。

2) 主体

由于原型化与示范阶段的技术成本极高,一般企业和研究型大学无法独立承担,进而主体结构发生变化,政府成为促进丹麦风电技术创新及产业化发展的主要力量,企业和研究型大学在政府的支持下进行风机技术研发及风电场示范项目。这一时期,丹麦政府并没有进行大规模的风电场建设,而是将重点放在对风机的原型设计及风电场示范项目的扶持上。

3) 资源

人力资源方面与第一阶段相同,以政府科研机构、企业和科研院所的研究人员为主;财力资源方面,政府通过价格补贴和直接的资金投入来扶持风机的原型设计与风电场示范项目。

4) 支持环境

与第一阶段不同的是,这一阶段政府加大了促进风电产业发展的相关政策的制定,主要有以下几个方面:

从 1979 年起,安装风电机组的私人风机所有者可获得丹麦政府 30%的风机价格补贴;政府对风电等可再生能源的最低价格进行了规定;丹麦环境与能源部要求风电强制上网,电力公司支付部分的并网成本,具体的支付情况可通过谈判确定。除此之外,丹麦政府还积极推进能源结构改革,也直接促进了丹麦风电产业的发展。

3. 投资与工程化阶段(1982~1989年)

1982 年,丹麦政府成立专门的可再生能源委员会以扶持和促进可再生能源产业的发展,这标志着丹麦风电产业正式进入投资与工程化阶段,此阶段一直持续到1990 年丹麦发布第三次国家能源计划。

投资与工程化阶段是技术创新与产业化发展并行的过渡阶段。在经历了基础研发和示范项目之后，丹麦政府投入大量资金以促进风电产业的发展。1983~1989年，研发支持主要面向风电场和大型风力涡轮机，小型风力涡轮机项目的研发资金比例随着时间的推移而增加。除此之外，政府还通过财政补贴和税收优惠等方式鼓励社会资本投资可再生能源产业，逐步扩大风电产业参与主体范围，完善风电产业链，实现工程化。

1）技术创新驱动力

在20世纪70年代末和80年代初，由于缺少传统化石能源及第二次石油危机的发生，丹麦政府一度将核能纳入国家能源发展计划，但是核能的安全性受到了一些专家学者和非政府组织的质疑，加上民众逐渐提高的能源安全意识，最终促使丹麦政府放弃核能发展计划，将重心转向可再生能源的开发。

2）主体

随着风电产业化及标准化的推进，小企业和民间组织在丹麦风电技术创新中的主体作用逐渐减小，小型风力涡轮机系统的研发也逐渐由大企业、政府科研机构及科研院所接手。技术创新主体结构逐步演变为政府科研机构、研究型大学及企业。政府科研机构以国家实验室为主，国家实验室除了承担基础研发任务之外，还负责进行风力资源及场址评价、风机技术质量认证及标准化系统的制定等工作；研究型大学主要承担着风机技术基础研发的任务；企业主要负责制造风机和研发可直接用于商业用途的风机技术。

在技术创新的同时，风电产业发展也在同步进行，政府科研机构成为促进风电产业化的重要力量，通过财政拨款、补贴及各类政策法规的制定来促进风电产业发展。

3）资源

人力资源方面，这一时期与第二阶段的不同在于民间组织和小企业内部的研发人员的主体作用逐渐削弱，政府科研机构、企业和科研院所的研究人员成为主力；财力资源方面，可再生能源委员会对风电技术的研发与示范进行了大量的拨款，企业也投入大量资金以支持风电技术的研发工作。

4）支持环境

（1）增加研发投入。

可再生能源委员会的主要作用是促进风能、光能及生物质能等可再生能源的利用，可再生能源委员会的成员多由各个领域的专家组成，经过几年的前期工作，该委员会制定出约460万欧元的年度预算，其中相当一部分用于风电技术的研发与示范。截至1991年可再生能源委员会重组，该委员会在九年间为可再生能源拨款总计约为3000万欧元。对风电技术方面的大量研发投入取得了显著效果，从表9-1可以看出(Meyer, 2004)，在1982年可再生能源委员会成立之后，丹麦风机的额定功率从1983年的55~75kW增长到了1991年的300~450kW，九年间增长了约6.25倍。风电机组单价大幅下降，风电累计装机容量也呈现了明显的上升趋势，进而使丹麦风电技术的LBD学习率达到了11.7%（Takahashi，1982）。

表 9-1　1978~1991 年丹麦风机额定功率变化趋势

年份	1978	1983	1985	1988	1991
风机额定功率/kW	20~40	55~75	100~150	200~250	300~450

(2) 财政补贴和税收优惠。

丹麦政府早期资助 30%的风机安装费,但是只有通过国家实验室风机认证标准的风机才可以获得这些补贴,随着 20 世纪 80 年代风电产业发展状况的改善,投资补贴逐渐降至 10%,风机补贴最终于 1989 年正式结束。同时,丹麦政府还制定了可再生能源电力最低价格标准、电价补贴及碳税返还。丹麦政府还设有电力节约基金以便于对能够提高能源效率的技术和设备进行补贴。

(3) 扩大参与主体范围。

第一,丹麦政府通过颁布绿色证书以鼓励消费者购买绿色能源,进而扩大对可再生能源的使用;第二,《电力供应法》要求电力公司以固定价格购买可再生能源发电;第三,政府通过财税政策消除了风电在开发初期的市场准入障碍,并建立有效的投资、融资机制;第四,为了鼓励风电上网,政府要求电力公司必须将售电收入优先付给私人风机所有者。

4. 商业化与推广阶段(1990~1999 年)

1990 年丹麦发布第三次国家能源计划,将国家能源政策的总体目标转变为大力发展可再生能源,并遵守减少温室气体排放的承诺,努力减缓气候变化。而在 1996 年丹麦政府发布第四次国家能源计划之后,丹麦的风电累计装机容量更是迅速增长,这种增长的趋势一直持续到 1999 年新的能源法案颁布。

1) 产业化发展驱动力

20 世纪末期,全球最大和最紧迫的挑战之一是建立全球性可持续发展制度。随着温室效应的不断加剧,世界各国逐渐开始寻求低碳环保发展之路。国际社会和丹麦国内环保意识的增强推动了丹麦风电产业的进一步发展。

2) 主体

进入商业化与推广阶段之后,丹麦风电产业技术创新的主体结构基本稳定,发生变化的只是各大主体研发力量的占比,企业逐渐发展成丹麦风电产业技术创新的主要研发力量。

此阶段风电产业发展迅速,风电市场所占份额逐渐增大,同时在学习效应和规模效应的作用下,风电成本沿着学习曲线规模化降低,企业逐渐摆脱政府补贴,实现盈利。风电产业的产生打破了原有电力行业的利益平衡及缺乏规范的市场秩序和配套制度,导致其在商业化与推广阶段遇到了诸多问题。通过制定相关政策解决这些问题,使政府成为促进风电产业健康发展的重要力量。

3) 资源

此阶段人力资源结构与财力资源来源与上一阶段基本相同,但企业的人力、财力投入逐渐增多。

4) 支持环境

前面已经提到，丹麦的风电产业在这一阶段遇到诸多问题，而这些问题主要包括风电投资商对风电发展前景的不确定性、电力公司与发电公司的利益争端及民间反对风场场址的声音等，丹麦政府从以下三个方面积极解决所遇到的问题。

(1) 制定国家层面可再生能源发展目标。

可再生能源产业作为一个新兴产业，具有开发成本高、投资风险大、回报率低等问题，因此可再生能源的开发利用不能单纯依靠市场，还需要依赖政府的积极推动，其中最为重要的一项政策工具就是制定阶段性的发展目标及总体发展战略，为市场提供明确的信号，引导市场投资方向。

丹麦政府于 1990 年和 1996 年发布了两次国家能源计划，这两次国家能源计划的总体目标为大力发展可再生能源，努力提高风电和生物质发电的发电比例，并遵守减少温室气体排放的承诺，努力减缓气候变化。这对推动以风电为主的可再生能源产业的发展起到了巨大的作用。两次能源计划的具体目标为：到 2005 年风电比例达到 12%~14%，到 2030 年风电比例达到 35%。尽管这两个具体目标很明显低估了风电的发展前景，但是还是起到了为市场提供明确信号的作用。

(2) 积极调整电价补贴政策。

长期以来丹麦风电的电价补贴政策颇受争议。在 20 世纪 70 年代末和 80 年代初是丹麦现代风电的起步阶段，丹麦电力公司几乎没有处理小规模风电系统的经验，一直专注于大规模的传统发电系统。因此，大多数丹麦电力公司对风电的发展持高度怀疑态度，并且不愿意为风电提供有利的上网价格。在这种情况下，风电的推广需要政府出台有利的上网电价政策或者依靠发电厂商与电力公司的自愿谈判。20 世纪 70 年代后期，丹麦电力公司协会与丹麦风力协会及丹麦风机生产商签订了第一份协议，迫于风电企业的压力，该协议在 1992 年之前多次进行了重新谈判。在多次谈判成果不佳之后的 1992 年，丹麦政府出台了一部相对符合多方利益的上网电价政策，上网电价固定为电厂生产和分配成本的 85%。除了固定上网电价之外，私人风电企业将获得每千瓦时 3.7 欧元的"退税"。1992 年生效的《电力生产补贴法》指出，要为风机生产的电力提供一定的补贴，对公用事业公司和私人的风机给予不同额度的补贴，直至 1999 年被取消(鲍健强等，2013)。

(3) 谨慎选择风场场址。

政府通过强制措施和税收优惠等多重政策，消除风电的市场准入障碍，同时对风电上网给予鼓励，要求电力公司必须将售电收入优先付给私人风机所有者或者风能利用合作社，由此可以看出风电对于丹麦普通民众有利可图，截至 2001 年，已有超过 15000 丹麦家庭是风机的所有者或者加入了风能利用合作社。因此，在 20 世纪 90 年代的一个公众对风电的态度调查表明，大约 80%的丹麦人支持风电。尽管风电并没有像火电一样造成空气污染，但是风机的视觉污染问题也经常被诟病。不少反对风电的声音日益影响地方政府的决策，导致地方政策对风电场的选址要求非常严格。风电装机容量的年增长量从 1990～1992 年的 80MW 下降到 1993 年和 1994 年的 30MW。为了解决这个问题，丹麦环境与能源部下令所有丹麦地方政府评估风能资源及风场场址，并在 1995 年 6 月之前报告结果。在经历了多年缓慢的增长之后，1996 年丹麦风电累计装机容量迅速增长。由此可以看出，丹麦环境与能源部的举措对于风电装机容量的增长产生了积极影响。

5. 大规模应用阶段（2000 年至今）

1989 年，英国率先开启了欧洲的电力市场自由化，挪威、瑞典和芬兰紧随其后。1996 年 12 月，欧盟理事会达成了关于欧盟电力自由化规定的协议。在此之后，一些欧盟成员国为适应该协议而引入了可再生能源法案，丹麦也于 1999 年 6 月议会通过了新的能源法案。可再生能源法案的通过标志着丹麦政府可再生能源改革的开始，也意味着丹麦风电产业正式进入大规模应用阶段。

1）技术创新驱动力

进入 21 世纪之后，全球范围内"低碳环保、绿色发展"的呼声愈加强烈，丹麦本身属于传统化石资源稀缺的国家，加之可再生能源产业发展较为发达，因此进入 21 世纪之后，丹麦就制定了以发展可再生能源为主的国家能源战略，直接促进了丹麦风电产业的快速发展。

2）主体

此阶段的技术创新主体结构与上一阶段相同，但随着商业化的不断推进，企业在应用研发和开发研究方面的主体作用逐渐增强。在产业化发展的促进方面，政府发挥着主体作用。

3）资源

此阶段人力资源结构与财力资源来源与上一阶段基本相同，随着教育水平的不断提高，越来越多的人才进入风电领域，丹麦风电技术的研发达到了世界一流水平，为风电技术的出口奠定了坚实的基础。

4）支持环境

从促进风电产业健康发展的角度出发，丹麦政府制定了一系列政策法规及计划。

(1)《可再生能源利用法案》（2008 年修订）。

根据《可再生能源利用法案》，丹麦政府决定将原有的上网电价模式转变为可交易的绿色证书模式，而过渡阶段的不稳定性给私人风电投资者带来了很大的不确定性，过渡阶段的 2000 年新增陆上风电装机容量约为 600MW，而 2001 年新增仅约为 100MW，2003～2008 年陆上风电装机容量几乎没有增长。直到 2008 年丹麦《可再生能源法案》的颁布才彻底消除了投资者的不满与不确定性，陆上风电累计装机容量也逐渐增加。

(2) 风机扩容计划及海上风电场建设。

为了解决风电场场址短缺的问题，丹麦政府于 2002 年推出小旧风机替换计划，根据该计划，直到 2003 年年底，额定容量小于 100kW 的风机可以被容量为其三倍的风机所取代,而 100~150kW 的风机可以被容量为其两倍的风机替代。小旧风机替换计划取得了立竿见影的效果,2002 年丹麦陆上风机新增装机容量约为 230MW,在 2008 年之后,风机装机容量增长速度加快,丹麦政府更是逐年实施更替扩容计划以保证风机装机容量的稳定增加。

除了小旧风机替换计划之外,丹麦政府还大力发展海上风电项目。前丹麦社会民主党政府和丹麦公用事业部之间达成了一项协议,即在 2008 年之前,将建立五座容量为 150MW 的海上风电场,在政府更替之后,丹麦议会还是通过了这项协议,最后三座海上风电场分别于 2009 年、2010 年及 2013 年成功建成。

(3) 出口风机及风电技术以扩大国际影响力。

2003 年,丹麦风机生产商的营业额约为 220 亿丹麦克朗(30 亿欧元),其中 90%以上来自出口,覆盖全球近 40%的风力涡轮机市场。丹麦风能行业的直接就业人数为 6600 人,包括次级供应商在内,风能行业的总就业人数约为 21000 人。如今,风机制造业是丹麦第三大出口行业,对收入差距和全球环境都有着重要贡献。在对外大量出口风机的同时,丹麦政府还积极外推自身的风电技术和经验,通过稳定有效的政策,积极开拓海外市场,向大量进口其风机的国家提供附加条件的技术援助,扩大自身国际影响力的同时也促进了全球风电产业的发展。

(4) 制定新的可再生能源发展目标。

进入 21 世纪,丹麦能源计划发布的次数逐渐增多,具体计划如表 9-2 所示。能源计划既体现出丹麦作为风电发展强国的自信,又给了风电等可再生能源电力投资者明确的市场信号,消除了投资者对于风电产业发展的不确定性和风险的顾虑,有力地促进了丹麦风电产业更进一步的发展。

表 9-2　21 世纪丹麦能源计划发布情况

时间	名称	主要内容
2007 年	《国家能源战略计划》	致力于推动绿色能源体系发展
2010 年 6 月	《国家可再生能源行动计划》	明确制定了未来可再生能源的发展目标
2011 年 2 月	《能源战略 2050》	提出到 2050 年完全摆脱对化石能源依赖的战略
2012 年 3 月	《丹麦能源政策协议》	提出了近阶段的发展目标
2018 年 4 月	《绿色丹麦能源》	提出到 2030 年,丹麦可再生能源占总能源需求的 50%;到 2030 年,逐步淘汰煤电;到 2050 年丹麦成为一个低碳排放的国家,完全淘汰化石燃料

9.2.2　美国风电产业技术创新模式研究

1. 基础研发与示范阶段(1973~1986 年)

在 1973 年石油危机爆发之后,欧美石油消费大国开始重视优化能源结构、加大可再生能源开发力度和节能力度,以风电为首的可再生能源电力产业开始逐步发展。美国强大的科技实力使得美国在基础研发上所取得的成果可以很快地应用于示范,因此将美国风电产业的基础研发阶段与示范阶段合为一个阶段。

这一阶段技术创新的主要特点是风电技术的研发及风电的推广，主要途径是以政策法案为依托，政府、研究型大学及大企业分别扮演重要角色，从多个方面促进风机技术的研发及风电的推广利用。

1) 技术创新驱动力

这一阶段技术创新驱动力主要来源于第一次石油危机及其他国家发展风电给美国带来的压力。

2) 主体

在每个新兴产业发展的初期，政府都起到了至关重要的作用，美国的风电产业也不例外。美国国家航空航天局和能源部对美国大型风机的研制提供了大量的帮助。除了政府之外，美国的大企业也起到了重要的作用。在1974~1981年，美国国家航空航天局及能源部曾委托波音公司设计了13个实验性的大型水平轴型风机。企业利用美国政府资助对风机技术进行自主创新，美国政府再将研究成果交给各类企业，进而推动美国风电产业整体的发展。

3) 资源

作为技术先发国家，美国在风电产业发展过程中的主要资源有人力资源和财力资源两类，几乎没有外部技术资源。人力资源方面主要包括美国联邦机构及大企业内部的研发人员；财力资源方面，美国政府为风电技术的研发资助了大量的资金。

4) 支持环境

美国政府在风电产业发展初期就制定了推动风电技术研发及推广应用的法律法规。

(1) 风电技术研发。

1973年，美国政府开始对风电技术研究进行投资，并制定了风电技术发展路线图；1974年，美国政府实施风能计划，其中就包括对风机性能的改进及对降低造价的研究；1975年，为了进一步促进风电技术研发，美国政府颁布《能源政策与节约法案》。

(2) 风电推广利用。

1978年，美国政府颁布了《公用事业管理政策法案》和《能源税法案》以推广风电利用。这两个法案重点解决了风电成本高及并网问题，同时制定了关于风电的投资税收政策，以上举措极大地激励了美国风电的发展。

总体上讲，美国在这一时期风电发展是成功的，在各方主体的共同努力下，美国的风机研发技术逐渐发展成为全球最高水平。在研发的同时开始进行示范项目及小规模推广，装机容量日益增加，其中加利福尼亚州风电产业的发展最为迅速，截至1986年，加利福尼亚州风电累计装机容量达到1200MW，占当时全球风电总装机容量的90%。但这一时期美国风机设计过于追求大容量大规模，忽视了标准化生产和降低风机成本，同时利用税收优惠而仓促安装的风机常被劣质的技术设计所困扰，使美国风机质量参差不齐。加之外部经济和政治环境的变化，美国风电产业的发展在1985年之后突然停顿了下来。1986~1998年，美国每年的风电新增装机容量几乎为零。

2. 投资与工程化阶段(1987~1998年)

在风电投资税收优惠政策取消后,美国风电产业进入缓慢发展时期。全球天然气价格的下跌也阻碍了美国风电产业的发展,美国风电产业进入了十余年的低潮期。

1) 技术创新驱动力

这一阶段美国风电累计装机容量不增反降,成本高、质量差、竞争力弱等问题逐渐暴露出来。如何更好地处理这些问题成为这一阶段美国风电产业技术创新的核心内容。

2) 主体

由于风电产业暴露出的诸多问题,大多数私人投资者及电力公司逐渐丧失了对风电的兴趣,政府成为这一阶段维持风电产业发展的核心力量。尽管风电产业发展停滞,但政府还是出台了较多具有创新性的产业政策以促进风机技术的提升。

3) 资源

这一阶段的人力资源以政府科研机构的研究人员为主,除了少数大企业之外,很少有企业仍保留着风电技术研发人员;在财力资源来源方面,除了政府的大量投资及少数企业的少量投资之外,并无其他来源。

4) 支持环境

(1) 降低风电成本。

为了降低风电成本,美国政府于1990年和1992年分别颁布了《太阳能、风能、废弃物和地热发电生产激励法案》和《能源政策法案》,前者撤销了1978年《公共事业管理政策法案》中对可再生能源设施的规模限制,后者提出了生产税收减免政策,这一政策对美国风电产业发展具有里程碑式的意义。该政策规定,政府在风电机组投入生产的最初10年内提供1.5美分/(kW·h)的税收优惠,即从风电场投产之日起的10年内,风力发电电量每度电以当年的个人或企业所得税交1.5美分的方式对风电进行补贴。

(2) 提高风机质量,增强风电竞争力。

为了提高风机质量,增强风电竞争力,美国政府采取了一系列政策举措。为了解决风能开发过程中所遇到的诸多问题并为电力部门评估风力资源,1994年美国成立了国家风能协调委员会。同期,美国能源部还建立了一个风能技术中心,该中心拥有数量众多的风电实验样机和风力研究装置,通过各种实验和测试,可帮助设计人员设计出更有效、更可靠、更经济的风电机组。同时,美国能源部为了加速风能产业的发展,提升风电产业的全球竞争力,制订了风电机组发展计划,内容包括小型风电机组计划、风电机组加工计划、近期风电机组计划、新一代风电机组开发计划等。这一系列政策举措基本解决了美国在风电产业发展初期所遇到的风机质量较差及风电场选址不佳进而导致风场竞争力弱的问题。

(3) 促进风电公司吸纳风电。

在积极推进电力公司吸纳风电方面,美国风电产业政策主要着眼于开放电力的输送和消费环节。在1992年《能源政策法案》中,要求各电力公司在1996年必须向所有发电系统开放电力输送,即吸纳各种来源的发电量,进而解决了风电上网难的问题。电力消费市场的开放则首先从各州开始。1996 年,美国加利福尼亚州和罗得岛州通过法律允许零散用户选择其电力来源,即用户可以根据自身喜好选择使用各种来源的电力,如天然气发电、风电、煤电等(李红强和沈镭,2012)。这一政策有效发挥了美国普通民众对于风电产业发展的影响力,促使电力公司开发和接纳风电,进而为风电产业增加了新的驱动力,部分弥补了风电与传统电力相比的成本劣势。在这一低迷时期,尽管风电装机容量几乎没有增长,但是美国风电产业夯实了自身的技术水平,形成了一大批优秀风机制造企业,为下一阶段美国风电产业的增长奠定了基础。

3. 商业化与推广阶段(1999～2008 年)

政府在投资与工程化阶段制定的政策法规逐渐产生了积极的影响。1999 年可再生能源配额制(renewable portfolio standard,RPS)在美国得克萨斯州的顺利通过标志着美国风电产业进入了快速发展的商业化与推广阶段。在这一时期,美国风电累计装机容量平均增长率达到了 29.3%,而新增装机容量平均增长率则达 33.17%(李红强和沈镭,2012)。

1)技术创新和产业化发展驱动力

美国的替代能源较多,因此在风电产业发展低迷时期,风电产业利润较低,对多数投资者没有吸引力,除政府科研机构及少数大企业之外,社会各界风电产业技术创新的积极性较低。随着美国风电产业的复苏及国际上"绿色发展"理念的盛行,风电技术创新的积极性及产业化发展的势头又逐渐高涨起来。

2)主体

随着美国风电产业的回暖,不少企业开始重新回归风电业务,对风电技术的研发积极性也逐渐提高。同时,除了本土的通用电气公司之外,以丹麦维斯塔斯公司、日本三菱重工及西班牙歌美飒公司等国外大型风电设备制造企业也纷纷涉足美国风机设备制造市场,美国风机设备制造市场国际化程度逐渐提高,也间接促进了美国风电技术的发展。美国原有的联邦政府科研机构及研究型大学也在基础研究方面起到了重要作用。除此之外,美国政府出台了一系列政策法案以促进风电产业的健康发展。

3)资源

人力资源方面,除了上一阶段原有政府科研机构的研究人员之外,还包括了科研院所及国内外大企业的研究人员;财力资源方面,政府和大企业为风电技术的研发提供了大量资金。

4)支持环境

激励及发展目标是这一时期美国风电产业政策的主要特征,具体有以下三点。

(1)可再生能源配额制。

由于生产税收减免政策在 1999 年到期,美国一些致力于推动绿色能源发展的州逐步借鉴欧洲的可再生能源配额政策,将可再生能源配额制列入电力重组方案。

(2)利用金融工具促进发展。

除了可再生能源配额制外,在 2005 年的《能源政策法案》中首次引入了可再生能源债券机制,为可再生能源技术商业化提供资金支持。

(3)制定国家层面可再生能源发展前瞻性目标。

在2005年《能源政策法案》中,提出了国家层面可再生能源发展前瞻性目标,具体目标为:在2007~2009年可再生能源电力比例不得低于3%,2010~2012年则不得低于5%,2013年之后则不得低于7.5%。而在之后的《能源独立与安全法案》中则预计到2030年风电在美国电力装机中所占比例提高到20%。

4. 优化发展与大规模应用阶段(2009年至今)

1)产业化发展驱动力

经过了1999~2008年的快速增长之后,美国风电产业已形成了较好的发展态势。在这一时期,随着全球减排压力不断增长,美国应对气候变化意愿开始增强。欧洲在气候变化谈判和可再生能源领域的领导地位,也让美国重新审视风电发展对于美国全球霸主地位的意义。此外,2008年金融危机对美国经济增长和就业冲击巨大,通过发展绿色经济促进经济复苏和就业已成为美国决策层的共识。在多种因素的影响下,美国的风电产业得以进一步发展。

2)主体

这一阶段的技术创新主体与上一阶段基本相同,仍以美国联邦政府科研机构、研究型大学及企业为主。随着风电产业的不断发展,企业在技术创新中的主体作用逐渐加强,主要表现在风电技术的应用研究和开发研究上。美国联邦政府科研机构及研究型大学主要负责风电技术的基础研发和孵化。在促进产业化发展方面,政府扮演着主体角色。

3)资源

人力资源结构和财力资源来源与上一阶段基本相同,但企业的主体作用逐渐加强,其在风电产业技术创新过程中投入的人力、财力资源也逐渐增多。

4)支持环境

(1)进一步推动陆上风电发展。

《能源政策法案》的不断修订及2009年出台的《经济复苏法案》推动了美国陆上风电产业新一轮的发展。这两个法案确立并加强了可再生能源在美国政府和各州的法律地位。在此之后,美国政府在联邦层面和州层面都出台了一系列相应的法案及措施。联邦层面主要是出台了一系列的优惠政策和补贴计划,具体包括风能生产税抵减、投资退税和国家财政补贴计划等。州层面的推动政策包括可再生能源配额制及各种州级现金激励计划。此外,还有一些支持国内可再生能源设备制造的联邦级和州级举措,具体包括联邦贷款担保计划、联邦生产退税、联邦与地方财政激励计划、鼓励制造可再生能源设备及联邦级与州级研发基金等(李俊峰,2012)。

(2)推动海上风电发展。

美国政府主要通过制定发展战略、提供资金和技术支持等手段积极推动海上风电发展。在2011年3月,美国能源部和内政部共同发布了《国家海上风电战略:创建美国海上风电产业》,这标志着美国海上风电发展的开启。

在多种利好政策推动下,尽管依然面对生产税收抵免政策具有不确定性的挑战,但这一时期美国风电产业实现了优化发展。这不仅体现在装机容量的增长,还包括风机行业整体竞争力的提升,在大规模发展阶段,美国风电产业开始从风机进口向出口转变,其在全球风电产业中的竞争力也不断增强,目前美国风电产业已成为全球风电发展最好的国家之一。

9.2.3 日本光伏发电产业技术创新模式研究

1. 基础研发阶段(1974~1979年)

1)技术创新驱动力

在贝尔研究所于1953年发明硅太阳能电池之后,日本就展开了光伏技术的研发,但对其进一步的开发是在"阳光计划"制订以后。20世纪70年代之前,日本能源供给总量的80%依赖石油的进口。1973年的第一次石油危机之后,各国都在寻求石油的替代能源,在这种国际大环境下,日本政府颁布了旨在扩大开发利用各种新能源,寻找可以替代石油的燃料,并缓解化石能源对于环境污染的"阳光计划","阳光计划"的颁布有力地促进了日本光伏发电产业的发展。

2)主体

在"阳光计划"颁布之后,日本社会各界对光伏的发展产生了较高兴趣,研发主体主要由科研机构、研究型大学及企业构成。这一阶段的研发内容主要包括光伏组件的基础研发及包括光伏并网技术在内的光伏系统的基础研发。光伏组件的基础研发于1974年启动,主要研发主体为科研机构及少数企业;电力工业中央研究所(the Central Research Institute of Electric Power Industry)主要负责了1978~1979年的光伏系统的基础研发。

3)资源

人力资源方面,主要包括政府科研机构、科研院所及企业的研究人员,这一结构在之后的发展中一直比较稳定;主要资金来源由通产省的项目经费和补助金及民间企业的出资构成;与欧美技术先发国家不同,日本在光伏发电技术领域属于典型的后发国家。因此,在基础研发阶段的初期,日本政府广泛收集技术情报,积极引进国外先进的技术,通过消化、吸收、模仿和创新,实现光伏技术的快速发展。

4)支持环境

日本政府通过日本通产省工业技术院于1974年6月制订了日本第一个综合可再生能源技术开发长期规划——"阳光计划"。在"阳光计划"颁布之后的六年间,通过技术和资金支持,日本在光伏电池和光伏发电并网系统研发领域取得了重大成果,为之后光伏发电产业的发展奠定了坚实的基础。

日本政府于1978年制订了"月光计划","月光计划"采取官民合作的方式,主要内容为尖端节能技术研究、民间企业节能技术开发援助、节能的合理化及标准化制定及国际间合作等几个方面。日本政府不仅在经济上和技术上支持光伏发电产业的发展,而且为日本光伏发展选择了一条合理的道路,即发展大规模、分布式、住宅式光伏电站。

2. 原型化与示范阶段(1980~1992年)

1980年,日本新能源产业技术综合开发机构(the New Energy and Industrial Technology Development Organization, NEDO)成立,NEDO主要负责对以光伏为主的可再生能源技术的研发。在此阶段,日本政府充分鼓励企业和研究机构对光伏发电系统进行研发,并且取得了一定的成果,如表9-3所示。

1) 技术创新驱动力

这一阶段的主要技术创新驱动力来源于1979年发生的第二次石油危机。此次危机之后,日本政府在新能源的研究开发、节能和储能等产业技术的开发及引进方面更为积极地开展工作,并取得显著成果。

表9-3 日本光伏发电系统研发成果

时间	研发成果	承包商
FY1980~1984	私人及多户住宅光伏系统研发	富士电机株式会社、夏普公司
FY1980~1985	光伏系统并网实验	日本电力工业中央研究院
FY1985~1995	住宅用逆变器开发	东芝
FY1985~1989	住宅用屋顶集成模块开发	三洋电机
FY1989~1992	住宅用屋顶阵列式光伏系统安装	日本东京电力公司
FY1986~1991	光伏系统并网技术	关西电力公司及日本电力工业中央电力研究院
FY1989~1992	屋顶安装的光伏阵列	Kandenko公司
FY1990~1992	私人住宅光伏空调系统	电力工业中央研究所

注:FY是财年,日本的财年与公历财年不同,当年的4月1日至次年3月31日为日本的一个财年。

2) 主体

在经过前期的发展之后,截至1992年,日本的光伏发电产业逐渐形成了一套规范的研发系统,如图9-3所示。

这一阶段的研发主体以科研机构、研究型大学及企业为主,其中以制造企业为主的企业逐渐成为研发的主要力量。根据统计资料显示,1990年日本在可再生能源技术的研发预算总计为283亿日元,其中企业145亿日元(51.2%),科研机构86亿日元(30.4%),研究型大学52亿日元(18.4%)。值得注意的是,日本政府对可再生能源技术的资金支持仅占日本全部可再生能源技术总研发预算的20%,却在社会上引起了巨大的反响,带动了行业内广泛的技术研发,由此可见政府的研发力量虽不及企业,但是其起到的引导作用更为关键。

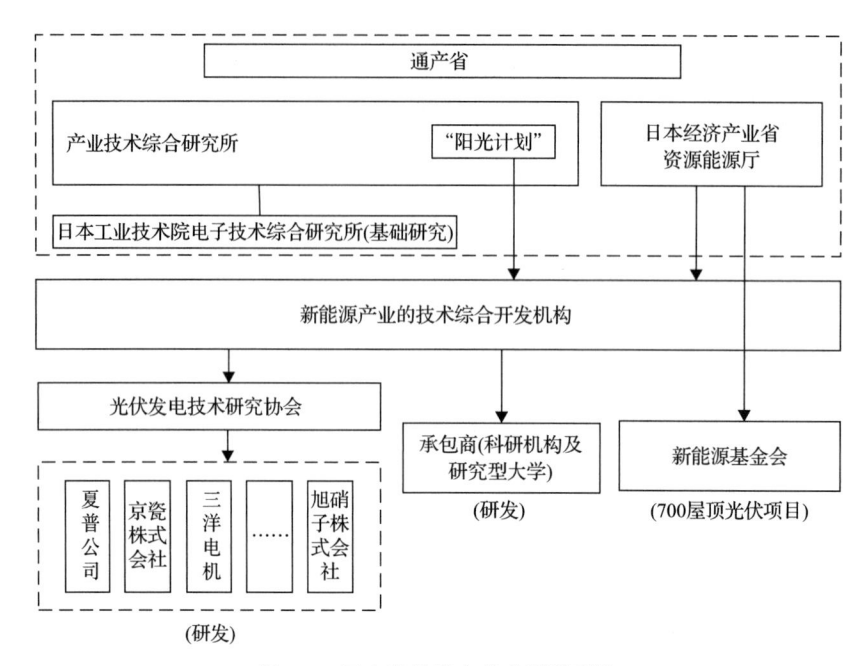

图 9-3　日本光伏发电产业研发系统

3) 资源

此阶段的人力资源结构与上一阶段基本相同；财力资源主要来源于政府机构的拨款及企业研发资金，其中企业研发资金占有较大的比例；技术资源方面，NEDO 在全球各大城市均设有办事处，广泛开展各种形式的国际合作研究，通过国际合作的方式，吸收他国技术特点，提升自身技术水平。

4) 支持环境

在这一阶段，日本国内的石油替代能源以核能为主，对光伏发电的需求较小，市场规模也不大。光伏电站示范项目大多依托于"阳光计划"，其主要目的并非是光伏发电市场规模的扩大，而是利用示范项目检验研发成果并在实际运行中不断提高居民住宅光伏电站系统的技术水平和经济性。正是如此，截至 1992 年，日本的累计光伏装机容量还不足 10MW，但是日本的光伏技术已发展到世界先进水平，为之后光伏电站的迅速扩散提供了技术保障。

3. 投资与工程化阶段(1993～2005 年)

前两个阶段发展重心放在了光伏发电技术及光伏发电系统的研发上，在取得了一定的技术成果之后，发展重心逐渐转移到高新技术研发及光伏发电产业化的发展上。尽管日本光伏发电产业在这一阶段技术研发水平日益提高，但日本仍旧主要以核电为主要发电来源，导致了日本光伏发电产业的投资与工程化阶段进展缓慢。

1) 技术创新驱动力

尽管日本的光伏发电技术已经达到了世界先进水平，但是产业化进程比较缓慢。为了解决这一问题，日本各界对分布式光伏发电系统进行了大量的研究并取得了一定的研究成果。发展缓慢的产业化进程是这一阶段日本光伏发电产业技术创新的主要驱动力。

2）主体

这一阶段的主体以稳步推进技术创新和促进产业化发展为主。在推进技术创新方面，主体结构与上一阶段基本相同，以科研机构、研究型大学及企业为主，不同的是，随着技术的发展，越来越多的企业启动了光伏发电技术研发项目并逐渐成为技术研发的主要力量。在促进产业化发展方面，政府机构起到了绝对的主体作用。

3）资源

人力资源结构与财力资源来源较上一阶段无明显变化，但企业在人力和财力方面的投入逐渐增加。技术资源方面，经过多年的技术研发，日本的光伏发电技术在全球范围内名列前茅，除引进个别高新技术外，日本光伏发电技术的发展主要依靠自主研发。

4）支持环境

这一阶段日本出台了诸多促进光伏发电产业化发展的政策法规。1990年，日本修改了《电气事业法》相关技术规范与要求以支持光伏并网发电系统的推广和应用。这一阶段日本光伏发电产业化发展主要依托于政府颁布的两个"阳光计划"，政策法规制定的主要着力点是积极引导光伏发电产业技术及市场主体的扩大，具体的措施包括以下三点。

(1) 能源发展计划。

1990年，日本通产省制订日本能源展望计划，并制定了光伏装机容量方面的目标。1991年日本启动光伏引进项目。日本通产省工业技术院分别于1974年、1978年及1989年制订了"阳光计划"、"月光计划"及"地球环境技术开发计划"。1993年，日本将上述三种计划全部纳入"新阳光计划"并着手实施。

(2) 完善相关法律法规及规章制度。

日本政府于1990年修改《电气事业法》，增加了光伏发电系统的定义和相关规则，修订相关执法条例，规定了额定电压及光伏组件安装方法等相关内容，简化建设光伏电站的相关手续；1990～1993年，日本政府还对并网技术进行了修订，添加了光伏发电系统的相关内容；1991年修订《电气安全法》，增加利用光伏模块的空调和除湿器相关内容；1992年日本政府颁布电力回购制度；2003年日本政府制定可再生能源投资标准，旨在使可再生能源在2010年前在能源供应总量中所占比例达到3.2%，同时要求电力公司为包括光伏发电在内的六种可再生能源制定年度销售目标。

(3) 财税补贴政策。

1994～1996年，日本政府启动住宅光伏系统监测计划，1998年日本政府开展工业用光伏现场测试项目，这两个项目都通过为用户(居民、私人公司、公共组织等)提供接近50%的安装成本补贴来刺激光伏市场的发展；2001年日本政府实施"可再生能源项目"，主要内容包括政府大力资助的涉及光伏发电产业的生产技术、工业化和商业化的基础研发及全额资助开发新光伏技术的试点工厂；2001年日本各地方政府也为当地的光伏发电项目提供40%的安装成本补贴；私营企业对能源基础设施进行投资时可以减税；对安装光伏发电系统的用户实行7%的安装费用抵免政策；降低利用光伏发电设施的物业税三年；降低地方能源利用设施的物业税的评估标准三年；要求融资机构降低对光伏发电进行投资的地方公共组织和私营公司的融资利率。通过以上各类举措，日本光伏发电产业在1990~2004年取得了快速的发展，并且在2005年之前光伏发电累计装机容量一直处于世界第一的位置。

4. 商业化与推广阶段（2006~2011年）

1）产业发展驱动力

经过几十年的发展，日本逐渐发展成光伏发电大国，在2005年之前日本光伏发电累计装机容量一直处于世界第一的位置，随着光伏发电产业在日本的逐渐成熟，日本政府决定将太阳能光伏安装补贴从1994年的每瓦900日元降至2005年的每瓦20日元，并最终在2006年取消了太阳能光伏的安装补贴。政府取消太阳能光伏安装补贴的决定对日本光伏发电产业的发展造成了极大的冲击，在之后的三年间日本光伏发电产业出现了停滞现象，新增光伏发电装机容量逐年下降，光伏发电累计装机容量也逐渐被美国和德国赶超。

光伏发电产业发展的停滞及国际影响力的日益下降成为这一阶段日本光伏发电产业发展的主要驱动力。

2）主体

在商业化与推广阶段之前，日本就已经形成了一套较为完备的光伏发电技术研发系统，技术创新主体结构也较为稳定，人力资源结构和财力资源来源也较为成熟。因此，这一阶段光伏发电产业技术创新的着力点在于促进产业化的发展，政府机构在这一方面发挥出强大的主体作用。

3）支持环境

这一阶段日本光伏发电产业的发展主要有两个方向：一是重新夺回全球光伏发电行业领导者地位；二是积极转变光伏发电结构。

为了重新夺回全球光伏发电行业领导者地位，日本政府在2009年公布了国家光伏发电发展计划，计划指出到2020年光伏发电量将达到2005年的20倍，到2040年光伏发电量将达到2005年的40倍，这意味着到2020年日本光伏发电累计装机容量将达到20GW，到2040年日本光伏发电累计装机容量将达到56GW。国家光伏发电发展计划的提出增强了光伏发电投资者的信心，此后的三年间，日本光伏发电新增装机容量增长迅速。

日本的光伏电站曾以分布式居民光伏电站为主，而分布式居民光伏电站仅能达到自给自足的水平，光伏发电产业的大规模发展离不开集中式光伏电站的发展。为了改变现有的光伏发电结构，日本政府分别于2009年与2010年提供了数亿美元的资金用于补贴非住宅光伏电站的安装成本以促进非居民光伏电站的发展。同时，日本还要求本国10个发电公司于2020年之前各建成一座大型太阳能发电厂，总计装机容量将达到140MW。日本政府关于非居民光伏电站的相关政策取得了显著效果，截至2011年，日本10%的光伏电站为非居民光伏电站，集中式光伏电站装机容量约为5%。

5. 大规模应用阶段(2012年至今)

1) 产业化发展驱动力

2011年3月福岛核电站发生泄漏事故后,日本暂时关停了所有的核电站,而安全性较高的光伏发电产业也迎来了新一轮的发展。

2) 主体

这一阶段日本光伏发电产业的发展重心是在前一阶段的基础上,以政府为主体力量,继续加大力度进行光伏发电结构改革。

3) 支持环境

日本光伏发电产业在大规模应用阶段的发展经验主要有以下几点。

(1) 新一轮财政补贴政策。

日本于2011年9月通过《可再生能源特别措施法案》,将补贴与上网电价的适用面拓展到工商业非居民光伏电站,而且规模小于2MW时不需要竞价上网,加上工商业主本身有一定的资本积累,非居民光伏电站得到了快速的发展。同时,日本政府还将居民光伏发电系统的补贴提高到了每度电70000日元,对居民和非居民光伏电站的补贴政策确保了日本光伏发电产业的平衡发展。

(2) 全新的电价政策。

为了促进光伏发电产业的快速发展,日本经济产业省等主要部委都推出诸多光伏发电优惠政策,其中就包括光伏发电项目收购方式及收购价格的更新,具体内容如表9-4所示。

表9-4 日本光伏发电项目电能收购方式和收购价格

装机容量/kW	收购方式	上网电价/[日元/(kW·h)]	执行时期	补贴期限/年
<10	余电收购	免税42	2012.7~2013.3	10
		免税38	2013.4~2014.3	
		免税34	2014.3至今	
≥10	全额收购	税前43.2,税后40	2012.7~2013.3	20
		税前38.8,税后36	2013.4~2014.3	
		税前34.6,税后32	2014.3至今	

受到电价政策的鼓励,日本光伏发电产业迅速发展。在2011~2015年的新增装机容量中,非居民光伏电站新增装机容量占比增至53%,集中式光伏电站新增装机容量占比也达到27%,居民光伏电站占比降至20%。由于非居民光伏电站的快速发展,2011~2015年日本光伏发电的累计装机容量也一直在全球名列前茅。

(3) 开拓海外市场,扩大国际影响力。

日本光伏发电产业为应对全球市场的激烈竞争,积极调整了企业发展战略,实现了从单一生产服务到一体化服务的转型。日本政府以促进基础设施出口战略为依据,从完善海外市场投资环境、鼓励企业建立拓展海外市场的企业联盟机制、充实政府金融支持等三个方面来支持光伏发电企业开拓海外市场。

随着大规模应用的不断推进,近两年日本光伏发电装机容量增幅开始逐渐放缓,光伏发电产业的发展即将进入成熟阶段,其光伏发电的渗透率已超过5%,逐渐成为日本电力的重要来源。

9.2.4 中国风电产业技术创新模式研究

我国风电技术创新模式利用的是典型后发国家模式。多位学者针对我国风电产业发展阶段进行了划分。其中,根据风电技术的发展,邓杉杉(2006)将中国风电产业划分为四个阶段:研究实验阶段、离网式风电发展阶段、风电并网试点和示范阶段及规模化发展阶段。陈丽(2016)将截至2004年中国风电产业的发展划分为初期示范阶段、产业化建立阶段和规模化及国产化阶段。谭忠富和鞠立伟(2013)在前人划分的基础上进行了补充,增加了集约化发展阶段。结合以上研究及技术创新过程的五个关键阶段理论,将中国风电产业的发展划分为四个阶段:探索阶段、原型化与示范阶段、投资与工程化阶段、商业化与推广阶段,分别从每个基本要素特点及角色演变的角度对我国风电产业的发展进行分析。

1. 探索阶段(1958~1985年)

在研发探索阶段初期,我国风电产业的发展主要经历了两个重要时期:"土法风电"时期及风电实验站兴起时期。

在"土法风电"时期,尽管对风机制造的热情高涨,但技术水平有限,制造出的风机大多不符合标准,最终"土法风电"运动以失败告终。此后,一些有识之士认识到风电装置是一整套复杂的工业系统,需要对风电技术的各个方面都进行深入的研究。在此背景下,中国逐渐成立了各类风能研发机构和可供风电行业人士交流并获取信息的重要场所,为中国风电产业进一步的发展奠定了基础。

1) 技术创新驱动力

在探索阶段,我国风电产业诞生的主要驱动力来源于"大跃进"运动时期的电力供需矛盾。"土法风电"运动失败之后,为了满足持续平稳发电的要求,国家将风电技术发展重心转移到风电实验站建设。

2) 主体

在"土法风电"时期,我国不具有完备的风电技术研发系统。领导号召全民动手,在风力资源丰富的地区利用土洋结合的方法开发风电。这一时期教育水平落后,大学和科研机构发挥的作用甚微。

在风电实验站兴起时期,技术创新主体为政府部门、国企及科研院所。在政府部门的领导下,科研院所负责风机的研发,国企负责风机的生产制造,先后安装了26台离网型或并网型的风电机组,如表9-5所示。

表 9-5 探索阶段我国风电技术发展状况

	机组类型	研制单位
离网型	达里厄型机组	美国 EnerTech、清华大学
	1kW 机组	浙江电力修造厂
	7.5kW 机组	保定电力修造厂
	5kW 机组	内蒙古动力机厂
并网型	50kW 机组	保定修造厂
	25kW 机组	中国第二重型机器厂

以上机组多由我国的科研院所自主研发，大型国企独立制造，这充分体现了国企和科研院所在当时我国风电技术的发展中起到的研发主体作用。

3) 资源

在整个探索阶段，我国的财力资源匮乏，人力资源丰富但知识水平较低、技术资源较少；技术资源方面，我国是典型的技术后发国家，在这一时期可获得的技术资源较少，高端复杂的研发活动难以开展，仅通过与国外专家及企业的合作研发，吸收经验。

4) 支持环境

"土法风电"时期我国风电技术的发展得到了政府和民间的大力支持。原水利电力部于 1959 年提出《水利电力技术革命纲要》(简称纲要)，指出小规模土办法发电的"小土群"在实现农业电气化方面起着重要作用，必须充分重视，纲要还特别指出在风力较大地区利用风力提水蓄能等多样形式发电。除了政府的支持之外，民间对制造风机抱有极大的热情，在纲要提出之后，全国各地掀起了"土法风电"的热潮，建造了大批离网型小型风电装置。

在风电实验站兴起时期，风电技术的发展在得到政府和民间支持的同时，还获得了国际社会的鼎力相助。八达岭风电试验站与丹麦 RISO 国家实验室的风电专家彼得斯合作设计了在当时非常先进的 50kW 的风电机组，但是由于后续资金和政策跟不上，加上当时我国整体工业水平比较低，这些机组没有进入商业化运营阶段，自主研发的道路最终没能成功。

2. 原型化与示范阶段(1986～1994 年)

1986 年，我国第一座风电场——马兰风电场在山东荣成并网发电，拉开了中国风电产业现代化发展的大幕。在这一阶段政府积极引进国外设备，学习国外成熟的技术，进行模仿创新。欧洲风电大国利用本国贷款和赠款的条件，将他们的风机在中国市场进行试验运行，我国借此机会为自身风电技术的发展积累了大量经验。但是由于市场观念淡薄、产业观念落后，风电技术得到提高而风电产业并未取得实质性进展，这一阶段风电产业无市场可言。

1) 技术创新驱动力

引进国外技术建设示范风电场，同时对风机设备进行模仿创新是此阶段的主要技术创新途径。该时期选择技术引进和模仿创新为主要风电发展途径的原因,如表 9-6 所示。

表 9-6　原型化与示范阶段我国风电发展途径的选择及原因

原因	技术引进	模仿创新
原因 1	技术差距	为未来的国际竞争做准备
原因 2	政策尚未到位,生产能力不足	风电机组维护需要

2) 主体

这一阶段的研发主体是国企和科研院所。国企和科研院所在这一阶段的主要作用是对引进来的技术模仿创新。1992 年年底到 1995 年,新疆风力发电总厂(金风科技股份有限公司前身)在引进国外风机部件并进行组装的基础上,研制了部分 300kW 风电机组的零部件,实现了零部件研发制造技术的提升,国产部件成功安装在国外机组上运行。1990 年,根据《"七五"国家重点科技攻关计划》,由山东工业大学、青岛大华机械厂、航空航天部 550 厂参照国外样机试制了 55kW 风电机组,在风机制造领域取得了一定的经验。

3) 资源

在风电示范运行阶段的人力资源主要包括我国自有的科研人员,以及到国外风电设备制造企业进行学习培训的技术人员,这些人员为之后我国风电产业的发展奠定了基础;财力资源主要包括国外的贷款和政府出资;技术资源主要包括外国风机设备制造企业对我国捐赠的风机及我国引进的先进机组。

4) 支持环境

这一阶段我国风电产业的发展得到了我国政府和外国政府与风电企业的大力支持。外国政府及其风电企业对我国风电产业发展的支持主要体现在风机捐赠、人员培训及风电场建设贷款上。政府对外的任务主要是与外商洽谈,引入国外的资金与技术进行一些风电示范项目,截至 1996 年我国已经建成十座总装机容量 100kW 以上的风电场;政府对内的主要责任是制定风电发展的基本政策及支持示范项目的相关政策。

政府对风电产业发展的支持具体体现在以下三个方面。

(1) 政府大力支持风电的发展。电力工业部水电水利规划设计总院在咨询公司内设置了新能源工程部,承担风电场规划设计业务,电力工业部又委托相关咨询公司起草《风力发电场建设项目管理办法》和《风力发电工程可行性研究报告编制规程》等(徐学策,1996)。

(2) 开展风电技术的交流。政府在这一阶段召开了数次风电前期工作会议、国际风能会议、风电场建设管理现场会议等重要会议。

(3) 明确发展目标。在原型化与示范阶段末期,政府明确了未来风电产业发展的主要目标。电力工业部在风电场工作会议中明确了全国风电发展战略:从科研开发、示范阶段向产业化方向发展,到 2000 年风电装机容量达到 100MW。

3. 投资与工程化阶段(1995~2005 年)

此阶段主要解决了如何实现风电产业化及风机制造国产化的问题。

为了解决风电产业化问题,我国首次探索建立了强制性收购、还本付息电价和成本分摊制度,由于投资者利益得到了保障,贷款建设风电场开始发展。

为了解决风机制造国产化的问题,科技部通过科技攻关和国家863计划(国家高技术研究发展计划)项目促进了风电技术的发展,"双加工程"、国债风电项目、"乘风计划"等项目的立项促进了风电的持续发展。

1) 技术创新驱动力

这一阶段我国将发展的重心放在了推进风电产业化及风机制造国产化上,具体原因有以下两点。

(1) 在风电示范运行阶段,我国的风电场建设发展缓慢,截至1993年,我国风电并网容量仅为9.7MW,风电产业想要实现规模化发展任务艰巨。

(2) 多年来主要依靠外国政府赠款和贷款致使风机制造的核心技术一直牢牢把握在外国人手中,这导致了我国风电产业失去很多发展的主动权,对本土投资者的积极性和风电产业的发展都造成了不良影响。

2) 主体

这一阶段的主体是政府、国企及科研院所,国企和科研院所的技术创新主体作用日益增强。政府、国企及科研院所的具体作用如表9-7所示。

表9-7 我国风电产业投资与工程化阶段主体的作用与效果

主体	作用	效果
政府	强制性收购、还本付息电价和成本分摊制度;各类风电产业扶持政策	三个电价政策的颁布一定程度上缓解了风电上网电价较低的问题;风电扶持政策的制定促进了我国风电产业的发展
国企及科研院所	引进消化吸收国外技术,提升自主创新能力	开发出具有自主知识产权的风电设备以降低风机造价,进而增强了我国风机制造业的国际竞争力

3) 资源

随着市场经济的逐渐完善,我国经济在这一阶段发展迅速,已有足够的财力资源支撑风电产业的发展;在人力资源方面,高等院校开始开设电力专业课程以培养具有专业电力知识的人才,为我国电力产业的发展提供了大量的人才储备;在技术资源方面,风电场的建设不再完全依靠外国政府的捐赠,而是通过"以贸结合"的方式消化吸收国外风机制造企业的技术资源并化为己用。

4) 支持环境

这一阶段政府为风电产业的发展提供了大力支持。

1994年的《风力发电场并网运行管理规定(试行)》规定了"允许风电场就近上网,并收购其全部电量,风电场上网电价按发电成本加还本付息与合理利润的原则规定",同时规定了"高于电网平均电价的部分,其差价采取分摊方式由全网共同承担"。

1995年的《1996~2010年新能源和可再生能源发展纲要》,要求"积极发展太阳能、风能和地热等新能源以及可再生能源"。

1996年的"双加"工程,按照扶强扶优的原则,提供贴息贷款,选择了新疆达坂城风电二场、辉腾锡勒风电场和张北风电场进行重点改造，先后列入了 80MW 风电装机容量，这一举措改变了我国多年风电场建设主要依靠外国政府赠款和贷款的局面。

1996 年的"乘风计划"以市场换技术、立足于高起点发展我国风机制造业为目标。

2000 年的"国债风电"示范项目，建立国债专项资金以推动国产风电机组示范风电场项目的建设。

2003~2008 年实施了五期"风电特许权"项目。"风电特许权"项目的目标是降低风电上网电价、提高我国风电建设的规模和速度，并拉动风电设备国产化的进程。

从图 9-4 可以看出，在政府的大力扶持下，我国风电产业发展迅速，10 年来我国风电累计装机容量增长了约 30 倍，截至 2004 年，累计装机容量达到了 764MW。除了装机容量的快速增长之外，我国风机国产化进程也十分迅速，出现了一批有较强竞争力的国产风电设备制造厂商。根据风能协会数据显示，截至 2004 年，新疆金风科技股份有限公司在国内新增装机容量 40MW，仅次于西班牙 Gamesa 的 71MW 和丹麦 NEGMicon 的 56MW，成为中国市场占有率第三的风电设备制造企业。

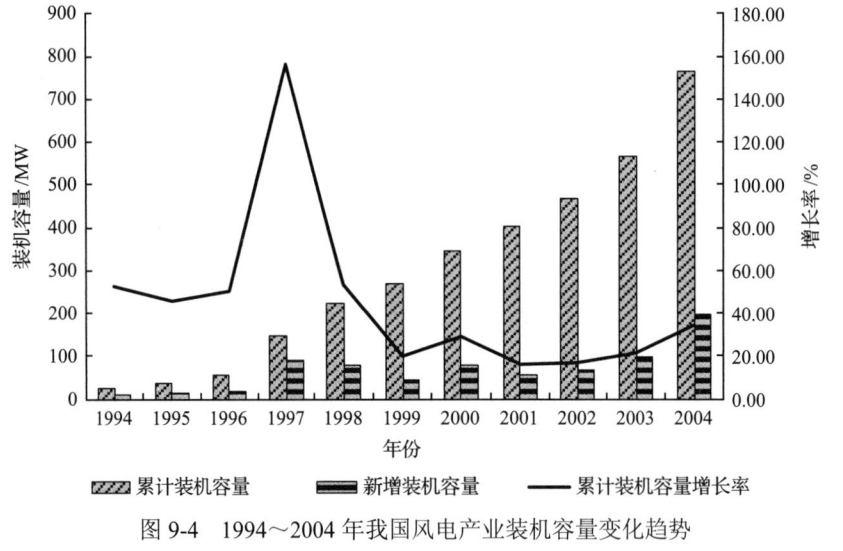

图 9-4　1994~2004 年我国风电产业装机容量变化趋势

数据来源：中国风能协会

4. 商业化与推广阶段(2006~2020 年)

2005 年初，第十届全国人民代表大会常务委员会第十四次会议通过《中华人民共和国可再生能源法》。以此为标志，中国风电产业发展进入了商业化与推广阶段，风电装机容量大幅上升，如图 9-5 所示。这一时期我国对风电产业中的各方面内容进行了全面的法律规范，同时开始逐渐着手于解决风电发展过程中遇到的各类问题。2016 年，我国颁布《可再生能源发展"十三五"规划》，明确提出到 2020 年，风电项目电价可与当地煤电同平台竞争，即实现风电平价上网，这意味着"十三五"期间是我国风电产业由商业化与推广阶段到大规模发展阶段过渡的关键时期，各方主体应想方设法解决在风电发展中遇到的问题以确保顺利的过渡。

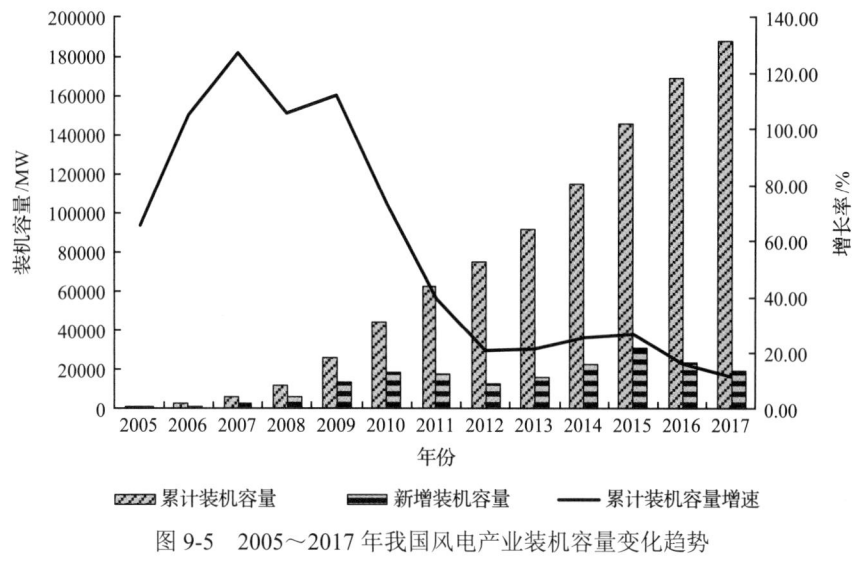

图 9-5 2005～2017 年我国风电产业装机容量变化趋势

数据来源：中国风能协会（2018）

1) 产业化发展驱动力

随着国际社会对保障能源安全、保护生态环境、应对气候变化等问题日益重视，加快开发利用以风光为主的可再生能源已成为世界各国的普遍共识和一致行动，世界各国纷纷出台一系列政策措施以解决在发展过程中遇到的各种问题，保障可再生能源产业的平稳发展。我国也在基于自身发展的情况下顺应国际大潮流，加快了可再生能源发展的规范化和法制化建设；在我国加入世贸组织之后，随着综合国力发展迅速，更大的技术壁垒也接踵而至，加快风机国产化进程是我国风电产业增强国际竞争力，打破技术壁垒的唯一途径。

2) 主体

这一阶段技术创新的主体结构与上一阶段基本相同，以科研院所、研究型大学及企业为主，其中企业的研发力量最大。企业和科研院所建立了研制大型风电机组整机及关键零部件的产学研战略联盟，充分发挥研究型大学、科研院所和企业各自的优势与特点，有力地促进我国风电市场快速发展。在国家大力支持、企业积极响应的背景下，我国风机制造企业发展迅速。根据风能协会统计数据，截至 2017 年，中国风电统计有新增装机的整机制造企业共 22 家，新增装机容量 19660MW，其中，新疆金风科技股份有限公司新增装机容量达到 5230MW，市场份额达到 26.58%；其次为远景能源有限公司、明阳智慧能源集团股份公司、国电联合动力技术有限公司和中船重工（重庆）海装风电设备有限公司，前五家市场份额合计达到 67.08%（中国风能协会，2018）。本土风机制造企业的迅速发展也带动了风电机组机型的迅速发展，2017 年，中国新增装机的风电机组平均功率为 2.1MW，同比增长 8%；截至 2017 年年底，累计装机的风电机组平均功率为 1.7MW，同比增长 2.6%，而在商业化与推广阶段的初期，我国累计装机的风电机组平均功率仅约为 750kW，12 年平均功率翻了一番，具体如表 9-8 所示。

表 9-8　2017 年我国典型风机制造商发展状况

序号	制造商	新增装机容量/MW	装机容量占比/%
1	新疆金风科技股份有限公司	5230	26.58
2	远景能源有限公司	3040	15.45
3	明阳智慧能源集团股份公司	2460	12.50
4	国电联合动力技术有限公司	1310	6.66
5	中船重工(重庆)海装风电设备有限公司	1160	5.89

数据来源：中国风能协会。

在促进产业化发展方面，政府出台一系列相关政策以保障风电产业的平稳发展，同时为科研院所提供大量的研发资金，这一阶段政府也在主动地削弱自己在市场中的主导地位，逐渐简政放权更有利于风电产业发展。

3) 资源

商业化与推广阶段是我国风电产业发展过程中资源最为丰富的时期。人力资源方面，随着我国教育水平的不断提高，每年各大研究型大学和技术类院校都为电力行业输送了大批的专业人才。财力资源方面，2010 年中国国内生产总值成功超越日本，成为世界第二大经济体，在风电产业发展中的资金投入也逐渐增加。技术资源方面，我国基本摆脱了对国外风机的依赖，自主研发水平不断提高，通过对检索到的风电技术领域的 21081 件国内专利申请按专利申请类型进行分类统计(陈裕和包逸萍，2014)，其中发明专利 10747 件、实用新型专利 9861 件、外观设计专利 473 件。以新疆金风科技股份有限公司为首的风机制造企业还将大批国产风电机组出口到国外，风机的质量和技术水平获得了国际社会的一致好评。

4) 支持环境

这一阶段政府对风电产业的发展给予了强有力的支持。这一阶段，政府分别从风电产业前期工作、风电规划、风电电价、海上风电发展及促进风电消纳等多个方面出台了接近 30 部相关的政策法规，以促进风电产业的平稳健康发展。

通过对以上四个阶段的梳理，可以看出我国风电产业的发展能取得今天的成功离不开政府、企业、科研院所的不懈努力。政府制定合理的发展政策和规划目标，企业和科研院所不拘泥于对技术的简单模仿创新，在消化吸收的同时发扬自主创新的精神，多方的努力最终使得我国风电产业得到了蓬勃的发展。尽管取得了一定的成功，但是当前我国风电产业仍面临着并网成本高及消纳困难等问题，风电产业健康平稳的大规模发展之路任重而道远。

9.2.5　技术创新基本要素在不同阶段的演变规律研究

根据前面分析，将典型国家风光发电产业技术创新基本要素在关键阶段的演变规律总结如图 9-6～图 9-9 所示。

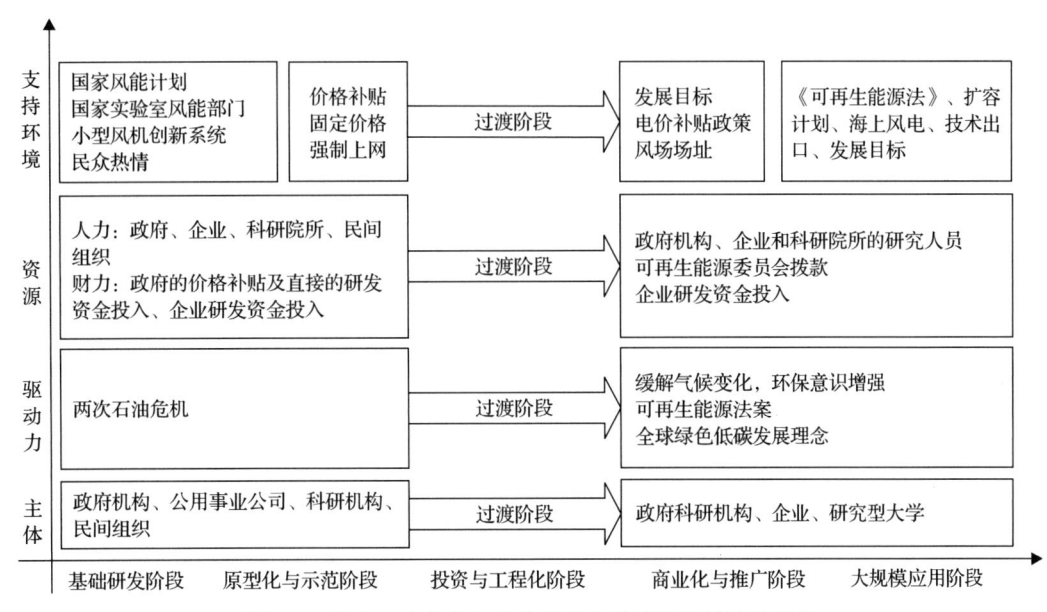

图 9-6　丹麦风电产业各基本要素在关键阶段的演化规律

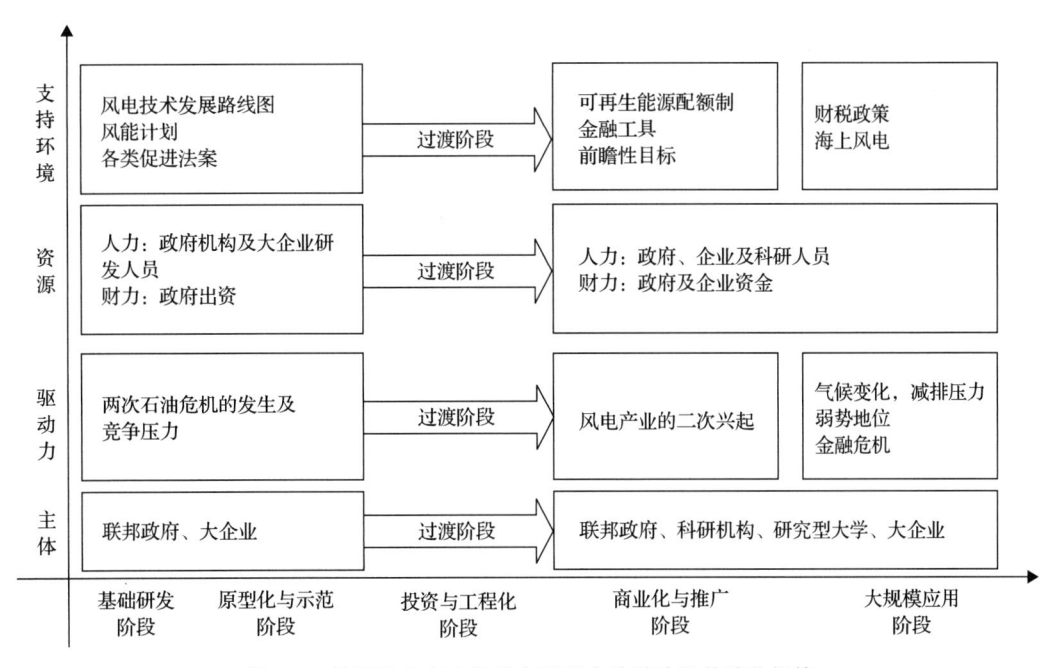

图 9-7　美国风电产业各基本要素在关键阶段的演化规律

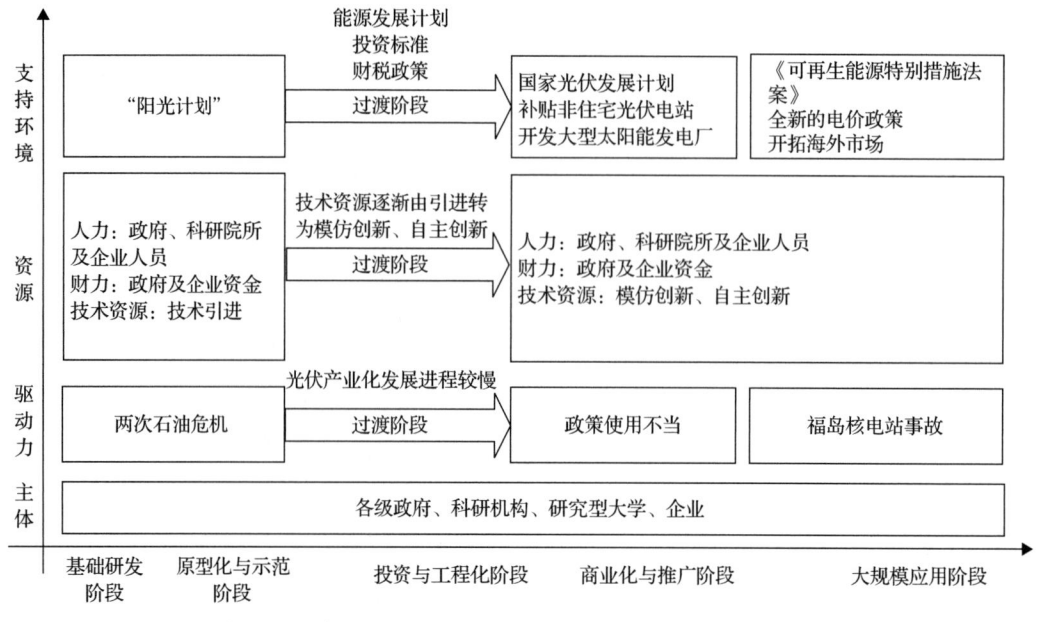

图 9-8 日本光伏发电产业各基本要素在关键阶段的演化规律

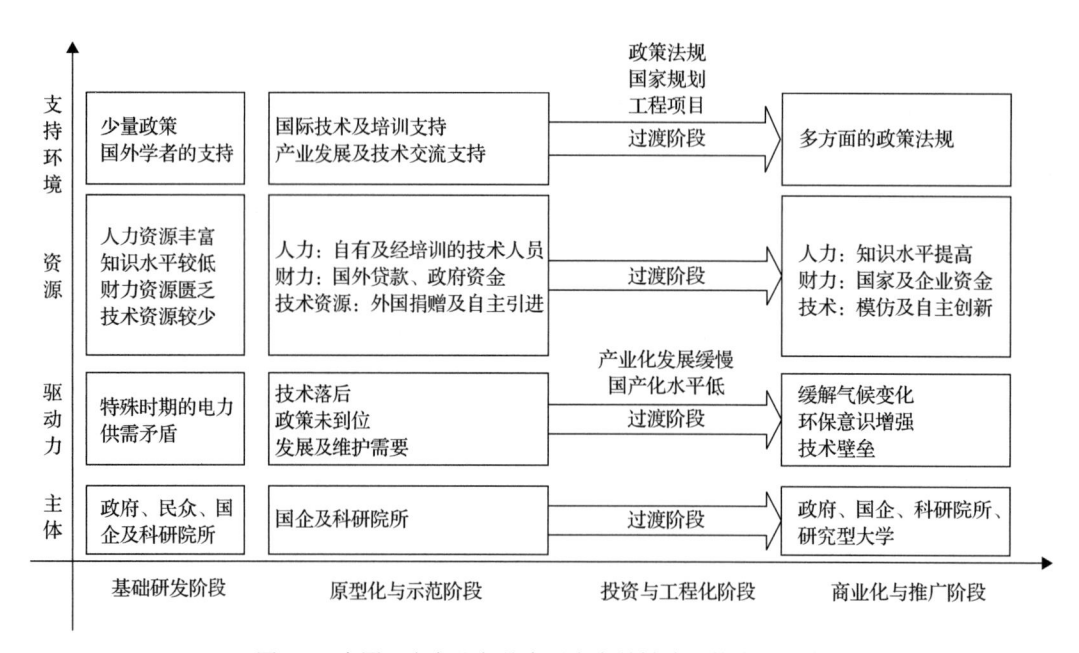

图 9-9 中国风电产业各基本要素在关键阶段的演化规律

1. 驱动因素在不同阶段的演化

在基础研发和原型化与示范阶段，四国风光发电的技术创新驱动力主要来源于外因，以两次石油危机及国际竞争压力为主。在投资与工程化阶段，四国驱动力存在较大的差异，这与四国风光发电产业在当时所处的政治、经济环境密切相关，其中丹麦的驱动力为国民能源安全意识的不断增强，美国的驱动力为风电产业处于较大困境，日本的驱动力为产业化发展较慢,中国的驱动力不仅来源于较慢的产业化发展,还来源于较低的风电机组国产化率。在商业化与推广阶段及大规模发展阶段,环保意识增强及低碳发展理念成为各国发展以风光为主的可再生能源产业的共同驱动力。因此,驱动因素在不同阶段的演化主要取决于产业所处的内、外部环境。

2. 技术创新主体在不同阶段的演化

政府、企业及科研院所在技术创新的全过程中起到至关重要的作用。但在不同阶段不同主体的作用却不尽相同。在基础研发与示范阶段,政府的作用是推广新技术,建立新市场,科研院所及企业的主要作用是对新技术的研发,这一阶段政府发挥着主体作用。随着产业化的发展及技术的不断成熟,政府的主体作用逐渐减弱,科研院所及企业的主体作用逐渐加强。对于先发国家,由于产业体系发展较为完备,企业和科研院所逐渐取代政府的关键地位,政府逐渐转变职能,从产业的主要领导者转为产业的调控者;对于后发国家,由于综合国力及产业化水平较低,政府在很长一段时间内都会继续起到主体作用,但是这种作用同样在逐渐减弱。

3. 资源要素在不同阶段的演化

丹麦和美国等先发国家在人力、财力和技术资源方面都具有较大的优势。在风光发电产业发展的全阶段,丹麦和美国都为技术创新和产业化发展提供了强有力的资源支撑。在风光发电产业发展的前期,日本的技术资源较为匮乏,因此日本采取大量引进技术的方式弥补本国技术的不足,并且快速地消化吸收进而进行模仿创新与自主创新。中国属于典型的后发国家,在风电产业发展初期,人力、财力及技术资源都极度匮乏,在此情况下,我国积极学习国外先进技术,并且利用国外的贷款和外国政府的出资、外国捐赠及我国引进的机组积极发展风电产业。随着综合国力及自主创新能力的不断增强,中国在资源方面与先发国家的差距正逐渐缩短。

4. 支持环境在不同阶段的演化

尽管四国国情不同,但对风光发电产业的支持却十分相似。四国在发展初期均制定了小规模的发展规划、成立了专门的研发及支撑部门。在发展的前期,产业支持主要从以下几个方面展开:风机价格补贴;风电强制上网;固定价格政策及积极推进能源结构改革等。在发展中期,支持方式以扩大主体参与范围为目的,主要包括制定各类促进风电产业发展的政策法规、加大财政补贴及税收优惠等。在商业化与推广阶段及大规模发展阶段,支持方式以促进产业化快速发展为目的,具体方式主要包括制定可再生能源相关法律、完善电价政策、拓宽海外市场、制定长久而稳定的能源规划等。

9.3 典型国家可再生能源技术学习率的比较研究

通过学习曲线模型测算典型国家可再生能源技术学习率,对典型国家可再生能源产业发展状况以技术创新模式进行定量分析。

9.3.1　可再生能源产业技术学习曲线研究现状

目前，在国内外针对能源技术学习曲线的研究已经由单因素发展到双因素、三因素和四因素上。但是单因素和双因素是目前研究的主流方向。

Sondes(2008)构建了能源技术单因素LBD学习曲线模型，即某一能源技术的单位产能成本与其累积产量呈一定的函数关系。Ibenholt(2002)利用LBD学习曲线模型对比研究德国、英国和荷兰风电的单位产能成本变化。Jamasb(2006)、SöDerholm和Klaassen(2007)、Kobos等(2006)认为LBD学习曲线模型具有一定局限性，知识累积因素也是影响能源技术的单位产能成本的重要因素，因此他们在LBD学习曲线模型的基础上进行拓展，将学习效应分解为LBD和"研中学"(learning-by-researching, LBR)，进而提出双因素学习曲线模型。Yu等(2011)通过对光伏发电技术的学习曲线模型进行研究，得出四因素学习曲线模型，四因素分别为累积产量因素、累积研发投入因素、规模效应因素和投入要素因素，而该模型对风电技术同样适用。并且他们还指出，如果所有投入要素的价格变动可以通过GDP浮动表现出来，四因素学习曲线模型可化简为三因素学习曲线模型，三因素分别为累积产量因素、累积研发投入因素和规模效应因素。Kouvaritakis等(2000)得出分阶段的学习曲线模型，研究发现能源技术在开始阶段的学习率能够更为可靠地反映该技术的学习率，而该技术在成熟阶段的学习率很低。

在国内，朱雨晨等(2012)利用单因素学习曲线模型得出我国风电技术的学习率，预测了我国2025年左右的风电成本,同时指出风电产业的良性发展离不开政府大力的政策支持。郑照宁和刘德顺(2004)利用学习曲线模型和灰色系统预测GM(1, 1)模型研究了中国风电产业的学习效应，比较了在有资金约束和无资金约束两种情况下我国风电投资成本的变化。管仕平和周亮(2015)认为以往对于能源技术的学习率研究只考虑LBD学习效应的影响，而没有考虑当研发投入或者其他因素出现时这些因素对于能源技术的学习率的影响。而目前的情况是，随着对于风电技术研发投入的增加，风机成本的变化幅度也很大，因此可以得出单因素学习曲线模型在风电成本分析中的可信度并不高，若要准确地对风电的成本进行分析，还需将LBR因素纳入考虑，由此构成的双因素学习曲线模型在风电产业的价格预测和成本分析中具有更高的可信度。陈春华和路正南(2012)通过研究分析我国风电产业发展的情况，得出降低我国风电产业单位投资成本的主要途径是通过LBD学习效应，但是就目前我国风电产业的状况而言，LBR学习效应对我国风电产业单位投资成本下降的影响效果优于LBD学习效应。牛衍亮等(2013)在前人提出的风电学习曲线模型的基础上提出分阶段的能源技术学习曲线模型，并且通过分析学习曲线模型的缺陷，构建了一个含有下临界值参数的能源技术成本学习曲线预测模型。邱元等(2012)对学习曲线模型进行扩展，将上网电量因素纳入学习曲线模型，将由规模效应和技术创新对成本降低带来的影响区分开来，由此模型得出我国风电技术的学习率。

回顾总结国内外文献可以发现，在技术创新理论研究方面，国外学者的研究起步较早，但国内外的研究结果差异不大。在技术创新模式研究方面，国外学者做了更多的理论研究，国内学者比较侧重对个别国家及个别企业或产业的研究。在技术创新路径研究方面，在国外，五代技术创新路径为主要研究热点，在国内，学者更多地针对个别产业进行深入的研究。在技术创新政策研究方面，国外学者对发达国家的技术创新政策有着深入的研究，而国内学者主要将中外政策对比作为研究的切入点进行分析研究。在技术学习曲线模型方面，国内外学者的研究从单因素学习曲线模型逐渐发展成双因素学习曲线模型、三因素学习曲线模型及四因素学习曲线模型。

9.3.2 我国风光发电技术学习率测算

分析产业发展状况的指标多而复杂，技术成本指标、累计经验指标仅从特定角度而非全面地分析产业发展状况。学习曲线的基本含义是随着经验积累，技术单位成本呈现逐渐下降的趋势，学习曲线模型将技术成本指标及累计经验指标放在一个模型中进行分析，能够准确地分析风光发电产业的发展状况。通过比较不同国家技术成本下降趋势的差异，得到我国风光发电产业在发展过程中的优势与不足，进而提出合理的政策建议。

在分析风光发电技术学习率时，选取了投资与工程化阶段、商业化与推广阶段及大规模发展阶段的相关数据，主要是因为各国在基础研发与示范阶段的数据难以获取；在基础研发与示范阶段，风光发电技术仅停留在实验室与小规模示范阶段，无产业可言，因此不做分析。

1. 技术学习率测算模型

结合当前能源技术学习曲线的研究和我国风光发电产业发展情况，构建了我国风光发电产业 LBD 学习曲线模型，以便能较准确地得出我国风电技术和风电产业的发展水平。

LBD 学习曲线的基本模型为

$$C_t = C_0 Q_t^{-E} \tag{9-1}$$

式中，C_t 为单位生产成本；C_0 为初始单位生产成本；Q_t 为累计装机容量；E 为 LBD 学习系数。

为计算方便，将式(9-1)等式两边同时取自然对数，得

$$\ln C_t = \ln C_0 - E \ln Q_t \tag{9-2}$$

经过计算之后，得出 LBD 学习系数，即可求出对应的学习率，其中学习系数的计算公式为

$$LR = 1 - 2^{-E} \tag{9-3}$$

2. 我国风电技术学习率测算

式(9-1)、式(9-2)所需的有关数据如表 9-9 所示。数据范围包括投资与工程化阶段及其之后的阶段。

表 9-9 我国风电产业相关数据

年份	Q_t/MW	C_t/(元/W)	$\ln Q_t$	$\ln C_t$
1994	26.00	14.21	3.2581	2.6539
1995	38.00	13.43	3.6376	2.5975
1996	57.00	12.64	4.0431	2.5369
1997	146.00	10.29	4.9836	2.3312
1998	224.00	10.00	5.4116	2.3026
1999	268.00	9.89	5.5910	2.2915
2000	346.00	9.37	5.8464	2.2375
2001	402.00	8.83	5.9965	2.1782
2002	468.42	8.68	6.1494	2.1610
2003	567.00	8.30	6.3404	2.1163
2004	764.00	7.83	6.6386	2.0580
2005	1266.00	7.36	7.1436	1.9961
2006	2598.81	7.01	7.8628	1.9473
2007	5906.36	6.17	8.6838	1.8197
2008	12152.79	5.52	9.4053	1.7084
2009	25805.30	5.01	10.1583	1.6114
2010	44733.29	4.12	10.7085	1.4159
2011	62364.60	3.80	11.0408	1.3350
2012	75324.70	3.67	11.2296	1.3002
2013	91412.89	3.51	11.4231	1.2556
2014	114608.89	3.43	11.6493	1.2326
2015	145361.89	3.32	11.8870	1.2000

有关数据来源说明如下。

(1) 风电累计装机容量 Q_t 数据来源于中国风能协会(2001～2015 年)与全球风能理事会(1991～2000 年)。

(2) 每个企业的风电整机的单位生产成本不同，整个行业的单位生产成本难以统计，所以使用风电行业的单位投资成本作为单位生产成本的(C_t)的替代指标，该数据来源于中国产业信息网及中国风力发电信息网。

根据以上数据，可以得出我国风电产业 LBD 学习曲线，如图 9-10 所示。通过前面的分析及学习曲线图可知，我国风电产业的发展具有明显的阶段性。2005 年之前发展缓慢，国家对于风电产业的支持较少；在 2006 年 1 月 1 日的《可再生能源法》实施之后，我国的风电产业发展迅速，无论是风电的装机容量还是研发投入都增长迅速。因此，以 2005 年为节点，分别计算了 1994～2005 年、2006～2015 年及 1994～2015 年我国风电技术 LBD 学习曲线模型。

1) 1994～2005 年

这一时期我国风电产业处于投资与工程化阶段，累计装机容量和累计研发投入较低。根据式(9-2)，结合已有数据，计算结果如表 9-10 所示。

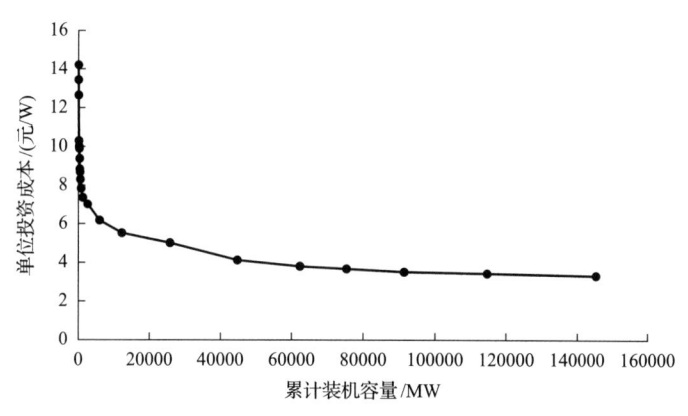

图 9-10 我国风电产业 LBD 学习曲线

表 9-10 1994~2005 年我国风电技术单因素学习曲线模型下的参数估计

	项目		值			
回归统计	相关系数 R		0.996231			
	R^2		0.992477			
	调整 R^2		0.991724			
	标准误差		0.019241			
	观测值		12			
	项目	自由度	平方和	均方	F 值	P 值
方差分析	回归分析	1	0.488401	0.488401	1319.201	5.95×10^{-12}
	残差	10	0.003702	0.00037		
	总计	11	0.492104			
	项目	系数	标准误差	T 值	P 值	下限 95%	上限 95%
回归结果	截距	3.226127	0.026409	122.1592	3.32×10^{-17}	3.167284	3.28497
	变量 X	−0.17302	0.004764	−36.3208	5.95×10^{-12}	−0.18363	−0.1624

根据式(9-3)可以计算出 1994~2005 年的 LBD 学习率为 11.30%。

2) 2006~2015 年

在《可再生能源法》颁布之后,我国风电产业进入快速发展阶段,风电累计装机容量与累计研发投入显著上升,计算结果如表 9-11 所示。

根据式(9-3)可以计算出 2006~2015 年的 LBD 学习率为 12.78%。

3) 1994~2015 年

为了更加直观地看出我国风电产业发展的整体状况,根据式(9-3)计算出风电产业 1994~2015 年的 LBD 学习率为 12.78%,计算结果如表 9-12 所示。

3. 我国光伏发电技术学习率测算

式(9-1)和式(9-2)所需数据如表 9-13 所示,数据范围包括投资与工程化阶段及其之后的阶段。根据以上数据,可以得出我国光伏发电产业 LBD 学习曲线,如图 9-11 所示。

表 9-11　2006~2015 年我国风电技术双因素学习曲线模型下的参数估计

回归统计	项目	值
	相关系数 R	0.99203
	R^2	0.984124
	调整 R^2	0.982139
	标准误差	0.035933
	观测值	10

方差分析	项目	自由度	平方和	均方	F 值	P 值
	回归分析	1	0.640299	0.640299	495.8984	1.75×10^{-8}
	残差	8	0.01033	0.001291		
	总计	9	0.650629			

回归结果	项目	系数	标准误差	T 值	P 值	下限 95%	上限 95%
	截距	3.535839	0.0929	38.06071	2.49×10^{-10}	3.321611	3.750067
	变量 X	−0.19733	0.008861	−22.2688	1.75×10^{-8}	−0.21777	−0.1769

表 9-12　1994~2015 年我国风电技术单因素学习曲线模型下的参数估计

回归统计	项目	值
	相关系数 R	0.996413
	R^2	0.992839
	调整 R^2	0.992481
	标准误差	0.040952
	观测值	22

方差分析	项目	自由度	平方和	均方	F 值	P 值
	回归分析	1	4.650688	4.650688	2773.09	6.26×10^{-23}
	残差	20	0.033542	0.001677		
	总计	21	4.684229			

回归结果	项目	系数	标准误差	T 值	P 值	下限 95%	上限 95%
	截距	3.199763	0.025785	124.0927	2.38×10^{-30}	3.145976	3.25355
	变量 X	−0.16623	0.003157	−52.6601	6.26×10^{-23}	−0.17282	−0.15965

表 9-13　我国光伏发电产业相关数据

年份	Q_t/MW	C_t/(元/W)	$\ln Q_t$	$\ln C_t$
2009	3343	12	21.9301	2.4849
2010	5200	10.9	22.3719	2.3542
2011	6020	10.53	22.5184	2.2605
2012	6500	9.588	22.5951	2.3888
2013	17450	5.535	23.5826	1.7111
2014	28050	4.216	24.0573	1.4389
2015	43180	3.8624	24.4886	1.3513
2016	77420	2.38	25.0725	0.8671

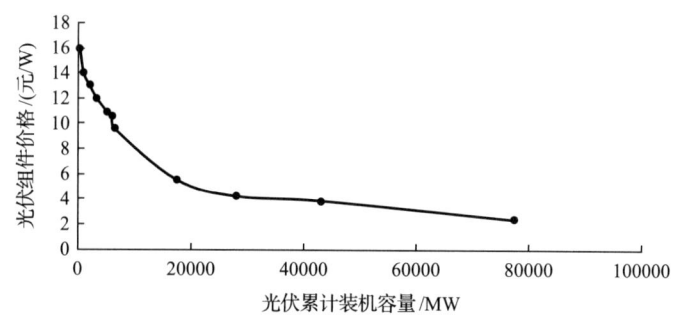

图 9-11 我国光伏发电产业 LBD 学习曲线

我国光伏发电产业的投资与工程化阶段始于 2009 年,在之后的几年,随着补贴和各种政策的到位,光伏发电产业得到了高速发展,累计装机容量逐年增加,技术成本快速下降。根据已有数据,计算了我国光伏发电产业在投资与工程化阶段和商业化与推广阶段全过程的 LBD 学习率。根据计算结果,可以得出我国光伏发电产业在投资与工程化及商业化与推广阶段全过程的 LBD 学习率为 15.69%。表 9-14 列示了计算及检验结果。

表 9-14 2009~2017 年我国光伏发电技术单因素学习曲线模型下的参数估计

	项目			值		
回归统计	相关系数 R			0.968153		
	R^2			0.93732		
	调整 R^2			0.926874		
	标准误差			0.135144		
	观测值			8		
	项目	自由度	平方和	均方	F 值	P 值
方差分析	回归分析	1	1.638716	1.638716	89.72491	7.88×10^{-5}
	残差	6	0.109583	0.018264		
	总计	7	1.748299			
	项目	系数	标准误差	T 值	P 值	下限 95%	上限 95%
回归结果	截距	7.421592	0.592701	12.52165	1.59×10^{-5}	5.971306	8.871878
	变量 X	−0.24626	0.025998	−9.47232	7.88×10^{-5}	−0.30988	−0.18265

9.3.3 典型国家风光发电技术学习率比较

1. 技术学习率比较

根据 Papineau(2006)及 Samadi(2018)对国际上可再生能源技术学习率研究进行了梳理和总结,当前国际上对于风光发电技术学习率的研究主要集中在单因素学习曲线模型上。因此,本节主要从单因素学习曲线模型的角度对典型国家的风光发电技术学习率进行比较分析。

在 Zilker 等(1997)、Kobos 等(2006)、Ek 和 SöDerholm(2010)、Asa 和 SöDerholm

(2012)、Elshurafa 等(2018)的研究基础上，本节分别整理出丹麦风电和美国风电及日本光伏发电在投资与工程化阶段及其之后阶段单因素技术学习率，结合前面对中国风光发电技术学习率的计算，得出各国风光发电技术学习率，如表 9-15 所示。

表 9-15　中国、美国、丹麦和日本四国风光发电技术学习率　（单位：%）

国家	投资与工程化阶段	商业化与推广阶段	两阶段
美国风电	32.00	6.89	14.10
中国风电	11.30	12.87	10.88
丹麦风电	12.00	7.00	8.00
中国光伏	5.10	14.27	15.69
日本光伏	11.90	13.50	14.90

从表 9-15 中可以看出，在投资与工程化阶段，美国风电的学习率远高于丹麦与中国；在商业化与推广阶段，中国风电的学习率高于丹麦和美国；从两阶段整体来看，美国的风电技术学习率最高，中国次之，丹麦最低。在投资与工程化阶段，日本光伏发电产业的技术学习率远高于中国，而在商业化与推广阶段，中国光伏发电产业的技术学习率实现反超，从两阶段的整体来看，中国光伏发电产业的技术学习率高于日本。

2. 产生不同技术学习率的原因分析

不同技术学习率有两层含义：一是不同国家同一阶段的技术学习率不同，产生这种现象的主要原因是各国技术创新要素的基本性质不同；二是同一国家不同阶段的技术学习率不同，产生这种现象的主要原因是技术创新基本要素的演变。因此，从技术创新基本要素的特点与演变规律的角度去分析产生不同技术学习率的原因。

1) 不同国家同一阶段技术学习率比较分析

(1) 中丹比较。

从表 9-15 中可以看出，丹麦在投资与工程化阶段的技术学习率为 12.00%，略高于中国的 11.30%，但是仅相差 0.7 个百分点；丹麦在商业化与推广阶段的学习率为 7.00%，远低于中国的 12.87%。而从两阶段的整体来看，中国风电产业的发展略高于丹麦。

在投资与工程化阶段。

第一，在投资与工程化阶段初期，丹麦就成立了专门的可再生能源委员会，而这一阶段中国不存在这种支持性机构。

第二，经过多年的发展，丹麦已形成了成熟的多元研发体系，综合研发资源强于中国，人力、财力和技术资源都具有一定的优势，产业化促进形式也具有多样性，而中国的研发体系形成较晚，产业化促进形式也比较单一，研发能力也较弱。

第三，丹麦具有传统的先发国家优势，自主创新能力较强，技术成本下降较快，而中国属于典型的后发国家，自主创新能力不强，中国在这一时期刚开始重视风电产业化及风机制造国产化的问题，各方面都远落后于丹麦，技术成本的下降速度必然不及丹麦。

第四，丹麦在这一时期积极地扩大主体参与范围，开拓风电市场，极大地促进了自身风电产业的发展,而中国在这一阶段刚开始着手解决如何实现风电产业化及风机制造国产化问题,风电产业发展相对落后。

综上所述,专门的支持部门、较完备的研发体系、较强的自主创新能力、丰富的资源及广泛的市场参与度是丹麦风电产业在投资与工程化阶段发展优于中国的主要原因。同时,中国风电产业在这一阶段的学习率仅落后丹麦 0.7 个百分点,发生这种现象的主要原因是中国政府对风电产业的扶持力度远大于丹麦,弥补了先天条件的不足,给予了风电产业强有力的发展动力。

在商业化与推广阶段,中国风电产业学习率远高于丹麦的主要原因可以分为内、外两个方面。

第一个外因是丹麦政策的不稳定性,尽管第三次和第四次国家能源计划的颁布促进了丹麦风电装机容量的增长,但是两次计划颁布前后只差六年,使投资者信心不足,对丹麦未来的风电政策一直持观望态度。第二个外因是国内风电投资商对风电发展前景的不确定、电力公司与发电公司的利益争端及民间反对风场场址的声音使丹麦风电产业发展疲软。

主要的内因是我国《可再生能源法》及后续相关政策的颁布,将对可再生能源产业的支持以法律的形式颁布出来,风电市场逐渐稳定,同时投资者信心得以提升。因此,短短几年内,中国风电产业快速发展,技术成本迅速降低,产业化规模迅速膨胀,技术学习率也维持在一个较高的水平。

由此可见,较为稳定的市场和持久的政策环境能够为投资者提供充分的信心,进而促进以风光发电为主的可再生能源产业的发展。我国在市场稳定和政策持久方面较国外更为出色。

(2) 中美比较。

从表 9-15 中可以看出,在投资与工程化阶段,美国风电产业技术学习率达到了 32.00%,而中国仅有 11.30%;在商业化与推广阶段,美国风电产业技术学习率为 6.89%,而中国为 12.87%。总体而言,在投资与工程化阶段,美国风电技术发展迅速,而在商业化与推广阶段,中国风电产业的发展优势更大。

在投资与工程化阶段,美国风电装机容量增长出现了几乎停滞的状态,在这种情况下,美国风电技术学习率不降反升,并且到达 32.00%,产生这种现象的主要原因是美国政府对风电产业的大力支持。各种支持性法案的颁布及各类研发中心的成立有力地促进了风电技术的自主创新,美国风电产业投资成本得以迅速降低,风机质量和风电竞争力逐步增强。尽管中国政府在这一阶段也出台了相应的政策支持风电产业的发展,但是人力、财力和技术资源的限制使中国政府只能对风电产业提供有限的支持。由此可见,风电产业的快速发展离不开政府的强力支持及强大的综合国力。

在商业化与推广阶段,美国风电产业的核心激励政策——生产税收减免政策(production tax credit, PTC)波动频繁,导致后续年份风电新增装机容量同样波动频繁。同时,在这一阶段美国还缺乏对风电产业的长远规划,使投资者处于观望状态,技术研发进度逐渐放缓。政策不稳定性和短期性使美国风电产业在商业化与投资阶段技术学习率大幅下降。而中国风电产业进入商业化与推广阶段之后政策稳定性较强,并且公布了长远的风电发展计划,加之综合国力的逐渐增强,风电产业在这一阶段发展迅速,技术学习率也远高于美国。由此可知,政策的稳定性和长久性对风电产业的发展至关重要。

(3) 中日比较。

从表 9-15 中可以看出,在投资与工程化阶段,日本光伏发电产业技术学习率为 11.90%,远高于中国的 5.10%;在商业化与推广阶段,中国光伏发电产业技术学习率达到 14.27%,略高于日本的 13.50%。从两阶段的整体来看,中国光伏发电产业技术学习率后来居上。

在投资与工程化阶段,日本光伏发电产业技术学习率高于中国的主要原因有以下几点。

第一,日本光伏发电技术研发体系在这一阶段发展较为完善,通过产学研结合的模式,研发重点逐步转向高新技术,原有技术成本下降较快,而中国光伏发电产业在这一阶段的技术研发水平相对落后。

第二,这一阶段日本国内对光伏发电产业给予了大力支持,而中国则刚刚启动了光伏发电建筑应用示范项目、金太阳示范工程和大型光伏电站特许权招标,产业化发展起步较晚,并且在 2012 年以前光伏发电产业发展的重心主要放在光伏产品的出口上,国内的光伏发电产业较少。

第三,日本早早就制订了长远的国家光伏发电产业发展计划,而中国在光伏发电产业发展规划方面起步较晚。

第四,日本在这一阶段不断完善和修订了一系列相关的政策法规,而中国关于支持光伏发电产业发展的政策制度较少。

由此可见,研发水平、产业化规模、发展规划及政策支持力度对光伏发电产业的发展起到了至关重要的作用。

在商业化与推广阶段,我国光伏发电产业技术学习率高于日本的原因同样可以分为内、外两个方面。外因是日本政府对光伏发电产业发展的错误预判,决定于 2005 年取消光伏安装补贴,这对日本光伏发电产业造成了极大的打击,投资者逐渐失去了对光伏发电产业发展的信心,使在商业化与推广阶段初期光伏发电技术及新增装机容量的发展几乎停滞。

我国则是在这一阶段通过制定长远规划、政策扶持、财税补贴等方面大力支持光伏发电产业的发展,与日本形成鲜明对比,投资者的信心得以保障进而使我国光伏发电产业技术学习率高于日本。

值得注意的是,在这一阶段我国技术学习率仅比日本高出 0.77 个百分点,主要是在商业化与推广阶段的后期,日本政府通过颁布新一轮的国家光伏发电产业发展计划并转变光伏发电产业发展的总体方向,有效地挽救了日本几近停滞的光伏发电产业,使日本光伏发电产业有所回暖,技术研发和新增装机容量也得到了快速的发展。通过上述比较,可以看出政府明智的前景预判决定了一个产业的发展前景,而我国政策制定的特点向来都是稳中求进,这对新兴产业的发展无疑是至关重要的。

通过对四个国家风光发电产业技术学习率及产生不同技术学习率的原因进行比较,从综合国力和自主创新能力、长期规划、政策稳定性、政策支持力度、市场稳定性及研发体系建设 6 个方面进行比较,将各个方面的优劣以 1-4 标度打分的形式进行量化比较,如图 9-12 所示。

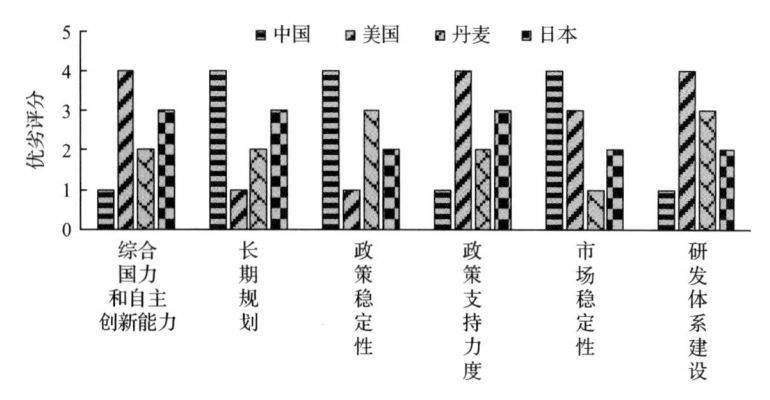

图 9-12 中美丹日风光发电产业发展优劣差距情况

从图 9-12 可以看出，在投资与工程化阶段和商业化与推广阶段，我国在长期规划、政策稳定性及市场稳定性方面具有较大的优势，而在综合国力和自主创新能力、政策支持力度、研发体系建设方面有所欠缺。

为了弥补在综合国力、自主创新能力及研发体系建设方面的欠缺，我国应加强高素质人才的培养，积极学习他国先进技术，在技术引进的同时积极消化并进行模仿创新，同时提升自主创新能力。

为了弥补在政策支持力度的欠缺，我国应积极学习他国发展经验，但又不可全部照搬，应该在充分了解自身国情的基础上因地制宜地制定符合自身发展状况的政策法规，以更好地促进风光发电产业的发展。

在我国风光发电产业今后的发展过程中，不仅要继续发扬自身优势，还要重点克服自身的缺点，在发扬优势、弥补缺点的双重动力下推动我国风光发电产业更快更好的发展。

2) 同一国家不同阶段技术学习率比较分析

在风光发电产业发展的不同阶段，不同技术创新基本要素的演变可能会对技术学习率的增长起到抑制或者促进的作用，当抑制作用大于促进作用时，技术学习率的变化就会出现下降的趋势，反之，则出现上升的趋势。

(1) 丹麦风电。

在投资与工程化阶段，丹麦风电技术学习率为 12.00%，而在商业化与推广阶段，丹麦风电技术学习率降为 7.00%。基于技术创新基本要素演变规律的角度分析得到丹麦风电技术学习率变化的主要原因有以下两点。

第一，主体结构的变化。在投资与工程化阶段，丹麦风电技术创新与产业化发展的主体为政府。政府的稳定性使风电技术创新与产业化发展也较为稳定，企业与科研院所的影响较小。而在商业化与推广阶段，企业逐渐成为主要力量。风电产业的发展打破了原有电力行业的利益平衡，缺乏规范的市场秩序和配套制度，导致企业在推广风电时举步维艰，极大地打击了投资者的积极性，所以丹麦风电企业在发展过程中遇到的问题直接导致了丹麦风电技术创新与产业化发展的整体受挫。

第二，支持环境的变化。在投资与工程化阶段，丹麦的风电产业获得了更多的主动支持，如研发投入增加、财政补贴和税收优惠及扩大参与主体范围等，这对风电技术创新及产业化发展产生了积极的影响，进而推动了技术学习率的上升。而在商业化与推广阶段，丹麦的支持更多的是为了解决风电产业遇到的问题，被动的支持仅起到维持市场稳定的作用，对技术创新及产业化发展的推动效果甚微。

(2) 美国风电。

在投资与工程化阶段，美国风电技术学习率为32.00%，而在商业化与推广阶段，下降为6.89%。基于技术创新基本要素演变规律的角度分析得到，美国风电技术学习率变化的主要原因有以下两点。

第一，主体结构的变化。在投资与工程化阶段，美国风电技术的研发主体为政府。政府对风电技术的研发不带有任何营利性目的且不计成本，因而研发进度较快，风电技术学习率较高。在商业化与推广阶段，主体结构演变为以企业研发为主，企业对于研发成本的把控决定了美国风电技术学习率在商业化与推广阶段的数值小于上一阶段。

第二，支持环境的变化。在投资与工程化阶段，美国政府通过颁布各类刺激性法案，成立风电发展支撑机构等行为大力促进了风电技术创新的发展，并收获一定成效。而在商业化与推广阶段，尽管创新风电激励手段和前瞻性风电发展目标稳定了投资者的信心，但是在这一阶段后期频繁波动的生产税收减免政策使投资者一直处于观望状态，技术创新及产业化发展进度非常缓慢。

(3) 日本光伏。

在投资与工程化阶段，日本光伏发电技术学习率为11.90%，而在商业化与推广阶段，略微上升到13.50%。基于技术创新基本要素演变规律的角度，分析得出日本光伏发电技术学习率变化的主要原因是支持环境的转变。

在投资与工程化阶段后期及商业化与推广阶段前期，日本政府取消光伏安装补贴的决定对日本光伏发电产业的发展造成了极大的打击，在之后的三年日本光伏发电产业出现了停滞的现象，新增光伏装机容量逐年下降，累计装机容量也逐渐被美国和德国赶超。在这种情况下，日本光伏发电产业在商业化与推广阶段的技术学习率本应出现大幅下滑的现象，但是得益于日本政府的迅速反应及发展政策的及时调整，日本光伏发电产业的发展止住下滑的趋势，并最终实现了这一阶段技术学习率相对上一阶段的上升。

(4) 中国风电。

在投资与工程化阶段，我国风电技术学习率为5.10%，而在商业化与推广阶段，上升为14.27%。基于技术创新基本要素演变规律的角度分析得到，我国风电技术学习率变化的主要原因有以下三点。

第一，主体的转变。在投资与工程化阶段，我国风电产业技术创新以政府、国企及科研院所为主。其中，政府和国企起到了至关重要的推动作用，主要体现在对风电产业化及风机制造国产化的推动上。但是由于我国风电产业化及风机制造国产化刚刚起步，进程较慢，技术学习率也较低。而在商业化与推广阶段，更多的民营企业和科研院所发展成研发的中坚力量，通过建立研制大型风电机组整机及关键零部件的产学研战略联盟，实现风电产业化及风机制造国产化的快速发展,进而引起了我国风电技术学习率的上升。

第二,资源丰富程度的变化。在投资与工程化阶段,我国综合国力较弱,各方面的资源都相对短缺。而随着综合国力的不断提升,在商业化与推广阶段,我国拥有了大量的人力、财力和技术资源。在拥有充足的资源支撑情况下,我国风电产业发展迅速。值得注意的是,尽管风电产业发展迅速,但是技术学习率并没有达到较高的水平,这主要是因为风电装机容量的快速增加也带来了较为严重的弃风问题。由于未能及时妥善地解决弃风问题,投资者对于风电快速发展后的前景并不乐观,进而导致技术学习率未能达到较高的水平。

第三,支持环境的变化。在投资与工程化阶段,支持环境以各类风电计划及示范项目为主,主要是为商业化与推广阶段的发展进行铺垫,因而使技术学习率水平较低。而在商业化与推广阶段,支持环境以各项法律法规的颁布为主。随着将对风电产业的支持以立法的形式确定下来,大量的投资不断进入风电行业,有力地促进了我国风电产业化的发展,进而引起了风电技术学习率的上升。

综上所述,风光发电产业技术创新基本要素在不同阶段的演变决定了技术学习率的变化趋势。通过对具体国家技术创新基本要素演变过程与技术学习率变化关系的分析,总结出以下发展经验供我国学习借鉴。

(1)随着技术的成熟及产业化的不断推进,企业最终会发展成产业技术创新的主体。政府有效地规范及引导企业的发展对于技术创新的发展至关重要。

(2)稳定而持久的政策支持有利于为投资者提供充足的信心,进而有助于技术创新及产业的平稳发展。

(3)不同阶段产业发展遇到的问题不同,在产业发展身处困境时,政府应审时度势,迅速且积极主动地"对症下药",保障产业的健康发展。

第 10 章 可再生能源政策演化分析

中国、美国、德国和日本四个国家可再生能源经过多年的发展，取得了较好的成绩，但各自可再生能源财税价格制度体系，政策的切入点、重点和形式各异。本章系统梳理这些典型国家可再生能源的政策体系，通过国际比较，发掘其共同的演化规律，为我国可再生能源政策的制定提供借鉴。

10.1 典型国家可再生能源战略定位的演变

在不同的发展时期，不同国家对可再生能源有着不同的战略定位，这种战略定位决定了可再生能源的政策支持取向，也决定了其发展进程，图 10-1 为典型国家非水可再生能源消费量。尽管各国在发展可再生能源方面存在许多差异，但从整体上来说，可以将可再生能源的发展归纳为四个阶段。

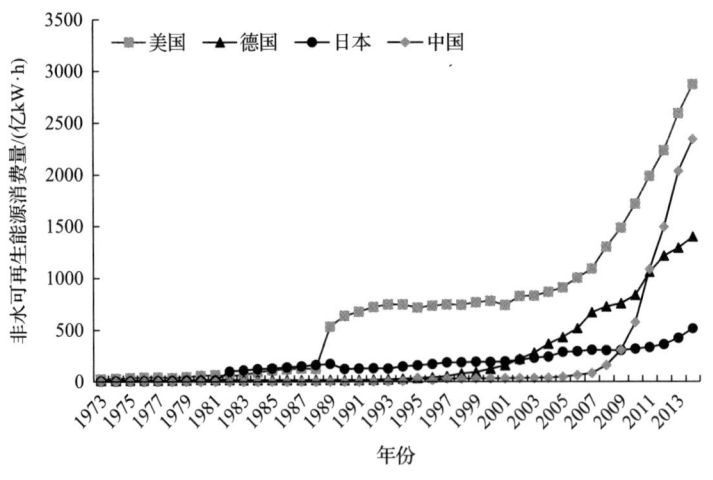

图 10-1 典型国家非水可再生能源消费量
数据来源：《BP 世界能源统计年鉴 2016》

1. 石油危机助力可再生能源起步

20 世纪 70 年代，两次石油危机给世界发达经济体带来了巨大冲击，也成为发达国家经济衰退的诱因之一。出于对能源安全的战略考量，许多国家开始寻求新的替代能源，并将发展可再生能源作为应对能源安全的措施之一。美国和日本通过立法促进可再生能源的发展，其发展速度明显快于德国和中国。但进入 20 世纪 80 年代以来，国际石油市场发生了根本性的逆转，国际石油价格持续下降并长期保持低位运行，使可再生能源的发展失去了吸引力。在这一阶段，可再生能源的发展还未上升到国家战略，发展较慢。

2. 环境保护促进可再生能源稳定发展

自 20 世纪 90 年代以来，大量使用化石能源导致的气候异常和环境污染现象越来越引起人们的重视。1992 年联合国通过了《联合国气候变化框架公约》，该公约尽管没有提出具体的减排义务，缺少法律约束力，但该公约规定可在后续从属的议定书中设定强制排放限制，为应对气候变化设定了减排进程。1997 年 149 个国家和地区(含四个典型国家)的代表通过了《京都议定书》，使温室气体减排成为发达国家的法律义务，并成为全球应对气候变化的重要里程碑(高风，2013)。尽管在短期内减排方案分歧较大，但极大地促使了国际社会重视气候变化问题，生态建设和环境保护逐渐成为国际社会共同的心愿。

日本 20 世纪 80 年代末将国际环境问题作为谋求政治大国地位的重要突破口，应对气候变化已经上升到国家战略(史丹，2015a)。1994 年日本通过"新能源推广大纲"，首次正式宣布发展新能源及可再生能源的明确目标。日本可再生能源消费量从 1990 年的 121.88 亿 kW·h 增长到 2000 年的 189.54 亿 kW·h。德国在应对气候变化的国际舞台上一直是积极的倡导者和推动者，其可再生能源从 1990 年开始稳定发展，可再生能源消费量 2000 年达到 123.45 亿 kW·h，年均增长率达 23.41%。这一时期，尽管美国应对气候变化的态度有所改变，但并没有建立新的行动体系。美国可再生能源消费量增长比较平稳，从 1990 年的 637.54 亿 kW·h 增长到 2000 年的 781.51 亿 kW·h。中国 1994 年通过《21 世纪议程》，将可持续发展战略列为重要的基本国策，并加大了对新能源的生产和消费支持力度。中国可再生能源消费量从 1990 年的 0.04 亿 kW·h 增长到 2000 年的 31.59 亿 kW·h，虽然总消费量很低，但可再生能源实现了从无到有的转变。

3. 应对全球气候变化的行动计划促进可再生能源快速发展

进入 21 世纪，尽管各国在减排责任上仍然存在分歧，但在该领域取得了越来越多的共识，其中一个重要的标志是《京都议定书》在 2005 年正式生效。这是人类历史上首次以法规的形式限制温室气体排放，发达国家从 2005 年开始承担碳减排义务，而发展中国家则从 2012 年开始承担减排义务。国际社会开始以实际行动履行各自的减排责任和义务，应对气候变化从国际社会共同心愿变为共同行动并全面上升到国家战略，这些典型国家都制定了中长期减排目标，从而推动了可再生能源的高速发展。

虽然美国 2001 年宣布退出《京都议定书》，但随着 2005 年美国页岩气革命成果显现，改善了美国石油安全状况，美国政府对气候变化的立场逐渐从消极转变为积极(李海东，2009)，于 2005 年签署了以节约能源、提高能效、开发新能源为内涵的国家能源政策法案。美国可再生能源消费量从 2005 年开始迅速增长，2014 年可再生能源消费量达 2873.42 亿 kW·h，近 10 年平均增速达 12.71%。日本和德国采取有力措施积极履行《京都议定书》的承诺，可再生能源实现快速增长。日本可再生能源消费量从 2000 年的 189.54 亿 kW·h 增长到 2014 年的 514.52 亿 kW·h，年均增长率稳定在 7.39%。德国可再生能源消费量 2002 年超越日本，2014 年可再生能源消费量达到了 1401.10 亿 kW·h，年均增速达 16.68%。中国把积极应对气候变化纳入经济社会发展中长期规划，是第一个制定并实施应对气候变化国家方案的发展中国家。中国可再生能源消费量 2009 年赶超日本，2011 年赶超德国，2014 年可再生能源消费总量达到了 2345.82 亿 kW·h，近 10 年年均增速达 50.68%。

4. 可再生能源技术将引领新能源革命

2016 年国际社会在应对气候变化领域取得了重要成果，近 200 个缔约方一致同意通过《巴黎协定》。该协定指出，各方将加强对气候变化威胁的全球应对，把全球平均气温较工业化前水平升高控制在 2℃之内，并为把升温控制在 1.5℃之内而努力(巢清尘等，2016)。全球将尽快实现温室气体排放达到峰值，21 世纪下半叶实现温室气体净零排放。低碳和可持续的能源系统是实现应对气候变化目标的战略举措，这些典型国家都制定了明确的减排规划：2014 年中美双方在北京发布应对气候变化的联合声明，美国计划于 2025 年实现在 2005 年基础上减排 26%~28%的减排目标并将努力减排 28%；中国计划 2030 年左右二氧化碳排放达到峰值且将努力早日达到峰值。日本计划 2050 年将温室气体排放量在 2013 年基础上减少 80%，德国计划到 2050 年将温室气体排放量在 1990 年的基础上减少 80%~95%，同时德国将可再生能源作为主流能源，提出在 2020 年之前，可再生能源在电力供应中的份额达到 35%，2030 年之前达到 50%，2050 年之前达到 80%。

许多国家都将可再生能源作为能源体系低碳转型和应对气候变化的重大战略举措，全球可再生能源发电新增装机容量 2015 年首次超过常规能源发电装机容量。世界能源结构正发生着深刻的变化，以信息技术与新能源技术结合的新能源革命将引发世界范围内经济社会发展方式的根本变革，甚至改变全球经济发展格局。在此背景下，各国已经积极行动起来，以经济增长和能源革命为战略重点，争夺可再生能源技术的制高点，也将预示着一个新的经济时代的开启。正如未来学家杰里米·里夫金说，"每一个伟大的经济时代都是以新型能源机制的引入为标志"。

10.2 典型国家可再生能源政策制度演变

10.2.1 美国可再生能源政策体系的特点

图 10-2 为美国可再生能源政策发展历程，其整体政策框架的特点是自下而上的各州政策和自上而下的联邦政策相互结合。各州政策主要以市场机制来推动可再生能源的发展。1983 年艾奥瓦州率先实施可再生能源配额制，截至 2015 年，已经有 34 个州实施可再生能源配额制(国家可再生能源中心，2015)，这一具有市场机制的政策实施，为美国后续可再生能源的发展奠定了坚实的基础(陈政等，2014)。联邦政策体系主要以财税政策为核心，可有效地降低项目成本，推进技术进步，加快产业化进程，联邦财税政策的主要措施包括：

(1) 以投资抵税(investment tax credit，ITC)政策和生产抵税(production tax credit，PTC)政策为主的长期税收优惠政策。

1978 年颁布的《能源税法案》首次对可再生能源实施 ITC 政策，该政策于 1985 年到期(李红强和沈镭,2012)。2005年《国家能源政策法案》重新制定了ITC政策,2008年美国《紧急经济稳定法案》将ITC政策延长至2016年。《1992年能源政策法案》提出PTC政策,该政策一直持续到2013年(史丹,2015b)。

(2)实施重点计划并提供有力的资金支持,以加强技术研发和项目推广。

早在1979年美国就启动了太阳能计划,同时为解决研发方面的经费投入,美国1980年通过了石油暴利税计划,通过向石油公司征收50%的暴利税资助可再生能源的研发。1997年宣布实施百万太阳能屋顶计划和净流量表体制。2009年《美国清洁能源与安全法案》规定在新能源研究项目最初的可行性研究阶段,美国政府给予100%的资金补助,在基础研发和工业性实验阶段,资金补助的比例维持在50%~80%的水平,有效保证了技术研发活动的持续性(史丹,2015b),2011年美国政府密集出台了一系列能源资助计划,重点资助太阳能、海上风电、生物质能、地热能等可再生能源的先进技术研究与示范项目(朱彤和史丹,2013)。

(3)提出政府绿色购买制度。

2013年美国提出了政府绿色购买制度,即可再生能源电力消耗在政府机构总电力消耗中的比例从2013年的7%逐步增加到2015年的10%,2020年达到20%以上(国家可再生能源中心,2015)。

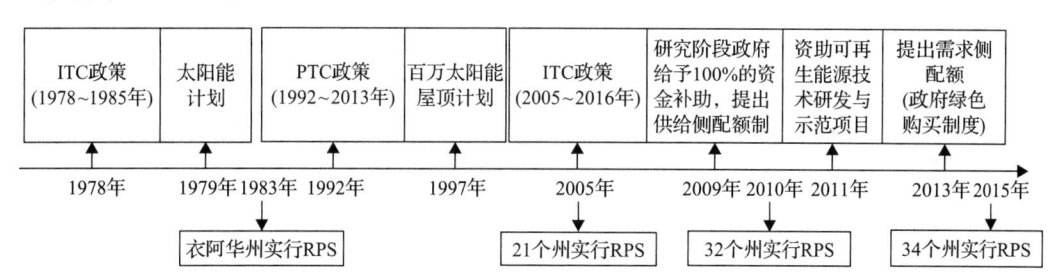

图 10-2 美国可再生能源政策发展历程

10.2.2 日本可再生能源政策体系的特点

日本可再生能源政策发展历程的特点主要体现在以下两个方面(图10-3)。

(1)政府主导的重点计划以推进新能源技术进步,并将新能源技术列为支柱产业。

日本政府早在1974年就开始实施"阳光计划",以推动太阳能的利用技术,1978年提出"月光计划"以促进燃料电池发电技术,1993年日本政府将上述两个计划合并为"新阳光计划",重点推进太阳能利用技术。该计划将一直延续到2020年,总支持经费高达1.6万亿日元(朱凯,2011)。1994年日本出台"新能源推广大纲",首次正式宣布发展新能源及可再生能源,提出到2010年,新能源和可再生能源占全国能源供应3%以上的目标,并对供需双侧进行补贴,1994~2000年的补贴达到约7亿美元。"阳光计划"促进了日本可再生能源的发展,太阳能热利用和光电技术处于世界前列,地热发电、波浪发电、燃料电池进入商业性的开发阶段。1997年日本通过"环境保护与新商业活动发展"计划,明确将新能源及可再生能源工业列为15项新兴工业之一。2004年6月,日本政府公布了"新能源产业化远景构想",目标是在2030年以前,把太阳能和风能发电等新能源技术扶持成产值达3万亿日元的支柱产业之一(史丹,2015a)。

(2)以固定上网电价机制推动可再生能源的发展。

2003年推行可再生能源配额制,但最终因市场化程度不高,政策效果不明显而退出。从2009年开始在光伏发电引入为期10年的FIT机制,2012年全面实施可再生能源固定上网电价机制,并于2015年对固定电价水平和电力附加费进行了调整(国家可再生能源中心,2015)。为确保能源安全和实现低碳发展,2016年日本发布《能源革新战略》,其主要目标有两个:一个是实现2030年能源结构优化,可再生能源占比达到22%~24%的目标;二是实现2030年温室气体排放量与2013年相比减少26%的目标。改革主要围绕节能、可再生能源和能源供给系统三大主题,并分别策划了节能标准义务化、新能源固定上网电价改革、利用物联网进行远程控制技术开发等战略(日本《能源革新战略》)。

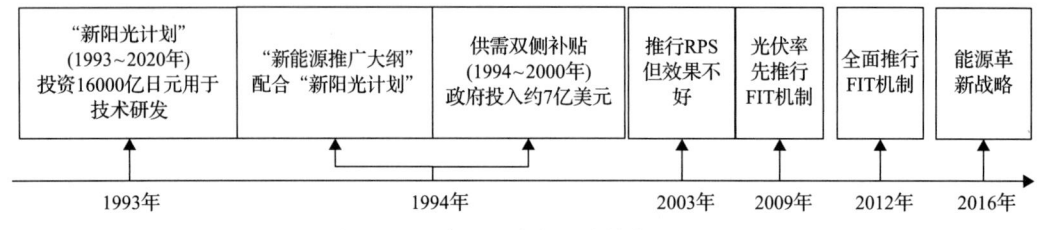

"新阳光计划"(1993~2020年)投资16000亿日元用于技术研发	"新能源推广大纲"配合"新阳光计划"	供需双侧补贴(1994~2000年)政府投入约7亿美元	推行RPS但效果不好	光伏率先推行FIT机制	全面推行FIT机制	能源革新战略
1993年	1994年		2003年	2009年	2012年	2016年

图10-3 日本可再生能源政策发展历程

10.2.3 德国可再生能源政策体系的特点

德国可再生能源政策发展历程(图10-4),可以发现德国可再生能源政策体系分为四个典型部分,逐渐从以政府为导向的财税支持政策向以市场为基础的政策体系转变,脉络十分清晰。

可再生能源强制入网千户太阳能屋顶计划	生态税	《可再生能源法》(EEG)出台,引入FIT	FIT(EEG修订)补贴动态调整	市场化改革(EEG修订)		
				引入FIP	提出光伏招标制度试点	FIT结束全面引入招标制度
1991年	1999年	2000年	2004年 2009年 2012年	2014年	2016年	2017年

图10-4 德国可再生能源政策发展历程

(1)以重点项目推进可再生能源。1991年德国制订了千户太阳能屋顶计划,为每户安装太阳能屋顶的住户提供补助。1999年德国政府提供5.62亿欧元巨资实施10万个太阳能屋顶计划,2004年两座当时世界上最大的太阳能电站并网发电,发电功率达到300MW[①]。

(2)进行生态税改革,提升可再生能源的竞争力。德国在1999年出台《引入生态税改革法》,从整体上为生态税改革定下了主线,标志着德国生态税改革全面启动(李鹏飞,2013)。自《引入生态税改革法》实施以来,德国不断地对矿物能源、天然气等化石能源

---

① 资料来源:IEA(International Energy Agency),Policiesdatabase. [2021-08-30]. https://www.iea.org/policies.

设定较高的税率,而对使用风能、太阳能、地热能等生产出的电能则给予税收减免的优惠,从而促进可再生能源的发展。

(3) 引入 FIT 机制并形成 FIT 动态调整机制。2000 年德国首部《可再生能源法》(erneuerbare-energien-gesetz, EEG)出台,完整地引入了上网电价补贴机制,以法律的形式将固定电价加以确定。将能源的外部成本纳入能源价格,通过政府财政投入和价格激励,为可再生能源的推广提供与传统化石能源平等的市场条件(杨泽伟,2015)。随着可再生能源规模扩大,政府补贴加重及终端电价可再生能源附加成本过高,德国不断修订《可再生能源法》,调整上网电价补贴标准,设计补贴递减机制。

(4) 形成以上网溢价政策制度和招标制度为主的市场化政策体系。FIT 机制有效地促进了可再生能源的快速发展,但同时带来了对电力市场的扭曲、终端电价快速攀升等问题。德国 2014 年对《可再生能源法》(EEG—2014)进行改革(赵勇等,2014),提出了上网溢价政策:鼓励转向可再生能源发电参与电力市场竞价上网,由当时市场供需情况确定销售电价,政府再根据各类可再生能源规定的电价水平与市场月度价格的平均值给予发电商溢价补贴,从而提高可再生能源发电市场竞争力。2016 年德国对《可再生能源法》再次进行修订,体现了德国对欧盟关于各国可再生能源支持政策要求的响应,欧盟要求成员国对政策提出调整,逐步降低可再生能源补贴,激励可再生能源提高自身竞争力。新的可再生能源发电量必须进入电力市场,且承担类似于常规电源的电力系统平衡义务,引入可再生能源发电项目竞争性招标制度。按照欧盟裁决 EEG—2014 有效期仅到 2016 年年底,德国政府全面引入可再生能源发电招标制度,正式结束基于固定上网电价的政府定价机制,全面推进可再生能源发电市场化。

10.2.4 中国可再生能源政策体系的特点

从中国可再生能源政策发展历程来看(图 10-5),可再生能源政策不仅力度大,而且政策全面,其演变规律也十分清晰:首先以重点计划项目助推可再生能源起步,然后以财税价格政策保障可再生能源的快速发展,现在政策开始转向以配额制为基础的市场化政策体系。

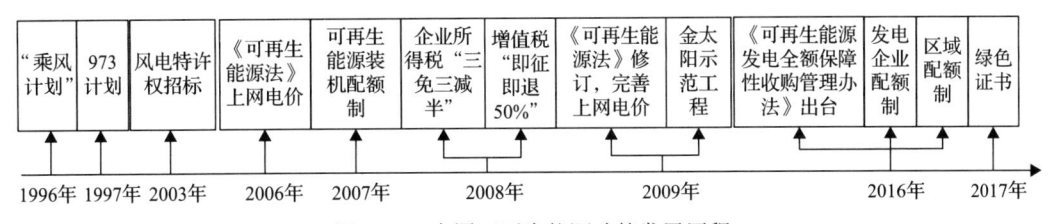

图 10-5 中国可再生能源政策发展历程

1. 政府主导的重点计划项目

重点计划项目主要支持技术研发,促进可再生能源的产业化。1996 年推出了"乘风计划",明确提出了到 2000 年实现大型风机国产化率 60%的目标(中华人民共和国国家发展计划委员会基础产业发展司编《中国新能源与可再生能源 1999 白皮书》)。我国 973

计划(国家重点基础研究发展)对探索大规模发展新能源的研究给予了很大的资助。在太阳能发电方面,2009 年推行金太阳示范工程,促进光伏发电产业技术进步和规模化发展,培育战略性新兴产业(财政部《关于实施金太阳示范工程的通知》(财建〔2009〕397 号))。

2. 风电特许权招标制度

2003 年我国开始采用风电特许权招标制度,该制度具有综合性和创新性,首先体现了市场竞争,即风电特许权通过市场招标获得;其次执行强制上网制度,固定上网电价和浮动上网电价相互结合,即前三万利用小时电量适用固定上网电价(中标电价),以后上网电价随市场浮动。

3. 财政税收优惠政策

2008 年我国首次安排专项财政资金对市场认可的产业化研发企业的风电机组整机及配套零部件设备进行财政补贴。在企业所得税方面,光伏发电和风电技术及生物质能等新能源利用技术享受优惠税率,按 15% 的税率征税。2008 年我国开始对新能源发电新建项目的所得税实施"三免三减半"。在增值税方面,2008 年我国对销售利用风力生产的电力实现的增值税,实行"即征即退 50%"的政策。2013 年将这一政策推广到纳税人销售自产的利用太阳能生产的电力产品。

4. 上网电价制度

我国 2006 年实施的《可再生能源法》首次对上网电价进行明确的规定,2009 年《可再生能源法》修订,进一步完善了上网电价政策。至此,风电和太阳能发电电价完成了从招标制电价到固定电价的转变,生物质发电从 2010 年前的固定补贴电价变为 2010 年后分类补贴电价政策(李艳芳,2015)。固定电价政策保证了可再生能源"价"的稳定,而 2016 年《可再生能源发电全额保障性收购管理办法》的出台有助于保证可再生能源的发电"量"。

5. 涉及多主体的多层次配额制

配额制是国际通行的促进可再生能源发展的有效措施。在配额制政策设计过程中,充分体现了我国国情,逐渐形成多层次、多主体的可再生能源配额制,制度设计具有很强的针对性和创新性。

一是可再生能源装机配额:2007 年《可再生能源中长期发展规划》要求,到 2010 年和 2020 年,权益发电总装机容量超过 500 万 kW 的投资者,所拥有的非水电可再生能源发电权益总装机容量应分别达到其权益发电总装机容量的 3% 和 8% 以上。

二是可再生能源发电量配额:2007 年《可再生能源中长期发展规划》要求,到 2010 年和 2020 年,大电网覆盖地区非水电可再生能源发电在电网发电总量中的比例分别达到 1% 和 3% 以上。2016 年国家能源局《关于建立可再生能源开发利用目标引导制度的指导意见》(国能新能〔2016〕54 号)要求:2020 年,除专门的非化石能源生产企业外,各发电企业非水电可再生能源发电量，应达到全部发电量的9%以上。

三是不同行政区域配额制：根据不同地区可再生能源发展的差异，国家能源局提出2020年各省(区、市)行政区域全社会用电量中非水电可再生能源电力消纳量比例目标，例如，处于北部地区的内蒙古、辽宁和新疆等7个地区这一比例最高(13%)，而上海和重庆等5个东部和西部地区这一比例最低(5%)。在配额制的基础上，国家能源局推出绿色证书交易机制，为实现可再生能源发电的绿色价值部分，提供了市场化的解决办法。

10.2.5 典型国家可再生能源政策演变规律

尽管各国不同时期可再生能源制度的演进随着可再生能源发展的战略定位变化不断调整，各自的切入点、重点和形式各异，但体现出了可再生能源政策体系演变的共同规律。

1. 明确的可再生能源发展规划是政策的根基

随着国际社会对应对全球气候变化达成共识并形成具体的行动计划，发展可再生能源就成为许多国家推进能源系统转型的重要内容和应对气候变化的有效途径。这方面典型的代表是德国，德国已经将可再生能源定位为主流能源，成为德国能源转型的重要组成部分。如图10-6所示，德国可再生能源消费量占一次能源消费量的比例快速持续增长，从2000年的0.84%增长到2015年的12.48%，在能源体系中已经占据了相当的位置。当国家制定了明确的减排计划和可再生能源发展规划时，可再生能源政策支持力度就会加大，从而可再生能源实现快速持续增长。

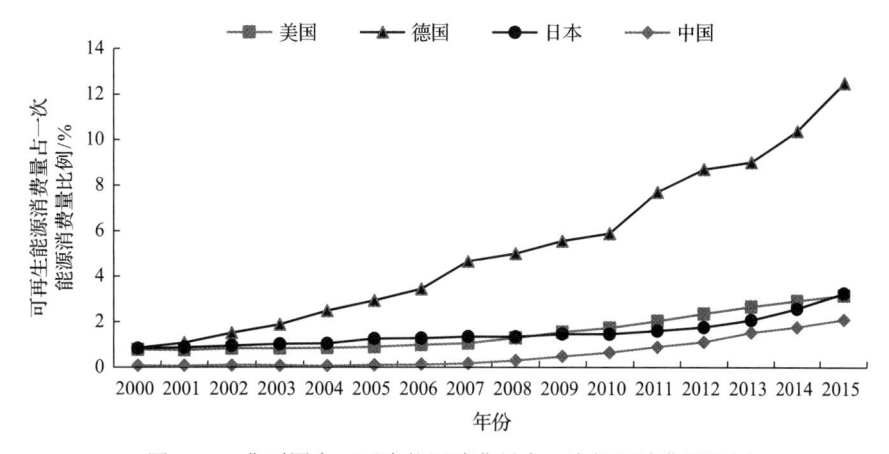

图10-6 典型国家可再生能源消费量占一次能源消费量比例

2. 政策演变的路径基本一致

初期以政府主导的重点项目助推可再生能源起步，主要实现可再生能源技术领域的突破；然后以财政税收价格激励政策支持可再生能源的产业化，不断降低可再生能源的应用成本；随着可再生能源的规模不断扩大，政策实现重大转向，即从以政府主导的行政政策体系转向市场化政策体系，从而推动大规模可再生能源的消纳。

3. 政策体系一直是以可再生能源技术创新为主线

可再生能源技术在发展过程中表现出三个典型阶段：初期发电技术的突破，产业化过程中技术效率的提高和成本的降低，大规模可再生能源阶段的并网消纳技术。在不同阶段也形成了不同政策促进技术进步，以重点项目实现可再生能源技术的突破，然后以财政税收价格激励政策支持可再生能源的推广和产业化，最后利用市场化的手段推动大规模可再生能源并网技术和体制的突破，实现可再生能源的快速发展。加大技术研发力度是各国关注的焦点，随着可再生能源不断发展，可再生能源在能源系统中的占比不断提高，而以大规模、高能量密度、生产消费分离为特征的化石能源体系与适度规模、低能量密度、生产消费靠近甚至合一为特征的可再生能源体系之间的巨大差别带来的挑战，要求各国加大技术的研发。而这一技术变革将引领新的能源革命，必将是许多国家争夺的技术制高点，也必将对未来经济发展产生重要影响。

10.3 典型国家可再生能源发展政策对中国的启示

我国可再生能源在快速发展的过程中，存在三大主要问题。一是尽管我国是风电和光伏发电等可再生能源设备的制造大国，但核心技术亟待继续突破提升。二是可再生能源未能得到有效利用。中国在 2009 年以后可再生能源装机呈现爆发式增长，2013 年总的可再生能源装机容量已经超过美国，成为世界第一。但中国可再生能源消费量一直明显低于美国，说明我国可再生能源利用效率偏低，从另一个侧面说明了我国弃风、弃光的严重性。三是可再生能源过度依赖政策，尤其是财政补贴政策。现阶段施行的可再生能源上网电价政策制度下，国家财政补贴压力巨大，导致补贴资金发放不到位。我国可再生能源的政策支持力度不仅非常大，而且政策也是全方位的；同时从政策的演变过程来看，和其他典型国家类似。但在我国可再生能源快速发展过程中集中爆发的这三类问题值得深思，借鉴其他典型国家的经验，提出如下政策建议。

1. 将可再生能源作为战略新兴产业

在典型国家中，德国已经将可再生能源作为主流能源，日本要把太阳能发电和风电等新能源技术扶持成支柱产业。《可再生能源发展"十三五"规划》中指出：全球能源转型的基本趋势是实现化石能源体系向低碳能源体系的转变，最终进入以可再生能源为主的可持续能源时代。可再生能源技术将是未来能源革命的核心，我国更要从战略高度重视可再生能源的研发，加大资金开展核心技术攻关，在新的时代占领技术制高点。

2. 做好顶层设计，协同不同利益群体

首先在国家层面做好顶层设计，处理好电源建设与电网建设的协同关系，衔接国家规划与地方规划，协商重大电力项目布局、规模和时序，解决好电源和电网的协同规划，统筹本地电源结构、本地消纳潜能、受端需求、受端电源结构及调峰能力。其次要处理好能源中心与负荷中心的利益协调关系，协同不同利益群体，均衡各方利益，构建切实可行的绿色调度行动计划，以促进能源系统的低碳转型。最后"十三五"期间在电力阶段性过剩加剧和环保成本高的环境下，煤电亏损压力凸显，若不能很好地解决煤电和可再生能源的利益协同机制，则可再生能源平价上网之路必将面临"阻断"风险。要协调好煤电在保障我国电力供应中的长期主体地位和可再生能源在满足我国增量电力需求中的主力地位二者之间的关系。电力体制深化改革的进程中，要通过机制调整，特别是利益机制建设来引导部分煤电机组由"电量型"向"电力型"电源转变，应加快建立包括竞争性电量市场、跨省跨区交易市场、辅助服务市场、容量市场等多元化市场架构。

3. 提高政策权威性，加强方案的可操作性

《可再生能源法》修订案中规定了可再生能源开发利用的总量目标制度，但并未在法律条文中明确具体的量化目标。我国各地情况复杂，地域差异大，通过权威的立法来推进总量目标的实现，才能保证各地区统一认识和行动。《可再生能源法》中将可再生能源的开发利用列为能源发展优先领域，但并未制定具体落实方案和执行标准。因此，我国应该进一步完善可再生能源的法律执行细则，明确可再生能源优先准入原则的法律地位和程序设计，形成切实可行的行动方案，为激励可再生能源发电创造良好的制度环境。

4. 构建动态监管体系和责任追究制度，坚决落实可再生能源全额保障性收购制度和配额制

2016年出台的《可再生能源发电全额保障性收购管理办法》及配额制构建了可再生能源发展的托底保障机制，是我国可再生能源政策体系的核心，能否有效落实关系到可再生能源的持续健康发展。建立以可再生能源配额目标为导向的能源发展指标考核体系，完善国家及省级间协调机制，对可再生能源配额目标完成情况进行监测，及时向全社会发布并进行考核。建立责任追究机制，完善考核惩罚机制，保证配额制目标的完成。

5. 形成以市场为主导的可再生能源价格形成机制，财税补贴政策逐渐退出

随着可再生能源的发展，固定可再生能源补贴政策必将加重国家财政负担，也不利于可再生能源的技术进步。构建可再生能源补贴的递减机制，通过设定明确的补贴递减时间及幅度，一方面减轻国家的财政负担，另一方面可预见的补贴下降，倒逼企业进行可再生能源的技术创新，降低可再生能源的发电成本。同时，抓紧实施可再生能源绿色证书交易机制，要求市场主体通过购买绿色证书完成可再生能源配额义务。通过绿色证书市场化交易补偿新能源发电的环境效益和社会效益，逐步将现行差价补贴模式转变为定额补贴与绿色证书收入相结合的新型机制，进而与碳交易市场相对接，降低可再生能源的财政补贴直到完全退出。

第三部分：我国可再生能源政策的一般均衡分析

郭正权　张兴平　著

第11章　可再生能源价格及财税政策研究动态与研究思路

能源是人类社会发展的物质基础，现代社会的血液。18世纪以后，煤炭、石油、电力的广泛使用，先后推动了第一、第二次工业革命，使人类社会从农耕文明迈向工业文明，能源从此成为世界经济发展的重要动力，也成为各国利益博弈的焦点。当今世界，化石能源大量使用，带来环境、生态和全球气候变化等领域的一系列问题，主动破解困局、加快能源转型发展已经成为世界各国的自觉行动。新一轮能源变革兴起，将为世界经济发展注入新的活力，推动人类社会从工业文明迈向生态文明。

能源清洁低碳发展已成为大势所趋。在人类共同应对全球气候变化大背景下，世界各国纷纷制定能源转型战略，提出更高的能效目标，制定更加积极的低碳政策，推动可再生能源发展，加大温室气体减排力度。各国不断寻求低成本可再生能源替代方案，推动经济绿色低碳转型。《联合国气候变化框架公约》近200个缔约方在巴黎气候变化大会上达成了《巴黎协定》提出了新的更高要求，明确20世纪下半叶实现全球温室气体排放和吸收相平衡的目标，将驱动以新能源和可再生能源为主体的能源供应体系尽早形成。

发展清洁低碳能源已成为各国提升核心竞争力、保障能源持续供应、应对气候变化的重要战略举措。我国政府发布了《能源生产和消费革命战略(2016—2030)》、《能源技术革命创新行动计划(2016—2030年)》、《能源发展"十三五"规划》、《电力发展"十三五"规划(2016—2020年)》、《可再生能源发展"十三五"规划》、《风电发展"十三五"规划》和《太阳能发展"十三五"规划》等战略与规划，构建现代清洁低碳能源体系，实现能源生产和消费方式的根本性转变。

以风能与太阳能为代表的可再生能源是能源供应与消费体系的重要组成部分。目前，全球可再生能源开发利用规模不断扩大，应用成本快速下降，发展可再生能源已成为许多国家推进能源转型的核心内容和应对气候变化的重要途径。我国作为世界上煤炭消费量与碳排放量最大的国家，积极发展以太阳能、风能为主的可再生能源对我国推进能源生产和消费革命，实现经济与社会绿色可持续发展具有极其重要的战略意义。

以风能与太阳能为主的可再生能源在发电成本上相比传统化石能源缺乏市场竞争力，发达国家为了促进风电与太阳能发电的发展，实施了法律、固定上网电价、电价补贴、配额、投融资激励、研发补贴等多种支持政策，尤其是价格与财税政策得到广泛采用。从国际经验来看，合理的电价及财税政策引导对风电与太阳能发电产业的发展能够起到事半功倍的效果，建立科学、合理、有效的电价及财税政策不仅能够推动产业的发展，还可以有效降低政府补贴支出，使政府对可再生能源的补贴效益最大化。

因此，本书第三部分致力于中国可再生能源的价格及财税政策优化研究，通过建立中国可再生能源价格及财税政策优化评价模型，分析中国可再生能源价格及财税政策对能源-经济-环境系统的影响，中国可再生能源价格及财税政策动态调整及优化机制，为提升中国可再生能源市场竞争力、促进可再生能源快速有序发展、维护能源安全、构建可持续发展的清洁低碳能源体系提供充分的政策支持依据和实证研究样本。

11.1 可再生能源价格及财税政策研究现状与动态

很多国家制定了大量的激励政策来促进以风光为主的可再生能源发展，其中可再生能源价格与财税政策扮演了重要角色，国内外学者对可再生能源价格及财税政策做了大量的研究。

11.1.1 国内可再生能源价格及财税政策研究现状与动态

学者对可再生能源价格及财税政策已做了大量的研究，对制定我国可再生能源发展政策，促进我国可再生能源发展做出了重要的贡献。从研究方法上，主要分为定性分析与定量分析两个方向。

1. 可再生能源价格及财税政策的定性分析

学者们主要定性分析我国可再生能源(太阳能发电与风电)价格、财政补贴与税收政策的发展演变、存在的问题，以及国外可再生能源价格与财税政策的评价、比较，并提出了促进我国可再生能源发展的优化价格与财税政策。相关研究如朱乃平和田立新(2013)、宋艳霞(2010)、黄珺仪(2011)、张宪昌(2014)、马杰(2015)、彭月兰和任晋晋(2018)、王火根和李超(2016)、邱辰(2018)、张亦弛等(2017)、王思聪(2018)、刘蕾等(2018)等。

2. 可再生能源价格及财税政策的定量分析

学者们主要从定量的角度分析评价了我国可再生能源价格与财税政策，以及如何进一步优化。马翠萍等(2014)采用国际通用的光伏度电成本核算方法，对我国不同装机规模的光伏发电成本进行了核算，并绘制了我国光伏发电平价上网路线图。周颖(2013)在分析风电上网电价机制构成与风险因素、风电输送成本构成与风险因素等基础上，设计了我国风电上网电价与输配电价机制。李虹等(2011)遵循成本效益分析思路，以发电企业利润函数和居民效用函数为目标，以居民环境支付意愿为约束条件，构建非线性优化模型，比较分析了征税、强制上网和可交易绿色证书三种补贴措施对促进可再生能源发展的有效性。Zhang 等(2014)结合加拿大自然资源部支持开发的 RETScreen 计算机模拟软件与世界银行开发的 EEM-ERI (economic evaluation model, energy research institute, EEM-ERI) 模型 (EEM-ERI 用于分析基于省级统计数据的可再生能源发电项目的成本、供应曲线及价格补贴)。构建了集成可再生能源规划模型 (integrated renewable power planning model, IRPPM)。该模型集成项目资源数据、设备性能数据和平准化发电成本 (度电成本)，可计算风能和太阳能发电供应曲线，并评估区域为达到某一安装目标潜在的补贴金额，并用该模型计算了福建省实现风电发展规划目标的适当补贴金额。Ouyang 和 Lin(2014) 采用 the EGC Spreadsheet model (该模型主要输入决定可再生能源项目技术特点的资源质量、设备成本、设备运行绩效、项目成本与资本成本平衡等数据，评估不同可再生能源技术项目的平准化发电成本)，计算了中国具有代表性的17个陆上风电、太阳能光伏发电、生物质发电项目的平准化发电成本，并评价了相应的补贴政策，结果表明为促进中国的可再生能源发展,应提高标杆上网电价,并根据平准化发电成本动态调整标杆上网电价。李力和张昕(2017)使用实物期权方法和最小二乘蒙特卡罗模拟,以中国近海离岸风电投资成本等参数,评价和优化了当前的 FIT 水平。结果表明,目前中国近海离岸风电的补贴水平 0.137 美元/(kW·h)不足以覆盖投资者产量波动带来的风险溢价,政府应将补贴水平提高至 0.146 美元/(kW·h),才可有效刺激投资。邱寿丰和陈巧燕(2016)构建分布式光伏发电项目经济评价模型,并以浙江省为例进行模拟测算,研究其实施分布式光伏发电补贴政策的效果。李志学等(2018)研究了我国新能源价格补贴政策现状与实施效果,并以上市新能源公司为例,测算了价格补贴对企业经营绩效的影响,进而指出了我国新能源价格补贴政策中存在的主要问题。

综合来看,国内学者对我国可再生能源价格及财税政策的研究,一方面是价格及财税政策的定性比较、分析;另一方面考虑可再生能源发电项目技术经济因素(简称"可再生能源技术经济政策评价模型"),从微观层面定量评价分析可再生能源的成本、价格及财税政策。

11.1.2 国外可再生能源价格及财税政策研究现状与动态

国外学者与能源研究机构在可再生能源价格及财税政策领域做了大量的研究,主要体现在两个方向:一是构建可再生能源技术经济政策评价模型及评价分析相关价格和财税政策;二是构建混合电力可计算一般均衡(computable general equilibrium,CGE)模型(简称混合电力 CGE 模型)及评价分析相关价格和财税政策。

1. 可再生能源技术经济政策评价模型及应用

可再生能源技术经济政策评价模型在研究方法上,主要以可再生能源电力项目为基础,综合考虑项目的资源条件、技术因素、投资成本、运营成本、项目收益,评价分析促进可再生能源发展的价格及财税政策(简称"可再生能源技术经济政策评价模型"),相关研究如下。

美国国家可再生能源实验室(National Renewable Energy Laboratory,NREL)开发了系统顾问模型(system advisor model,SAM),该模型主要分为技术性能模型和财务模型,旨在帮助可再生能源产业相关参与者制定决策。通过输入模型具体项目位置相关的资源与气象数据、系统设备类型、安装和运行成本及财务和政策激励假设等信息,可模拟计算出具体项目的发电性能和成本。SAM 已逐渐发展为包括各类光伏发电、风电、地热发电与地热联产、生物质发电等多种性能决策子模型,以及可再生能源财务决策模型。尤其是可再生能源财务决策模型,可计算具体电力项目现金流,以及平准化能源成本、内部收益率、电力销售价格、净现值等财务指标,同时可广泛用于投资激励、投资税收抵免、生产税收抵免等支持政策的评价分析。类似的模型还包括由加拿大政府支持下的 Natural Resources Canada's CanmetEnergy Research Center 为主开发的 RETScreen Clean Energy Project Analysis Software。国际能源署(International Energy Agency,IEA)和经合组织核能机构(OECD Nuclear Energy Agency)合作开发的用于计算不同发电技术项目生命周期的平准化发电成本方法,该方法也可以用于可再生能源政策评价分析。

同时，国外大量学者构建各种技术类模型对可再生能源价格及财税政策进行定量评价分析，例如，Malagueta 等(2013)以 SAM 与 MESSAGE(model for energy supply strategy alternatives and their general environmental impact，MESSAGE)(这是一个混合整数规划模型，以能源系统运行和维护成本最小化为目标，考虑投资额限制、燃料价格、环境法规和新技术的市场占有率等约束因素，分析不同限制条件下能源之间的替代以满足能源需求，并评价不同能源结构的供给战略。)为分析工具，评价了拍卖激励政策对促进聚光太阳能热发电发展对巴西电力系统的影响。Kost 等(2013)构建混合整数优化模型，该模型以评价项目现金流最大化为目标，综合考虑不同地理位置布局项目发电输出、负荷变化、热功率、天然气混合发电补偿等约束因素，模拟分析不同的价格与支持机制下西班牙聚光太阳能热发电的投资和经营决策。Grau(2014)分析了近几年德国太阳能光伏发电设施建设规模与固定上网电价调整之间的关系，基于发电项目运营期现值、建设成本、盈利性、项目建设持续时间等因素，建立分析模型，评价分析了光伏发电项目装机规模对不同固定上网电价调整机制的响应情况。Böhringer 等(2017)基于可再生能源技术专利申请分析了德国固定上网电价机制对创新的影响。Yamamoto(2017)通过一个微观经济模型研究为了鼓励家庭采用光伏系统，固定上网电价机制与投资补贴政策的最佳组合。García-álvarez 等(2017)对欧盟 28 国 2000～2014 年适用于陆上风电的固定上网电价和可再生能源配额制政策进行了实证评估，例如，哪项政策导致了大部分陆上风电能力，政策设计要素对陆上风电能力的影响。Pearce 和 Slade(2018)介绍了一种通过考虑基于家庭收入、社会网络、光伏系统总资本成本和投资回收期的单个家庭光伏发电系统的决策的代理模型，最终因素考虑了固定上网电价的经济效应。在使用近似贝叶斯计算进行校准后，该模型成功地模拟了 2010～2016 年观测到的累积和平均装机容量及精确的固定上网电价。设置不同的电价替代方案评价了政策影响效应。相关研究还包括 Madaeni 和 Sioshansi(2012)、Drechsler 等(2012)、Bakhshi 和 Sadeh(2017)。

2. 混合电力 CGE 模型及应用

由于可再生能源的快速发展，可再生能源电力在各国能源、环境、减排研究与实践中的地位越来越高。学者在能源、环境政策分析评价中越来越重视可再生能源部门特点与重要性。同时，能源-经济-环境(3E)系统作为密切相关、相互影响、相互制约、相互作用的一体化系统，有助于更好地考察能源、环境政策对于优化能源结构、发展低碳经济、促进经济社会可持续发展的重要作用，可再生能源发展政策对 3E 系统的影响也逐渐成为各国研究的重点。因此，为了更加科学、有效地评价能源与环境政策，包含微观可再生能源信息，尤其是细分电力部门技术、工艺流程、成本、价格等详细信息，以及宏观 3E 系统因素的混合电力 CGE 模型逐渐被开发。综合来看，国外混合电力 CGE 模型研究思路主要分为两个方向。

(1)自顶向下 CGE 模型与自底向上电力能源局部均衡模型相结合的混合电力 CGE 模型。该类混合模型充分利用了 CGE 模型在能源、环境政策宏观社会经济影响评价中的优势，电力能源局部均衡模型充分反映了不同电力(煤电、油电、气电、水电、核电、风电、光伏发电)、工程技术、工艺流程、成本价格经济等异质性的特征。根据研究目的,通过对两个均衡模型价格、产量、需求量等核心变量的相互交替输入输出迭代,实现两个模型的统一收敛,模拟电力能源、环境政策对技术模型变量与宏观社会经济变量的影响与冲击。相关研究如 Arndt 等(2016)建立了 SATIM(the South African TIMES model,SATIM)与 SAGE(the South African General Equilibrium,SAGE)模型相结合的混合电力 CGE 模型。SATIM 为南非能源部门跨期自底向上的局部均衡优化模型,通过非线性与整数最优法,详细刻画了南非电力部门的技术、经济特点,并用该混合模型分析了在南非征收碳税、取消进口限制、促进水电开发等政策情景对南非碳排放、能源发展战略及社会经济系统的影响。Tuladhar 等(2009)构建了 MRN(multi-region national,MRN)(该模型是一个自顶向下的美国动态可计算一般均衡模型)与 NEEM(north American electricity and environmental mode,NEEM)(该模型是一个自底向上的北美电力市场局部均衡模型)相结合的混合电力 CGE 模型。NEEM 刻画了 24 种电力生产技术(包括资本成本、运行成本、热转化效率、碳捕获和存储技术及各类可再生能源发电技术)。并用该模型模拟分析了到 2050 年美国实施不同的碳排放气候政策路径对社会经济变量的影响。相关研究还包括 Lanz 和 Rausch (2011)、Igos 等(2015)、Meng 等(2018)。

(2)电力技术函数模块嵌套到 CGE 模型的混合电力 CGE 模型。该类混合模型通过细分电力部门,构建体现不同电力类型生产、输送、分配等技术,成本、价格等技术经济特点的电力函数子模块,并将其嵌套到传统 CGE 模型,实现对 CGE 模型难以刻画细分电力部门技术特性的有益补充,评价分析能源、环境政策对细分电力部门与宏观 3E 系统的影响。例如,Wing(2006,2008)专门介绍了如何根据不同发电工程技术、成本微观数据细分社会核算,建立电力部门子矩阵;基于电力部门子矩阵,建立了包含电力技术细节函数模块的混合电力 CGE 模型,并分析了美国碳税的边际减排成本与社会经济的影响。美国麻省理工学院全球变化科学与政策联合项目(MIT joint program on the science and policy of global change)建立的用于研究全球碳排放预测与政策评价的动态可计算一般均衡模型(the MIT emissions prediction and policy analysis(EPPA)model)(Jacoby et al., 2004,2006;Paltsev et al.,2005),在能源部门刻画上,也构建了体现能源与电力技术及经济特点的子矩阵与生产函数子模块,并对能源与环境政策做了大量的模拟分析。Böhringer 和 Rutherford(2006,2008)、Böhringer 等(2017)采用该思想建立了能源部门细分模型与 CGE 模型相结合的混合模型,并对逐渐取消核能、绿色配额、碳税等能源与环境政策进行了模拟分析。Tabatabaei 等(2017)建立了一个体现不同电力技术特点的自底向上的电力技术函数模块与 CGE 模型相结合的混合电力 CGE 模型,评价分析了伊朗的固定上网电价政策对经济、社会福利、环境等变量的影响。Dai 等(2016)建立了考虑资源潜能、供应成本、空间分布区域等因素的风电资源模型,并嵌套到 CGE 模型,模拟评价了风电资源潜能、投资成本、输送成本和减缓气候变化等不同政策情景下全球陆上风电的长期发展趋势。Rodrigues 和 Linares(2014,2015)建立了包含热力学效率、燃料使用、电厂自身消费、技术可用性、电厂维护成本、政策补贴,甚至包括用电峰值和峰谷等技术经济信息的电力部门细分函数模块,并努力保持函数与各种电力生产实际技术特点相符合,并将其嵌套到 CGE 模型,模型分析了实施电力需求响应活动对居民用电行为的影响，进而分析其对电力负荷、需求量与价格、燃料使用技术、成本，以及社会福利和污染物排放的影响。其他相关研究还包括 Proença 和 Aubyn(2013)、Cai 和 Arora(2015)、Tabatabaei 等(2017)。

与此同时，国内学者也开始探索构建中国的混合电力 CGE 模型。Zhang 等(2012)采用麻省理工学院全球变化科学与政策联合项目 EPPA 模型可再生能源技术处理的建模思想、构建了包含中国 30 个省(区、市)及世界不同区域的全球 CGE 模型，评价分析了通过实施碳税政策，实现"十二五"全国与不同省(区、市)规划的碳排放强度控制目标，对经济与社会福利的影响。同时，Zhang 等(2012)采用该模型，分析了征收化石能源使用税，以实现"十二五"全国与不同省(区、市)规划的煤炭与化石能源总量控制目标，对全国与区域能源消费、碳排放等变量的影响。Wu 等(2016)也采用麻省理工学院全球变化科学与政策联合项目 EPPA 模型可再生能源技术处理的建模思想，建立了一个包含 30 个区域 17 个部门的中国多区域能源-经济-环境 CGE 模型系统(CEEP multi-regional energy-environment-economy modeling system，CE3MS)，评价分析了可再生能源固定上网电价机制对中国碳排放、GDP、产业结构及电力产业结构的影响。同时，该研究团队还通过该模型研究了中国碳配额初始分配方式对省(区、市)宏观经济及行业竞争力的影响(吴洁等，2015a)，评估了中国建立统一的碳排放权交易市场对促进区域经济协调发展的作用(吴洁等，2015b)。

由于混合电力 CGE 模型实现了对电力微观技术特点与宏观 3E 系统因素评价分析的综合统一，在能源、环境政策评价中具有显著的优势。①自顶向下 CGE 模型建立在瓦尔拉斯一般均衡理论基础上，将国民经济各组成部分和经济循环的各个环节都纳入一个统一框架下的宏观经济模型，描述了国民经济各部门的相互作用，可以较好地评价分析能源、环境政策在宏观能源-经济-环境系统的影响与反馈。②自底向上电力能源技术模型实现了对电力能源技术、工艺流程、成本、价格等经济特性，甚至电力能源之间替代性的详细刻画，清晰地展现了能源技术的引入对评价电力能源技术、价格、激励政策，以及对能源供应、转换、需求、环境的影响机理。③混合电力 CGE 模型实现了自顶向下 CGE 模型与自底向上电力能源技术模型功能优势的统一。一方面充分考虑了不同电力能源生产技术、装备工艺、成本、价格等微观特点，甚至不同电力能源之间的替代性，实现对电力技术特点的刻画，提高了微观政策模拟的针对性与科学性；另一方面实现了能源、环境政策对宏观能源-经济-环境系统影响的综合评价。

由于混合电力 CGE 模型在能源、环境政策评价中的显著优势，在国外的能源、环境政策研究中已经得到了成功的应用。在充分借鉴国内外在可再生能源价格及财税政策研究领域混合电力 CGE 模型的优势，以及国外学者在能源、环境政策评价中的成功实践。本书拟构建体现电力部门细分的中国能源环境政策评价混合可计算一般均衡模型(hybrid computable general equilibrium model of China's energy and environment policy evaluation，HCGEM-CEEPE)，研究我国可再生能源价格及财税政策的优化。

11.2 研究思路及技术路线

首先，通过文献分析法，研究了国内可再生能源价格及财税政策研究现状与动态；

国外可再生能源价格及财税政策研究现状与动态；国内可再生能源价格及财税政策实践；国外可再生能源价格及财税政策实践。为本书的研究奠定理论与实证方法基础。

其次，通过投入产出理论、社会核算理论、一般均衡理论、CGE 模型理论、调研访谈、数据收集及 GAMS 编程原理等方法，构建体现电力部门细分的中国能源环境政策评价混合可计算一般均衡模型，构建模型数据库，实现模型的程序编写与仿真模拟，最终构建可再生能源政策评价分析平台。

最后，通过情景分析法、CGE 模型仿真模拟法，实现可再生能源价格波动静态分析；能源-经济-环境系统变量预测分析；可再生能源价格及财税政策情景分析。模拟研究可再生能源价格及财税政策情景，以及技术进步、碳税等不同政策情景组合对能源-经济-环境系统变量的影响效应并进行政策评价分析。

详细的研究技术路线见图 11-1。

研究方法	研究内容	研究目标
	理论与实证研究基础方案	
文献研究	国内可再生能源价格及财税政策研究现状与动态 国外可再生能源价格及财税政策研究现状与动态 国内可再生能源价格及财税政策实践 国外可再生能源价格及财税政策实践	研究的理论与方法基础
	中国能源环境政策评价混合可计算一般均衡模型(Hybrid Computable General Equilibrium Model of China's Energy and Environment Policy Evaluation)构建方案	
投入产出理论 社会核算矩阵理论 一般均衡理论 CGE模型理论	中国能源环境政策评价混合可计算一般均衡模型构建	体现各类电力技术经济特点的CGE模型构建
实地调研访谈 数据调研收集 投入产出理论 社会核算矩阵理论	中国能源环境政策评价混合可计算一般均衡模型数据库构建	CGE模型基础数据
GAMS软件语言编程原理	中国能源环境政策评价混合可计算一般均衡模型程序编写与实现	CGE模型程序编写与仿真实现
	可再生能源价格及财税政策机制优化模拟分析的研究方案	
CGE模型仿真 情景分析 规范分析	可再生能源价格及财税政策机制优化的静态模拟分析 能源价格波动静态模型模拟分析 中国能源-经济-环境系统变量预测分析 可再生能源价格及财税政策机制优化的动态模拟分析	价格及财税政策情景的影响效应与评价分析

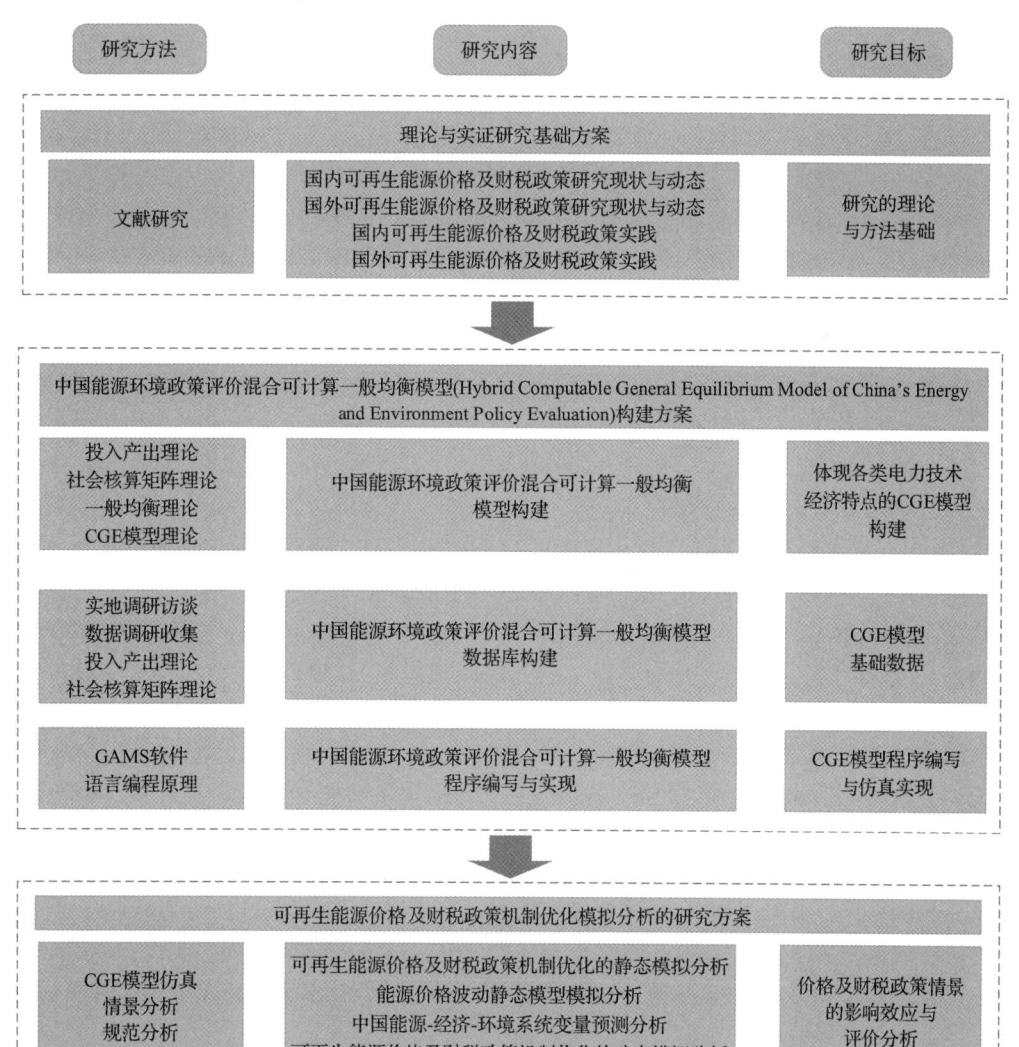

图 11-1 研究技术路线

第 12 章 国内外可再生能源价格及财税政策概述

可再生能源价格和财税政策在促进可再生能源发展中发挥了重要的作用,本部分主要概述国内外可再生能源的价格政策、财政补贴政策与税收优惠政策。

12.1 我国可再生能源产业的价格及财税政策

我国陆续出台了风电、光伏发电、垃圾焚烧发电、海上风电等电价政策,并根据技术进步和成本下降情况适时调整了陆上风电和光伏发电上网、海上风电电价,明确了分布式光伏发电补贴政策,公布了太阳能热发电示范电站电价,完善了可再生能源发电并网管理体系。同时,实施了可再生能源项目相关的财政补贴与税费减免政策。根据《可再生能源法》的要求,结合行业发展需要多次调整了可再生能源电价附加征收标准,扩大了支持可再生能源发展的资金规模,完善了资金征收和发放管理流程。总体来说,我国建立了比较完善的可再生能源政策支持体系,有效促进了各类可再生能源的发展。根据研究需要,本章将主要分析风电与太阳能发电产业的价格及财税政策体系。

12.1.1 我国可再生能源发展政策概述

自 2005 年可再生能源立法以来,我国制定了一系列有关可再生能源的政策规范,逐渐充实完善了可再生能源政策体系,政策制定主要分为三个阶段。

1. 立法扶持阶段(2005~2014 年)

2005 年,我国通过了《可再生能源法》,这是我国针对可再生能源的专门法律、基干法律,标志着我国以法律的形式确认了可再生能源的相关发展模式,并规定电网公司有义务全额收购风电、光伏发电等可再生能源发电。为实施《可再生能源法》,2006~2014 年,我国制定了一系列有关可再生能源的政策规范。2006 年颁布《可再生能源发电价格和费用分摊办法》,明确各类可再生能源的上网电价(高于传统火电电价),同时规定了这部分额外费用需要在全国根据各省发电量按比例分摊;"十一五"后期,国家出台了一系列完善风电、光伏发电上网电价的措施,2009 年发布的《关于完善风力发电上网电价政策的通知》(发改价格〔2009〕1906 号),将全国风电资源按风力强度等分为四级,确定不同的标杆上网电价,明确投资收益,鼓励投资者优先投资优质资源地区,显著推动了新能源的发展进程;"十二五"期间,针对光伏发电,国家发展改革委先后颁布了《关于完善太阳能光伏发电上网电价政策的通知》(发改价格〔2011〕1594 号)和《关于发挥价格杠杆作用促进光伏产业健康发展的通知》(发改价格〔2013〕1638 号),不断调整光伏发电标杆上网电价,并确定了分布式光伏发电的补贴政策[①]。

---

① 张蓉. 2018. 新时代的可再生能源政策综述. 新能源政策与技术研究参考(内部刊物), 北京: 大唐新能源科学技术研究院.

2. 助力消纳阶段(2015 年和 2016 年)

2015 年 3 月,随着《中共中央国务院关于进一步深化电力体制改革的若干意见》(中发〔2015〕9 号)(简称电改 9 号文)的颁布,我国新一轮的电改开始,一系列关于电改的配套文件相继出台,其中《关于推进电力市场建设的实施意见》、《关于有序放开发用电计划的实施意见》与我国目前所面临的新能源消纳困难问题关系密切;2015 年我国华北、西北部分地区出现了较为严重的弃风、弃光现象,为了解决弃风限电问题,国家发展改革委办公厅发布了《关于开展可再生能源就近消纳试点的通知(暂行)》(发改办运行〔2015〕2554 号),首次提出在可再生能源丰富的地区开展可再生能源就近消纳试点,初步的试点区域定在内蒙古自治区和甘肃省;2016 年出台的《可再生能源发电全额保障性收购管理办法》,明确电网企业根据国家确定的标杆上网电价和保障性收购年利用小时数,全额收购规划范围内的可再生能源发电项目的上网电量,当月,又下发《关于改善电力运行调节促进清洁能源多发满发的指导意见》(发改运行〔2015〕518 号),要求各省(区、市)政府主管部门组织编制本地区年度电力平衡方案时,应采取措施落实可再生能源发电全额保障性收购制度[①]。

3. 引导消费阶段(2016 年至今)

"十三五"规划的目标旨在提高可再生能源在能源消费中的比例,争取可再生能源商品化比例在一次能源消费中达到 11%。2016 年国家能源局正式出台《关于建立可再生能源开发利用目标引导制度的指导意见》(国能新能〔2016〕54 号),根据全国 2020 年非化石能源占一次能源消费总量比例达到 15%的要求,提出 2020 年除专门的非化石能源生产企业外,各发电企业非水电可再生能源发电量应达到全部发电量的 9%以上,各发电企业可以通过证书交易完成非水电可再生能源占比目标的要求。2017 年 1 月《关于试行可再生能源绿色电力证书核发及自愿认购交易机制的通知》(发改能源〔2017〕132 号),建立可再生能源绿色电力证书认购体系,明确了"绿证"的核发认购规则,引导全社会绿色消费,促进可再生能源有效利用。2017 年和 2018 年,国家能源局分别发布《关于 2017 年度风电投资监测预警结果的通知》(国能新能〔2017〕52 号)和《关于 2018 年度风电投资监测预警结果的通知》(国能发新能〔2018〕23 号),该预警机制的出台,对于指导风电投资、抑制非线性投资具有很强的指导意义。2018 年国家发展改革委、国家能源局制订了《清洁能源消纳行动计划(2018—2020 年)》,该计划指出用更大的决心、更强的力度、更实的措施解决可再生能源消纳问题,建立可再生能源消纳的长效机制[①]。

12.1.2 我国风电产业的价格及财税政策

从 1994 年电力工业部颁发我国第一部风电产业的政策《风力发电场并网运行管理规定》(电政法〔1994〕461 号)开始,经过 20 多年的发展,我国风电产业政策体系不断完善。本小节将主要介绍技术研发、财政补贴与贴息、上网电价、税收激励四方面的支持政策。

---

① 张蓉. 2018. 新时代的可再生能源政策综述. 新能源政策与技术研究参考(内部刊物), 北京: 大唐新能源科学技术研究院.

1. 技术研发政策

早在"九五"期间，科技部"九五"科技攻关项目就支持开展了600kW风电机组关键技术研究，资助国内整机制造企业完成了样机的研发、制造和鉴定验收工作，在风电场已成功投入运行，这标志着中国已掌握600kW风电机组的叶片、齿轮箱、发电机、调向系统和控制系统等关键部件的制造技术。2006年，政府通过有重点地扶持风电机组零部件制造企业和整机设备制造企业，并通过财政资金补助有实力的风电机组制造企业进行新产品研发、制造工艺技术的改进和设备制造实验示范行为。2008年财政部通过"以奖代补"的方式支持我国风电整机设备和相关零部件制造的产业化发展。这是我国政府首次出台针对风机制造商的现金补贴，该办法规定：对符合条件的企业前50台兆瓦级风电机组按600元/kW的标准给予补助。该补助政策对风电设备技术国产化产生了显著的鼓励和导向作用(马杰，2015)。

2011年，在国家能源局发布的《国家能源科技"十二五"规划》中，对风能技术领域提出建设目标。2016年3月国家发展改革委、能源局发布了《能源技术革命创新行动计划(2016—2030年)》，该行动计划围绕可能产生重大影响的革命性能源技术创新和对建设现代能源体系具有重要支撑作用的技术领域，明确今后一段时期我国能源技术创新的工作重点、主攻方向及重点创新行动的时间表和路线图。重点任务第八项为大型风电技术创新，创新内容主要包括研究适用于200~300m高度的大型风电系统成套技术，开展大型高空风电机组关键技术研究，研发100m及以上风电叶片，实现200~300m高空风电推广应用。深入开展海上典型风资源特性与风能吸收方法研究，自主开发海上风资源评估系统。突破远海风电场设计和建设关键技术，研制具有自主知识产权的10MW及以上海上风电机组、轴承、控制系统、变流器、叶片等关键部件，研发基于大数据和云计算的海上风电场集群运控并网系统，实现废弃风电机组材料的无害化处理与循环利用，保障海上风电资源的高效、大规模、可持续开发利用。在完善能源技术创新环境、激发企业技术创新活力、夯实能源技术创新基础、完善技术创新投融资机制、创新税收价格保险支持机制等方面提出了相关保障措施。附件提出了具体的风电技术创新战略方向、创新目标、创新路线图及行动计划。

2016年12月，国家能源局发布了《能源技术创新"十三五"规划》(以下简称《规划》)，"十三五"时期是我国大力推动能源产业转型升级，实现"四个革命、一个合作"的关键时期，通过不断创新发展思路，不断健全能源科技创新体系，不断夯实能源科技创新基础，集中力量突破关键技术瓶颈，以科技为先导，引领能源生产和消费方式的重大变革，按照应用推广一批、实验示范一批、集中攻关一批的发展路径推动能源技术革命。规划在新能源电力系统技术领域，重点攻克高比例可再生能源分布式并网和大规模外送技术、大规模供需互动、多能源互补综合利用、分布式供能、智能配电网与微电网等技术，在机械储能、电化学储能、储热等技术上实现突破，提升电网关键装备和系统的技术水平；掌握以太阳能、风能、水能等可再生能源为主的能源系统关键技术，开展海洋能、地热能利用实验示范工程建设，实现可再生能源大规模、低成本、高效率开发利用,支撑 2020 年非化石能源占比 15%的战略目标。《规划》在可再生能源利用、高比例可再生能源并网与传输、储能与能源互联网等领域部署 13 个集中攻关项目、15 个示范实验项目、10 个应用推广项目。其中,风电方面的示范类项目:8~10MW 及以上的超大型海上风电机组示范工程;应用推广类项目:碳纤维复合材料风电叶片及其抗冰技术应用研究;5~6MW 大型海上智能风电机组应用推广。

同时,2018 年科技部发布了《"可再生能源与氢能技术"重点专项 2018 年度项目申报指南》,专项按照太阳能、风能、生物质能、地热能与海洋能、氢能、可再生能源耦合与系统集成技术 6 个创新链(技术方向),共部署 38 个重点研究任务。专项实施周期为 5 年(2018~2022 年)。按照分步实施、重点突出的原则,2018 年拟在 6 个创新链启动 32~64 个项目,拟安排国拨经费总概算为 6.565 亿元。2018 年 12 月,科技部继续发布了《关于对国家重点研发计划高新领域"可再生能源与氢能技术"等 9 个重点专项 2019 年度项目申报指南建议征求意见的通知》,其中第一个为《"可再生能源与氢能技术"重点专项 2019 年度项目申报指南建议》。

总的来说,国家对风电技术创新进行了长期、大量的资金支持,有力地促进了风电装备技术的进步,为风电产业的发展奠定了坚实的基础。

2. 财政补贴与贴息政策

实践中,国内风电产业享受到的政府财政补贴相关政策种类和名目都较多,除了专门针对风电产业的补助,风电企业常常还能享受到如高新技术企业等其他名目下的补贴。就政府专门针对风电产业的财政政策而言,大体包括了研发投入和示范补贴、电价优惠与上网补贴(对可再生能源技术研发提供资助)、投资补贴(鼓励国内厂商进入风电设备制造领域)和贴息贷款、设立专项基金等。在此,主要概述我国对风电产业的投资补贴。

早在 1987 年,国务院节能办公室会议决定从银行贷款用于农村能源技术的推广应用,并支持可再生能源的发展。中央财政对于这一贷款进行贴息补助,主要用于大中型沼气工程、太阳能的利用和风电技术的推广应用。1999 年,国家计委、科技部发布《关于进一步支持可再生能源发展有关问题的通知(计基础〔1999〕44 号)》,通知指出可再生能源发电项目可由银行优先安排基本建设贷款。贷款以国家开发银行为主,也鼓励商业银行积极参与。其中,由国家审批建设规模达 3000kW 以上的大中型可再生能源发电项目给予 2%财政贴息,中央项目由财政部贴息。

2005 年颁布的《可再生能源法》第二十四条规定国家财政设立可再生能源发展专项资金,用于支持以下活动:可再生能源开发利用的科学技术研究、标准制定和示范工程;农村、牧区生活用能的可再生能源利用项目;偏远地区和海岛可再生能源独立电力系统建设;可再生能源的资源勘查、评价和相关信息系统建设;促进可再生能源开发利用设备的本地化生产。《可再生能源法》第二十五条规定对列入国家可再生能源产业发展指导目录、符合信贷条件的可再生能源开发利用项目,金融机构可以提供有财政贴息的优惠贷款。

2008 年,财政部印发《风力发电设备产业化专项资金管理暂行办法》(财建〔2008〕476 号),规定引导企业研究和开发适应市场需求的产品,产业化资金采取"以奖代补"

办法，主要对产业化研发成果得到市场认可的企业进行补助。产业化资金主要是对企业新开发并实现产业化的前 50 台兆瓦级风电机组整机及配套零部件给予补助，补助金额按装机容量和规定的标准确定。对满足支持条件企业的前 50 台风电机组，按 600 元/kW 的标准予以补助，其中整机制造企业和关键零部件制造企业各占 50%，各关键零部件制造企业补助金额原则上按照成本比例确定，重点向变流器和轴承企业倾斜。

2009 年，第十一届全国人民代表大会常务委员会第十二次会议通过《全国人民代表大会常务委员会关于修改〈中华人民共和国可再生能源法〉的决定》，第二十四条规定国家财政设立可再生能源发展基金，资金来源包括国家财政年度安排的专项资金和依法征收的可再生能源电价附加收入等。可再生能源发展基金用于补偿本法第二十条、第二十二条规定的差额费用，并用于支持以下事项：可再生能源开发利用的科学技术研究、标准制定和示范工程；农村、牧区的可再生能源利用项目；偏远地区和海岛可再生能源独立电力系统建设；可再生能源的资源勘查、评价和相关信息系统建设；促进可再生能源开发利用设备的本地化生产。第二十五条规定对列入国家可再生能源产业发展指导目录、符合信贷条件的可再生能源开发利用项目，金融机构可以提供有财政贴息的优惠贷款。

3. 上网电价政策

并网风电在我国起步较晚，20 世纪 80 年代才开始发展，尤其近十多年，风电发展速度较快，发电规模进入了爆发式增长阶段。总体来看，中国并网风电的发展经历了三个阶段，即初期示范建设阶段、产业化建设阶段、规模化及国产化阶段。风电价格的发展历程大致经过了四个阶段(马杰，2015)。

第一阶段：初期上网电价示范阶段。1986 年，通过外汇引进风电设备，在山东荣成马兰湾建成我国第一个风电场，此后，各地通过使用政府拨款或赠款、优惠贷款方式建立了一批并网型风电场。这类风电场主要服务于风电并网科研实验和示范项目，这种项目规模较小，并且未实行商业化运营模式。上网电价由风电厂与电网公司协商确定，主要是参照当地的燃煤电价，这一阶段电价水平一般在 0.28 元/(kW·h) 左右浮动。例如，20 世纪 90 年代初期建成的我国自治区最早的风电厂，也是我国第一个大型风电厂——新疆达坂城风电场，上网电价不足 0.3 元/(kW·h) (马杰，2015)。

第二阶段：产业化建设阶段。1994 年开始，中国开始培育风电国产设备制造业，试图进一步降低风电项目投资成本，从而促进风电发展，通过"乘风计划"和"双加工程"等项目支持风电设备国产化，也开启了中国风机设备制造和风电场建设的商业化发展阶段。这一阶段的风电电价采用了还本付息和经营期平均成本计价两种方法，因此称为还本付息电价和经营期平均电价。还本付息电价的计算公式为上网电价=(发电成本+发电利润+发电税金+发电费用)÷供电量。经营期平均电价是指在综合考虑风电项目经济生命周期内各年的成本和还贷所需资金，通过计算风电项目每年的现金流量，按照使项目在经济生命周期内各年度的净现金流量等于项目注册资本金所计算的财务内部收益率来测算电价的一种方法。总体来说，随着中国电力体制改革的深化，电价呈现上升趋势，同时开启了"厂网分开，竞价上网"的改革之路(马杰，2015)。

第三阶段：风电规模化及国产化开发阶段。2003年开始，中国政府逐渐意识到风电项目开发过程中存在垄断风资源和"跑马圈地"等现象。为规范市场，形成良性竞争的发展格局，政府决定在风电场开发项目领域引入市场竞争机制，通过市场化方式来确定风电上网电价。2003～2005年，是风电电价的"双轨制"阶段，招标和审批电价并存，这个阶段与前一阶段的分界点是首期特许权招标。2003年国家发展改革委组织了第一期全国风电特许权项目招标，将竞争机制引入风电场开发，以市场化方式确定风电上网电价。而在省(区、市)项目审批范围内的项目，仍采用的是审批电价的方式，出现招标电价和审批电价并存的局面。为了将特许权招标经验在全国范围内大面积推广，2006年，国家发展改革委会同国家电监会制定《可再生能源发电价格和费用分摊管理暂行办法》(发改价格〔2006〕7号)，提出了"风力发电项目的上网电价实行政府指导价，电价标准由国务院电价主管部门按照招标形成的电价确定"。根据该文件，部分省(区、市)，如内蒙古、吉林、甘肃、福建等，组织了若干省级风电特许权项目的招标，并以中标电价为参考，确定省内其他风电场项目的核准电价。之后，随着中标规则的逐步完善，中标风电电价也日趋合理。但各地风电场的建设基本条件不同，加上地方经济发展水平高低不齐，导致政府核准的风电上网电价差异也比较大，但一般采取当地煤电标杆上网电价加上不超过0.25元/(kW·h)的电网补贴确定风电价格(马杰，2015)。

第四阶段：风资源划分区域定价阶段。2009年，国家发展改革委发布《国家发展改革委关于完善风力发电上网电价政策的通知》(发改价格〔2009〕1906号)，政府根据风能资源状况和工程建设条件的差异将中国境内风能资源区分为四类，并以此为依据确定相应的风电标杆上网电价。同时，规定政府针对四类风能资源区发布的风电标杆上网电价为当地风电最低限价，实际成交的上网电价则由风电企业与电网公司协议确定(注：规定自2009年8月1日起实行。2009年8月1日之前核准的风电项目，上网电价仍按原有规定执行)。分区域核定电价的方法一直延续至今，但价格经历了多次变动，补贴逐年减少。

2014年，国家发展改革委发布《国家发展改革委关于适当调整陆上风电标杆上网电价的通知》(发改价格〔2014〕3008号)(注：该通知适用于2015年1月1日以后核准的陆上风电项目，以及2015年1月1日前核准但于2016年1月1日以后投运的陆上风电项目)。2014年，国家发展改革委发布《关于海上风电上网电价政策的通知》(发改价格〔2014〕1216号)，规定2017年以前投运的近海风电项目上网电价为0.85元/(kW·h)(含税)，潮间带风电项目上网电价为0.75元/(kW·h)。

2015年，国家发展改革委发布《国家发展改革委关于完善陆上风电光伏发电上网标杆电价政策的通知》(发改价格〔2015〕3044号)(注：①2016年、2018年等年份1月1日以后核准的陆上风电项目分别执行2016年、2018年的标杆上网电价。两年核准期内未开工建设的项目不得执行该核准期对应的标杆上网电价。2016年前核准的陆上风电项目但于2017年年底前仍未开工建设的，执行2016年标杆上网电价。②2018年前如投资运行成本发生较大变化，国家可根据实际情况调整上述标杆上网电价)。2016年，国家发展改革委发布《国家发展改革委关于调整光伏发电陆上风电标杆上网电价的通知》(发改价格〔2016〕2729号)(注：2018年1月1日以后核准并纳入财政补贴年度规模管理的陆上风电项目执行2018年的标杆上网电价。两年核准期内未开工建设的项目不得执行该核准期对应的标杆上网电价。2018年以前核准并纳入以前年份财政补贴规模管理的陆上风电项目但于2019年年底前仍未开工建设的，执行2018年标杆上网电价。2018年以前核准但纳入2018年1月1日之后财政补贴年度规模管理的陆上风电项目，执行2018年标杆上网电价）。分区域标杆上网电价见表12-1。

表12-1 分区域标杆上网电价

资源区	标杆上网电价/[元/(kW·h)]				
	2009年	2014年	2015年	2018年	2018年新建陆上风电项目标杆上网电价
Ⅰ类资源区	0.51	0.49	0.47	0.44	0.40
Ⅱ类资源区	0.54	0.52	0.50	0.47	0.45
Ⅲ类资源区	0.58	0.56	0.54	0.51	0.49
Ⅳ类资源区	0.61	0.61	0.60	0.58	0.57

2018年，国家能源局印发《关于2018年度风电建设管理有关要求的通知》（国能发新能〔2018〕47号），要求尚未印发2018年度风电建设方案的省（区、市）新增集中式陆上风电项目和未确定投资主体的海上风电项目应全部通过竞争方式配置和确定上网电价。从2019年起，各省（区、市）新增核准的集中式陆上风电项目和海上风电项目应全部通过竞争方式配置和确定上网电价。其中，《风电项目竞争配置指导方案（试行）》指出，尚未配置到项目的年度新增集中式陆上风电项目和未确定投资主体的海上风电项目全部通过竞争方式配置并确定上网电价，各项目申报的上网电价不得高于国家规定的同类资源区标杆上网电价。由此，意味着风电标杆上网电价时代结束，电价由竞争方式确定。

总体来说，在不同的发展阶段，我国风电价格形成机制存在较大差异。随着中央政府对风电并网电价定价机制的不断调整、完善，风电价格将日益合理，提升了风电企业的积极性和风电并网的快速发展（马杰，2015）。

4. 税收激励政策

税收激励政策是在价格及费用分摊和财政支持制度基础上进一步扶持风电产业发展的经济激励政策，所得税和增值税等税收优惠，一定程度上减轻了风电企业的财务负担，改善了项目的经济性，其效果最为直接和明显。我国建立的有效税收激励政策主要体现在增值税优惠和所得税优惠方面。

《中华人民共和国可再生能源法》（中华人民共和国主席令第三十三号），第二十六条规定，国家对列入可再生能源产业发展指导目录的项目给予税收优惠，具体办法由国务院规定。

增值税方面，《关于部分资源综合利用及其他产品增值税政策问题的通知》（财税〔2001〕198号）规定，利用煤矸石、煤泥、油母页岩和风力生产的电力，自2001年1月1日起实行按增值税应纳税额减半征收的政策。《财政部 国家税务总局关于资源综合利用及其他产品增值税政策的通知》（财税〔2008〕156号）规定，利用风力生产的电力，销售自产货物实现的增值税实行"即征即退 50%"的政策。《财政部 国家税务总局关于风力发电增值税政策的通知》（财税〔2015〕74 号）规定，为鼓励利用风电，促进相关产业健康发展，自 2015 年 7 月 1 日起，对纳税人销售自产的利用风力生产的电力产品，实行增值税"即征即退 50%"的政策。

所得税方面，《中华人民共和国企业所得税法》（中华人民共和国主席令 2007 年第 63 号），企业从事国家重点扶持的公共基础设施项目投资经营的所得，可以免征、减征企业所得税。《中华人民共和国企业所得税法实施条例》（中华人民共和国国务院令〔2007〕512 号）企业所得税法第二十七条第（二）项所称国家重点扶持的公共基础设施项目，是指《公共基础设施项目企业所得税优惠目录》规定的港口码头、机场、铁路、公路、城市公共交通、电力(包括核电、风电、水电、海洋能发电、太阳能发电、地热发电)、水利等项目。企业从事前面规定的国家重点扶持的公共基础设施项目的投资经营所得，自项目取得第一笔生产经营收入所属纳税年度起，第一到第三年免征企业所得税，第四到第六年减半征收企业所得税。

12.1.3 我国太阳能发电产业的价格及财税政策

太阳能发电作为重要的可再生能源，我国政府出台了多项价格及财税扶持政策，促进太阳能发电产业的发展。目前，我国拥有投资补贴、上网电价、税收优惠等欧美国家所普遍采用的光伏发电产业支持政策，而且不少地方政府还出台了各种各样的辅助优惠政策推动当地太阳能发电产业的发展。在此，主要从技术研发、财政补贴与贴息、上网电价、税收激励等四个方面介绍我国的太阳能发电支持政策。

1. 技术研发政策

我国对太阳能发电的技术研发提供了各种政策支持，包括基础研发和高新技术应用研究两个层面，取得了丰硕的成果。2012 年科技部颁发的《关于印发太阳能发电科技发展"十二五"专项规划的通知》（国科发计〔2012〕198 号）将对推动我国太阳能发电技术产业创新具有重要作用，从国内、国外两个层面分析了太阳能发电面临的形势，提出了"一个目标、二项突破、三类技术、四大方向"的指导思想。

2016 年 3 月国家发展改革委、能源局关于印发《能源技术革命创新行动计划(2016—2030 年)》明确了太阳能发电技术创新的工作重点、主攻方向及重点创新行动的时间表和路线图。重点任务第七项为高效太阳能利用技术创新。具体创新内容主要包括深入研究更高效、更低成本晶体硅电池产业化关键技术，开发关键配套材料。研究碲化镉、铜铟镓硒及硅薄膜等薄膜电池产业化技术、工艺及设备，大幅提高电池效率，实现关键原材料国产化。探索研究新型高效太阳能电池，开展电池组件生产及应用示范。掌握高参数太阳能热发电技术，全面推动产业化应用，开展大型太阳能热电联供系统示范，实现太阳能综合梯级利用，突破太阳能热化学制备清洁燃料技术，研制出连续性工作样机。研究智能化大型光伏电站、分布式光伏及微电网应用、大型光热电站关键技术，开展大型风光热互补电站示范。附件提出了具体的高效太阳能利用技术创新战略方向、创新目标、创新路线图及具体行动计划。

2016年12月，国家能源局发布了《能源技术创新"十三五"规划》，对"十三五"时期能源技术创新领域进行了系统、详细的规划。其中太阳能发电方面，集中攻关类项目：新型高效低成本光伏发电关键技术；示范类项目：大型太阳能热发电关键技术研究与示范，应用推广类项目：高效、低成本晶体硅电池产业化关键技术研发及应用。

科技部2018年发布了《"可再生能源与氢能技术"重点专项2018年度项目申报指南》。同年12月，科技部继续发布了《关于对国家重点研发计划高新领域"可再生能源与氢能技术"等9个重点专项2019年度项目申报指南建议征求意见的通知》，其中第一个为《"可再生能源与氢能技术"重点专项2019年度项目申报指南建议》，重点专项总体目标是：大幅提升我国可再生能源自主创新能力，加强风电、光伏发电等国际技术引领；掌握光热、地热、生物质、海洋能等高效利用技术；推进氢能技术发展及产业化；支撑可再生能源大规模发电平价上网，大面积区域供热，规模化替代化石燃料，为能源结构调整和应对气候变化奠定基础。专项按照太阳能、风能、生物质能、地热能与海洋能、氢能、可再生能源耦合与系统集成技术6个创新链（技术方向），共38个重点研究任务。

2. 财政补贴与贴息政策

早在1997年，"中国光明工程"进入实施阶段，计划在5年内国家投入一部分拨款，地方政府投入一部分拨款，同时争取一部分国际上的赠款，有条件的用户再自筹一部分，计划总投资规模在100亿元左右，预计解决180万户农牧民、2000个行政村和200个微波站和部队哨所的用电问题。2002年国家计委启动了"送电到乡"工程，其目的是利用西藏、四川、青海、新疆等西部省(区)拥有的太阳能资源优势，建设独立离网运行的太阳能光伏电站，以此来解决无电地区农牧民的生活用电问题。根据《"送电到乡"工程建设管理办法》（急计基础〔2002〕1969号），工程投资由国家和地方共同承担。国家对"送电到乡"工程投资给予适当补助。补助资金由国家计委从国债资金中解决，地方配套资金由各省(区)计委负责落实（马杰，2015）。

2006年，财政部发布了《财政部关于印发〈可再生能源发展专项资金管理暂行办法〉的通知》（财建〔2006〕237号），办法指出，发展专项资金通过中央财政预算安排。发展专项资金用于资助以下活动：可再生能源开发利用的科学技术研究、标准制定和示范工程；农村、牧区生活用能的可再生能源利用项目；偏远地区和海岛可再生能源独立电力系统建设；可再生能源的资源勘查、评价和相关信息系统建设；促进可再生能源开发利用设备的本地化生产。

2009年财政部、住房和城乡建设部印发了《关于加快推进太阳能光电建筑应用的实施意见》（财建〔2009〕128号），意见指出国家财政支持实施太阳能屋顶计划，注重发挥财政资金政策杠杆的引导作用，形成政府引导、市场推进的机制和模式，加快太阳能发电商业化发展。对太阳能发电建筑应用示范工程予以资金补助。中央财政安排专门资金，对符合条件的太阳能发电建筑应用示范工程予以补助，以部分弥补太阳能发电应用的初始投入。补助标准将综合考虑太阳能发电应用成本、规模效应、企业承受能力等因素确定,并将根据产业技术进步、成本降低的情况逐年调整。鼓励技术进步与科技创新,为激励先进,将严格设定太阳能发电建筑应用示范的标准与条件。财政优先支持技术先进、产品效率高、建筑一体化程度高、落实上网电价分摊政策的示范项目,从而不断促进提高太阳能发电建筑一体化应用水平,增强产业竞争力。鼓励地方政府出台相关财政扶持政策,将充分调动地方发展太阳能发电技术的积极性,出台相关财税扶持政策的地区将优先获得中央财政支持。

2009年,财政部发布了《财政部关于印发〈太阳能光电建筑应用财政补助资金管理暂行办法〉的通知》(财建〔2009〕129号),办法指出补助资金使用范围:城市太阳能发电建筑一体化应用,农村及偏远地区建筑太阳能发电利用等给予定额补助,太阳能发电产品建筑安装技术标准规程的编制,太阳能发电建筑应用共性关键技术的集成与推广。2009年,三部委联合发布《财政部 科技部 国家能源局关于实施金太阳示范工程的通知》(财建〔2009〕397号),通知指出,根据《可再生能源法》、《国家中长期科技发展规划纲要(2006—2020年)》、《可再生能源中长期发展规划》和《可再生能源发展专项资金管理办法》,中央财政从可再生能源专项资金中安排部分资金支持实施金太阳示范工程。财政补助资金支持范围:①利用大型工矿、商业企业及公益性事业单位现有条件建设的用户侧并网光伏发电示范项目;②提高偏远地区供电能力和解决无电人口用电问题的光伏、风光互补、水光互补发电示范项目;③在太阳能资源丰富地区建设的大型并网光伏发电示范项目;④光伏发电关键技术产业化示范项目,包括硅材料提纯、控制逆变器、并网运行等关键技术产业化;⑤光伏发电基础能力建设,包括太阳能资源评价、光伏发电产品及并网技术标准、规范制定和检测认证体系建设等;⑥太阳能发电建筑应用示范推广按照《太阳能光电建筑应用财政补助资金管理暂行办法》执行,享受该项财政补贴的项目不在本办法支持范围内,但要纳入金太阳示范工程实施方案汇总上报;⑦已享受国家可再生能源电价分摊政策支持的光伏发电应用项目不纳入本办法支持范围内。2011年财政部下发《财政部关于清算金太阳示范工程财政补助资金的通知》(财建〔2013〕117号),通知要求根据金太阳示范工程财政补贴资金管理相关规定要求和有关部门组织审核的结果,现对各省、直辖市、计划单列市2009~2011年金太阳示范工程财政补助资金进行清算。

2011年,三部委联合发布《财政部 国家能源局 农业部关于印发〈绿色能源示范县建设补助资金管理暂行办法〉的通知》(财建〔2011〕113号)。办法指出,绿色能源是指生物质能、太阳能、风能、地热能、水能等可再生能源;绿色能源示范县是指经国家能源局、财政部和农业部共同认定、以开发利用绿色能源为主要方式解决或改善农村生活用能的县(市)。示范补助资金由财政预算安排,按照"政府引导、市场运作、县级统筹、绩效挂钩"的原则使用管理。中央财政示范补助资金支持范围及用途主要包括沼气集中供气工程、生物质气化工程、生物质成型燃料工程。其他可再生能源开发利用工程,采用适合当地资源条件的新技术、新产品,开发利用其他可再生能源工程(水能等传统能源除外)。农村能源服务体系,建立健全覆盖县、乡、村三级的现代农村能源服务网络,满足当地农村能源发展需要，示范补助资金重点支持能源资源评估、技术指导、宣传培训、考核验收等与绿色能源示范县建设直接相关的活动。

2015年财政部发布关于印发《可再生能源发展专项资金管理暂行办法》的通知（财建〔2015〕87号），办法指出，可再生能源发展专项资金，是指通过中央财政预算安排，用于支持可再生能源和新能源开发利用的专项资金。可再生能源发展专项资金重点支持范围：可再生能源和新能源关键技术示范推广和产业化示范；可再生能源和新能源规模化开发利用及能力建设；可再生能源和新能源公共平台建设；可再生能源、新能源等综合应用示范；其他经国务院批准的有关事项。

2016年，国家发展改革委发布《关于实施光伏发电扶贫工作的意见》（发改能源〔2016〕621号），意见指出在2020年之前，重点在前期开展试点的、光照条件较好的16个省的471个县的约3.5万个建档立卡贫困村，以整村推进的方式保障200万建档立卡无劳动能力贫困户（包括残疾人）每年每户增加收入3000元以上。其他光照条件好的贫困地区可按照精准扶贫的要求，因地制宜地推进实施。意见规定"地方政府可整合产业扶贫和其他相关涉农资金，统筹解决光伏扶贫工程建设资金问题，政府筹措资金可折股量化给贫困村和贫困户。对于村级光伏电站，贷款部分可由省扶贫资金给予贴息，贴息年限和额度按扶贫贷款有关规定由各地统筹安排。集中式电站由地方政府指定的投融资主体与商业化投资企业共同筹措资本金，其余资金由国家开发银行、中国农业发展银行为主提供优惠贷款。鼓励国有企业、民营企业积极参与光伏扶贫工程投资、建设和管理"。

3. 上网电价政策

上网电价政策也可称为政府电力收购制度、保护性分类电价制度或者可再生能源回购电价，是旨在促进可再生能源广泛应用的一项政策。政府部门与应用可再生能源发电的企业或者个人签订一份合约，在合约期内，发电者每向公共电网输一度电，便能够得到相应的电价补贴。为规范太阳能光伏发电价格管理，促进太阳能光伏发电产业健康持续发展，决定完善太阳能光伏发电价格政策。

2011年，国家发展改革委发布《国家发展改革委关于完善太阳能光伏发电上网电价政策的通知》（发改价格〔2011〕1594号），制定全国统一的太阳能光伏发电标杆上网电价。按照社会平均投资和运营成本，参考太阳能光伏电站招标价格，以及我国太阳能资源状况，对非招标太阳能光伏发电项目实行全国统一的标杆上网电价。2011年7月1日以前核准建设、2011年12月31日建成投产、尚未核定价格的太阳能光伏发电项目，标杆上网电价统一核定为1.15元/(kW·h)（含税）。2011年7月1日及以后核准的太阳能光伏发电项目，以及2011年7月1日之前核准但截至2011年12月31日仍未建成投产的太阳能光伏发电项目，除西藏仍执行1.15元/(kW·h)的标杆上网电价外，其余省(区、市)标杆上网电价均按1元/(kW·h)执行。

国家将根据我国光伏发电产业的发展规模、投资成本、技术进步等因素，逐步调减标杆上网电价和分布式光伏发电电价补贴标准，以促进光伏发电产业科技进步，提高光伏电力的市场竞争力。2013年，国家发展改革委发布《国家发展改革委关于发挥价格杠杆作用促进光伏产业健康发展的通知》（发改价格〔2013〕1638号），根据各地太阳能资源条件和建设成本，将全国分为三类太阳能资源区，相应制定光伏电站标杆上网电价。各资源区光伏电站标杆上网电价标准见表12-2。光伏电站标杆上网电价高出当地燃煤机组标杆上网电价(含脱硫等环保电价)的部分，通过可再生能源发展基金予以补贴。

表12-2 分区域光伏发电标杆上网电价

资源区	标杆上网电价/[元/(kW·h)]			
	2013年	2015年	2017年	2018年
Ⅰ类资源区	0.90	0.80	0.55	0.5
Ⅱ类资源区	0.95	0.88	0.65	0.6
Ⅲ类资源区	1.00	0.98	0.75	0.7

2015年，国家发展改革委发布《国家发展改革委关于完善陆上风电光伏发电上网标杆电价政策的通知》（发改价格〔2015〕3044号），规定2016年1月1日以后备案并纳入年度规模管理的光伏发电项目，执行2016年光伏发电标杆上网电价。2016年以前备案并纳入年度规模管理的光伏发电项目但于2016年6月30日以前仍未全部投运的，执行2016年标杆上网电价。

2017年，国家发展改革委发布《国家发展改革委关于2018年光伏发电项目价格政策的通知》（发改价格〔2017〕2196号）。根据光伏发电产业技术进步和成本降低情况，降低2018年1月1日之后投运的光伏电站标杆上网电价，Ⅰ类、Ⅱ类、Ⅲ类资源区标杆上网电价分别调整为0.55元/(kW·h)、0.65元/(kW·h)、0.75元/(kW·h)(含税)。自2019年起，纳入财政补贴年度规模管理的光伏发电项目全部按投运时间执行对应的标杆上网电价。2018年1月1日以后投运的、采用"自发自用、余量上网"模式的分布式光伏发电项目，全电量度电补贴标准降低0.05元，即补贴标准调整为0.37元/(kW·h)(含税)。采用"全额上网"模式的分布式光伏发电项目按所在资源区光伏电站价格执行。分布式光伏发电项目自用电量免收随电价征收的各类政府性基金及附加、系统备用容量费和其他相关并网服务费。村级光伏扶贫电站(0.5MW及以下)标杆上网电价、户用分布式光伏扶贫项目度电补贴标准保持不变。

2018年，国家发展改革委发布《国家发展改革委 财政部 国家能源局关于2018年光伏发电有关事项的通知》（发改能源〔2018〕823号），文件通知完善光伏发电电价机制，加快光伏发电电价退坡。自发文之日起，新投运的光伏电站标杆上网电价统一降低0.05元/(kW·h)，Ⅰ类、Ⅱ类、Ⅲ类资源区标杆上网电价分别调整为0.5元/(kW·h)、0.6元/(kW·h)、0.7元/(kW·h)(含税)。符合国家政策的村级光伏扶贫电站(0.5MW及以下)标杆上网电价保持不变。分区域光伏发电标杆上网电价见表12-2。

同时，2016年国家发展改革委发布《国家发展改革委关于太阳能热发电标杆上网电价政策的通知》（发改价格〔2016〕1881号）。根据通知，为促进太阳能热发电产业健康有序发展，根据《可再生能源法》有关规定，核定全国统一的太阳能热发电(含4h以上储热功能)标杆上网电价为 1.15 元/(kW·h)(含税)。上述电价仅适用于纳入国家能源局 2016 年组织实施的太阳能热发电示范范围的项目。2018 年 12 月 31 日以前全部投运的太阳能热发电项目执行上述标杆上网电价。2019 年以后国家将根据太阳能热发电产业发展状况、发电成本降低情况,适时完善太阳能热发电价格政策,逐步降低新建太阳能热发电价格水平。2018 年国家能源局发布《国家能源局关于推进太阳能热发电示范项目建设有关事项的通知》(国能发新能〔2018〕46 号),通知规定建立电价退坡机制,《国家发展改革委关于太阳能热发电标杆上网电价政策的通知》(发改价格〔2016〕1881 号)明确,2018 年 12 月 31 日前全部建成投产的首批示范项目执行 1.15 元/(kW·h)(含税)标杆上网电价。根据示范项目实际情况,首批示范项目建设期限可放宽至 2020 年 12 月 31 日,同时建立逾期投运项目电价退坡机制,具体价格水平由国家发展改革委价格司另行发文明确。

4. 税收激励政策

所得税方面,《中华人民共和国企业所得税法》(中华人民共和国主席令 2007 年第 63 号),企业从事国家重点扶持的公共基础设施项目投资经营的所得,可以免征、减征企业所得税。《中华人民共和国企业所得税法实施条例》(中华人民共和国国务院令〔2007〕512 号)企业所得税法第二十七条第(二)项所称国家重点扶持的公共基础设施项目,是指《公共基础设施项目企业所得税优惠目录》规定的港口码头、机场、铁路、公路、城市公共交通、电力(包括核电、风电、水电、海洋能发电、太阳能发电、地热发电)、水利等项目。企业从事前面规定的国家重点扶持的公共基础设施项目的投资经营的所得,自项目取得第一笔生产经营收入所属纳税年度起,第一到第三年免征企业所得税,第四到第六年减半征收企业所得税。

增值税方面,《关于光伏发电增值税政策的通知》(财税〔2013〕66 号),为鼓励利用太阳能发电,促进相关产业健康发展,自 2013 年 10 月 1 日~2015 年 12 月 31 日,对纳税人销售自产的利用太阳能生产的电力产品,实行增值税"即征即退 50%"的政策。《关于继续执行光伏发电增值税政策的通知》(财税〔2016〕81 号)规定,自 2016 年 1 月 1 日~2018 年 12 月 31 日,对纳税人销售自产的利用太阳能生产的电力产品,实行增值税"即征即退 50%"的政策。

《关于对分布式光伏发电自发自用电量免征政府性基金有关问题的通知》(财综〔2013〕103 号),规定为了促进光伏发电产业健康发展,根据《国务院关于促进光伏产业健康发展的若干意见》(国发〔2013〕24 号)的有关规定,对分布式光伏发电自发自用电量免收可再生能源电价附加、国家重大水利工程建设基金、大中型水库移民后期扶持基金、农网还贷资金等 4 项针对电量征收的政府性基金。

12.2 国外可再生能源产业的价格及财税政策

可再生能源发展方式受政策引导的影响较大,也是政策补贴的主要对象,同时,可再生能源行业离不开市场自主发展规律。从全球范围来看,可再生能源发展方式是各国政府调整能源结构的主攻方向,受到政府各种能源政策的引导和调整。

12.2.1 价格政策

可再生能源价格政策主要有 5 种,即溢价电价、招标电价、市场电价、绿色能源电价和固定电价(高兴佑,2016)。

德国的可再生能源价格政策由最初的固定电价转变为招标电价。固定电价政策是通过将固定的初始上网电价与上网电价的年度降低相结合来调整可再生能源的上网电价。也就是说,不同可再生能源的初始上网电价由联邦政府监管,并按一定比例逐年减少。在固定电价政策下,每个可再生能源发电企业均可依据相关能源不同种类、发电技术、发电站所涉及的装机规模、电站建设的难易程度等因素,采用各不相同的固定电价,固定期限是 20 年。该制度还规定了逐渐递减电价补贴的速率,例如,太阳能光伏发电的电价补贴为 0.45~0.62 欧元/(kW·h),每年新增光伏发电设备补贴率比上一年度新增光伏发电设备补贴率递减 5%~6%。德国还规定了风电的"保护价格",并根据各地的风力资源情况规定"保护价格"的实施时效。风力较弱的地区施行"保护价格"的时间较长,以确保风电投资者的经济利益。2004 年德国《可再生能源法》规定,2006 年以后建成的陆上风力涡轮机将在 5 年内获得 5.28~8.36 欧分/(kW·h)的购买"保护价格",然后每年减少 2%;2010 年 12 月 31 日之前安装的海上风力涡轮机将在最初的 12 年内获得 6.19~9.1 欧分/(kW·h)的最低购买价格。2014 年,第一次调整了固定电价补贴政策。该政策指出,在 2017 年之前,实施上网电价招标制度,招标定价系统于 2017 年 1 月 1 日正式成立。例如,风电的投标价格不应超过 0.07 欧元/(kW·h),中标后的上网价格可保持 20 年不变。同时,政府为鼓励居民自营的能源公司参与投标,要求相对宽松很多,不用经过政府允许即可参与投标,中标价格规定为投标时的最高价格。2017 年 1 月,德国《可再生能源法》(2017 修订案)正式生效,法案中相当一部分新规具有重大实际意义。其中,最重要的新规是将可再生能源补贴国家定价制度转换为公开竞争的招投标程序,以确定对风能、太阳能和生物质能发电的补贴额度(马杰,2015;王永杰,2018)。

西班牙采取溢价电价制度,溢价电价是在传统化石能源电价(原有的电力市场价格)的基础上再加上一个合理的溢价形成可再生能源电力的价格。这种定价方法考虑了同值同价(相同的能量其价格应该相同)原则和可再生能源的外部经济,是一种较合理的定价方法,适用于可再生能源产业发展的初期阶段。2017 年 3 月,西班牙颁布第 359/2017 号皇家法令,确定了可再生能源生产商获取补贴的竞拍规范程序。2017 年,西班牙政府举行了两次大型可再生能源项目的拍卖,共分配了约 8GW 的容量,其中第一次拍卖中 99%份额分配给了风能,在第二次拍卖中太阳能分配到了约 3.9GW。西班牙政府 2017 年 5 月举行的可再生能源项目竞标结果显示,风电报价低至 4.3 欧分/(kW·h),创造了欧洲陆上风电最低价格的记录。风电投资者不再为获取政府补贴而来,而是通过竞标的低价确保获得稳定的固定收入,风电投资者已经有能力通过竞标的低价确保自己获得稳定收益。

英国采用招标电价制度,招标电价是政府通过招标和投标方式确定的电力价格。政府对可再生能源确定招标的范围、项目和标准,向社会公开招标。企业在承诺满足招标要求的前提下,报价最低者中标。激烈的竞争可能把价格压得过低,导致中标者实际无利可图，因而履约率可能会较低。

日本采用市场电价制度，市场电价是在平均上网电价的基础上加上绿色证书交易价格形成的。绿色交易证书类似于碳排放权证书，用于完成政府的可再生能源强制配额，在能源企业间可自由买卖，价格由市场决定，对于未完成配额的企业，政府会实施罚款，以体现化石能源的外部性成本。这种电价方法适用于完全市场化的电力市场。

荷兰采用绿色能源电价制度，绿色能源电价是政府根据可再生能源的机会成本确定的电力价格。电力消费的企业和个人自愿认购并获得奖励性的绿色证书，这种定价方法的实施效果取决于民众对可再生能源的认同度，适用于公民环保意识较强的国家和地区。

德国采用固定电价制度，固定电价由行业平均成本加上合理利润得到，电价由政府制定，政府可以通过灵活确定利润率来调整产业发展的优先顺序，根据需要给不同的可再生能源产业以不同的支持力度。固定电价制度适用于可再生能源产业的初期建设阶段。利用价格杠杆的作用是德国政府鼓励可再生能源开发利用的有效经济手段之一，可以通过价格充分体现政府对可再生能源发展的导向作用。《可再生能源法》作为德国规范和促进可再生能源开发利用的基础性法律文件，明确规定了可再生能源发电上网电价适时调整机制，电价的设置根据采用的发电技术及电站装机规模不同而不同。

12.2.2 财政补贴政策

美国从小布什政府开始，就给予可再生能源大量的财政支持。奥巴马政府更是通过一系列举措使美国的可再生能源产业获得了强大的推动力。美国可再生能源财政补贴政策的实施主要从技术研发、项目投资、能源消纳三个方面进行。在技术研发方面，2014年，美国投资了2亿美元用于资助可再生能源技术研发，并在2015～2024年投资20亿美元，用于支持各种可再生能源的技术研发，到2025年，美国投入在新能源技术研发的财政补贴将达到1100亿美元。在项目投资方面，2009年颁布的《美国清洁能源与安全法案》规定，只要与国家发展战略和政策要求相符合，政府允许对2009年和2010年开始建设的可再生能源项目提供一次性现金补贴，且不计入企业的应纳税收入中，补贴力度是建设费用的30%。在能源消纳方面，美国实施"百万太阳能屋顶计划"，目标是在住宅、学校、商业建筑和政府办公室的屋顶上大规模使用光伏模块(马杰，2015)。

德国在2005年实施《第五次能源研究计划》，太阳能光伏发电的研发补贴比例占可再生能源全部预算的46%。2008年，可再生能源研发资金总额为97338万欧元。2011年，德国政府发布了《第六次能源研究计划》。通过该计划，德国政府将提供47亿欧元用于能源领域的科技研发，其中包括可再生能源发电、将可再生能源整合到能源工业领域系统中的科技研发。通过多年努力，德国的可再生能源产业技术水平快速提升，更是在太阳能电池、风机制造等多个技术领域位居世界前列。德国也对分布式光伏发电项目进行财政补贴。小型发电项目补贴主要是针对独栋和双户房屋的私人投资者；大型发电项目补贴采用低息贷款的形式对企业或社区进行补贴(黄梦华，2011；王爱国和王一川，2012)。

日本政府采用多项优惠政策对本国开发可再生能源的企业进行补贴。日本政府把一部分石油进口税用作可再生能源项目的补贴，每年向从事可再生能源生产的公司所进行的太阳能发电设施建设项目、风电设施建设项目、生物质能建设项目等进行财政补贴，对大规模从事太阳热利用、风电及废弃物发电等，或宣传可再生能源的公共团体，补助50%以内的宣传推广费用；对于符合新能源法规定开发目标的新能源推广项目，补助1/3以内的事业费；对于使用可再生能源的能源管理企业和出租企业，以及可再生能源消费者进行补贴，从而扩大可再生能源用户范围（王晨晨等，2017；姚昕等，2011）。主要的国家可再生能源补贴政策见表 12-3。

表 12-3 主要国家可再生能源补贴政策

国家	补贴政策
美国	投资补贴，税收优惠，低息贷款，实行净电表制
德国	投资补贴
日本	2005 年前采用投资补贴，2005 年后实行净电表制
英国	配额制，通过"化石燃料税"对电网企业进行补贴，通过"可循环绿色溢价"对发电企业进行补贴
荷兰	为风机和风力资源测试的研发提供支持，为风电场提供税收返还
意大利	配额制，并进行初始投资补贴

12.2.3 税收政策

美国税收政策的激励手段多种多样，不仅有直接减免的税收政策（如税收减免、税收抵免、生产税抵免），也有税前费用扣除和加速折旧等减小税基的税收政策；不仅有直接激励的税收政策，也有间接激励的税收政策（如对传统能源、燃料征税）（王晨晨等，2017）。

直接减免。美国对可再生能源进行税收减免是从 1992 年开始的，《1992 年美国能源政策法案》规定，对风能和生物质能的发电产品，每发 1 度电减少 1.5 美分。2009 年颁布的《美国复苏和再投资法案》规定，在 2010~2019 年计划为公司提供 450 亿美元的税收减免。2005 年的《美国能源政策法案》规定对安装光伏发电装置所取得的收益进行投资税减免，减免额度等于设备安装成本的 30%（王晨晨等，2017）。

加速折旧。这是美国为使新能源投资者加快投资成本回收而经常采取的政策。早在 1978 年，《美国能源税法案》就规定新能源公司可以获得各种税收优惠和 5 年的加速折旧。对已进入商业化的早期阶段，相对成熟的可再生能源技术，如太阳能、风能、地热能等，允许采用加速折旧方案。

税收抵免。在税收抵免方面，又可以分为生产层面和消费层面。在生产层面，生产税最初是 1992 年实施的。2013 年，美国国会延长了抵免周期，并采用投资税抵免的方式，对于满足可再生能源设备制造、设备更新和能源产能扩张要求的投资项目，投资税抵消设备投资成本的 30%。在消费层面，美国政府鼓励消费者使用新能源电力产品。对个人安装光伏系统和太阳能热水器系统成本的 30%，可以在缴纳个人所得税时抵免。

第13章 中国能源环境政策评价CGE模型构建与数据基础

本章构建中国能源环境政策评价混合CGE模型,详细阐述该模型的结构、基础数据与参数设置。

13.1 能源环境政策评价的混合CGE模型构建

一般CGE模型主要包括生产函数模块,贸易函数模块,居民、企业与政府等机构函数模块,均衡和闭合函数模块及动态函数模块等。本书构建的HCGEM-CEEPE也包括相关模块。模型的主要模块及相关函数参考郭正权等(2014,2015)相关研究。

HCGEM-CEEPE重要贡献是实现了能源部门,尤其是电力部门的细分。模型能源部门包括煤炭采选业、炼焦业、石油开采业、精炼石油加工业、天然气开采业、燃气生产和供应业、火电生产与供应业、水电生产与供应业、核电生产与供应业、风电生产与供应业、太阳能发电及其他电力生产与供应业等11个部门。这体现了不同类型能源及各类电力能源的生产技术经济特点,可实现对不同类型电力部门相关政策情景的模拟分析。由此,模型的生产函数模块,体现了11类细分能源要素的投入,详见图13-1。

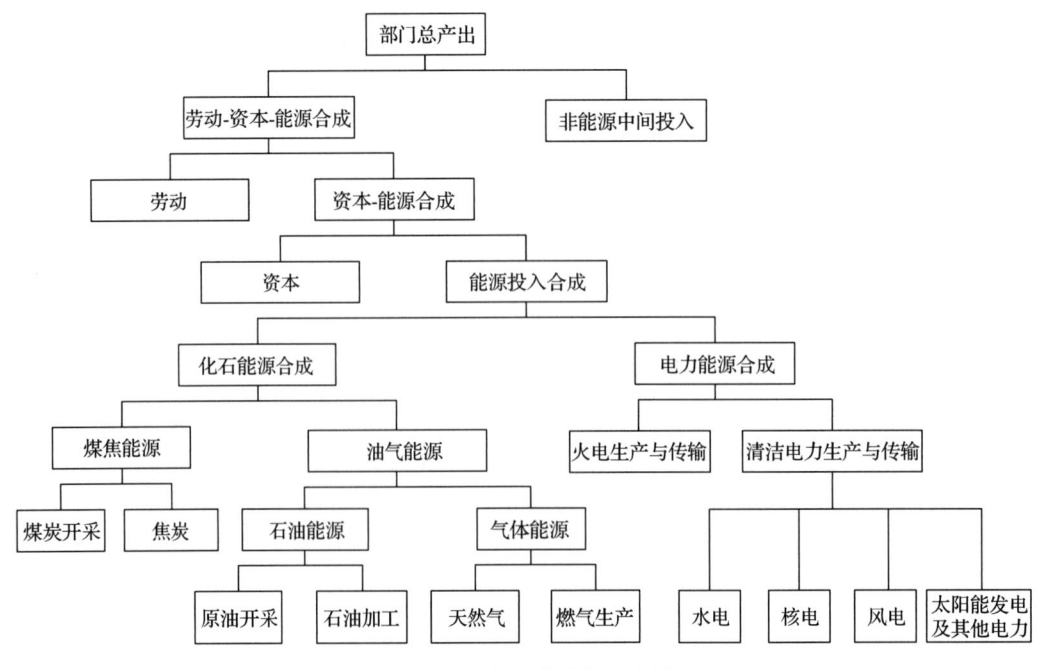

图13-1 生产函数结构示意图

HCGEM-CEEPE中各模块(除动态模块)函数方程数与内生变量数的统计如表13-1所示。

表 13-1 模型方程数与内生变量数统计

模型模块函数	方程数	内生变量数
生产模块函数	36n+nj	37n+nj+2
贸易模块函数	8n	8n+1
居民模块函数	2n+6	2n+6
企业模块函数	2n+5	2n+5
政府模块函数	3n+7	3n+7
均衡与闭合模块函数	3n+9	2n+6
合计	54n+nj+27	54n+nj+27

注：n 与 j 分别为模型的部门和商品数，也是方程个数，$n=31$，$j=31$。

13.2 模型数据基础与参数设置

13.2.1 模型数据基础

HCGEM-CEEPE 的数据基础为投入产出表，以及对应编制的社会核算矩阵。模型投入产出表与社会核算矩阵基础数据处理过程如下。

1. 模型投入产出表的调整与编制

HCGEM-CEEPE 以 2012 年全国投入产出表为基础，根据产业结构特点及研究的需要，将投入产出表调整为 31 个部门，详见表 13-2。在能源部门细分过程中，石油与天然气开采业拆分采用双比例平衡法，详见 Guo 等(2014)。电力生产与供应业部门的具体拆分步骤：①根据《中国 2012 年投入产出表编制方法》(国家统计局国民经济核算司，2014)，2012 年各类电力生产、电力传输与供应相关企业调研的成本明细表、其他成本明细表、利润表等基础数据，编制各类电力部门中间投入比例结构与增加值比例结构；②在各类电力部门的生产投入过程中，化石能源全部投入到火电部门，核燃料产品投入到核电部门；③火电、水电、核电、风电、太阳能发电及其他电力 5 部门对电力的投入需求来自本部门；④根据 2012 年各类电力的发电量与平均上网电价作为行总和的控制变量，将电力生产与供应业部门(投入环节)拆分为火电、水电、核电、风电、太阳能发电及其他电力的生产与供应业部门；⑤根据各电力部门的产出价值按比例拆分电力生产与供应业部门产品在中间投入和最终需求环节的分配(产出环节)。

根据以上原则，调整并编制模型需要的投入产出表。基础数据主要来自国家统计局-2012 年中国投入产出表、国家统计局年度统计数据、《2013 中国电力年鉴》(《中国电力年鉴》编辑委员会，2013)、《中国能源统计年鉴 2013》(国家统计局能源统计司，2013)、中国电力企业联合会年度统计数据，火电、水电、核电、风电、太阳能发电、电网公司相关企业财务报表数据。

表 13-2　微观社会核算矩阵活动代码与商品代码对应表

活动代码	对应生产活动	商品代码	对应部门商品
A01	农业	B01	农业
A02	其他开采业	B02	其他开采业
A03	食品制造与烟草加工业	B03	食品制造与烟草加工业
A04	纺织及其制品业	B04	纺织及其制品业
A05	木材加工与造纸印刷业	B05	木材加工与造纸印刷业
A06	化学工业	B06	化学工业
A07	水泥、石灰和石膏	B07	水泥、石灰和石膏
A08	非金属矿物制品业	B08	非金属矿物制品业
A09	金属冶炼与制品业	B09	金属冶炼与制品业
A10	机械设备制造业	B10	机械设备制造业
A11	计算机、通信、仪表及其他设备制造业	B11	计算机、通信、仪表及其他设备制造业
A12	水的生产和供应	B12	水的生产和供应
A13	建筑业	B13	建筑业
A14	交通运输与邮政业	B14	交通运输与邮政业
A15	批发零售、住宿和餐饮	B15	批发零售、住宿和餐饮
A16	电信与软件业	B16	电信与软件业
A17	金融与保险业	B17	金融与保险业
A18	房地产与租赁业	B18	房地产与租赁业
A19	其他服务业	B19	其他服务业
A20	煤炭采选产品	B20	煤炭采选产品
A21	炼焦产品	B21	炼焦产品
A22	石油开采产品	B22	石油开采产品
A23	精炼石油加工品	B23	精炼石油加工品
A24	核燃料加工品	B24	核燃料加工品
A25	天然气开采产品	B25	天然气开采产品
A26	燃气生产和供应	B26	燃气生产和供应
A27	火电生产	B27	火电生产
A28	水电生产	B28	水电生产
A29	核电生产	B29	核电生产
A30	风电生产	B30	风电生产
A31	太阳能发电生产	B31	太阳能发电生产

2. 模型社会核算矩阵的构建

HCGEM-CEEPE 需要的社会核算矩阵以投入产出表为基础。根据研究需要编制相应的宏观社会核算矩阵，见表 13-3，数据的来源与说明见表 13-4。由此，根据投入产出表与宏观社会核算矩阵，编制模型所需要的微观社会核算矩阵。

第13章 中国能源环境政策评价CGE模型构建与数据基础

表 13-3 宏观社会核算矩阵

(单位: 亿元)

| | 项目 | 1.活动 | 2.商品 | 要素 | | 5.居民 | 6.企业 | 7.政府 | 投资储蓄 | | 10.国外 | 收入合计 |
				3.劳动力	4.资本				8.固定资产投资	9.存货		
	1.活动		1464961.23								136665.85	1601627.08
	2.商品	1064826.91				19856.78		73181.79	237750.61	12692.11		1586988.21
要素	3.劳动力	264134.09										264134.09
	4.资本	199059.85										199059.85
	5.居民			264134.09	24336.56			13493.48			964.40	302928.53
	6.企业				178347.74							178347.74
	7.政府	73606.23	17586.09			5820.28	19654.53				−195.54	116471.59
投资储蓄	8.固定资产投资				−3624.45	98571.47	158693.21	29606.74			−36428.70	250442.72
	9.存货								12692.11			12692.11
	10.国外		104440.89					189.57				101006.01
	支出合计	1601627.08	1586988.21	264134.09	199059.85	302928.53	178347.74	116471.59	250442.72	12692.11	101006.01	

表 13-4　宏观社会核算矩阵数据来源与说明　　　　　　　　　（单位：亿元）

行	列	数据来源及出处	账户	原始数据
1.活动	2.商品	2012年中国投入产出表	总产出减出口	1464961.23
	1.国外	2012年中国投入产出表	出口合计	136665.85
2.商品	1.活动	2012年中国投入产出表	中间投入合计	1064826.91
	5.居民	2012年中国投入产出表	居民消费支出合计	198536.78
	7.政府	2012年中国投入产出表	政府消费支出	73181.79
	8.固定资产投资	2012年中国投入产出表	固定资本形成总额	237750.61
	9.存货	2012年中国投入产出表	存货加误差	12692.11
3.劳动力	1.活动	2012年中国投入产出表	劳动者报酬	264134.09
4.资本	1.活动	2012年中国投入产出表	固定资产折旧加营业盈余	199059.85
5.居民	3.劳动力	2012年中国投入产出表	劳动者报酬	264134.09
	4.资本	2013中国统计年鉴	资金流量表"住户部门"财产收入来源	24336.56
	7.政府	中国财政年鉴2013	包括社会保障和就业支付、政府对居民的利息支付。其中，社会保障和就业支付为11109.40亿元，政府对居民的利息支付为2384.08亿元，合计为13493.48亿元	13493.48
	10.国外	2013中国统计年鉴	国际收支平衡表中经常项目"职工报酬"差额，为1527756万美元，依据2012年人民币对美元平均汇率6.3125元计算，合计为964.40亿元	964.40
6.企业	4.资本		列余量	
7.政府	1.活动	2012年投入产出表	生产税净额	73606.23
	2.商品	中国财政年鉴2013	进口货物的关税及消费税、增值税	17586.09
	5.居民	中国财政年鉴2012	个人所得税	5820.28
	6.企业	中国财政年鉴2012	企业所得税	19654.53
	10.国外	2013中国统计年鉴	国际收支平衡表中经常项目"各级政府经常转移差额"−309771.62万美元，依据2012年人民币对美元平均汇率6.3125元计算折算人民币为−195.54亿元	−195.54
8.固定资产投资	5.居民		列余量	
	6.企业		列余量	
	7.政府		列余量	
	10.国外		列余量	
9.存货变动	8.固定资产投资	2012年中国投入产出表	存货增加+其他	12692.11
10.国外	2.商品	2012年中国投入产出表	投入产出表中的货物进口122026.98万元，减去关税及进口产品消费税、增值税	104440.8887
	4.资本	2013中国统计年鉴	国际收支平衡表中经常项目"投资收益差额"，为−5741699万美元，依据2012年人民币对美元平均汇率6.3125元计算，折算人民币为−3624.45亿元	−3624.45
	7.政府	中国财政年鉴2013	政府对国外的"对外援助"与支付给国外的借款利息支出之和	189.57

数据来源：中华人民共和国国家统计局(2013)；《中国财政年鉴2013》编辑委员会(2013)；国家统计局国民经济核算司(2015)。

13.2.2 模型参数设置

HCGEM-CEEPE 生产函数与贸易函数的替代弹性系数设置主要参考了以前学者的相关研究成果：宣晓伟(1998)、贺菊煌等(2002)、王灿(2003)、谭显东(2008)、郭正权(2011)、Chi 等(2014)等。模型动态基准情景参数设置参考了李善同(2010)、"中国 2007 年投入产出表分析应用"课题组(2011)、郭正权等(2014)、郭正权等(2015)相关研究成果。

HCGEM-CEEPE 化石能源碳排放系数计算过程：①计算碳排放系数的化石能源包括原煤、原油、石油加工品、焦炭、天然气与燃气 6 类化石能源。②各类化石能源的实物消费量来自于《中国能源统计年鉴 2013》中的中国能源平衡表(实物量)。③原煤碳排放量的计算，剔除用于炼焦与制气的原煤消耗量导致的碳排放量；原油的碳排放量计算，剔除用于炼油的原油消耗量导致的碳排放量。④石油加工品综合考虑了汽油、煤油、柴油、燃料油、液化石油气、炼厂干气、其他石油制品等产品总的碳排放量。⑤各类化石能源的平均低位发热量数据来自《中国能源统计年鉴 2013》。⑥不同类型化石能源的排放因子来自政府间气候变化专门委员会(Intergovernmental Panel on Climate Change，IPCC)报告《2006 年 IPCC 国家温室气体清单指南》。⑦计算出 6 类化石能源消费产生的碳排放量，除以投入产出表对应化石能源消耗的价值量，得到 6 类化石能源单位价值量的碳排放系数。

第 14 章 能源价格波动与财税政策的静态均衡分析

本章将利用 HCGEM-CEEPE 模型,从静态角度分析能源价格及财税政策对能源-经济-环境系统变量的影响与优化。

14.1 能源价格波动的静态均衡分析

能源作为国民经济基本的生产要素,其价格波动将对整个经济体系产生重要的影响,因此能源价格波动及其对社会经济体系的影响机制一直是国内外学者研究的热点。例如,姬强等(2016)提出时变最优 Copula 模型,并对市场石油价格、天然气价格与外汇市场汇率间动态相依关系进行了实证分析。曹飞(2015)构建了开放经济条件下的真实经济周期模型,通过引入石油价格冲击和技术冲击,探讨了石油价格冲击对于中国实际经济波动的作用机制。CGE 模型在瓦尔拉斯一般均衡理论的基础上,将国民经济各组成部分和经济循环的各个环节纳入到一个统一的框架下进行分析,可以刻画国民经济各部门的相互作用、相互影响和相互制约过程,因而被学者广泛地应用到能源、环境政策及能源价格变动对能源-经济-环境系统的影响分析中。李霜等(2012)构建了一个包含石油价格冲击的动态随机一般均衡模型,基于经济波动风险的最小化,研究了石油价格冲击对中国货币供应机制的影响。Doroodian 和 Boyd(2003)利用动态 CGE 模型分析了 2000 年美国石油价格冲击对经济增长和通货膨胀的影响。Guivarch 等(2009)通过全球混合 CGE 模型,检验了 2003~2006 年印度石油价格上涨对经济的影响。Aydin 和 Acar(2011)通过动态 CGE 模型,分析了土耳其作为小型开放的石油与天然气进口国,石油价格冲击对其宏观经济变量的影响。Maisonnave 等(2012)探讨了气候政策是否将缓解石油价格上涨对欧洲宏观经济带来的负面影响。Orlov(2015)通过静态多部门 CGE 模型评估了俄罗斯天然气的最优价格。Solaymani 等(2015)研究了石油价格波动与能源补贴的情景组合对马来西亚交通部门经济与环境变量的影响。Capros 等(2016)评估了差别能源价格对欧盟国家和非欧盟国家宏观经济和部门的影响。

许多学者利用 CGE 模型研究了中国能源价格与能源-经济-环境系统变量之间的关系。林伯强和牟敦国(2008)研究了石油与煤炭价格上涨对宏观经济变量的影响。He 等(2010)研究了煤炭价格上涨对电力价格及宏观经济变量的影响。Li 等(2014)分析了在不同电力价格机制下,征收 100 元/t 的碳税对经济系统的影响。Liu 等(2015a)研究了石油价格波动与货币政策及目标之间的相互影响和反应。Dong 等(2020)探讨了国际石油价格冲击与人民币汇率变动对中国宏观经济的影响。Zhang 等(2017)、He 和 Lin(2017)分析了天然气价格波动对经济系统的影响。通过 CGE 模型研究能源价格,能源部分的分类是一个重要问题。不同类能源在生产过程存在异质性,在产品使用过程中存在替代关系,有些一次能源是二次能源生产过程中的主要原料投入,这些因素都将影响能源价格波动对能源-经济-环境系统的影响机制。近年来，我国可再生能源发展迅速，在研究过程中更需考虑不同电力能源之间的替代关系。基于此，实现了对电力部门的细分，将其细分为火电、水电、核电、风电和太阳能发电及其他电力五个部门。同时，对石油和天然气开采产品部门进行了拆分。石油开采产品与天然气开采产品是完全异质性能源，其生产过程的投入结构与产品的分配结构差异是非常大的，克服了按能源产量等比例拆分的缺陷，通过双比例平衡法实现了石油开采业与天然气开采业的拆分，体现了两类能源各自的生产技术特点与产品需求结构特征。由此，通过 HCGEM-CEEPE，最终将能源部门细分为 11 个部门，可以进一步提高能源价格波动政策情景分析的科学性，同时可以对可再生能源相关的政策进行分析。

14.1.1 情景设置

在政策情景设置中充分考虑到目前影响中国各类能源价格波动的重要因素，主要包括：①化石能源价格下跌并持续维持低价位。中国煤炭价格指数由 2011 年 11 月的 200 左右持续走低，2016 年年底虽有所回升，但目前基本维持在 150~160。国际石油价格从 2014 年 7 月以来也一路下跌并长期维持低价位区间。②风电与太阳能发电成本持续下降。"十二五"期间，光伏发电成本总体降幅超过 60%，风力开发利用成本下降了约 30%。可以预期，随着风光发电技术的进步及累计装机容量的增加，其发电成本将持续降低。③环境税的实施将导致化石能源使用成本提高。2016 年通过的《中华人民共和国环境保护税法》于 2018 年 1 月 1 日实施。未来我国有可能实施单独的碳税政策或将碳税纳入环境税中。④电力市场化改革将影响电力价格及其在经济系统的传导作用。2015 年 3 月中共中央、国务院发布了《关于进一步深化电力体制改革的若干意见》（中发〔2015〕9 号），电力体制改革重要内容之一就是推进电力交易市场化。

基于以前学者的研究及我国能源价格波动的客观现实，将构建基于能源部门细分的能源价格波动 CGE 模型，系统分析在化石能源价格下降、风电和太阳能发电技术进步、碳税及电力市场化改革等不同的政策情景组合下，能源价格波动对我国能源-经济-环境系统的影响机制。

根据目前影响中国能源价格波动的主要因素及趋势，在以下几个方面设置价格波动情景：①化石能源价格下降。由于可再生能源对化石能源替代作用，以及供求关系等因素，化石能源价格一定时期内将处于低价位运行状态。②风电与太阳能发电部门全要素生产率提高。③电力价格管制方式。中国政府正在积极推进电力市场化改革，电力价格的管制机制将由政府管理转变为由市场供需关系决定，管制方式的转变将影响电价在经济系统的传导机制与作用效果。④环境税的实施将影响化石能源的使用成本。环境税是对大气污染物、水污染物、固体废物和噪声等多种污染源征收的税，并且每一种污染物又涉及多种税目。环境税税目复杂，数据来源困难，并且不是单独针对化石能源使用的外部性而征收的税。同时，中国将来有可能实施单独的碳税政策，或将碳税纳入环境税中。因此，在环境成本方面依然考虑碳税政策，具体政策情景设置如下。

政策情景 1：假设煤炭与原油价格同时下降 10%、20%、30%，电力价格实行政府管制，电力价格保持不变。

政策情景 2：假设煤炭与原油价格同时下降 10%、20%、30%，电力价格市场化，电价根据市场供需关系自动调整。

政策情景 3：在政策情景 1 的基础上，假设风电与太阳能发电及其他电力全要素生产率提高 30%。

政策情景 4：在政策情景 2 的基础上，假设风电与太阳能发电及其他电力全要素生产率提高 30%。

政策情景 5：在政策情景 3 的基础上，对化石能源使用引起的碳排放实施碳税政策，征收标准为 30 元/t CO_2。

政策情景 6：在政策情景 4 的基础上，对化石能源使用引起的碳排放实施碳税政策，征收标准为 30 元/t CO_2。

14.1.2　模拟分析

1. 政策情景组合对能源需求总量及结构的影响

不同政策情景组合对能源需求总量及结构的影响如表 14-1 所示。政策情景 1 中，煤炭与原油价格下降导致煤炭、焦炭、原油、石油和燃气需求量上升。同时，能源之间相对价格与替代作用，导致电力和天然气需求有所下降。政策情景 2 中，在市场化电力价格传导机制的作用下，火电需求量由于煤炭投入成本下降而有所上升。能源间替代作用导致可再生能源电力需求量下降，而且幅度相比政策情景 1 更大。因此，当可再生能源电力成本远高于传统火电成本时，市场化的电价机制将不利于可再生能源的发展，此时需要政策的大力支持。

政策情景 3 中，虽然风电与太阳能发电及其他电力由于技术进步，全要素生产率提高 30%，成本明显下降，但电力价格管制，生产环节的成本下降难以传导到需求环节，导致各类能源的需求变化情况与政策情景 1 基本一致。而政策情景 4 中，由于电力价格市场化机制将风光可再生能源电力成本的下降传递到需求环节，可再生能源电力需求有极大的提高。因此，当可再生能源电力效率明显提升，成本与传统火电成本相当时，市场化的电价机制将有利于可再生能源电力的发展，此时可以考虑可再生能源电力政策的退出机制。火电由于煤炭投入成本的下降，需求也有所提高。

征收碳税导致化石能源使用成本有所提高，政策情景 5 和政策情景 6 中化石能源的需求都有所下降，而可再生能源电力需求有所增加。因此，碳税政策可有效地抵消由化石能源价格下降而导致的化石能源消费和碳排放的增加，当化石能源价格持续走低并低价位运行时，是推出碳税政策的有利时机。政策情景 6 中，当风电与太阳能发电全要素生产率提高 30%，也就是风光可再生能源发电成本大幅度降低时，市场化的电价机制更有利于可再生能源电力的发展。

2. 政策情景组合对碳排放总量与强度的影响

政策情景组合对碳排放总量与强度的影响如表 14-2 所示。总体来看，化石能源价格下降将导致我国碳排放总量与强度有所增加。相对于电价管制情景，电价市场化机制对减少碳排放有更好的效果。特别是在电力价格市场化机制下，风电和太阳能发电技术进

表 14-1　不同政策情景组合对能源需求总量及结构的影响　　（单位：%）

变量	政策情景 1			政策情景 2			政策情景 3		
	10	20	30	10	20	30	10	20	30
一次能源需求量	6.44	14.94	26.51	5.47	12.82	23.01	6.43	14.93	26.51
单位 GDP 能耗	4.65	11.01	19.90	3.43	8.44	15.76	4.63	11.00	19.89
煤炭	7.04	16.11	27.99	6.14	14.15	24.75	7.06	16.13	28.02
焦炭	3.86	8.22	13.18	3.14	6.71	10.76	3.87	8.23	13.20
原油	11.39	26.68	48.65	10.89	25.54	46.66	11.42	26.71	48.68
石油	6.22	14.14	24.60	5.82	13.28	23.17	6.25	14.17	24.63
天然气	−1.97	−3.91	−5.50	−2.19	−4.37	−6.19	−1.96	−3.92	−5.51
燃气	3.86	8.51	14.10	3.78	8.33	13.81	3.89	8.54	14.13
火电	−3.05	−6.08	−9.21	1.93	4.13	6.64	−3.02	−6.06	−9.19
水电	−2.33	−4.65	−7.02	−5.10	−10.68	−16.73	−2.31	−4.63	−7.00
核电	−2.12	−4.20	−6.34	−3.50	−7.51	−12.09	−2.10	−4.18	−6.32
风电	−2.35	−4.69	−7.08	−5.34	−11.15	−17.42	−4.09	−6.38	−8.73
太阳能发电及其他电力	−2.35	−4.69	−7.08	−5.34	−11.15	−17.43	−4.07	−6.35	−8.70

变量	政策情景 4			政策情景 5			政策情景 6		
	10	20	30	10	20	30	10	20	30
一次能源需求量	5.95	13.24	23.37	−0.63	6.69	16.59	−0.42	5.85	14.51
单位 GDP 能耗	3.85	8.80	16.05	−2.38	3.02	10.53	−2.33	1.82	7.91
煤炭	5.67	13.67	24.25	−2.79	4.54	13.97	−3.68	2.80	11.20
焦炭	2.99	6.56	10.61	−6.25	−2.97	0.70	−6.71	−4.09	−1.16
原油	10.75	25.39	46.50	11.20	26.48	48.44	10.78	25.49	46.67
石油	5.71	13.17	23.06	5.30	13.13	23.46	4.96	12.38	22.20
天然气	−2.30	−4.47	−6.28	−8.94	−10.83	−12.35	−9.16	−11.25	−12.99
燃气	3.76	8.31	13.79	−1.32	2.85	7.85	−1.41	2.68	7.58
火电	1.07	3.29	5.81	−1.98	−4.89	−7.87	−0.85	1.17	3.45
水电	−5.94	−11.44	−17.40	−1.67	−3.89	−6.16	−2.63	−8.03	−13.88
核电	−4.34	−8.28	−12.78	−1.48	−3.48	−5.51	−1.23	−4.99	−9.28
风电	46.28	37.31	27.60	−3.46	−5.65	−7.90	51.70	42.86	33.31
太阳能发电及其他电力	46.86	37.85	28.10	−3.43	−5.63	−7.87	52.30	43.42	33.84

表 14-2　政策情景组合对碳排放总量与强度的影响　　（单位：%）

变量	政策情景 1			政策情景 2			政策情景 3		
	10	20	30	10	20	30	10	20	30
碳排放总量	5.75	13.13	22.81	5.02	11.55	20.20	5.77	13.15	22.83
碳排放强度	3.97	9.27	16.39	2.99	7.22	13.11	3.98	9.28	16.41

变量	政策情景 4			政策情景 5			政策情景 6		
	10	20	30	10	20	30	10	20	30
碳排放总量	4.66	11.18	19.82	−2.18	4.00	12.00	−2.89	2.59	9.76
碳排放强度	2.58	6.82	12.72	−3.90	0.42	6.18	−4.75	−1.31	3.44

步与实施碳税政策等情景组合下(政策情景 6),可有效地减少碳排放总量与强度,有效对冲由化石能源价格下降导致的碳排放增加。由于可再生能源占总能源消费比例很低,相对来说,实施碳税政策比风电和太阳能发电技术进步的效果更为明显。

3. 政策情景组合对宏观经济变量的影响分析

政策情景组合对宏观经济变量的影响如表 14-3 所示。在全部 6 种政策情景组合下,化石能源价格下降和风电、太阳能发电及其他电力全要素生产率的提高,导致能源成本下降,因此整体上实际 GDP 和社会福利都有不同程度的上升,且随着化石能源价格下降幅度的增加不断提高。即使在征收碳税的政策情景 5 与政策情景 6 中,实际 GDP 和社会福利仅比不征收碳税的政策情景 3 与政策情景 4 有略微的下降。政策情景 2 相比政策情景 1、政策情景 4 相比政策情景 3、政策情景 6 相比政策情景 5,在市场化电价机制条件下,实际 GDP 和社会福利有更高程度的提高。

居民总收入的波动主要取决于劳动与资本生产要素价格的波动(劳动、资本与能源之间的替代作用;能源产出增加或减少对要素需求变化引起的要素价格波动)。企业总收入的波动一方面取决于资本要素价格的波动;另一方面取决于煤炭、原油价格下降导致的部门损失。政府总收入的波动取决于居民总收入、企业总收入的波动、碳税引发的收入增加,以及社会经济系统各类价格波动引发的税收波动。总体上,在不同政策情景组合下,居民总收入、企业总收入和政府总收入作为名义变量都有不同程度的下降,但不同政策情景组合下的变动幅度有所差异。其中,居民总收入在政策情景 4 中下降幅度最小。企业总收入在所有情境中下降幅度都较大,但 6 种情景之间的差异不大。政府总收入在前 4 种情景中下降幅度差异不大,而在征收碳税情景中下降幅度明显减小。居民储蓄、企业储蓄、政府储蓄与相应的收入呈现出相同方向、同幅度的变化。相应全社会的名义总投资也有所下降,实际总投资由于全社会整体价格水平的下降,比名义总投资下降幅度小。居民总消费在不同政策情景组合下,比基准情景都有所增加。政府总消费在前 4 种情景中有所降低,但在征收碳税的情景中有所增加。

总体来说,居民、企业、政府与社会投资等名义与实际变量,由于受到政策的作用力度与方向不同,变动方向与幅度差异比较大。但作为宏观经济变量中最为核心的变量,实际 GDP 与社会福利,在 6 种政策情景组合中都有所增加,且在电价市场化机制下有更高程度的提高。

14.1.3 结论与政策建议

由于不同能源之间的替代性,以及不同能源价格波动方向的差异,能源价格波动对能源-经济-环境系统影响的作用机制是极其复杂的。在化石能源价格下降、风电和太阳能发电技术进步、化石能源环境成本提高,以及电力价格市场化改革等影响能源价格波动因素的政策情景组合作用机制下,得出如下结论及政策建议。

(1)煤炭和石油价格下降会促进化石能源的需求,抑制可再生能源电力需求。由于煤炭与石油在我国能源消费结构中占据绝对的主导地位,其价格下降将导致能源消费与单位 GDP 能耗的增加。

表 14-3 政策情景组合对宏观经济变量的影响

变量	政策情景 1 10	政策情景 1 20	政策情景 1 30	政策情景 2 10	政策情景 2 20	政策情景 2 30	政策情景 3 10	政策情景 3 20	政策情景 3 30
劳动力价格/%	−0.46	−0.51	−0.20	−0.30	−0.18	0.33	−0.42	−0.48	−0.17
资本价格/%	−0.15	0.13	0.82	0.10	0.65	1.65	−0.13	0.15	0.84
居民总收入/%	−0.83	−1.20	−1.14	−0.73	−0.97	−0.76	−0.78	−1.15	−1.096
居民总消费(实际变量)/%	0.16	0.50	1.04	0.31	0.81	1.51	0.18	0.52	1.06
居民储蓄/%	−0.83	−1.20	−1.14	−0.73	−0.97	−0.76	−0.78	−1.15	−1.10
企业总收入/%	−4.24	−7.41	−9.60	−4.62	−8.15	−10.68	−4.06	−7.24	−9.44
企业储蓄/%	−4.24	−7.41	−9.60	−4.62	−8.15	−10.68	−4.06	−7.24	−9.44
政府总收入/%	−1.80	−3.05	−3.75	−1.84	−3.10	−3.79	−1.74	−2.98	−3.69
政府总消费(实际变量)/%	−0.85	−1.46	−1.78	−0.92	−1.59	−1.97	−0.82	−1.42	−1.75
政府储蓄/%	−1.80	−3.05	−3.75	−1.84	−3.10	−3.79	−1.74	−2.98	−3.69
全社会总储蓄/%	−3.22	−5.53	−6.98	−3.43	−5.91	−7.52	−3.09	−5.40	−6.85
全社会总投资(名义变量)/%	−3.22	−5.53	−6.98	−3.43	−5.91	−7.52	−3.09	−5.40	−6.85
全社会总投资(实际变量)/%	−2.05	−3.45	−4.19	−2.13	−3.61	−4.42	−1.94	−3.34	−4.08
名义 GDP/%	−0.42	−0.42	−0.04	−0.24	−0.05	0.56	−0.38	−0.39	−0.01
实际 GDP/%	1.72	3.53	5.51	1.97	4.05	6.26	1.72	3.54	5.51
社会福利/亿元	327.77	1002.02	2068.77	618.23	1600.95	2999.34	363.97	1037.69	2103.50

变量	政策情景 4 10	政策情景 4 20	政策情景 4 30	政策情景 5 10	政策情景 5 20	政策情景 5 30	政策情景 6 10	政策情景 6 20	政策情景 6 30
劳动力价格/%	−0.24	−0.12	0.39	−0.86	−0.87	−0.52	−0.77	−0.61	−0.08
资本价格/%	0.20	0.75	1.74	−0.83	−0.54	0.15	−0.63	−0.08	0.87
居民总收入/%	−0.67	−0.91	−0.71	−1.18	−1.49	−1.37	−1.12	−1.31	−1.06
居民总消费(实际变量)/%	0.35	0.84	1.55	0.03	0.38	0.92	0.11	0.61	1.31
居民储蓄/%	−0.67	−0.91	−0.71	−1.18	−1.49	−1.37	−1.12	−1.31	−1.06
企业总收入/%	−4.51	−8.04	−10.56	−5.14	−8.13	−10.15	−5.38	−8.69	−11.04
企业储蓄/%	−4.51	−8.03	−10.56	−5.14	−8.13	−10.15	−5.38	−8.69	−11.04
政府总收入/%	−1.80	−3.05	−3.75	−0.17	−1.20	−1.67	−0.23	−1.28	−1.76
政府总消费(实际变量)/%	−0.91	−1.58	−1.96	1.04	0.61	0.51	0.97	0.47	0.28
政府储蓄/%	−1.80	−3.05	−3.75	−0.17	−1.20	−1.67	−0.23	−1.28	−1.76
全社会总储蓄/%	−3.33	−5.81	−7.41	−3.75	−5.88	−7.18	−3.88	−6.17	−7.62
全社会总投资(名义变量)/%	−3.33	−5.81	−7.41	−3.75	−5.88	−7.18	−3.88	−6.17	−7.62
全社会总投资(实际变量)/%	−2.04	−3.51	−4.32	−2.65	−3.91	−4.56	−2.66	−4.02	−4.73
名义 GDP/%	−0.17	0.02	0.63	−0.95	−0.93	−0.52	−0.83	−0.62	−0.01
实际 GDP/%	2.02	4.08	6.31	1.79	3.56	5.49	1.96	3.96	6.11
社会福利/亿元	694.44	1676.69	3073.89	52.67	752.27	1835.38	225.80	1210.75	2597.22

(2) 化石能源价格下降将导致我国碳排放总量与强度增加。不同能源价格波动的政策情景组合下，电价市场化机制下比政府管制对降低碳排放总量与强度有更好的效果。电力市场化改革有利于发挥电价在经济系统中传导机制的作用。

(3) 碳税对降低化石能源需求和碳排放及促进可再生能源电力需求有显著作用，碳税与化石能源价格变动的联动机制有利于提升节能减排效果。也就是说，当化石能源价格明显下降时，要适当提高碳税水平，反之要降低碳税水平。因此，政府在化石能源价格低价位长期运行的背景下，有必要也有条件采取政策手段，尤其是环境税或更为直接的碳税政策，通过提升化石能源的使用成本来降低其需求增加所导致的环境影响，从而促进能源系统的低碳转型。

(4) 当可再生能源电力的成本与传统火电成本相比具有价格竞争力时，电力价格市场化机制会明显促进可再生能源电力的需求。反之，政府管制电价有利于可再生能源电力的发展。因此，促进可再生能源电力成本的降低，使其与火电具有价格上的竞争力是促进可再生能源发展的重要政策取向。

(5) 在能源价格波动政策情景组合下，作为宏观经济核心变量的实际 GDP 与社会福利都有所增加，且电价市场化机制比电价政府管制有更高程度的提高。因此，在目前条件下，有利于碳税和电力价格市场化改革等政策的实施。

14.2 可再生能源价格及财税政策的静态均衡分析

本节将通过 HCGEM-CEEPE 的静态模型，模拟分析可再生能源价格及财税政策对能源-经济-环境系统变量的影响效应与优化机制。

14.2.1 情景设置

政策情景 1：假设风电与太阳能发电消减电价补贴，两个部门收益率下降 10%。

政策情景 2：假设风电与太阳能发电消减电价补贴，两个部门收益率下降 20%。

政策情景 3：假设风电与太阳能发电消减电价补贴，两个部门收益率下降 20%；同时，假设技术进步，风电与太阳能发电部门全要素生产率提高 5%。

政策情景 4：假设风电与太阳能发电消减电价补贴，两个部门收益率下降 20%；同时，假设技术进步，风电与太阳能发电部门全要素生产率提高 8%。

政策情景 5：假设风电与太阳能发电消减电价补贴，两个部门收益率下降 20%；假设技术进步，风电与太阳能发电部门全要素生产率提高 8%；同时，对化石能源使用引起的碳排放实施碳税政策，征收标准为 10 元/t CO_2。

政策情景 6：假设风电与太阳能发电消减电价补贴，两个部门收益率下降 20%；假设技术进步，风电与太阳能发电部门全要素生产率提高 8%；同时，对化石能源使用引起的碳排放实施碳税政策，征收标准为 20 元/t CO_2。

14.2.2 模拟分析

1. 补贴退坡及政策情景组合对 GDP 及结构的影响

根据表 14-4 分析结果，在政策情景 1 与政策情景 2 下，随着风电与太阳能发电消减电价补贴，相比基准情景，GDP 总量有小幅度上升，且随着电价补贴消减力度增强，下降幅度逐渐增加。同时一二三产业中，第二产业 GDP 下降，第一与第三产业 GDP 有所上升。在政策情景 3 与政策情景 4 下，风光发电电价补贴下降，风电与太阳能发电技术水平上升，相比基准情景，随风电与太阳能发电技术进步，GDP 总量与三产业 GDP 都有所增加，且随着技术进步水平提高，上升幅度增加。在政策情景 5 与政策情景 6 下，风电与太阳能发电消减电价补贴，且风电与太阳能发电技术进步，对化石能源使用引起的碳排放实施碳税政策，将导致 GDP 总量有所下降，且第二产业 GDP 下降，第一与第三产业 GDP 上升，且随着碳税水平的提高，影响效应逐渐增强。

表 14-4　政策情景组合对 GDP 的影响　　　　　（单位：%）

项目	政策情景 1	政策情景 2	政策情景 3	政策情景 4	政策情景 5	政策情景 6
GDP 总量	0.0003	0.0004	0.0098	0.0156	−0.0130	−0.0421
第一产业 GDP	0.0007	0.0013	0.0013	0.0014	0.0036	0.0056
第二产业 GDP	−0.0037	−0.0079	0.0093	0.0201	−0.0669	−0.1531
第三产业 GDP	0.0044	0.0085	0.0121	0.0143	0.0381	0.0601

究其原因，风电与太阳能发电电价补贴消减，将导致风电与太阳能发电发电成本上升，能源使用成本上升，GDP 有所下降。但电价补贴消减，将导致全社会的投资在不同部门的重新分配，由此导致 GDP 的变化。风电与太阳能发电技术水平的上升，将导致风电与太阳能发电发电成本的下降，以及能源使用成本的下降与 GDP 的相应增加。碳税的实施将导致化石能源使用成本的下降，由此导致 GDP 下降。综合效用影响下，政策情景 1~6 组合下，GDP 总量与三产业 GDP 呈现以上变化特点。

2. 补贴退坡及政策情景组合对发电量的影响

根据表 14-5 分析结果，在政策情景 1 与政策情景 2 下，随着风电与太阳能发电消减电价补贴，相比基准情景，发电总量有小幅度下降，且随着电价补贴消减力度增强，下降幅度逐渐增加。结构方面，火电、水电、核电的发电量有所增加，风电与太阳能发电及其他电力的发电量有较大幅度下降，且分类型发电量随着电价补贴消减力度的增加，上升或下降程度更大。在政策情景 3 与政策情景 4 下，风光发电电价补贴下降，风电与太阳能发电技术水平上升，相比基准情景，随风电与太阳能发电技术进步，发电总量有所下降，且随着技术进步水平提高，下降幅度降低。结构方面，火电、水电、核电的发电量有所增加，风电与太阳能发电及其他电力的发电量有较大幅度下降，且分类型发电量随着电价补贴消减力度的增强，上升或下降程度更小。在政策情景 5 与政策情景 6 下，风电与太阳能发电消减电价补贴，且风电与太阳能发电技术进步，对化石能源使用引起的碳排放实施碳税政策，将导致发电总量有所下降，且随着碳税水平提高，下降幅度增加。结构方面，火电发电量有所下降，水电、核电、风电与太阳能发电及其他电力的发电量有所增加，且分类型发电量随着碳税水平的提高，上升或下降程度更大。

表 14-5　政策情景组合对发电量的影响　　　　　　　　　　（单位：%）

项目	政策情景 1	政策情景 2	政策情景 3	政策情景 4	政策情景 5	政策情景 6
发电总量	−0.0225	−0.0440	−0.0240	−0.0097	−0.2349	−0.4493
火电	0.1052	0.2207	0.0852	0.0060	−0.5474	−1.0812
水电	0.1112	0.2329	0.0926	0.0105	1.0060	1.9806
核电	0.1085	0.2275	0.0898	0.0093	0.9597	1.8883
风电	−5.8893	−12.2053	−5.0615	−0.7634	0.2070	1.1570
太阳能发电及其他电力	−5.9497	−12.3238	−5.1355	−0.8078	0.1607	1.1086

究其原因，风电与太阳能发电电价补贴消减，将导致风电与太阳能发电投资下降，发电量有所下降。同时不同电力之间存在替代效应，火电、水电、核电的发电量有所上升。风电与太阳能发电技术进步，将导致风电与太阳能发电发电成本下降，发电量有所上升。碳税的实施将导致化石能源使用成本的下降，因此火电发电量有所下降，其他四类电力，由于它们之间的替代效应，发电量有所上升。综合效用影响下，政策情景 1~6 组合下，发电总量与分类型发电量呈现以上变化特点。

3. 补贴退坡及政策情景组合对能源消费量的影响

根据表 14-6 分析结果，在政策情景 1 与政策情景 2 下，随着风电与太阳能发电消减电价补贴，相比基准情景，能源消费总量有小幅度下降，且随着电价补贴消减力度增强，下降幅度逐渐增加。结构方面，煤炭、石油、天然气的消费量有所增加，一次电力及其他能源的消费量有所下降，且随着电价补贴消减力度的增强，上升或下降程度更大。在政策情景 3 与政策情景 4 下，风光发电电价补贴下降，风电与太阳能发电技术水平上升，随风电与太阳能发电技术进步，相比基准情景，能源消费总量有所上升，且随着技术进步水平提高，上升幅度增加。结构方面，煤炭、石油、天然气的消费量有所增加，一次电力及其他能源的消费量有所下降，且随着技术水平的上升，上升或下降程度更小。在政策情景 5 与政策情景 6 下，在风光发电电价补贴下降，风电与太阳能发电技术水平上升，对化石能源使用引起的碳排放实施碳税政策，将导致能源消费总量有所下降，且随着碳税水平提高，下降幅度增加。结构方面，煤炭与天然气的消费量有所下降，石油与一次电力及其他能源的消费量有所上升，且随着碳税水平的上升，上升或下降程度更大。

表 14-6　政策情景组合对能源消费量的影响　　　　　　　　（单位：%）

项目	政策情景 1	政策情景 2	政策情景 3	政策情景 4	政策情景 5	政策情景 6
能源消费总量	−0.0017	−0.0025	0.0002	0.0030	−1.8136	−3.5153
煤炭	0.0596	0.1249	0.0514	0.0084	−2.6359	−5.1144
石油	0.0253	0.0521	0.0303	0.0175	0.0185	0.0132
天然气	0.0229	0.0473	0.0284	0.0174	−2.0928	−4.1120
一次电力及其他	−0.4946	−1.0228	−0.4280	−0.0679	0.9208	1.8885

究其原因，风电与太阳能发电电价补贴消减，将导致风电与太阳能发电投资下降，

发电成本上升，一次电力及其他能源需求量有所下降。同时，由于不同能源之间的替代效应，煤炭、石油、天然气的需求量有所上升。风电与太阳能发电技术进步，将导致风电与太阳能发电发电成本下降，一次电力及其他能源需求量有所上升。碳税的实施将导致化石能源使用成本的上升，煤炭、石油、天然气的使用成本上升，需求量有所下降，一次电力及其他能源需求量有所上升。综合效用影响下，政策情景1~6组合下，能源需求总量与分类能源需求量呈现以上变化特点。

4. 补贴退坡及政策情景组合对能耗强度与碳排放的影响

根据表14-7分析结果，在政策情景1与政策情景2下，随着风电与太阳能发电消减电价补贴，相比基准情景，能耗强度有小幅度下降，且随着电价补贴消减力度增强，下降程度增大。主要是能源消费总量有所下降，GDP总量却有小幅上升。煤炭、石油、天然气的消费量有所增加，因此碳排放总量有所增加。同时，碳排放总量比GDP增加幅度高，因此碳排放强度也有所上升。随着电价补贴消减力度增强，上升程度更大。在政策情景3与政策情景4下，风光发电电价补贴下降，风电与太阳能发电技术水平上升，随风电与太阳能发电技术进步，相比基准情景，能耗强度有小幅度下降，且随着技术进步水平提高，下降程度增大。主要是能源消费总量有所上升，但GDP总量上升幅度比能源消费总量上升幅度高，因此能耗强度有所下降。煤炭、石油、天然气的消费量依然有所增加，因此碳排放总量有所增加。同时，碳排放总量比GDP增加幅度高，因此碳排放强度也有所上升。但随着风电与太阳能发电进步水平的提高，碳排放总量与碳排放强度增加程度逐渐降低，甚至下降。在政策情景5与政策情景6下，风光发电电价补贴下降，风电与太阳能发电技术水平上升，对化石能源使用引起的碳排放实施碳税政策，相比基准情景，能耗强度有较大幅度下降，且随着碳税水平提高，下降程度增大。这主要是由于碳税导致能源消费总量下降程度较大，尤其是化石能源，但GDP总量下降幅度较小。同时，碳排放总量与碳排放强度也有较大程度下降，且随着碳税水平的提高，下降程度更大。

表14-7 政策情景组合对能耗强度与碳排放的影响　　　　（单位：%）

项目	政策情景1	政策情景2	政策情景3	政策情景4	政策情景5	政策情景6
能源消费总量	−0.0017	−0.0025	0.0002	0.0030	−1.8136	−3.5153
能耗强度	−0.0021	−0.0029	−0.0096	−0.0127	−1.8008	−3.4746
碳排放总量	0.0479	0.1000	0.0439	0.0112	−2.1319	−4.1483
碳排放强度	0.0475	0.0997	0.0341	−0.0045	−2.1192	−4.1079

14.2.3 结论与政策建议

本节分析了风电与太阳能发电电价补贴下降、风电与太阳能发电技术进步，以及化石能源碳排放实施碳税政策等政策情景组合下，对GDP及结构、发电总量及结构、能源消费总量及结构，以及能耗强度、碳排放总量与强度等相关变量的影响。其主要研究结论如下。

风光发电电价补贴消减将导致 GDP 总量有小幅度上升，第二产业 GDP 下降，第一与第三产业 GDP 有所上升；伴随风电与太阳能发电技术水平上升，GDP 总量与三产业 GDP 都有所增加；同时实施碳税政策，将导致 GDP 总量有所下降，且第二产业 GDP 下降，第一与第三产业 GDP 上升。

风电与太阳能发电消减电价补贴，发电总量有小幅度下降，火电、水电、核电的发电量有所增加，风电与太阳能发电及其他电力的发电量有较大幅度下降；伴随风电与太阳能发电技术水平上升，发电总量有所下降，火电、水电、核电的发电量有所增加，风电与太阳能发电及其他电力的发电量有较大幅度下降；同时，实施碳税政策，将导致发电总量有所下降，火电发电量有所下降，水电、核电、风电与太阳能发电及其他电力的发电量有所增加。

风电与太阳能发电消减电价补贴，能源消费总量有小幅度下降，且随着电价补贴消减力度增强，煤炭、石油、天然气的消费量有所增加，一次电力及其他能源的消费量有所下降；伴随风电与太阳能发电技术水平上升，能源消费总量有所上升，煤炭、石油、天然气的消费量有所增加，一次电力及其他能源的消费量有所下降；同时，实施碳税政策，将导致能源消费总量有所下降，煤炭与天然气的消费量有所下降，石油与一次电力及其他能源的消费量有所上升。

风电与太阳能发电消减电价补贴，能耗强度有小幅度下降，碳排放总量有所增加，碳排放强度也有所上升；伴随风电与太阳能发电技术进步，能耗强度有小幅度下降，碳排放总量有所增加，碳排放强度也有所上升。同时，实施碳税政策，能耗强度有较大幅度下降，碳排放总量与碳排放强度也有较大程度下降。

风电与太阳能发电电价补贴下降、风电与太阳能发电技术进步，以及化石能源碳排放实施碳税政策等情景组合下，对 GDP 及结构、发电总量及结构、能源消费总量及结构，以及能耗强度、碳排放总量与强度等相关变量的影响，影响程度与结果取决于实施何种政策、政策的实施强度、政策的作用力度，以及不同政策情景组合的综合影响效应。

基于以上结论，通过静态模型的模拟结果，研究认为实施风电与太阳能发电的财税价格补贴，必须以风电与太阳能发电的技术进步水平为主要参考标准，技术进步将是促进风电与太阳能发电产业健康可持续发展的核心因素。同时，由于能源之间的互补效应与替代效应，风电与太阳能发电补贴的消减，还需要考虑其他能源与环境相关政策之间相互的综合作用效应。

第15章 中国能源-经济-环境系统的动态 CGE 模型预测

本章利用 HCGEM-CEEPE 对 2012～2030 年中国能源-经济-环境系统相关变量进行预测分析，主要对中国 GDP 总量及结构、电力生产总量及结构、能源消费总量及结构、能耗强度、碳排放总量及强度等变量进行预测。

15.1 GDP 总量及结构预测分析

GDP 总量及结构预测结果如表 15-1 所示。2020 年中国 GDP 总量将达到 900313.58 亿元，2030 年将达到 1526291.31 亿元。2016～2020 年 GDP 年均增长率为 6.15%，2021～2030 年 GDP 年均增长率高于 5%。

表 15-1 GDP 总量及结构预测结果

年份	GDP 总量/亿元	GDP 年均增长率/%	三产业 GDP/亿元			占 GDP 总量的比例/%		
			第一产业	第二产业	第三产业	第一产业	第二产业	第三产业
2012	536800.17	—	52358.82	244021.46	240419.90	9.75	45.46	44.79
2015	667927.83	—	65112.20	273195.23	329620.40	9.75	40.90	49.35
2016	708492.47	7.18①	67742.73	284232.32	356517.42	9.56	40.12	50.32
2020	900313.58	6.15②	79371.41	333023.47	487918.71	8.82	36.99	54.19
2025	1166858.61	5.32③	92113.76	386487.33	688257.52	7.89	33.12	58.98
2030	1526291.31	5.52④	106901.78	448534.32	970855.21	7.00	29.39	63.61

注：① 2013～2016 年 GDP 年均增长率；② 2016～2020 年 GDP 年均增长率；③ 2021～2025 年 GDP 年均增长率；④ 2026～2030 年 GDP 年均增长率。

2020 年第一、第二、第三产业 GDP 分别为 79371.41 亿元、333023.47 亿元、487918.71 亿元，占比分别为 8.82%、36.99%、54.19%。2030 年第一、第二、第三产业 GDP 分别为 106901.78 亿元、448534.32 亿元、970855.21 亿元，占比分别为 7.00%、29.39%、63.61%。2012～2030 年中国产业结构明显优化，第二产业占 GDP 的比例显著下降，由 2012 年的 45.46%下降到 2030 年的 29.39%；第三产业占 GDP 的比例显著上升，由 2012 年的 44.79%上升到 2030 年的 63.61%。

15.2 发电量及结构预测分析

发电量及结构预测结果如表 15-2 所示。2020 年中国的发电量将达到 68989.52 亿 kW·h，2030 年将达到 82866.32 亿 kW·h。其中，火电的发电量 2020 年、2030 年分别为 47402.88 亿 kW·h、49864.53 亿 kW·h，占发电总量的比例分别为 68.71%、60.17%。水电的发电量 2020 年、2030 年分别为 12089.47 亿 kW·h、12990.30 亿 kW·h，占发电总量的比例分别为 17.52%、15.68%。核电的发电量 2020 年、2030 年分别为 2883.78 亿 kW·h、3660.77 亿 kW·h，占发电总量的比例分别为 4.18%、4.42%。风电的发电量 2020 年、2030 年分别为 4233.39 亿 kW·h、9731.62 亿 kW·h，占发电总量的比例分别为 6.14%、11.74%。太阳能发电及其他电力的发电量 2020 年、2030 年分别为 2380.00 亿 kW·h、6619.10 亿 kW·h，占发电总量的比例分别为 3.45%、7.99%。

表 15-2 发电量及结构预测结果

年份	发电量/(亿 kW·h)	分类型发电量预测/(亿 kW·h)					占发电总量的比例/%				
		火电	水电	核电	风电	太阳能发电及其他电力	火电	水电	核电	风电	太阳能发电及其他电力
2012	49865.00	39255.00	8556.00	983.00	1030.00	41.00	78.72	17.16	1.97	2.07	0.08
2015	57154.39	42324.22	10826.07	1741.44	1926.53	336.14	74.05	18.94	3.05	3.37	0.59
2016	59813.73	42945.65	11709.48	2107.15	2373.67	677.78	71.80	19.58	3.52	3.97	1.13
2020	68989.52	47402.88	12089.47	2883.78	4233.39	2380.00	68.71	17.52	4.18	6.14	3.45
2025	75017.79	48758.05	12481.94	3249.13	6266.46	4262.22	65.00	16.64	4.33	8.35	5.68
2030	82866.32	49864.53	12990.30	3660.77	9731.62	6619.10	60.17	15.68	4.42	11.74	7.99

总体来看，电力生产结构将逐渐优化，火电占发电量的比例将显著下降，2012~2030 年，将由 78.72%下降到 60.17%。可再生能源电力，尤其是风电与太阳能发电及其他电力在发电总量中所占的比例有显著上升，2012~2030 年，风电占发电总量的比例将由 2.07%上升到 11.74%，太阳能发电及其他电力占发电总量的比例由 0.08%上升到 7.99%。核电比例也有明显上升，2012~2030 年核电占比将由 1.97%上升到 4.42%。

15.3 能源消费总量及结构预测分析

能源消费总量及结构预测结果如表 15-3 所示。2020 年中国一次能源消费总量为 499029.64 万 t 标准煤，2030 年为 594109.97 万 t 标准煤。其中，能源消费结构显著优化，煤炭比例明显下降，天然气与一次电力及其他能源比例明显上升。2012~2030 年，煤炭消费量由 275464.53 万 t 标准煤上升到 284237.70 万 t 标准煤，占能源消费总量的比例由 68.50%下降到 47.84%。2012~2030 年，石油消费量由 68363.46 万 t 标准煤上升到 93188.35 万 t 标准煤，占能源消费总量的比例由 17.00%下降到 15.69%。2012~2030 年，天然气的消费量由 19302.62 万 t 标准煤上升到 95507.55 万 t 标准煤，增长了 3.95 倍，占能源消费总量的比例由 4.80%上升到 16.08%。2012~2030 年，一次电力及其他能源(水电、核电、风电、太阳能发电及其他电力发电等)的消费量由 39007.39 万 t 标准煤上升到 121176.37 万 t 标准煤，增长了 2.11 倍，占能源消费总量的比例由 9.70%上升到 20.40%。

相关预测结果符合中国政府《能源生产和消费革命战略(2016—2030)》、《能源发展

"十三五"规划》、《煤炭工业发展"十三五"规划》、《可再生能源发展"十三五"规划》、《电力发展"十三五"规划(2016—2020 年)》,以及风电发展、太阳能发电发展的"十三五"规划等能源发展指导性规划提出的约束性规划目标,且以水电、核电、风电为主的一次电力及其他能源高于国家规划到 2030 年占能源消费总量 20%以上的目标。

表 15-3 能源消费总量及结构预测结果

年份	能源消费总量/万 t 标准煤	分品种一次能源消费量/万 t 标准煤				占能源消费总量的比例/%			
		煤炭	石油	天然气	一次电力及其他能源	煤炭	石油	天然气	一次电力及其他能源
2012	402138.00	275464.53	68363.46	19302.62	39007.39	68.50	17.00	4.80	9.70
2015	433787.86	275299.30	78817.70	25137.04	54533.82	63.46	18.17	5.79	12.57
2016	448001.76	277008.79	80083.83	28887.08	62022.06	61.83	17.88	6.45	13.84
2020	499029.64	283953.62	85355.02	50380.44	79340.56	56.90	17.10	10.10	15.90
2025	537994.73	284095.62	89720.09	67707.10	96471.92	52.81	16.68	12.59	17.93
2030	594109.97	284237.70	93188.35	95507.55	121176.37	47.84	15.69	16.08	20.40

总体来看,2012~2030 年中国的能源消费结构将更加优化,煤炭消费量增加不大,且在能源消费结构中的比例显著下降;天然气与一次电力及其他能源消费量显著上升,且在能源消费结构中的比例显著上升。石油消费量有所上升,但占比有所下降。

15.4 能耗强度与碳排放预测分析

中国能耗强度和碳排放总量与强度预测结果如表 15-4 所示。2012~2030 年,中国的能耗强度由 0.7491t 标准煤/万元 GDP 下降到 0.3893t 标准煤/万元 GDP,下降近 50%,下降幅度达 48.04%。中国碳排放总量持续增加,2030 年将达到 1464193.63 万 t CO_2,比 2012 年增加了 579560.66 万 t CO_2,增幅达 65.5%。碳排放总量的增加主要由石油与天然气消费量的增加所导致。同时,中国的碳排放强度有大幅的下降,由 2012 年的 1.6480t CO_2/万元 GDP,下降到了 2030 年的 0.9593t CO_2/万元 GDP,下降幅度达 41.7%。

表 15-4 中国能耗强度和碳排放总量与强度预测结果

年份	能源消费总量/万 t 标准煤	能耗强度/(t 标准煤/万元 GDP)	碳排放总量/万 t CO_2	碳排放强度/(t CO_2/万元 GDP)
2012	402138.00	0.7491	884632.97	1.6480
2015	433787.86	0.6495	948754.13	1.4204
2016	448001.76	0.6323	976694.15	1.3786
2020	499029.64	0.5543	1119445.19	1.2434
2025	537994.73	0.4611	1261999.23	1.0815
2030	594109.97	0.3893	1464193.63	0.9593

根据国家发展改革委文件《强化应对气候变化行动——中国国家自主贡献》相关内

容，2030 年的行动目标是"二氧化碳排放 2030 年左右达到峰值并争取尽早达峰；单位国内生产总值二氧化碳排放比 2005 年下降 60%～65%，非化石能源占一次能源消费比例达到 20%左右"。预测碳排放总量 2030 年达到 1464193.63 万 t CO_2，在 2030 年前未达到峰值。《强化应对气候变化行动——中国国家自主贡献》提到"2014 年，中国单位国内生产总值二氧化碳排放比 2005 年下降 33.8%"，研究结果显示，2030 年中国碳排放强度比 2012 年下降了 41.7%。因此，中国的碳排放强度达到了单位国内生产总值二氧化碳排放比 2005 年下降 60%～65%的中国政府承诺目标。

15.5　结论与政策建议

2012～2030 年，中国的 GDP 将保持较高的平稳增长趋势，且三产业结构明显优化，第二产业占 GDP 比例显著下降，第三产业占 GDP 比例显著上升。

2012～2030 年，中国发电量平稳增加，2020 年中国的发电量将达到 68989.52 亿 kW·h，2030 年达到 82866.32 亿 kW·h。电力生产结构更加优化，火电占发电量的比例将有显著下降，可再生能源电力，尤其是风电与太阳能发电及其他电力发电在发电总量中所占的比例将有显著上升。

2012～2030 年，中国一次能源消费总量持续增加，2020 年为 499029.64 万 t 标准煤，2030 年为 594109.97 万 t 标准煤。但能源消费结构显著优化，煤炭占能源消费总量的比例显著下降，天然气与一次电力及其他能源在能源消费总量中的比例显著上升。

2012～2030 年，中国单位 GDP 能耗强度与碳排放强度有显著下降。但中国碳排放总量继续增加，2030 年将达到 1464193.63 万 t CO_2，比 2012 年增加了 579560.66 万 t CO_2，增幅达 65.5%，中国碳减排的形势比较严峻。

2012～2030 年，中国经济可以保持中高速的增长，且可实现产业结构优化。发电量及结构、能源消费总量及结构、能耗强度及碳排放总量与结构等变量，相关预测结果符合中国《能源生产和消费革命战略（2016—2030）》、中国能源、煤电、电力等相关"十三五"规划及《强化应对气候变化行动——中国国家自主贡献》文件确定的约束目标。总体来说，中国可以实现高质量发展。相关动态模块函数参数的设置，将是实现高质量发展的前提。第一，将加强创新驱动与供给侧改革战略的实施，保持合适的技术进步水平（全要素生产率）对生产的贡献。第二，在劳动力下降与人口老龄化的趋势下，优化人力资源结构，提高人力资源素质与生产水平，促进劳动力资源由第一、二产业向第三产业转移。第三，积极优化产业结构，产业结构的优化既是未来发展的目标，也是实现未来发展目标的基础。第四，优化能源生产与消费结构，加强电力可再生能源的供应，降低煤炭的生产与消费比例。第五，降低居民的储蓄率，通过优化住房、教育、养老等社会保障体系，降低居民的储蓄水平。

同时，研究结果也显示，在能源消费总量与结构、电力生产总量与结构等变量预测结果符合中国政府各类能源中长期规划的前提下，碳排放总量在预测期将继续增加，且到 2030 年依然未达到峰值。因此，预测期内中国政府需在降低碳排放方面积极采取措施。

需要实施碳交易、碳税或者促进可再生能源生产与消费、限制化石能源生产与消费的相关政策。实施不同的政策，势必将对中国的经济增长、能源结构与电力结构产生不同的影响。因此，需要政府权衡不同碳减排政策对能源-经济-环境系统的综合影响效应，选择实施相关政策措施。

第 16 章　可再生能源价格及财税政策的动态均衡分析

本章通过 HCGEM-CEEPE 的动态模型分析可再生能源价格及财税政策对能源-经济-环境系统的动态影响效应。

16.1　价格及财税补贴退坡的情景分析

本节将重点模拟分析风电与太阳能发电价格及财税补贴退坡的政策情景，对能源-经济-环境系统影响效应的动态影响效应。

16.1.1　情景设置

基准情景：基准情景的参数设置主要包括动态模型的劳动增长率、技术进步水平（全要素生产率）、中间投入产出结构及居民储蓄率与贸易顺差等参数，主要参考了李善同(2010)、"中国 2007 年投入产出表分析应用"课题组(2011)、郭正权等(2014，2015)等相关研究成果。由此实现对中国 2012～2030 年相关变量的预测结果。

中国风电与太阳能发电的电价补贴主要是分区域光伏发电标杆上网电价政策，国家根据技术进步与发电成本的下降，逐渐降低标杆上网电价。电价政策的改变，对发电企业的直接影响是企业的收益率。假设以下三种电价补贴消减政策情景。

政策情景 1：相对于基准情景，从 2021 年风电与太阳能发电消减电价补贴，两个部门收益率下降 20%。

政策情景 2：相对于基准情景，从 2021 年风电与太阳能发电消减电价补贴，两个部门收益率下降 30%。

政策情景 3：相对于基准情景，从 2021 年风电与太阳能发电电价补贴全部取消，且发电量全部消纳。依据 2012 年风电与太阳能发电平均标杆上网电价与 2017 年煤电平均标杆上网电价，风电平均标杆上网电价下降 36%；太阳能发电平均标杆上网电价下降 65%。通过投入产出表中风电、太阳能发电部门投入产出结构计算，风电部门的收益率下降了 40%，太阳能发电部门的收益率下降了 70%。因此，假设风电部门的收益率下降 40%；太阳能发电部门的收益率下降 70%。

16.1.2　模拟分析

1. 补贴退坡对 GDP 及其结构的影响

表 16-1 与表 16-2 分别分析补贴退坡对 GDP 及其结构的影响。结果显示：从 2021 年实施风光发电补贴退坡开始，相对基准情景，GDP 总量有所下降，且随着补贴退坡的力度加强，GDP 总量下降的比例不断增加。当风光发电的补贴全部取消时，2030 年 GDP 总量将比基准情景下降 0.60%。究其原因，风光发电的补贴退坡将导致风电与太阳能发

电部门的产出下降,以及两个部门 GDP 的下降;同时,导致风电与太阳能发电部门价格上升,以及能源总体使用成本的上升,由此导致 GDP 总量下降。

表 16-1 补贴退坡对 GDP 的影响

情景设置	预测/变动	年份	GDP 总量/亿元	第一产业	第二产业	第三产业
基准情景	预测	2012	536800.17	52358.82	244021.46	240419.90
		2015	667927.83	65112.20	273195.23	329620.40
		2020	900313.58	79371.41	333023.47	487918.71
		2025	1166858.61	92113.76	386487.33	688257.52
		2030	1526291.31	106901.78	448534.32	970855.21
政策情景 1	预测	2025	1165144.53	92114.20	384547.43	688482.90
		2030	1523320.02	106901.74	445198.31	971219.98
	变动/%	2025	−0.15	0.00	−0.50	0.03
		2030	−0.19	0.00	−0.74	0.04
政策情景 2	预测	2025	1164147.84	92113.12	383508.63	688526.09
		2030	1521615.85	106899.73	443428.25	971287.87
	变动/%	2025	−0.23	0.00	−0.77	0.04
		2030	−0.31	0.00	−1.14	0.04
政策情景 3	预测	2025	1161417.39	92108.36	380857.26	688451.78
		2030	1517067.96	106891.74	439023.79	971152.42
	变动/%	2025	−0.47	−0.01	−1.46	0.03
		2030	−0.60	−0.01	−2.12	0.03

表 16-2 补贴退坡对 GDP 结构的影响 (单位:%)

情景设置	预测/变动	年份	第一产业	第二产业	第三产业
基准情景	结构预测	2012	9.75	45.46	44.79
		2015	9.75	40.90	49.35
		2020	8.82	36.99	54.19
		2025	7.89	33.12	58.98
		2030	7.00	29.39	63.61
政策情景 1	预测	2025	7.91	33.00	59.09
		2030	7.02	29.23	63.76
	变动	2025	0.01	−0.12	0.11
		2030	0.01	−0.16	0.15
政策情景 2	预测	2025	7.91	32.94	59.14
		2030	7.03	29.14	63.83
	变动	2025	0.02	−0.18	0.16
		2030	0.02	−0.25	0.22
政策情景 3	预测	2025	7.93	32.79	59.28
		2030	7.05	28.94	64.02
	变动	2025	0.04	−0.33	0.29
		2030	0.04	−0.45	0.41

从三产业结构看，第一产业 GDP 变化不明显，即使风光发电补贴全部取消，2030 年仅比基准情景下降 0.10%；第二产业风光发电部门属于第二产业，同时能源消耗较多，因此 GDP 下降幅度较大。当风光发电补贴全部取消时，2030 年第二产业 GDP 相比基准情景下降 2.12%。第三产业 GDP 却随着风光发电补贴的下降而上升，GDP 相比基准情景基本上升 0.03%~0.04%。

从 GDP 结构的影响来看，随着风光发电补贴退坡的力度加强，第一、第三产业占 GDP 的比例相比基准情景不断上升，第二产业不断下降。当风光发电补贴全部取消时，2030 年第一、第三产业占 GDP 的比例相比基准情景分别上升了 0.04% 与 0.41%；第二产业占 GDP 的比例相比基准情景下降了 0.45%。

2. 补贴退坡对发电量及其结构的影响

表 16-3 与表 16-4 分别分析补贴退坡对发电量及其结构的影响。结果显示：从 2021 年实施风光发电补贴退坡开始，相对基准情景，将使发电量有所下降，且随着补贴退坡的力度加强，发电总量下降的比例不断增加。当风光发电的补贴全部取消时，2030 年发电总量将比基准情景下降 6.72%。究其原因，由于风光发电补贴退坡，风电与太阳能发电部门的收益率下降，由此导致投资下降、产出下降及发电总量下降。

表 16-3 补贴退坡对发电量的影响 （单位：亿 kW·h）

情景设置	预测/变动	年份	发电总量	分类型发电量				
				火电	水电	核电	风电	太阳能发电
基准情景	预测	2012	49865.00	39255.00	8556.00	983.00	1030.00	41.00
		2015	57154.39	42324.22	10826.07	1741.44	1926.53	336.14
		2020	68989.52	47402.88	12089.47	2883.78	4233.39	2380.00
		2025	75017.79	48758.05	12481.94	3249.13	6266.46	4262.22
		2030	82866.32	49864.53	12990.30	3660.77	9731.62	6619.10
政策情景 1	预测	2025	73734.87	49185.95	12594.94	3280.42	5210.66	3462.90
		2030	80668.80	50397.23	13130.46	3703.99	8075.67	5361.45
	变动/%	2025	−1.71	0.88	0.91	0.96	−16.85	−18.75
		2030	−2.65	1.07	1.08	1.18	−17.02	−19.00
政策情景 2	预测	2025	73065.35	49418.37	12655.47	3297.27	4648.26	3045.97
		2030	79523.05	50687.74	13205.88	3727.38	7194.52	4707.54
	变动/%	2025	−2.60	1.35	1.39	1.48	−25.82	−28.54
		2030	−4.03	1.65	1.66	1.82	−26.07	−28.88
政策情景 3	预测	2025	71754.19	49863.09	12769.49	3329.20	4076.47	1715.94
		2030	77297.02	51243.52	13347.96	3771.71	6304.70	2629.13
	变动/%	2025	−4.35	2.27	2.30	2.46	−34.95	−59.74
		2030	−6.72	2.77	2.75	3.03	−35.21	−60.28

表 16-4 补贴退坡对发电量结构的影响 （单位：%）

情景设置	预测/变动	年份	分类型发电量的比例				
			火电	水电	核电	风电	太阳能发电
基准情景	结构预测	2012	78.72	17.16	1.97	2.07	0.08
		2015	74.05	18.94	3.05	3.37	0.59
		2020	68.71	17.52	4.18	6.14	3.45
		2025	65.00	16.64	4.33	8.35	5.68
		2030	60.17	15.68	4.42	11.74	7.99
政策情景 1	预测	2025	66.71	17.08	4.45	7.07	4.70
		2030	62.47	16.28	4.59	10.01	6.65
	变动	2025	1.71	0.44	0.12	−1.29	−0.99
		2030	2.30	0.60	0.17	−1.73	−1.34
政策情景 2	预测	2025	67.64	17.32	4.51	6.36	4.17
		2030	63.74	16.61	4.69	9.05	5.92
	变动	2025	2.64	0.68	0.18	−1.99	−1.51
		2030	3.57	0.93	0.27	−2.70	−2.07
政策情景 3	预测	2025	69.49	17.80	4.64	5.68	2.39
		2030	66.29	17.27	4.88	8.16	3.40
	变动	2025	4.50	1.16	0.31	−2.67	−3.29
		2030	6.12	1.59	0.46	−3.59	−4.59

从分类型发电量的变化情况来看，相对基准情景，随着补贴退坡，风电与太阳能发电的发电量比例有所下降，且随着补贴退坡力度加强，风电与太阳能发电的发电量不断下降。当补贴全部取消时，2030 年风电发电量将下降 35.21%，太阳能发电甚至下降 60.28%。同时，火电、水电与核电的发电量有一定程度的上升。究其原因，风光发电补贴退坡，风电与太阳能发电部门的收益率下降，将导致部门投资下降及产出水平下降。因此，风电与太阳能发电的发电量下降。同时，火电、水电、核电与风电、太阳能发电之间的替代效应，导致火电、水电、核电的发电量有所上升。

从补贴退坡对发电量结构的影响来看，相比基准情景，风电与太阳能发电比例有所下降，随着补贴退坡程度逐渐增大，风电与太阳能发电比例下降程度逐渐增加。当补贴全部取消时，2030 年风电与太阳能发电占发电量比例将下降到 8.16%与 3.40%，比基准情景分别下降了 3.59%与 4.59%。同时，火电、水电、核电的比例有一定程度的上升。

3. 补贴退坡对能源消费总量及其结构的影响

表 16-5 与表 16-6 分别分析补贴退坡对能源消费总量及其结构的影响。结果显示：从 2021 年实施风光发电补贴退坡开始，相比基准情景，随着补贴退坡力度增强，将导致能源消费总量不断下降。当风光发电的补贴全部取消时，2030 年能源消费总量比基准情景下降 2.88%。从分品种一次能源消费量来看，随着补贴退坡的力度逐渐增强，相对基准情景，一次电力及其他能源的消费量逐渐下降；煤炭、石油、天然气的消费量逐渐上升。当风光发电的补贴全部取消时，2030 年一次电力及其他能源的消费量比基准情景下降幅度高达 20.98%；煤炭、石油、天然气都有不同程度的上升。究其原因，风光发电补贴下降，企业收益率下降，导致部门投资下降、产出下降及全社会能源产出水平与消费

水平的下降。同时，一次电力及其他能源消费量的下降，由于能源之间的替代效应，煤炭、石油、天然气的消费量增加。

表 16-5　补贴退坡对能源消费总量的影响　　　（单位：万 t 标准煤）

情景设置	预测/变动	年份	能源消费总量	分品种一次能源消费量			
				煤炭	石油	天然气	一次电力及其他
基准情景	预测	2012	402138.00	275464.53	68363.46	19302.62	39007.39
		2015	433787.86	275299.30	78817.70	25137.04	54533.82
		2020	499029.64	283953.62	85355.02	50380.44	79340.56
		2025	537994.73	284095.62	89720.09	67707.10	96471.92
		2030	594109.97	284237.70	93188.35	95507.55	121176.37
政策情景 1	预测	2025	534290.25	286038.31	90081.93	67964.98	90205.02
		2030	587369.17	286594.44	93645.96	95943.98	111184.79
	变动/%	2025	−0.69	0.68	0.40	0.38	−6.50
		2030	−1.13	0.83	0.49	0.46	−8.25
政策情景 2	预测	2025	532367.02	287100.14	90270.14	68096.81	86899.93
		2030	583864.79	287886.25	93884.86	96167.46	105926.21
	变动/%	2025	−1.05	1.06	0.61	0.58	−9.92
		2030	−1.72	1.28	0.75	0.69	−12.59
政策情景 3	预测	2025	528559.23	289144.74	90612.62	68332.06	80469.81
		2030	577003.77	290371.49	94318.99	96564.60	95748.70
	变动/%	2025	−1.75	1.78	0.99	0.92	−16.59
		2030	−2.88	2.16	1.21	1.11	−20.98

表 16-6　补贴退坡对能源消费结构的影响　　　（单位：%）

情景设置	预测/变动	年份	分品种一次能源消费量的比例			
			煤炭	石油	天然气	一次电力及其他
基准情景	结构预测	2012	68.50	17.00	4.80	9.70
		2015	63.46	18.17	5.79	12.57
		2020	56.90	17.10	10.10	15.90
		2025	52.81	16.68	12.59	17.93
		2030	47.84	15.69	16.08	20.40
政策情景 1	预测	2025	53.54	16.86	12.72	16.88
		2030	48.79	15.94	16.33	18.93
	变动	2025	0.73	0.18	0.14	−1.05
		2030	0.95	0.26	0.26	−1.47
政策情景 2	预测	2025	53.93	16.96	12.79	16.32
		2030	49.31	16.08	16.47	18.14
	变动	2025	1.12	0.28	0.21	−1.61
		2030	1.46	0.39	0.40	−2.25
政策情景 3	预测	2025	54.70	17.14	12.93	15.22
		2030	50.32	16.35	16.74	16.59
	变动	2025	1.90	0.47	0.34	−2.71
		2030	2.48	0.66	0.66	−3.80

同时，风光发电补贴退坡对能源结构的影响，与能源总量及分品种一次能源消费量的影响基本一致，随着补贴退坡力度的增加，一次电力及其他能源占能源消费总量的比例不断下降，而煤炭、石油、天然气的比例不断上升。当风光发电补贴全部取消时，2030年一次电力及其他能源占一次能源消费总量的比例将下降到16.59%，比基准情景下降了3.80个百分点，远低于中国政府规划的不低于20%的预期目标。同时，煤炭占能源消费总量的比例将上升到50.32%，比基准情景上升了2.48个百分点，远高于政策制定的低于48%的目标。

4. 补贴退坡对能耗与碳排放的影响

表16-7分析风光发电补贴退坡对能耗与碳排放的影响。结果显示：从2021年实施风光发电补贴退坡开始，随着补贴退坡实施强度增强，相比基准情景，能源消费总量逐渐降低，相应单位GDP能源也逐步降低。如果2021年风光发电补贴全部取消，则2030年能源消费总量将下降到577003.77万t标准煤，比基准情景降低2.88%；单位GDP能耗下降到0.3803t标准煤/万元GDP。相比基准情景，碳排放总量却逐渐增加，如果2021年风光发电补贴全部取消，则2030年碳排放总量将达到1486542.51万t CO_2，比基准情景上升1.53%；单位GDP碳排放强度将达到0.9799t CO_2/万元GDP，比基准情景上升2.14%。

表16-7 补贴退坡对能耗与碳排放的影响

情景设置	预测/变动	年份	能源消费总量/变化/万t标准煤	能耗强度/变化/(t标准煤/万元GDP)	碳排放总量/万t CO_2	碳排放强度/(t CO_2/万元GDP)
基准情景	预测	2012	402138.00	0.7491	884632.97	1.6480
		2015	433787.86	0.6495	948754.13	1.4204
		2020	499029.64	0.5543	1119445.19	1.2434
		2025	537994.73	0.4611	1261999.23	1.0815
		2030	594109.97	0.3893	1464193.63	0.9593
政策情景1	预测	2025	534290.25	0.4586	1268566.12	1.0888
		2030	587369.17	0.3856	1473009.58	0.9670
	变动/%	2025	−0.69	−0.54	0.52	0.67
		2030	−1.13	−0.94	0.60	0.80
政策情景2	预测	2025	532367.02	0.4573	1272082.28	1.0927
		2030	583864.79	0.3837	1477723.41	0.9712
	变动/%	2025	−1.05	−0.82	0.80	1.03
		2030	−1.72	−1.42	0.92	1.23
政策情景3	预测	2025	528559.23	0.4551	1278701.75	1.1010
		2030	577003.77	0.3803	1486542.51	0.9799
	变动/%	2025	−1.75	−1.29	1.32	1.80
		2030	−2.88	−2.29	1.53	2.14

究其原因，风光发电部门收益率下降，将导致投资与产出下降，以及能源生产与消费总量下降，而GDP下降程度相比能源消费总量更低，因此能耗强度也有一定程度的下

降。即使能源消费总量有所下降，由于风电与太阳能发电部门投资下降，一次电力及其他能源消费量有较大幅度下降，而煤炭、石油、天然气的消费量却有所增加。因此，导致碳排放总量与碳排放强度有一定程度的上升。

16.1.3 结论与政策建议

本节分析从 2021 年开始实施不同的风电与太阳能发电的价格及财税补贴政策，以及降低收益率的情景下，对能源-经济-环境系统变量的影响，主要研究结论如下。

风电与太阳能发电的价格及财税补贴下降，对 GDP 有一定程度的负面影响，但由于两个部门在整个国民经济中占比不是很大，对 GDP 的影响程度不大。GDP 结构方面，第一产业、第三产业 GDP 有所上升，第二产业 GDP 有所下降。

风电与太阳能发电价格及财税补贴下降，将导致能源消费总量下降，且价格及财税补贴下降程度越大，能源消费总量的下降程度越大，当风电与太阳能发电价格及财税补贴下降导致收益率下降 30%时，2030 年能源消费总量将下降到 2.09%。对分品种一次能源消费量来说，煤炭、石油、天然气的消费量上升，一次电力及其他能源的消费量将有较大幅度的下降。相比基准情景，当风电与太阳能发电价格及财税补贴下降导致收益率下降 30%时，2025 年一次电力及其他能源的消费量将下降 10.85%，2030 年将下降 13.72%。同时，对一次能源消费结构的影响结果是，煤炭、石油、天然气占能源消费总量的结构上升，而一次电力及其他能源占能源消费总量的结构将下降。相比基准情景，当风电与太阳能发电价格及财税补贴下降导致部门收益率下降 30%时，煤炭占能源消费总量的比例将由 46.96%上升到 48.66%；石油占能源消费总量的比例将由 15.31%上升到 15.77%；天然气占能源消费总量的比例将由 15.68%上升到 16.14%；而一次电力及其他能源占能源消费总量的比例将由 22.05%下降到 19.43%。

风电与太阳能发电价格及财税补贴下降，将导致发电总量有所下降。从分类型发电量的变化情况来看，火电、水电、核电的发电量有所上升，风电与太阳能发电的发电量有所下降，并且下降程度非常大。当价格及财税补贴减少，导致收益率下降 30%时，相比基准情景，2030 年火电、水电、核电的发电量分别上升 1.87%、1.89%、2.07%；风电与太阳能发电量下降幅度分别达 26.12%、28.97%。同时，发电总量比例结构相比基准情景，火电、水电、核电比例上升，而风电与太阳能发电的比例下降。当由于价格及财税补贴消减，收益率下降 30%时，2030 年火电、水电、核电占发电总量的比例相比基准情景，分别上升了 4.04%、1.12%、0.32%。风电与太阳能发电发电量占发电总量的比例相比基准情景，分别下降了 2.99%、2.49%。

风电与太阳能发电价格及财税补贴下降，将导致能源消费总量与能耗强度有一定程度的下降，幅度不是很大；碳排放总量与碳排放强度有一定程度的上升，幅度也不是很大。

总体上，在可再生能源发展过程中，在不考虑其他政策情景的冲击下，实施降低风电与太阳能发电的价格及财税补贴，对 GDP、能源消费总量、电力生产总量、碳排放总量与强度等变量影响程度不是很大，但对风电与太阳能发电的发电量影响比较大，尤其消减力度大，将导致风电与太阳能发电的发电量有显著下降。因此，实施消减可再生能源的价格及财税补贴，需综合考虑宏观经济、能源与环境等指标的发展目标，以及电力生产技术进步、环境税或者碳税、碳交易等其他相关影响因素政策的实施。

16.2 价格及财税补贴退坡与技术进步情景组合分析

本节将重点模拟分析风电与太阳能发电价格及财税补贴退坡与技术进步情景组合，对能源-经济-环境系统的动态影响效应。

16.2.1 补贴全部取消与技术进步情景组合分析

1. 情景设置

风光发电退坡政策情景模拟分析发现，如果风光发电补贴全部取消(政策情景 3)，相比基准情况，2030 年一次电力及其他能源占一次能源消费总量的比例将下降到 16.59%，远低于中国政府规划的不低于20%的预期目标；煤炭占能源消费总量的比例将上升到 50.32%，远高于政策制定的低于48%的目标，无法实现中国政府制定的能源转型目标。同时，2030 年碳排放总量也高于基准情景。

风光发电技术进步是降低发电成本，提高竞争力，促使补贴退坡的决定条件。因此，本节进一步研究在风光发电补贴全部取消的条件下，可再生能源技术进步水平在什么样的情况下可以实现 2030 年中国政府规划的约束性目标，具体情景设置如下。

政策情景 4：在风光发电补贴 2021 年全部取消(政策情景 3)下，风光发电部门技术进步，自 2021 年开始，风电部门全要素生产率比基准情景高 0.50%，达到 3.00%；太阳能发电部门全要素生产率比基准情景高 1.00%，达到 4.00%。

政策情景 5：假设在风光发电补贴 2021 年全部取消(政策情景 3)下，风光发电部门技术进步，自 2021 年开始，风电部门全要素生产率比基准情景高 1.00%，达到 3.50%；太阳能发电部门全要素生产率比基准情景高 2.25%，达到 5.25%。

2. 模拟分析

1) 补贴全部取消与技术进步情景对 GDP 及其结构的影响

表 16-8 与表 16-9 分别分析补贴全部取消与技术进步情景对 GDP 及其结构的影响。结果显示：政策情景 4 与政策情景 5 下，风光发电补贴全部取消，且风电与太阳能发电的技术进步水平提高，相比政策情景 3，GDP 总量下降程度有所降低。当风电部门全要素生产率达到 3.50%，太阳能发电部门全要素生产率达到 5.25%时，2030 年 GDP 总量甚至比基准情景上升了 0.25%。从三产业结构来看，随着风电与太阳能发电部门技术进步水平的提高，GDP 呈现下降程度逐渐降低、上升程度逐渐增加的趋势。当风电部门全要素生产率达到 3.50%，太阳能发电部门全要素生产率达到 5.25%时，2030 年第一、第二、第三产业 GDP 分别比基准情景上升了 0.03%、0.35%、0.23%。从 GDP 结构的影响来看，随着风电与太阳能发电部门技术进步水平的提高，相比政策情景 3，第一、第三产业 GDP 占比逐渐下降，第二产业 GDP 占比逐渐上升。当风电部门全要素生产率达到 3.50%，太阳能发电部门全要素生产率达到 5.25%时，2030 年第一、第三产业 GDP 占比分别比基准情景下降了 0.02%、0.01%；2030 年第二产业 GDP 占比较基准情景上升了 0.03%。

表 16-8 补贴全部取消与技术进步情景对 GDP 的影响　　　（单位：亿元）

情景设置	预测/变动	年份	GDP 总量	三次产业 GDP 第一产业	三次产业 GDP 第二产业	三次产业 GDP 第三产业
基准情景	预测	2025	1166858.61	92113.76	386487.33	688257.52
		2030	1526291.31	106901.78	448534.32	970855.21
政策情景 3	预测	2025	1161417.39	92108.36	380857.26	688451.78
		2030	1517067.96	106891.74	439023.79	971152.42
	变动/%	2025	−0.47	−0.01	−1.46	0.03
		2030	−0.60	−0.01	−2.12	0.03
政策情景 4	预测	2025	1162831.85	92113.91	382050.72	688667.23
		2030	1522046.91	106910.97	443146.52	971989.42
	变动/%	2025	−0.35	0.00	−1.15	0.06
		2030	−0.28	0.01	−1.20	0.12
政策情景 5	预测	2025	1164776.52	92120.50	383732.59	688923.43
		2030	1530087.20	106935.71	450084.47	973067.02
	变动/%	2025	−0.18	0.01	−0.71	0.10
		2030	0.25	0.03	0.35	0.23

表 16-9 补贴全部取消与技术进步情景对 GDP 结构的影响　　　（单位：%）

情景设置	预测/变动	年份	三产业占比 第一产业	三产业占比 第二产业	三产业占比 第三产业
基准情景	预测	2025	7.89	33.12	58.98
		2030	7.00	29.39	63.61
政策情景 3	预测	2025	7.93	32.79	59.28
		2030	7.05	28.94	64.02
	变动	2025	0.04	−0.33	0.29
		2030	0.04	−0.45	0.41
政策情景 4	预测	2025	7.92	32.86	59.22
		2030	7.02	29.12	63.86
	变动	2025	0.03	−0.27	0.24
		2030	0.02	−0.27	0.25
政策情景 5	预测	2025	7.91	32.94	59.15
		2030	6.99	29.42	63.60
	变动	2025	0.01	−0.18	0.16
		2030	−0.02	0.03	−0.01

2) 补贴全部取消与技术进步情景对发电量及其结构的影响

表 16-10 与表 16-11 分别分析补贴全部取消与技术进步情景对发电量及其结构的影响。结果显示：在政策情景 4 与政策情景 5 下，风光发电补贴全部取消，且风电与太阳能发电的技术进步水平提高。相比政策情景 3，风电与太阳能发电的发电量将不断提高，且当风电部门全要素生产率达到 3.50%，太阳能发电部门全要素生产率达到 5.25%时，2030 年风电与太阳能发电的发电量将达到 9808.40 亿 kW·h、6701.19 亿 kW·h，发电总

量达到 83052.26 亿 kW·h，实现基准情景的预测水平。发电量结构方面，随技术进步水平提高，相比政策情景 3，风电与太阳能发电占发电总量的比例不断上升，火电、水电与核电的比例不断下降。当风电部门全要素生产率达到 3.50%，太阳能发电部门全要素生产率达到 5.25%时，2030 年分类型发电量结构与基准情景基本保持一致。究其原因：风电与太阳能发电技术进步水平提高，导致风电与太阳能发电发电成本下降，投资增加，风电与太阳能发电及电力总产出水平(发电量)提高。同时，由于电力之间的替代效应，火电、水电与核电发电量有所下降。

表 16-10　补贴全部取消与技术进步情景对发电量的影响　　（单位：亿 kW·h）

情景设置	预测/变动	年份	发电总量	火电	水电	核电	风电	太阳能发电
基准情景	预测	2025	75017.79	48758.05	12481.94	3249.13	6266.46	4262.22
		2030	82866.32	49864.53	12990.30	3660.77	9731.62	6619.10
政策情景 3	预测	2025	71754.19	49863.09	12769.49	3329.20	4076.47	1715.94
		2030	77297.02	51243.52	13347.96	3771.71	6304.70	2629.13
	变动/%	2025	-4.35	2.27	2.30	2.46	-34.95	-59.74
		2030	-6.72	2.77	2.75	3.03	-35.21	-60.28
政策情景 4	预测	2025	72380.61	49621.50	12709.22	3312.14	4593.78	2143.98
		2030	79540.02	50646.13	13199.96	3724.89	7917.49	4051.55
	变动/%	2025	-3.52	1.77	1.82	1.94	-26.69	-49.70
		2030	-4.01	1.57	1.61	1.75	-18.64	-38.79
政策情景 5	预测	2025	73216.05	49331.83	12636.80	3291.65	5156.09	2799.69
		2030	83052.26	49871.56	13007.14	3663.97	9808.40	6701.19
	变动/%	2025	-2.40	1.18	1.24	1.31	-17.72	-34.31
		2030	0.22	0.01	0.13	0.09	0.79	1.24

表 16-11　补贴全部取消与技术进步情景对发电量结构的影响　　（单位：%）

情景设置	预测/变动	年份	火电	水电	核电	风电	太阳能发电
基准情景	预测	2025	65.00	16.64	4.33	8.35	5.68
		2030	60.17	15.68	4.42	11.74	7.99
政策情景 3	预测	2025	69.49	17.80	4.64	5.68	2.39
		2030	66.29	17.27	4.88	8.16	3.40
	变动	2025	4.50	1.16	0.31	-2.67	-3.29
		2030	6.12	1.59	0.46	-3.59	-4.59
政策情景 4	预测	2025	68.56	17.56	4.58	6.35	2.96
		2030	63.67	16.60	4.68	9.95	5.09
	变动	2025	3.56	0.92	0.24	-2.01	-2.72
		2030	3.50	0.92	0.27	-1.79	-2.89
政策情景 5	预测	2025	67.38	17.26	4.50	7.04	3.82
		2030	60.05	15.66	4.41	11.81	8.07
	变动	2025	2.38	0.62	0.16	-1.31	-1.86
		2030	-0.13	-0.01	-0.01	0.07	0.08

3) 补贴全部取消与技术进步情景对能源消费总量及其结构的影响

表 16-12 与表 16-13 分别分析了补贴全部取消与技术进步情景对能源消费总量及其结构的影响。结果显示：在政策情景 4、政策情景 5 下，风光发电补贴全部取消，且风电与太阳能发电的技术进步水平提高，相比政策情景 3，随风电与太阳能发电技术进步水平的提高，能源消费总量不断提高。当风电部门全要素生产率达到 3.50%，太阳能发电部门全要素生产率达到 5.25%时，2030 年能源消费总量将达到 595009.09 万 t 标准煤。煤炭、石油、天然气的消费量逐渐降低，而一次电力及其他能源消费量逐渐增加，在政策情景 5，2030 年煤炭、石油、天然气、一次电力及其他能源的消费量与基准情景基本一致。能源消费结构方面，相比政策情景 3，煤炭、石油、天然气占能源消费总量的比例逐渐降低，而一次电力及其他能源的比例逐渐上升。在政策情景 5 下，2030 年煤炭、石油、天然气占能源消费总量的比例分别为 47.75%、15.69%、16.09%，一次电力及其他能源占能源消费总量的比例达到了 20.47%，比例结构与基准情景基本一致，可以实现既定目标。

4) 补贴全部取消与技术进步情景对能耗和碳排放的影响

表 16-14 分析补贴全部取消与技术进步情景对能耗和碳排放的影响。结果显示：在政策情景 4、政策情景 5 下，风光发电补贴全部取消，且风电与太阳能发电的技术进步水平提高，相比政策情景 3，随技术进步水平的提高，能源消费总量不断提高；但 GDP 上升幅度没有能源消费总量增长幅度大，单位 GDP 能耗不断上升。虽然能源消费总量有所提高，但煤炭、石油、天然气化石能源需求量有所下降，因此政策情景 4 与政策情景 5 相比政策情景 3，碳排放总量与强度都有所下降。整体上，在政策情景 5，能源消费总量与强度、碳排放总量与强度和基准情景差异不大。

表 16-12　补贴全部取消与技术进步情景对能源消费总量的影响（单位：万 t 标准煤）

情景设置	预测/变动	年份	能源消费总量	分品种一次能源消费量			
				煤炭	石油	天然气	一次电力及其他
基准情景	预测	2025	537994.73	284095.62	89720.09	67707.10	96471.92
		2030	594109.97	284237.70	93188.35	95507.55	121176.37
政策情景 3	预测	2025	528559.23	289144.74	90612.62	68332.06	80469.81
		2030	577003.77	290371.49	94318.99	96564.60	95748.70
	变动/%	2025	−1.75	1.78	0.99	0.92	−16.59
		2030	−2.88	2.16	1.21	1.11	−20.98
政策情景 4	预测	2025	530336.63	288020.63	90442.60	68221.18	83652.22
		2030	583909.31	287655.85	93896.54	96204.62	106152.31
	变动/%	2025	−1.42	1.38	0.81	0.76	−13.29
		2030	−1.72	1.20	0.76	0.73	−12.40
政策情景 5	预测	2025	532769.76	286671.61	90237.00	68086.93	87774.22
		2030	595009.09	284119.51	93336.47	95726.02	121827.09
	变动/%	2025	−0.97	0.91	0.58	0.56	−9.02
		2030	0.15	−0.04	0.16	0.23	0.54

表 16-13 补贴全部取消与技术进步情景对能源消费结构的影响 （单位：%）

情景设置	预测/变动	年份	分品种一次能源消费量的比例			
			煤炭	石油	天然气	一次电力及其他
基准情景	预测	2025	52.81	16.68	12.59	17.93
		2030	47.84	15.69	16.08	20.40
政策情景 3	预测	2025	54.70	17.14	12.93	15.22
		2030	50.32	16.35	16.74	16.59
	变动	2025	1.90	0.47	0.34	−2.71
		2030	2.48	0.66	0.66	−3.80
政策情景 4	预测	2025	54.31	17.05	12.86	15.77
		2030	49.26	16.08	16.48	18.18
	变动	2025	1.50	0.38	0.28	−2.16
		2030	1.42	0.40	0.40	−2.22
政策情景 5	预测	2025	53.81	16.94	12.78	16.48
		2030	47.75	15.69	16.09	20.47
	变动	2025	1.00	0.26	0.19	−1.46
		2030	−0.09	0.00	0.01	0.08

表 16-14 补贴全部取消与技术进步情景对能耗和碳排放的影响

情景设置	预测/变动	年份	能源消费总量/变化/万 t 标准煤	能耗强度/变化/(t 标准煤/万元 GDP)	碳排放总量/万 t CO_2	碳排放强度/(t CO_2/万元 GDP)
基准情景	预测	2025	537994.73	0.4611	1261999.23	1.0815
		2030	594109.97	0.3893	1464193.63	0.9593
政策情景 3	预测	2025	528559.23	0.4551	1278701.75	1.1010
		2030	577003.77	0.3803	1486542.51	0.9799
	变动/%	2025	−1.75	−1.29	1.32	1.80
		2030	−2.88	−2.29	1.53	2.14
政策情景 4	预测	2025	530336.63	0.4561	1275211.04	1.0966
		2030	583909.31	0.3836	1477459.55	0.9707
	变动/%	2025	−1.42	−1.08	1.05	1.40
		2030	−1.72	−1.44	0.91	1.19
政策情景 5	预测	2025	532769.76	0.4574	1271012.30	1.0912
		2030	595009.09	0.3889	1465554.86	0.9578
	变动/%	2025	−0.97	−0.79	0.71	0.89
		2030	0.15	−0.10	0.09	−0.16

16.2.2 补贴部分退坡与技术进步情景组合分析

1. 情景设置

在可再生能源补贴全部取消的情况下，要实现 2030 年中国政府《能源生产和消费革命战略(2016—2030)》的约束性规划目标，要求风电与太阳能发电部门要有非常高的技术进步水平。目前，要达到如此高的技术进步水平具有很大的不确定性。因此，本小节探讨可再生能源补贴部分退坡和技术进步情景组合下，对中国能源转型的影响分析，具体情景设置如下。

政策情景 6：假设相对于基准情景，从 2021 年风电与太阳能发电消减电价补贴，两个部门收益率下降 30%（政策情景 2），自 2021 年开始，风电部门全要素生产率比基准情景高 0.50%，达到 3.00%；太阳能发电部门全要素生产率比基准情景高 0.50%，达到 3.50%。

政策情景 7：假设相对于基准情景，从 2021 年风电与太阳能发电消减电价补贴，两个部门收益率下降 30%（政策情景 2），自 2021 年开始，风电部门全要素生产率比基准情景高 0.80%，达到 3.30%；太阳能发电部门全要素生产率比基准情景高 0.85%，达到 3.85%。

2. 模拟分析

1）补贴部分取消与技术进步情景对 GDP 及其结构的影响

表 16-15 与表 16-16 分别分析补贴部分取消与技术进步情景对 GDP 及其结构的影响。结果显示：政策情景 6 与政策情景 7，风光发电补贴部分取消，且风电与太阳能发电的技术进步水平提高，相比政策情景 2，GDP 总量呈现下降程度有所降低且增加的趋势。当风电部门全要素生产率达到 3.30%，太阳能发电部门全要素生产率达到 3.85%时，2030 年 GDP 总量甚至比基准情景上升了 0.16%。从三产业结构看，随着风电与太阳能发电部门技术进步水平的提高，GDP 呈现下降程度逐渐降低、上升程度逐渐增加的趋势。当风电部门全要素生产率达到 3.30%，太阳能发电部门全要素生产率达到 3.85%时，2030 年第一、第二、第三产业 GDP 分别比基准情景上升了 0.02%、0.21%、0.15%。从 GDP 结构的影响来看，随着风电与太阳能发电部门技术水平的提高，相比政策情景 3，第一、第三产业 GDP 占比逐渐下降，第二产业 GDP 占比逐渐上升。当风电部门全要素生产率达到 3.30%，太阳能发电部门全要素生产率达到 3.85%时，2030 年第一、第三产业 GDP 占比较基准情景下降了 0.01%，第二产业 GDP 占比较基准情景上升了 0.02%。

表 16-15　补贴部分取消与技术进步情景对 GDP 的影响　　　　（单位：亿元）

情景设置	预测/变动	年份	GDP 总量	三次产业 GDP		
				第一产业	第二产业	第三产业
基准情景	预测	2025	1166858.61	92113.76	386487.33	688257.52
		2030	1526291.31	106901.78	448534.32	970855.21
政策情景 2	预测	2025	1164147.84	92113.12	383508.63	688526.09
		2030	1521615.85	106899.73	443428.25	971287.87
	变动/%	2025	−0.23	0.00	−0.77	0.04
		2030	−0.31	0.00	−1.14	0.04
政策情景 6	预测	2025	1165397.70	92117.67	384585.94	688694.10
		2030	1525891.06	106915.30	447043.67	971932.09
	变动/%	2025	−0.13	0.00	−0.49	0.06
		2030	−0.03	0.01	−0.33	0.11
政策情景 7	预测	2025	1166160.31	92119.96	385262.57	688777.79
		2030	1528664.04	106923.45	449473.61	972266.99
	变动/%	2025	−0.06	0.01	−0.32	0.08
		2030	0.16	0.02	0.21	0.15

表 16-16　补贴部分取消与技术进步情景对 GDP 结构的影响　　（单位：%）

情景设置	预测/变动	年份	三产业占比		
			第一产业	第二产业	第三产业
基准情景	预测	2025	7.89	33.12	58.98
		2030	7.00	29.39	63.61
政策情景 2	预测	2025	7.91	32.94	59.14
		2030	7.03	29.14	63.83
	变动	2025	0.02	−0.18	0.16
		2030	0.02	−0.25	0.22
政策情景 6	预测	2025	7.90	33.00	59.10
		2030	7.01	29.30	63.70
	变动	2025	0.01	−0.12	0.11
		2030	0.00	−0.09	0.09
政策情景 7	预测	2025	7.90	33.04	59.06
		2030	6.99	29.40	63.60
	变动	2025	0.01	−0.09	0.08
		2030	−0.01	0.02	−0.01

2) 补贴部分取消与技术进步情景对发电量及其结构的影响

表 16-17 与表 16-18 分别分析补贴部分取消与技术进步情景对发电量及其结构的影响。结果显示：在政策情景 6 与政策情景 7 下，风光发电补贴部分取消，随着风电与太阳能发电的技术进步水平提高。相比政策情景 2，风电与太阳能发电的发电量不断提高。当风电部门全要素生产率达到 3.30%，太阳能发电部门全要素生产率达到 3.85%，即政策情景 7 时，2030 年风电与太阳能发电的发电量将达到 9829.26 亿 kW·h、6664.99 亿 kW·h，发电总量达到 83022.13 亿 kW·h，实现了基准情景的预测水平。发电量结构方面，随技术进步水平提高，相比政策情景 2，风电与太阳能发电占发电总量的比例不断上升，火电、水电与核电的比例不断下降。当风电部门全要素生产率达到 3.30%，太阳能发电部门全要素生产率达到 3.85%，即政策情景 7 时，2030 年分类型发电量结构与基准情景基本保持一致。

3) 补贴部分取消与技术进步情景对能源消费总量及其结构的影响

表 16-19 与表 16-20 分别分析补贴部分取消与技术进步情景对能源消费总量及其结构的影响。结果显示：在政策情景 6 与政策情景 7 下，风光发电补贴部分取消，随着风电与太阳能发电技术进步水平提高，相比政策情景 2，能源消费总量不断提高。当风电部门全要素生产率达到 3.50%，太阳能发电部门全要素生产率达到 3.85%，即政策情景 7 时，2030 年能源消费总量将达到 594809.48 万 t 标准煤。煤炭、石油、天然气的消费量逐渐降低，而一次电力及其他能源消费量逐渐增加，在政策情景 7 下，2030 年煤炭、石油、天然气、一次电力及其他能源的消费量与基准情景基本一致。能源消费结构方面，相比政策情景 2，煤炭、石油、天然气占能源消费总量的比例逐渐降低，而一次电力及其他能源的比例逐渐上升，在政策情景 7 下，2030 年，煤炭、石油、天然气占能源消费总量的比例分别为 47.77%、15.68%、16.08%，一次电力及其他能源占能源消费总量的比例达到了 20.47%。比例结构与基准情景基本一致，可实现中国政府的约束性规划目标。

表 16-17 补贴部分取消与技术进步情景对发电量的影响　　（单位：亿 kW·h）

情景设置	预测/变动	年份	发电总量	火电	水电	核电	风电	太阳能发电
基准情景	预测	2025	75017.79	48758.05	12481.94	3249.13	6266.46	4262.22
		2030	82866.32	49864.53	12990.30	3660.77	9731.62	6619.10
政策情景 2	预测	2025	73065.35	49418.37	12655.47	3297.27	4648.26	3045.97
		2030	79523.05	50687.74	13205.88	3727.38	7194.52	4707.54
	变动/%	2025	−2.60	1.35	1.39	1.48	−25.82	−28.54
		2030	−4.03	1.65	1.66	1.82	−26.07	−28.88
政策情景 6	预测	2025	73696.81	49196.99	12599.79	3281.55	5232.89	3385.60
		2030	81709.14	50149.44	13071.34	3684.96	9018.52	5784.88
	变动/%	2025	−1.76	0.90	0.94	1.00	−16.49	−20.57
		2030	−1.40	0.57	0.62	0.66	−7.33	−12.60
政策情景 7	预测	2025	74051.72	49083.97	12571.31	3273.52	5479.28	3643.63
		2030	83022.13	49865.26	13000.11	3662.52	9829.26	6664.99
	变动/%	2025	−1.29	0.67	0.72	0.75	−12.56	−14.51
		2030	0.19	0.00	0.08	0.05	1.00	0.69

表 16-18 补贴部分取消与技术进步情景对发电量结构的影响　　（单位：%）

情景设置	预测/变动	年份	火电	水电	核电	风电	太阳能发电
基准情景	预测	2025	65.00	16.64	4.33	8.35	5.68
		2030	60.17	15.68	4.42	11.74	7.99
政策情景 2	预测	2025	67.64	17.32	4.51	6.36	4.17
		2030	63.74	16.61	4.69	9.05	5.92
	变动	2025	2.64	0.68	0.18	−1.99	−1.51
		2030	3.57	0.93	0.27	−2.70	−2.07
政策情景 6	预测	2025	66.76	17.10	4.45	7.10	4.59
		2030	61.38	16.00	4.51	11.04	7.08
	变动	2025	1.76	0.46	0.12	−1.25	−1.09
		2030	1.20	0.32	0.09	−0.71	−0.91
政策情景 7	预测	2025	66.28	16.98	4.42	7.40	4.92
		2030	60.06	15.66	4.41	11.84	8.03
	变动	2025	1.29	0.34	0.09	−0.95	−0.76
		2030	−0.11	−0.02	−0.01	0.10	0.04

表 16-19 补贴部分取消与技术进步情景对能源消费总量的影响　（单位：万 t 标准煤）

情景设置	预测/变动	年份	能源消费总量	分品种一次能源消费量			
				煤炭	石油	天然气	一次电力及其他
基准情景	预测	2025	537994.73	284095.62	89720.09	67707.10	96471.92
		2030	594109.97	284237.70	93188.35	95507.55	121176.37
政策情景 2	预测	2025	532367.02	287100.14	90270.14	68096.81	86899.93
		2030	583864.79	287886.25	93884.86	96167.46	105926.21
	变动/%	2025	−1.05	1.06	0.61	0.58	−9.92
		2030	−1.72	1.28	0.75	0.69	−12.59
政策情景 6	预测	2025	534197.11	286070.75	90109.56	67990.98	90025.82
		2030	590658.23	285438.76	93490.60	95826.64	115902.23
	变动/%	2025	−0.71	0.70	0.43	0.42	−6.68
		2030	−0.58	0.42	0.32	0.33	−4.35
政策情景 7	预测	2025	535248.00	285545.15	90027.07	67936.51	91739.27
		2030	594809.48	284143.37	93279.69	95643.88	121742.55
	变动/%	2025	−0.51	0.51	0.34	0.34	−4.91
		2030	0.12	−0.03	0.10	0.14	0.47

表 16-20 补贴部分取消与技术进步情景对能源消费结构的影响　（单位：%）

情景设置	预测/变动	年份	分品种一次能源消费量的比例			
			煤炭	石油	天然气	一次电力及其他
基准情景	预测	2025	52.81	16.68	12.59	17.93
		2030	47.84	15.69	16.08	20.40
政策情景 2	预测	2025	53.93	16.96	12.79	16.32
		2030	49.31	16.08	16.47	18.14
	变动	2025	1.12	0.28	0.21	−1.61
		2030	1.46	0.39	0.40	−2.25
政策情景 6	预测	2025	53.55	16.87	12.73	16.85
		2030	48.33	15.83	16.22	19.62
	变动	2025	0.75	0.19	0.14	−1.08
		2030	0.48	0.14	0.15	−0.77
政策情景 7	预测	2025	53.35	16.82	12.69	17.14
		2030	47.77	15.68	16.08	20.47
	变动	2025	0.54	0.14	0.11	−0.79
		2030	−0.07	0.00	0.00	0.07

4) 补贴部分取消与技术进步情景对能耗和碳排放的影响

表 16-21 分析补贴部分取消与技术进步情景对能耗和碳排放的影响。结果显示：在政策情景 6、政策情景 7 下，风光发电补贴部分取消，随着风电与太阳能发电的技术进步水平提高，相比政策情景 2，能源消费总量不断提高；但 GDP 上升幅度没有能源消费总量增长幅度大，单位 GDP 能耗不断上升。虽然能源消费总量有所提高，但煤炭、石油、

天然气化石能源需求量有所下降，情景6与情景7相比情景2，碳排放总量与强度都有所下降。整体上，在政策情景7下，能源消费总量与强度、碳排放总量与强度和基准情景基本一致。

表16-21 补贴部分取消与技术进步情景对能耗和碳排放的影响

情景设置	预测/变动	年份	能源消费总量/变化/万 t 标准煤	能耗强度/变化/(t 标准煤/万元 GDP)	碳排放总量/万 t CO$_2$	碳排放强度/(t CO$_2$/万元 GDP)
基准情景	预测	2025	537994.73	0.4611	1261999.23	1.0815
		2030	594109.97	0.3893	1464193.63	0.9593
政策情景2	预测	2025	532367.02	0.4573	1272082.28	1.0927
		2030	583864.79	0.3837	1477723.41	0.9712
	变动/%	2025	−1.05	−0.82	0.80	1.03
		2030	−1.72	−1.42	0.92	1.23
政策情景6	预测	2025	534197.11	0.4584	1268850.40	1.0888
		2030	590658.23	0.3871	1469411.33	0.9630
	变动/%	2025	−0.71	−0.58	0.54	0.67
		2030	−0.58	−0.55	0.36	0.38
政策情景7	预测	2025	535248.00	0.4590	1267196.85	1.0866
		2030	594809.48	0.3891	1464993.78	0.9583
	变动/%	2025	−0.51	−0.45	0.41	0.47
		2030	0.12	−0.04	0.05	−0.10

16.2.3 结论与政策建议

设置多种政策情景组合，系统地评价分析了从2021年开始实施风光发电退坡政策对中国能源转型的影响。研究主要结论如下。

风光发电补贴退坡，相对基准情景，GDP总量有所下降，且随着补贴退坡力度的加强，GDP总量下降的比例不断增加。当风光发电的补贴全部取消时，2030年GDP总量将比基准情景下降0.60%。从三产业结构来看，第二产业GDP下降幅度较大。当风光发电补贴全部取消时，2030年第二产业GDP相比基准情景下降2.12%。不管补贴是部分取消，还是全部取消，随着技术进步水平上升，GDP总量呈现下降程度有所降低，甚至增加的趋势。从三产业结构来看，随着风电与太阳能发电部门技术进步水平的提高，GDP也呈现下降程度逐渐降低、上升程度逐渐增加的趋势。

风光发电补贴退坡，尤其是全部取消，将导致2030年风电与太阳能发电的发电量大幅度的下降，发电总量也显著下降；风电与太阳能发电占发电总量的结构也显著下降。能源消费总量将低于政府规划的目标。当补贴取消时，一次电力及其他能源消费量将显著下降，远低于政府的预期规划目标，而煤炭比例将明显上升，高于政府预期规划目标。补贴退坡将使碳排放总量与强度增加。如果实施部分退坡，则技术进步水平将保持一个相对全部退坡更为适中的水平，可实现中国政府制定的能源转型相关约束性目标。因此，风光发电补贴退坡的实施时间及强度，需要政府根据对能源、电力及碳排放的相关控制目标选择性地实施。

技术进步将是促进中国实施风光发电退坡的核心条件,如果风光发电补贴全部取消,当风电部门全要素生产率达到3.50%;太阳能发电部门全要素生产率达到5.25%时,2030年,发电总量与分类型发电量结构、能源消费总量与结构,碳排放总量与强度等指标和基准情景基本一致,可实现中国政府约束性规划目标。但2021~2030年,风电与太阳能发电部门要保持一个非常高的技术进步水平,尤其是太阳能发电部门,这将是一个巨大的现实挑战。

如果风光发电补贴部分退坡,当2021~2030年实施补贴部分退坡时,中国风电与太阳能发电的收益率比基准情景低30%,风电部门的全要素生产率达到3.30%,太阳能发电部门全要素生产率达到3.85%,即保持一个相对更低、更容易实现的水平,也可实现中国政府约束性规划目标。

可见,为了实施补贴退坡,优化电力生产结构、能源消费结构,以及控制碳排放、推进风光发电的技术进步将是决定条件。因此,政府应积极鼓励风电与太阳能发电的技术进步,加强技术进步的政策支持力度;鼓励相关企业加强技术创新与成果转化应用。只有技术进步水平有更高的提升,才可降低两种可再生能源电力的发电成本,提升市场竞争力,实施风光发电平价上网,并实现国家节能减排的目标。

16.3 价格及财税补贴退坡与碳税的情景组合分析

本节将重点模拟分析风电与太阳能发电价格及财税补贴退坡、碳税政策与技术进步情景组合,对能源-经济-环境系统的动态影响效应。

16.3.1 情景设置

国家正在积极推进全国统一的碳交易市场体系建设,同时2018年也实施了环境税。虽然目前还没有实施碳税,但碳税对化石能源的使用冲击作用将是比较大的,未来碳税非常有可能作为环境税的一个分类被实施。因此,本节将研究消减风电与太阳能发电的价格及财税补贴和实施碳税政策的不同情境组合,对能源-经济-环境系统相关变量的影响,具体情景设置如下。

政策情景8:假设相对于基准情景,从2021年风电与太阳能发电补贴退坡,两个部门收益率下降30%(政策情景2)。同时,2021年开始对由化石能源使用引起的碳排放实施碳税政策,征收标准为10元/t CO_2。

政策情景9:假设相对于基准情景,从2021年风电与太阳能发电补贴退坡,两个部门收益率下降30%(政策情景2)。同时,2021年开始对由化石能源使用引起的碳排放实施碳税政策,征收标准为20元/t CO_2。

政策情景10:假设相对于基准情景,从2021年风电与太阳能发电补贴退坡,两个部门收益率下降30%;2021年开始,风电部门全要素生产率比基准情景高0.50%,达到3.00%;太阳能发电部门全要素生产率比基准情景高0.50%,达到3.50%(政策情景6)。同时,2021年开始对由化石能源使用引起的碳排放实施碳税政策,征收标准为10元/t CO_2。

政策情景11:假设相对于基准情景,从2021年风电与太阳能发电补贴退坡,两个部门收益率下降30%；2021年开始，风电部门全要素生产率比基准情景高0.50%，达到3.00%；太阳能发电部门全要素生产率比基准情景高0.50%，达到3.50%（政策情景6）。同时，2021年开始对由化石能源使用引起的碳排放实施碳税政策，征收标准为20元/t CO_2。

16.3.2 模拟分析

1. 价格及财税补贴与碳税政策情景对GDP及其结构的影响

表16-22与表16-23分别分析风电与太阳能发电补贴退坡与碳税政策情景对GDP及其结构的影响。分析结果显示如下。

表16-22 补贴退坡与碳税政策情景对GDP的影响 （单位：亿元）

情景设置	预测/变动	年份	GDP总量	第一产业	第二产业	第三产业
基准情景	预测	2012	536800.17	52358.82	244021.46	240419.90
		2015	667927.83	65112.20	273195.23	329620.40
		2020	900313.58	79371.41	333023.47	487918.71
		2025	1166858.61	92113.76	386487.33	688257.52
		2030	1526291.31	106901.78	448534.32	970855.21
政策情景2	预测	2025	1164147.84	92113.12	383508.63	688526.09
		2030	1521615.85	106899.73	443428.25	971287.87
	变动/%	2025	−0.23	0.00	−0.77	0.04
		2030	−0.31	0.00	−1.14	0.04
政策情景8	预测	2025	1162149.59	92079.43	382581.33	687488.84
		2030	1517321.45	106825.35	441608.36	968887.74
	变动/%	2025	−0.40	−0.04	−1.01	−0.11
		2030	−0.59	−0.07	−1.54	−0.20
政策情景9	预测	2025	1160149.95	92045.42	381672.37	686432.16
		2030	1513222.63	106752.87	439958.95	966510.81
	变动/%	2025	−0.57	−0.07	−1.25	−0.27
		2030	−0.86	−0.14	−1.91	−0.45
政策情景6	预测	2025	1165397.70	92117.67	384585.94	688694.10
		2030	1525891.06	106915.30	447043.67	971932.09
	变动/%	2025	−0.13	0.00	−0.49	0.06
		2030	−0.03	0.01	−0.33	0.11
政策情景10	预测	2025	1163422.80	92083.86	383683.88	687655.06
		2030	1521674.48	106839.45	445344.82	969490.21
	变动/%	2025	−0.29	−0.03	−0.73	−0.09
		2030	−0.30	−0.06	−0.71	−0.14
政策情景11	预测	2025	1161440.59	92049.63	382797.40	686593.56
		2030	1517640.36	106765.37	443809.79	967065.20
	变动/%	2025	−0.46	−0.07	−0.95	−0.24
		2030	−0.57	−0.13	−1.05	−0.39

表 16-23 补贴退坡与碳税政策情景对 GDP 结构的影响 (单位：%)

情景设置	预测/变动	年份	三次产业占比		
			第一产业	第二产业	第三产业
基准情景	结构预测	2012	9.75	45.46	44.79
		2015	9.75	40.90	49.35
		2020	8.82	36.99	54.19
		2025	7.89	33.12	58.98
		2030	7.00	29.39	63.61
政策情景 2	预测	2025	7.91	32.94	59.14
		2030	7.03	29.14	63.83
	变动	2025	0.02	−0.18	0.16
		2030	0.02	−0.25	0.22
政策情景 8	预测	2025	7.92	32.92	59.16
		2030	7.04	29.10	63.86
	变动	2025	0.03	−0.20	0.17
		2030	0.04	−0.28	0.25
政策情景 9	预测	2025	7.93	32.90	59.17
		2030	7.05	29.07	63.87
	变动	2025	0.04	−0.22	0.18
		2030	0.05	−0.31	0.26
政策情景 6	预测	2025	7.90	33.00	59.10
		2030	7.01	29.30	63.70
	变动	2025	0.01	−0.12	0.11
		2030	0.00	−0.09	0.09
政策情景 10	预测	2025	7.91	32.98	59.11
		2030	7.02	29.27	63.71
	变动	2025	0.02	−0.14	0.12
		2030	0.02	−0.12	0.10
政策情景 11	预测	2025	7.89	33.12	58.98
		2030	7.00	29.39	63.61
	变动	2025	0.03	−0.16	0.13
		2030	0.03	−0.14	0.11

GDP 总量方面：政策情景 8 与政策情景 9 下，补贴部分退坡，实施碳税政策。相比基准情景，将导致 GDP 有不同程度的下降，随着碳税的逐渐增加，GDP 下降程度更大。同时，由于积累效应，随着时间的推移，下降程度逐渐增加。与政策情景 2 相比，实施碳税政策将导致 GDP 下降程度更大。政策情景 10 与政策情景 11 下，补贴部分退坡，风光发电技术进步，实施碳税政策，相比基准情景，将导致 GDP 总量有所下降，随着碳税的逐渐增加，GDP 下降程度更大。同时，由于积累效应，随着时间的推移，下降程度逐渐增加。与政策情景 6 相比，实施碳税政策将导致 GDP 下降程度更大。政策情景 10 与政策情景 11，相比政策情景 8 与政策情景 9，GDP 下降程度小些。

三产业 GDP 方面：政策情景 8 与政策情景 9 下，补贴部分退坡，实施碳税政策。相比基准情景，实施碳税政策，将导致第一、第二、第三产业的 GDP 有不同程度的下降，且随着碳税水平的提高，下降幅度更大。其中，第二产业下降幅度最大。相比政策情景 2，第一、第二、第三产业 GDP 也呈现出相同的变化规律。政策情景 10 与政策情景 11 下，补贴部分退坡，风光发电技术进步，实施碳税政策。相比基准情景与政策情景 6，第一、第二、第三产业 GDP 与政策情景 8 与政策情景 9 呈现相同的变化规律，只是政策情景 10 与政策情景 11 下降幅度比政策情景 8 与政策情景 9 低些。

究其原因，征收碳税将使化石能源的使用成本上升，导致全社会总产出下降及 GDP 的下降；风光发电技术进步，两部门投资将增加，产出水平与发电量水平上升，能源使用成本下降，导致全社会总产出上升及 GDP 的上升；不同部门的能源消费结构、强度与碳排放强度不一样，导致受到的冲击有差异，第一、第三产业部门能耗与碳排放强度相对低，第二产业部门能耗与碳排放强度相对高；征收碳税将对第二产业部门的化石能源部门产出有较大的负面影响，导致第二产业部门的 GDP 有所下降。在综合因素作用下，GDP 总量与第一、第二、第三产业 GDP 呈现出上述变化趋势。

三产业 GDP 结构方面：政策情景 8 与政策情景 9 下，补贴部分退坡，实施碳税政策。相比基准情景，第一、第三产业 GDP 占总 GDP 的比例上升，且随着碳税水平的提高，上升幅度增加；第二产业 GDP 占总 GDP 的比例下降，且随着碳税水平的提高，下降幅度增加。相比政策情景 2，三产业占 GDP 的比例结构呈现与基准情景相一致的变化规律。政策情景 10 与政策情景 11 下，补贴部分退坡，风光发电技术进步，实施碳税政策。相比基准情景，第一、第三产业 GDP 占总 GDP 的比例上升，且随着碳税水平的提高，上升幅度增加；第二产业 GDP 占总 GDP 的比例下降，且随着碳税水平的提高，下降幅度增加。相比政策情景 6，三产业占 GDP 的比例结构呈现与基准情景相一致的变化规律。政策情景 10 与政策情景 11 下降幅度比政策情景 8 和政策情景 9 低些。

总体来说，在风光发电补贴退坡与实施碳税政策情景组合下，将导致 GDP 总量有不同程度的下降，且第一、第二、第三产业的 GDP 都有不同程度的下降，随着碳税水平的提高，下降幅度更大，即使风光发电技术进步水平上升，GDP 总量与三产业 GDP 依然下降，只是下降幅度略低些。

2. 价格及财税补贴与碳税政策情景对发电量及其结构的影响

表 16-24 与表 16-25 分别分析风电与太阳能发电补贴退坡和碳税政策情景对发电量及其结构的影响。分析结果显示如下。

发电总量方面：政策情景 8 与政策情景 9 下，补贴部分退坡，实施碳税政策。相比基准情景，将使发电总量有所下降，且随着碳税的提高，发电总量下降比例越来越低。相比政策情景 2，发电总量下降程度更低，且随着碳税水平的上升，下降幅度越来越低。政策情景 10 与政策情景 11 下，补贴部分退坡，风光发电技术进步，实施碳税政策，相比基准情景，发电总量下降程度更低，且随着碳税水平的上升，发电总量甚至上升，相比政策情景 6，发电总量下降程度更低，且随着碳税水平的上升，发电总量甚至上升。政策情景 10 与政策情景 11，相比政策情景 8 与政策情景 9，发电总量下降程度更小些。

第 16 章 可再生能源价格及财税政策的动态均衡分析

表 16-24 补贴退坡与碳税政策情景对发电量的影响 （单位：亿 kW·h）

情景设置	预测/变动	年份	发电总量	分类型发电量				
				火电	水电	核电	风电	太阳能发电
基准情景	预测	2012	49865.00	39255.00	8556.00	983.00	1030.00	41.00
		2015	57154.39	42324.22	10826.07	1741.44	1926.53	336.14
		2020	68989.52	47402.88	12089.47	2883.78	4233.39	2380.00
		2025	75017.79	48758.05	12481.94	3249.13	6266.46	4262.22
		2030	82866.32	49864.53	12990.30	3660.77	9731.62	6619.10
政策情景 2	预测	2025	73065.35	49418.37	12655.47	3297.27	4648.26	3045.97
		2030	79523.05	50687.74	13205.88	3727.38	7194.52	4707.54
	变动/%	2025	-2.60	1.35	1.39	1.48	-25.82	-28.54
		2030	-4.03	1.65	1.66	1.82	-26.07	-28.88
政策情景 8	预测	2025	73476.62	49155.18	13018.37	3393.62	4778.17	3131.28
		2030	80420.35	50317.75	13782.74	3896.24	7510.19	4913.42
	变动/%	2025	-2.05	0.81	4.30	4.45	-23.75	-26.53
		2030	-2.95	0.91	6.10	6.43	-22.83	-25.77
政策情景 9	预测	2025	73878.42	48902.51	13371.33	3487.12	4903.84	3213.62
		2030	81255.73	49974.17	14321.82	4053.60	7802.61	5103.52
	变动/%	2025	-1.52	0.30	7.13	7.32	-21.74	-24.60
		2030	-1.94	0.22	10.25	10.73	-19.82	-22.90
政策情景 6	预测	2025	73696.81	49196.99	12599.79	3281.55	5232.89	3385.60
		2030	81709.14	50149.44	13071.34	3684.96	9018.52	5784.88
	变动/%	2025	-1.76	0.90	0.94	1.00	-16.49	-20.57
		2030	-1.40	0.57	0.62	0.66	-7.33	-12.60
政策情景 10	预测	2025	74130.94	48926.53	12963.55	3378.09	5381.32	3481.44
		2030	82736.25	49749.09	13655.43	3855.77	9429.88	6046.06
	变动/%	2025	-1.18	0.35	3.86	3.97	-14.13	-18.32
		2030	-0.16	-0.23	5.12	5.33	-3.10	-8.66
政策情景 11	预测	2025	74555.81	48666.40	13318.05	3471.97	5525.22	3574.16
		2030	83692.47	49377.61	14201.37	4014.98	9811.18	6287.33
	变动/%	2025	-0.62	-0.19	6.70	6.86	-11.83	-16.14
		2030	1.00	-0.98	9.32	9.68	0.82	-5.01

表 16-25 补贴退坡与碳税政策情景对发电量结构的影响 （单位：%）

情景设置	预测/变动	年份	分类型发电量的比例				
			火电	水电	核电	风电	太阳能发电
基准情景	结构预测	2012	78.72	17.16	1.97	2.07	0.08
		2015	74.05	18.94	3.05	3.37	0.59
		2020	68.71	17.52	4.18	6.14	3.45
		2025	65.00	16.64	4.33	8.35	5.68
		2030	60.17	15.68	4.42	11.74	7.99

续表

情景设置	预测/变动	年份	分类型发电量的比例				
			火电	水电	核电	风电	太阳能发电
政策情景 2	预测	2025	67.64	17.32	4.51	6.36	4.17
		2030	63.74	16.61	4.69	9.05	5.92
	变动	2025	2.64	0.68	0.18	−1.99	−1.51
		2030	3.57	0.93	0.27	−2.70	−2.07
政策情景 8	预测	2025	66.90	17.72	4.62	6.50	4.26
		2030	62.57	17.14	4.84	9.34	6.11
	变动	2025	1.90	1.08	0.29	−1.85	−1.42
		2030	2.39	1.46	0.43	−2.41	−1.88
政策情景 9	预测	2025	66.19	18.10	4.72	6.64	4.35
		2030	61.50	17.63	4.99	9.60	6.28
	变动	2025	1.20	1.46	0.39	−1.72	−1.33
		2030	1.33	1.95	0.57	−2.14	−1.71
政策情景 6	预测	2025	66.76	17.10	4.45	7.10	4.59
		2030	61.38	16.00	4.51	11.04	7.08
	变动	2025	1.76	0.46	0.12	−1.25	−1.09
		2030	1.20	0.32	0.09	−0.71	−0.91
政策情景 10	预测	2025	66.00	17.49	4.56	7.26	4.70
		2030	60.13	16.50	4.66	11.40	7.31
	变动	2025	1.00	0.85	0.23	−1.09	−0.99
		2030	−0.04	0.83	0.24	−0.35	−0.68
政策情景 11	预测	2025	65.28	17.86	4.66	7.41	4.79
		2030	59.00	16.97	4.80	11.72	7.51
	变动	2025	0.28	1.22	0.33	−0.94	−0.89
		2030	−1.18	1.29	0.38	−0.02	−0.48

分类型发电量方面：政策情景 8 与政策情景 9 下，补贴部分退坡，实施碳税政策。相比基准情景，随着碳税水平的逐渐提高，火电发电量有所上升，且上升幅度逐渐下降，水电与核电的发电量逐渐上升，风电与太阳能发电的发电量下降程度逐渐降低。相比政策情景 2，随着碳税水平的逐渐提高，火电发电量的上升呈现逐渐降低的趋势，水电与核电的发电量逐渐上升，风电与太阳能发电的发电量下降程度逐渐降低。政策情景 10 与政策情景 11 下，补贴部分退坡，风光发电技术进步，实施碳税政策，相比基准情景，随着碳税水平的逐渐提高，火电发电量呈现出先上升后下降的趋势，水电与核电的发电量逐渐上升，风电与太阳能发电的发电量下降程度逐渐降低，甚至上升。相比政策情景 6，与相比基准情景呈现出基本一致的变化趋势。

究其原因，由于风电与太阳能发电补贴下降，且征收碳税。补贴下降导致风电与太阳能发电投资下降，风电与太阳能发电的发电量下降；征收碳税将导致化石能源需求量下降，由于能源之间的替代效应，电力的需求量将有所上升；化石能源征收碳税导致其使用成本上升，火电成本也将上升。另外，风电与太阳能发电技术进步将导致部门的生产水平上升及发电量增加。综合因素作用下，政策情景9~政策情景11下，发电量与分类型发电量的变化呈现上述变化趋势。

发电总量的结构方面：政策情景8与政策情景9下，补贴部分退坡，实施碳税政策，相比基准情景，火电所占比例有所上升，随着碳税水平的逐渐提高，上升程度逐渐增加。水电与核电所占比例有所上升，随着碳税水平的逐渐提高，上升程度逐渐增加。风电与太阳能发电所占比例有所降低，随着碳税水平的逐渐提高，降低程度逐渐增加。相比政策情景2，火电所占比例有所下降，随着碳税水平的逐渐提高，下降程度逐渐增加。水电与核电所占比例有所上升，随着碳税水平的逐渐提高，上升程度逐渐增加。风电与太阳能发电所占比例有所上升，随着碳税水平的逐渐提高，上升程度逐渐增加。政策情景10与政策情景11下，补贴部分退坡，风光发电技术进步，实施碳税政策，相比基准情景，随着时间推移火电所占比例先上升后下降，随着碳税水平的逐渐提高，下降程度逐渐增加。水电与核电所占比例有所上升，随着碳税水平的逐渐提高，上升程度逐渐增加。风电与太阳能发电所占比例有所降低，随着碳税水平的逐渐提高，降低程度逐渐减小。相比政策情景6，火电所占比例有所下降，水电与核电所占比例有所上升，风电与太阳能发电所占比例有所上升。

总体来讲，风光发电补贴退坡对风电与太阳能发电产生负面影响；风光发电技术进步水平提高，对风光发电产生正面影响；碳税对水电、核电、风电、太阳能发电产生正面影响，对火电既有正面影响，也有负面影响；同时各类能源之间存在互补或替代效应。发电总量与分类型发电量整体呈现出以上比较复杂的影响结果。

3. 价格及财税补贴与碳税政策情景对能源消费总量及其结构的影响

表16-26与表16-27分别分析风光补贴退坡与碳税政策情景对能源消费总量及其结构的影响。分析结果显示如下。

能源消费总量方面：政策情景8与政策情景9下，风光补贴部分退坡，实施碳税政策。相比基准情景，碳税政策将导致能源消费总量有所下降，且随着碳税水平的提高，下降程度增大。政策情景9下，当实施20元/t CO_2的碳税政策时，2025年，能源消费总量相比基准情景下降达8.63%，2030年甚至达到12.62%，下降幅度非常大。即使与政策情景2相比，下降程度也是非常大的。政策情景10与政策情景11下，风光补贴退坡、风光发电技术水平提升与碳税政策情景，能源消费总量有所下降，且随着碳税水平的提高，下降程度增大，能源消费总量下降幅度也比较大。究其原因，碳税政策的实施，将使化石能源的使用成本大幅上升，部门生产过程中，能源的投入水平将大幅下降。由此，导致了能源消费总量有较大幅度的下降，且影响程度远比单独实施风光发电补贴退坡与技术进步政策导致的影响程度大。

分品种一次能源消费量方面：政策情景8与政策情景9下，风光补贴部分退坡，实施碳税政策。相比基准情景，碳税政策将导致煤炭与天然气消费量有比较高程度的下降，石油有一定程度的上升。随着碳税水平的提高，煤炭与天然气下降幅度逐渐增大，而石油的上升程度逐渐提高。当碳税达到20元/t CO_2时，煤炭与天然气消费量相比基准情景，

表 16-26　补贴退坡与碳税政策情景对能源消费总量的影响　（单位：万 t 标准煤）

情景设置	预测/变动	年份	能源消费总量	分品种一次能源消费量			
				煤炭	石油	天然气	一次电力及其他
基准情景	预测	2012	402138.00	275464.53	68363.46	19302.62	39007.39
		2015	433787.86	275299.30	78817.70	25137.04	54533.82
		2020	499029.64	283953.62	85355.02	50380.44	79340.56
		2025	537994.73	284095.62	89720.09	67707.10	96471.92
		2030	594109.97	284237.70	93188.35	95507.55	121176.37
政策情景 2	预测	2025	532367.02	287100.14	90270.14	68096.81	86899.93
		2030	583864.79	287886.25	93884.86	96167.46	105926.21
	变动/%	2025	−1.05	1.06	0.61	0.58	−9.92
		2030	−1.72	1.28	0.75	0.69	−12.59
政策情景 8	预测	2025	510761.00	268193.29	91033.40	62155.49	89378.82
		2030	548094.42	259833.15	95073.71	82605.19	110582.38
	变动/%	2025	−5.06	−5.60	1.46	−8.20	−7.35
		2030	−7.75	−8.59	2.02	−13.51	−8.74
政策情景 9	预测	2025	491565.20	251184.46	91702.77	56893.72	91784.25
		2030	519125.58	236445.71	96004.22	71761.49	114914.16
	变动/%	2025	−8.63	−11.58	2.21	−15.97	−4.86
		2030	−12.62	−16.81	3.02	−24.86	−5.17
政策情景 6	预测	2025	534197.11	286070.75	90109.56	67990.98	90025.82
		2030	590658.23	285438.76	93490.60	95826.64	115902.23
	变动/%	2025	−0.71	0.70	0.43	0.42	−6.68
		2030	−0.58	0.42	0.32	0.33	−4.35
政策情景 10	预测	2025	512482.42	266999.77	90875.23	61992.24	92615.18
		2030	554317.40	256612.67	94693.64	81865.45	121145.63
	变动/%	2025	−4.74	−6.02	1.29	−8.44	−4.00
		2030	−6.70	−9.72	1.62	−14.28	−0.03
政策情景 11	预测	2025	493177.11	249823.46	91546.80	56674.23	95132.61
		2030	525065.19	232661.72	95626.32	70754.38	126022.77
	变动/%	2025	−8.33	−12.06	2.04	−16.29	−1.39
		2030	−11.62	−18.15	2.62	−25.92	4.00

表 16-27　补贴退坡与碳税政策情景对能源消费结构的影响　（单位：%）

情景设置	预测/变动	年份	分品种一次能源消费量的比例			
			煤炭	石油	天然气	一次电力及其他
基准情景	结构预测	2012	68.50	17.00	4.80	9.70
		2015	63.46	18.17	5.79	12.57
		2020	56.90	17.10	10.10	15.90
		2025	52.81	16.68	12.59	17.93
		2030	47.84	15.69	16.08	20.40

续表

| 情景设置 | 预测/变动 | 年份 | 分品种一次能源消费量的比例 ||||
			煤炭	石油	天然气	一次电力及其他
政策情景2	预测	2025	53.93	16.96	12.79	16.32
		2030	49.31	16.08	16.47	18.14
	变动	2025	1.12	0.28	0.21	−1.61
		2030	1.46	0.39	0.40	−2.25
政策情景8	预测	2025	52.51	17.82	12.17	17.50
		2030	47.41	17.35	15.07	20.18
	变动	2025	−0.30	1.15	−0.42	−0.43
		2030	−0.44	1.66	−1.00	−0.22
政策情景9	预测	2025	51.10	18.66	11.57	18.67
		2030	45.55	18.49	13.82	22.14
	变动	2025	−1.71	1.98	−1.01	0.74
		2030	−2.30	2.81	−2.25	1.74
政策情景6	预测	2025	53.55	16.87	12.73	16.85
		2030	48.33	15.83	16.22	19.62
	变动	2025	0.75	0.19	0.14	−1.08
		2030	0.48	0.14	0.15	−0.77
政策情景10	预测	2025	52.10	17.73	12.10	18.07
		2030	46.29	17.08	14.77	21.85
	变动	2025	−0.71	1.06	−0.49	0.14
		2030	−1.55	1.40	−1.31	1.46
政策情景11	预测	2025	50.66	18.56	11.49	19.29
		2030	44.31	18.21	13.48	24.00
	变动	2025	−2.15	1.89	−1.09	1.36
		2030	−3.53	2.53	−2.60	3.61

2025年分别下降达11.58%、15.97%，2030年分别下降达16.81%、24.86%。一次电力及其他能源消费量相比基准情景，下降程度逐渐降低。相比政策情景2，煤炭与天然气需求量下降，且随着碳税水平的提高，下降或上升程度增加；石油与一次电力及其他能源消费量有所上升，且上升程度逐渐增加。政策情景10与政策情景11下，风光补贴部分退坡、风光发电技术水平上升，实施碳税政策。相比基准情景，将导致煤炭与天然气消费量有比较高程度的下降，石油有一定程度的上升。随着碳税水平的提高，煤炭与天然气下降幅度逐渐增大，而石油的上升程度逐渐提高。一次电力及其他能源消费量下降程度逐渐减小，随着碳税水平的提高，甚至有所上升。相比政策情景6，煤炭与天然气需求量下降，且随着碳税水平的提高，下降程度增加；石油与一次电力及其他能源消费量有所上升，且上升程度逐渐增加。

究其原因，煤炭与天然气价值量的碳排放系数大，碳税政策实施，导致煤炭与天然气从价税税率水平上升比较高，因此消费量下降幅度大。同时，风光发电技术进步，将使得风电与太阳能发电产出，即发电量增加。同时，能源之间存在互补与替代效应。综合因素作用下，政策情景9~政策情景11下，能源消费总量与分品种一次能源消费量的变化呈现上述变化趋势。

分品种一次能源消费结构方面：政策情景8与政策情景9下，相比基准情景与政策情景2，煤炭与天然气占能源消费总量的比例有所下降，且随着碳税水平的提高，下降程度增大，当实施20元/t CO_2的碳税时，2030年煤炭与天然气占能源消费总量的比例分别为45.55%、13.82%，远低于基准情景与政策情景2。石油占能源消费总量的比例有所上升，且随着碳税水平的提高，上升程度增大。一次电力及其他能源占能源消费总量的比例先下降后上升，在政策情景9下，2030年其占能源消费总量的比例将达到22.14%。政策情景10与政策情景11下，相比基准情景与政策情景6，煤炭与天然气占能源消费总量的比例有所下降，且随着碳税水平的提高，下降程度增大。石油占能源消费总量的比例有所上升，且随着碳税水平的提高，上升程度增大。一次电力及其他能源占能源消费总量的比例上升，在政策情景11下，2030年占能源消费总量的比例将达到24.00%。

总体来说，在风光发电补贴退坡的同时实施碳税政策，对能源消费总量的冲击比较大，显著降低了煤炭与天然气的消费量，石油消费量有所上升，一次电力及其他能源需求量下降程度逐渐降低。风光发电补贴退坡、风光发电技术水平提升与碳税政策情景组合下，能源消费总量下降幅度也比较大，且煤炭与天然气消费量有比较高程度的下降，石油有一定程度的上升，一次电力及其他能源消费量下降程度逐渐降低，甚至有所上升。

4. 价格及财税补贴与碳税政策情景对能耗和碳排放的影响

表16-28分析风光补贴退坡与碳税政策情景对能耗和碳排放的影响。分析结果显示如下。

政策情景8与政策情景9下，相比基准情景与政策情景2，实施碳税政策，将导致能源消费总量有较大幅度的下降，随着碳税水平的提高，下降程度增大，同时由于GDP下降幅度不大，所以能耗强度下降程度也比较大，且随着碳税水平的提高，下降程度增大。由于积累效应，能耗强度随着时间的推移，下降程度都增大。政策情景10与政策情景11下，风光补贴退坡、风光发电技术水平提升与碳税政策情景组合，相比基准情景与政策情景6，随着碳税水平的提高，能源消费总量下降程度逐渐增大，同时由于GDP下降幅度不大，所以能耗强度下降程度也比较大，且随着碳税水平的提高，下降程度增大，相比政策情景8与政策情景9，能耗强度下降幅度稍低些。

政策情景8与政策情景9下，实施碳税政策导致能源消费总量与结构的变化，相比基准情景与政策情景2，将导致碳排放总量有较大幅度的下降，且随着碳税水平的提高，下降程度增大；由于GDP下降幅度不大，所以碳排放强度下降程度也比较大，且随着碳税水平的提高，下降程度增大。由于积累效应，碳排放总量与强度随着时间的推移，下降程度都增大。政策情景10与政策情景11下，风光补贴退坡、风光发电技术水平提升与碳税政策情景组合，相比基准情景与政策情景6，碳排放总量与强度有较大幅度的下降，且随着碳税水平的提高，下降程度增大；由于积累效应，碳排放总量与强度随着时间的推移，下降程度都增大，同时，相比政策情景8与政策情景9，碳排放总量与强度下降幅度更大一些。

表 16-28 补贴退坡与碳税政策情景对能耗和碳排放的影响

情景设置	预测/变动	年份	能源消费总量/变化/万 t 标准煤	能耗强度/变化/(t 标准煤/万元 GDP)	碳排放总量/万 t CO$_2$	碳排放强度/(t CO$_2$/万元 GDP)
基准情景	预测	2012	402138.00	0.7491	884632.97	1.6480
		2015	433787.86	0.6495	948754.13	1.4204
		2020	499029.64	0.5543	1119445.19	1.2434
		2025	537994.73	0.4611	1261999.23	1.0815
		2030	594109.97	0.3893	1464193.63	0.9593
政策情景 2	预测	2025	532367.02	0.4573	1272082.28	1.0927
		2030	583864.79	0.3837	1477723.41	0.9712
	变动/%	2025	−1.05	−0.82	0.80	1.03
		2030	−1.72	−1.42	0.92	1.23
政策情景 8	预测	2025	510761.00	0.4395	1201367.89	1.0337
		2030	548094.42	0.3612	1351431.95	0.8907
	变动/%	2025	−5.06	−4.68	−4.80	−4.42
		2030	−7.75	−7.20	−7.70	−7.16
政策情景 9	预测	2025	491565.20	0.4237	1137796.81	0.9807
		2030	519125.58	0.3431	1247129.85	0.8242
	变动/%	2025	−8.63	−8.10	−9.84	−9.32
		2030	−12.62	−11.87	−14.82	−14.09
政策情景 6	预测	2025	534197.11	0.4584	1268850.40	1.0888
		2030	590658.23	0.3871	1469411.33	0.9630
	变动/%	2025	−0.71	−0.58	0.54	0.67
		2030	−0.58	−0.55	0.36	0.38
政策情景 10	预测	2025	512482.42	0.4405	1197473.30	1.0293
		2030	554317.40	0.3643	1339405.79	0.8802
	变动/%	2025	−4.74	−4.46	−5.11	−4.83
		2030	−6.70	−6.41	−8.52	−8.25
政策情景 11	预测	2025	493177.11	0.4246	1133230.46	0.9757
		2030	525065.19	0.3460	1232411.91	0.8121
	变动/%	2025	−8.33	−7.90	−10.20	−9.78
		2030	−11.62	−11.12	−15.83	−15.35

总体来看，在风光发电补贴退坡与碳税政策情景下，能源消费总量与强度、碳排放总量与强度都有非常显著的下降，且随着碳税水平的提高，下降程度增大。风光发电补贴退坡、风光发电技术水平提升与碳税政策情景组合下，节能减排效应也非常显著。

16.3.3 结论与政策建议

本节分析了风电与太阳能发电补贴退坡与实施碳税政策的不同政策情景组合，对能源-经济-环境系统相关变量的影响效应，主要研究结论如下。

风光发电补贴退坡与实施碳税政策情景组合，将导致 GDP 总量有不同程度的下降，且三产业的 GDP 都有不同程度的下降，随着碳税水平的提高，下降幅度更大。即使风光发电技术进步水平上升，GDP 总量与三产业 GDP 依然下降，只是下降幅度略低些。

风光发电补贴退坡对风电与太阳能发电产生负面影响，风光发电技术进步水平提高对风光发电产生正面影响；碳税对水电、核电、风电、太阳能发电产生正面影响，对火电既有正面影响，也有负面影响；同时各类能源之间存在互补或替代效应。发电总量与分类型发电量整体呈现出比较复杂的影响结果，具体变化程度还取决于三类政策的实施力度。

在风光发电补贴退坡的同时实施碳税政策，对能源消费总量的冲击比较大，显著降低了煤炭与天然气的消费量，石油消费量有所上升，一次电力及其他能源需求量下降程度逐渐降低。风光发电补贴退坡、风光发电技术水平提升与碳税政策情景组合下，能源消费总量下降幅度也比较大，且煤炭与天然气消费量有比较高程度的下降，石油有一定程度的上升，一次电力及其他能源消费量下降程度逐渐降低，甚至有所上升。

在风光发电补贴退坡与碳税政策情景下，能源消费总量与强度、碳排放总量与强度都有非常显著的下降，且随着碳税水平的提高，下降程度更大。风光发电补贴退坡、风光发电技术水平提升与碳税政策情景组合下，节能减排效应也非常显著。

因此，在实施风电与太阳能发电补贴退坡，由于不同能源之间的替代与互补效应，要综合考虑与其他相关能源和环境政策的相互作用情景下对能源-经济-环境系统变量的冲击程度，尤其是碳税政策对节能减排有非常显著的效应。政府应根据经济增长、能源消费总量与结构、能耗强度、碳排放总量与强度等相关核心变量的调控目标，相机且动态选择相关政策。

第四部分：促进我国可再生能源发展的政策建议

张兴平　袁家海　卜银河　刘文峰　著

第17章　促进我国可再生能源发展的政策建议

整体思路：首先做好顶层设计，明确可再生能源在未来低碳能源中的重要作用，明确可再生能源技术创新在未来能源技术革命中的地位，做好战略定位和长期规划；在政策取向上，目前应以强制约束性的政策为主导，着力解决好可再生能源电力的消纳，促进其成本持续降低，以提高其竞争力并尽快实现平价上网目标。未来逐步过渡到以市场为主导的政策体系，实现不同来源的能源同台公平竞争。实施过程中，要建立可再生能源实时监测体系，及时研判政策效果并进行动态调整。这样形成了从战略定位、规划实施、动态监管全方位的政策建议，具体而言有如下几方面。

1. 战略定位，创新驱动

十九大报告指出，"创新是引领发展的第一动力，是建设现代化经济体系的战略支撑。要瞄准世界科技前沿，强化基础研究，实现前瞻性基础研究、引领性原创成果重大突破"。创新能力是一个国家的核心竞争力，也是一个国家经济增长、社会发展的根本推动力。我国《可再生能源"十三五"规划》指出：全球能源转型的基本趋势是实现化石能源体系向低碳能源体系的转变，最终进入以可再生能源为主的可持续能源时代。可再生能源已成为全球能源转型及实现应对气候变化目标的重大战略举措，也是我国推进能源生产和消费革命，推动能源转型的重要措施。可再生能源技术将是未来能源革命的核心，可再生能源技术的突破将是未来能源革命的重要内容，是实现能源低碳转型的关键。在技术创新的过程中，不同国家有不同的路径和规律，但总体来讲，国家战略和规划在推动技术创新中具有决定性的作用。历史上，能源技术变革对社会生产方式和社会进程具有决定性的影响，因而应当明确可再生能源技术创新在整个国家创新体系中的战略地位，这是促进可再生能源技术突破和实现能源革命的根基。我国要从战略高度重视可再生能源技术的研发，抓住难得的历史机遇，推动可再生能源核心技术攻关，打造一批以企业为主体、以国家创新体系和平台为支撑、以鼓励创新的能源产业政策和市场竞争环境为基础的可再生能源产业创新体系，在新一轮能源革命中占领技术制高点，实现可再生能源技术引领。

技术创新对可再生能源成本的降低起到了关键作用，可有力地增强其市场竞争力。结合国际可再生能源技术创新的经验及我国可再生能源发展状况，在国家战略定位的支撑下，应采取有力措施保障可再生能源发展政策和市场的稳定性，推进技术创新政策的系统性和协调性，发挥和保障企业在技术创新中的关键作用，为可再生能源技术创新提供持续稳定的战略环境和政策环境。

2. 因地制宜，协同规划

由于风光发电出力的随机性和不稳定性，高比例的风光发电并网对电力系统提出了更高的要求。因此，必须从全局出发，以提高系统整体能源效率为着眼点，综合考虑不同地区资源禀赋、市场条件、技术约束的差异，科学制定长期稳定的远期规划及导向明确的阶段性目标。必须将源-网-荷-储-用作为一个有机的整体，从系统的角度出发，因地制宜，协同规划。

协同规划好风光发电空间布局及消纳。平价上网不仅取决于风光发电的度电成本，也与当地煤电标杆上网电价密切相关。应考虑地域资源差异，因地制宜，优化风光发电空间布局。一方面，未来可在较易实现平价上网的区域加快布局风光发电项目，加快这些区域的补贴退坡以减轻财政压力。以风电为例，目前我国南部区域较易实现平价上网，这些区域大多经济发达，电力需求大，煤电标杆上网电价也较高。因而，未来这些区域应加快发展风电，这样不仅可以提高风光发电就近消纳，而且可以率先实现平价上网目标。另一方面，处于优质资源区的风电项目，尽管平价上网有一定难度，但在无弃风条件下，其度电成本明显低于其他区域，应充分发挥资源优势，目前我国大型风电项目也主要集中于此。这些区域经济发展速度慢，消纳能力有限，且远离中东部负荷中心。因此，要协同好电源和电网规划，协同好可再生能源建设规模和电力调峰等辅助服务能力。根据区域特点，合理评估区域内消纳的潜力，在保证电网安全的前提下，按照能调多调的原则，省内优先调度风电、光伏发电，最大限度地挖掘省内消纳能力。区域内有条件互补的省份可与邻近省份签署调峰互济协议，互为补充调峰能力，鼓励充分利用省间联络线，积极组织区域内省际电力交易，最大限度地增加区域消纳电量。对于就近消纳存在困难的区域，必须提前做好远距离外送到负荷中心的相关规划。

协同好煤电和可再生能源电力之间的关系：在一个较长时期内，煤电在保障我国电力供应中依然处于主体地位，而可再生能源在满足我国增量电力需求中应处于主力地位。一方面，考虑到我国电源结构以煤电为主，而抽水蓄能、燃气电站等灵活调节电源比例很低，煤电机组作为电力系统主要调峰电源调节性能差。因而，要协同好调峰调频等辅助服务规划，这是可再生能源发展的必备基础。应加强调峰能力建设，提高燃气调峰电站等灵活调节电源比例。另一方面，考虑到近年来我国电力需求增长放缓，电力装机呈冗余态势，必须加强不同电源的协同规划，有序引导风电、光伏发电等可再生能源项目的建设，严控东中部地区新增煤电，为可再生能源发展腾出市场空间。

3. 配额支撑，市场增效

研究表明，规制类政策(含配额制)在基于国际视角的可再生能源政策效果评价中效果并不显著，一个主要原因是，大部分可再生能源发展较好的国家是基于比较成熟的电力市场发展起来的，市场机制很好地促进了可再生能源的发展。与这些国家不同的是，在我国电力市场化改革尚处于初级阶段时，可再生能源已然得到了非常迅速的发展，并进入规模化发展阶段。结果也表明，规制类政策(尤其是可再生能源全额保障性收购)对我国可再生能源发展具有显著促进作用。考虑我国国情及可再生能源目前存在的主要问题，建议目前以规制类政策为支撑，以市场机制为补充的可再生能源促进机制。应尽快制定科学合理的配额标准，排除阻力大力推动可再生能源配额制尽快落地，这种带有强制约束力的规制类政策在我国可再生能源发展中效果比较显著，建议执行"多主体强制配额制",即可再生能源配额不仅要下达到地方政府,同时要下达到电网公司、配售电公司和直接参与市场的大用户予以落实。同时,我国电力市场化进程正在加速前进,应充分利用市场机制发掘消纳空间,进一步提高可再生能源增量发电能力的利用,形成配额支撑、市场增效的新体制,有机统筹政府规划与市场效率,这是促进可再生能源发展的变革性机制,有利于促进可再生能源成本的降低,加快可再生能源补贴退坡速度。在未来电力市场较成熟时,再构建以市场机制为主导的政策体系。

现阶段配额指标的测算和分配要以强化可再生能源优先消纳为目标,以电力净输出地区做到本地消纳达到全国先进水平,电力净输入地区以本地充分消纳和区外最大能力消纳为原则。各承担配额义务的市场主体以实际消纳可再生能源电量为主要方式完成配额,多余的配额完成量通过超额消纳量转让和自愿认购绿色证书进行交易,作为完成配额的补充或替代方式。未来随着我国电力市场逐步完善,应建立监管明确的绿色证书交易市场,清晰地界定绿色证书的含义与管理方式、绿色证书归属、绿色证书交易和绿色证书费用疏导,以保证可再生能源配额制顺利实施。

此外,短期内还应建立与配额制相配套的可再生能源电力消纳成本分摊和传导机制,以更好地平衡各主体利益,用市场办法引导电源侧、电网侧和用户侧相关市场主体参与调峰调频,主动响应风光发电出力变化,积极完成配额消纳量。重点包括火电调峰调频辅助服务补偿机制、跨省跨区消纳接收省与输出省利益补偿机制、需求侧响应参与调峰的机制。在电力体制深化改革的进程中,要通过机制调整,特别是市场化机制建设来引导部分煤电机组由"电量型"电源向"电力型"电源转变,加快建立包括竞争性电量市场、跨省跨区交易市场、辅助服务市场、容量市场等有利于可再生能源消纳和配额制实施的多元化市场架构。

4. 统筹安排,政策协同

基于国际视角的研究结果表明,不同政策间的协同效应是存在的。例如,碳排放交易制度和可再生能源绿色证书交易制度作为单独的政策工具,各自的政策效果并不显著,而这两种制度结合后的政策效果是显著的。目前,我国从不同层面出台了促进可再生能源发展的政策,如可再生能源配额制、可再生能源绿色证书和碳排放市场等,应充分统筹考虑这些政策的协同效应,让强制配额、可再生能源绿色证书交易和碳排放交易等政策机制有机统筹,以实现政策组合的最大化协同效应。结合国际经验和我国实际情况,可从以下三方面着手:

一是建立并完善配额驱动的绿色证书交易制度,短期内各承担配额义务的市场主体以实际消纳可再生能源电量为主要方式完成配额,自愿认购绿色证书作为完成配额的补充或替代方案。长期来看,随着电力市场的不断成熟,适时开启强制绿色证书交易,强制配额驱动下的绿色证书交易机制将赋予参与交易的配额主体充分的自由,配额主体可以自由选择通过实际消纳可再生能源电量还是通过从市场上购买绿色证书的形式来完成配额义务,通过绿色证书市场化交易补偿新能源发电的环境效益和社会效益,使可再生能源收益来源逐渐进入以市场电价和绿色证书收入相结合的模式。

二是要协同好绿色证书交易机制与现有可再生能源电价及全额保障性收购机制的衔

接。短期内，列入可再生能源电价附加补贴目录的风电、光伏发电项目，其年保障性收购电量部分，应继续由电网企业按项目所在地区标杆上网电价和最低保障收购年利用小时数全额结算，电网企业无须支付额外的费用即可获得相应电量核发的绿色证书；而超出最低保障收购年利用小时数的部分，应由绿色电力发电商与售电企业或电力用户通过市场化方式交易，绿色证书认购主体必须支付对应电量本应享受的差额补贴才能获得绿色证书，而完成绿色证书交易的电量不再享受对应补贴，从而实现以绿色证书收入部分替代补贴需求。随着风光发电度电成本的下降和价格竞争力的提升，固定电价补贴应有序退坡，届时绿色证书价格不再以差额补贴为依据，可由市场自行决定，市场化的绿色证书收入可完全替代补贴需求，从而激励绿色电力发电商进一步提高价格竞争力，促进绿色电力的可持续发展。

三是协同好绿色证书交易机制与碳交易机制的衔接。碳交易机制是利用市场手段实现温室气体减排的工具之一，是推进生态文明建设、加快经济发展方式转变的重要体制机制创新。现阶段碳排放交易机制和可再生能源绿色证书机制是相对独立设计和实施的，电力市场化改革应与碳交易机制的实施路线协同，并明确绿色证书背后所代表的减排权益归属，通过界定交易边界的方式化解过补贴或者二次补贴问题，促进可再生能源的进一步发展。长期来看，应积极推动可再生能源绿色证书参与碳交易市场，统筹总量目标设置和分配方案，加强核查，制订排放检测计划，履行配额清缴义务，推动各地规则逐步统一，激发市场交易活力，明确绿色证书对应新能源产生的碳减排权益，加速推进绿色证书在企业碳排放额度中的抵减，推进绿色证书和碳交易制度逐步并轨，降低可再生能源电力的财政资金补贴强度，为最终取消财政资金补贴创造条件，提升可再生能源经济竞争力。

5. 规范操作，约减成本

降低造价是实现风光发电平价上网的关键。除通过技术创新和市场机制降低技术性成本外，严格规范可再生能源的非技术性成本是降低发电成本的重要源泉。通过实地调研发现，近年来风光发电项目的手续规费、土地费用、电网接入费用、相关税费、融资、补贴及公摊等方面存在乱收费、乱摊销、拖欠等不规范操作，致使风光发电项目非技术成本占比不降反升，这成为降低风光发电成本的一大阻碍。地方政府规范化操作有利于保证项目收益，减少不合理的支出。地方政府在规划项目时能够统筹兼顾，明确发展目标，保证风光发电得以消纳，减少弃风弃光。同时，对土地的使用更加规范，减少不合理的费用支出可以减轻企业负担，增加企业效益。因此，地方政府规范收费及电网公司完善并网服务是风光发电产业健康持续发展的基础。

国家发展改革委、国家能源局发布的《关于积极推进风电、光伏发电无补贴平价上网有关工作的通知》（发改能源〔2019〕19 号，以下简称《通知》）规定："有关地方政府部门对平价上网项目和低价上网项目在土地利用及土地相关收费方面予以支持，做好相关规划衔接，优先利用国有未利用土地，鼓励按复合型方式用地，降低项目场址相关成本，协调落实项目建设和电力送出消纳条件，禁止收取任何形式的资源出让费等费用，不得将在本地投资建厂、要求或变相要求采购本地设备作为项目建设的捆绑条件，切实降低项目的非技术成本。"《通知》中相关政策的出台,可见政府对降低风光发电非技术成本的重视和支持。在《通知》相关政策实施过程中,还必须明确可再生能源非技术性成本的相关标准、管理主体和职责分工,为可再生能源发展提供法制化环境;明确风光发电项目占用土地的类别及相应的征地补偿和税费标准,规范执行,加强监管;落实并整改可再生能源发电项目配套电网建设投资行为,明确外部配套接网及输配电工程全部由电网公司投资建设,并明确调峰、调频等辅助服务成本的分摊机制和补偿方案;简化和规范税收征收和返还程序,加强对增值税退税环节的监管,保障退税足额、及时。

增强政策的权威性,提高方案的可操作,进一步完善可再生能源相关法律法规的执行细则,明确可再生能源优先准入原则的法律地位和程序设计,形成切实可行的行动方案,为鼓励可再生能源发电创造良好的制度环境。同时,要构建动态监管体系,保证可再生能源发电目标的完成。

6. 绿色融资,金融护航

党的十九大报告指出:构建市场导向的绿色技术创新体系,发展绿色金融,壮大节能环保产业、清洁生产产业、可再生能源产业,是推动绿色发展、建设美丽中国的重要内容。目前,我国正处于经济结构调整和发展方式转变的关键时期,对支持绿色产业和经济、社会可持续发展的绿色金融的需求不断扩大。技术创新体系最显著的特点是对资金的大量需求,可再生能源技术创新的融资体系以"官-产"为主。政府通过直接研发资金投入支持可再生能源的技术创新,而企业则是通过政府构建的金融体系获得大量的资金。针对可再生能源融资难、融资贵问题,构建绿色金融体系,释放绿色投资信号,促进可再生能源投资;开发、编制绿色环保指数,引导投资者进行投资决策时考虑环境因素;构建绿色担保机制,可成立绿色项目风险补偿基金,解决高风险绿色项目融资难的问题;实施绿色融资项目财政贴息政策,以少量资金带动更多的社会资本投资绿色项目。

7. 低碳发展,同台竞争

推进绿色低碳发展,是党的十九大报告中的重要内容:"加快建立绿色生产和消费的法律制度和政策导向,建立健全绿色低碳循环发展的经济体系"。"推进能源生产和消费革命,构建清洁低碳、安全高效的能源体系。"风能和太阳能作为两种重要的可再生能源,发电技术相对成熟,资源丰富,具有良好的发展前景,在绿色发展和能源低碳转型过程中扮演了极其重要的角色。因此,要树立绿色发展理念,充分发挥风光等可再生能源的优势:低边际成本和环境友好型。

在基于边际成本竞价上网规则下,可再生能源电力可以被优先调度和消纳,有利于解决我国现阶段比较严重的弃风弃光问题,提高风光发电机组的利用水平,改善其发电的经济性。在未来电力市场竞价机制的设计中,应让可再生能源电力直接无差异参与市场竞价,发挥其低边际成本的竞争优势,充分利用市场机制发掘可再生能源消纳空间,缓解弃风弃光矛盾。如果条件进一步成熟,风光发电和火电成本相当,可以实现竞价上网,取消补贴,与火电同台竞争。对于其他按规定领取补贴的风光发电企业,建议由固定上网电价转向溢价补贴。溢价补贴是基于市场出清价格给予可再生能源一定的补贴。

在溢价补贴机制下，可再生能源利用其低边际成本优势在电力市场实现优先调度，有效解决了电力的消纳问题。同时，可再生能源的发电收入和市场电价直接挂钩，通过市场信号判断电能的供需状况，可以有效避免投资不足和过度投资的现象。

可再生能源技术是未来能源革命的重要内容，应当通过合理的政策体系体现可再生能源的环境友好性，从根本上构建低碳发展的环境体系和制度体系。因此，为推动可再生能源的发展，必须把不同来源的电力对环境的外部性影响内部化，促进可再生能源和火电同台竞争，从而在考虑环境因素的基础上，实现不同发电资源平等竞争，达到绿色可持续发展的目标。建议通过合理的制度设计，如税收政策和碳交易制度，将环境外部性影响内部化到不同来源电力的成本或价格上，推动可再生能源和火电同台竞争。利用所构建的动态 CGE 模型对这些低碳政策效果进行了深入的研究，结果发现低碳政策的实施，如税收政策等，会推高化石能源使用成本和价格，对 GDP 等宏观经济变量产生一些负面影响，但这些负面影响是短期的、可控的，长远而言，低碳发展政策有利于可再生能源技术进步和国民经济的绿色持续发展。

8. 智能监测，动态调整

可再生能源在其发展过程中会遇到一些难以预测的困难，为应对这些不确定性，需及时搜集可再生能源发展过程中的相关数据，获悉产业发展现状和瓶颈，完整的数据是分析政策实施效果的基础，通过对数据的动态监测和分析，可以科学、及时地分析政策的实施效果、诊断行业发展，从而为动态调整相关政策提供科学依据。为保证监测结果的准确性和及时性，应构建智能监测平台，借助互联网大数据，深度挖掘发电机组出力、运行、成本、收益和排放等各个方面的数据。同时，这些数据应该向相关研究单位开放，让学者从不同角度对数据做出客观的分析，为政策的动态调整提供多维度的决策支持。

参 考 文 献

鲍健强, 胡恺, 陈明, 2013. 丹麦风力发电开发模式及其对我国的借鉴意义[J]. 经营与管理, 9: 70-73.
毕艳华, 杜欣慧, 张岭. 2004. 面向电力市场机组最优组合算法探讨[J]. 太原理工大学学报, 35(4): 477-479, 497.
蔡浩, 朱煜秋, 吴熙. 2016. 基于平准化电力成本和现值法的风电系统技术经济分析[J]. 江苏大学学报(自然科学版), 37(4): 438-442, 490.
蔡秋娜, 文福拴, 薛禹胜, 等. 2012. 基于SCUC的可入网混合电动汽车优化调度方法[J]. 电力系统自动化, 36(1): 38-46.
曹飞. 2015. 石油价格冲击与中国实际经济波动研究: 基于开放RBC模型的分析[J]. 中国管理科学, 23(7): 45-52.
曹石亚, 李琼慧, 黄碧斌, 等. 2012. 光伏发电技术经济分析及发展预测[J]. 中国电力, 45(8): 54-62.
巢清尘, 张永香, 高翔, 等. 2016. 巴黎协定: 全球气候治理的新起点[J]. 气候变化研究进展, 12(1): 61-67.
陈春华, 路正南. 2012. 技术学习与生产规模扩张: 风电投资成本下降的来源[J]. 科技进步与对策, 29(8): 58-60.
陈光宇, 张仰飞, 郝思鹏, 等. 2018. 基于解集动态分析含风电接入的多目标机组组合研究[J]. 电力自动化设备, 38(7): 97-107.
陈丽. 2016. 基于低碳经济视角的中国风电产业发展研究[J]. 中外企业家, (15): 20.
陈荣荣, 孙韵琳, 陈思铭, 等. 2015. 并网光伏发电项目的LCOE分析[J]. 可再生能源, 33(5): 731-735.
陈斯琴, 赵忠秀, 刘旭东. 2016. 光伏产业政策优化路径分析[J]. 现代管理科学, (6): 3-5.
陈裕, 包逸萍. 2014. 风力发电产业技术专利分析[J]. 科技和产业, 14(7): 56-60.
陈政, 杨甲甲, 金小明, 等. 2014. 可再生能源发电电价形成机制与参与电力市场的竞价策略[J]. 华北电力大学学报, 41(2): 89-98, 102.
邓杉杉. 2006. 我国风电发展的现状、问题与对策研究[D]. 成都: 西南交通大学.
邸元, 崔潇濛, 刘晓鸥. 2012. 中国风电产业技术创新对风电投资成本的影响[J]. 数量经济技术经济研究, 29(3): 140-150.
费蓉. 2009. 动态规划研究及其在电力市场动态分区定价问题中的应用[D]. 西安: 西安理工大学.
高风. 2013. 《联合国气候变化框架公约》二十年与中国低碳发展进程[J]. 国际展望, 5(4): 1-11.
高强. 2008. 电力系统可中断负荷管理和机组组合问题研究[D]. 杭州: 浙江大学.
高兴佑. 2016. 可再生能源发展的价格政策[J]. 价格月刊, (7):16-19.
格日乐满达. 2016. 分布式光伏发电投资效益与金融支持研究[D]. 北京: 华北电力大学.
耿建, 徐帆, 姚建国, 等. 2009. 求解安全约束机组组合问题的混合整数规划算法性能分析[J]. 电力系统自动化, 33(21): 24-27.
管仕平, 周亮. 2015. 基于双因素学习曲线模型的我国风电成本研究[J]. 价值工程, 34(13): 15-17.
郭正权, 张兴平, 郑宇花. 2015. 我国能源-经济-环境系统的碳税政策研究[M]. 北京: 中国经济出版社.
郭正权, 郑宇花, 张兴平. 2014. 基于CGE模型的我国能源-环境-经济系统分析[J]. 系统工程学报, 29(5): 581-591.
郭正权. 2011. 基于CGE模型的我国低碳经济发展政策模拟分析[D]. 北京: 中国矿业大学(北京).
国家发展改革委, 建设部. 2006. 建设项目经济评价方法与参数[M]. 北京: 中国计划出版社.
国家可再生能源中心. 2015. 国际可再生能源发展报告. 2015[M]. 北京: 中国环境出版社.
国家统计局国民经济核算司. 2014. 中国2012年投入产出表编制方法[M]. 北京: 中国统计出版社.
国家统计局国民经济核算司. 2015. 2012年中国投入产出表[M]. 北京: 中国统计出版社.
国家统计局能源统计司. 2013. 中国能源统计年鉴2013[M]. 北京: 中国统计出版社.
贺菊煌, 沈可挺, 徐嵩龄. 2002. 碳税与二氧化碳减排的CGE模型[J]. 数量经济技术经济研究, 19(10): 39-47.
黄珺仪. 2011. 中国可再生能源电价规制政策研究[D]. 大连: 东北财经大学.
黄梦华. 2011. 中国可再生能源政策研究[D]. 青岛: 青岛大学.
姬强, 刘炳越, 范英. 2016. 国际油气价格与汇率动态相依关系研究: 基于一种新的时变最优Copula模型[J]. 中国管理科学, 24(10): 1-9.
经济合作与发展组织. 2003. OECD科学技术与工业概览2002[M]. 北京: 科学技术文献出版社.

蓝澜. 2014. 新能源发电特性与经济性分析研究[D]. 北京: 华北电力大学.
李海东. 2009. 从边缘到中心: 美国气候变化政策的演变[J]. 美国研究, 23(2): 20-35.
李红强, 沈镭. 2012. 美国风电产业政策演进: 历程、特征与影响因素[J]. 世界地理研究, 21(1): 100-110.
李虹, 谢明华, 杜小敏. 2011. 中国可再生能源补贴措施有效性研究: 基于居民环境支付意愿的实证分析[J]. 财贸经济, (3): 102-109.
李慧娟, 周明, 李庚银, 等. 2002. 计及辅助服务的发电市场日交易计划的研究[J]. 电力系统自动化, 26(10): 5-8.
李俊峰. 2012. 中国风电发展报告[M]. 中国环境科学出版社.
李力, 张昕. 2017. 不确定条件下固定上网电价政策的优化和评估[J]. 北京邮电大学学报, 40(4): 41-47.
李鹏飞. 2013. 论促进我国可再生能源开发利用的税法制度[D]. 重庆: 西南政法大学.
李善同. 2010. "十二五"时期至2030年我国经济增长前景展望[J]. 经济研究参考, (43): 2-27.
李霜, 简志宏, 郑俊瑶. 2012. 石油价格冲击与经济波动风险最小化的货币供应机制分析[J]. 中国管理科学, 20(2): 26-33.
李维, 朱维娜. 2014. 基于结构方程模型的地区经济发展影响因素分析[J]. 管理世界, (3): 172-173.
李旭垚. 2015. 我国可再生能源政策绩效评价研究[D]. 北京: 华北电力大学.
李艳芳. 2015. 新能源与可再生能源法律与政策研究[M]. 北京: 经济科学出版社.
李志学, 吴硕锋, 雷理钊. 2018. 我国新能源产业价格补贴政策现状、问题与对策分析[J]. 价格月刊, (12): 1-7.
廖颖林. 2005. 结构方程模型及其在顾客满意度研究中的应用[J]. 统计与决策, (18): 24-26.
林伯强, 牟敦国. 2008. 能源价格对宏观经济的影响: 基于可计算一般均衡(CGE)的分析[J]. 经济研究, 43(11): 88-101.
林嵩, 姜彦福. 2006. 结构方程模型理论及其在管理研究中的应用[J]. 科学学与科学技术管理. 27(2): 38-41.
刘蕾, 楚春礼, 鞠美庭. 2018. 中国分布式光伏发电政策演变和发展探讨[J]. 未来与发展, 42(6): 6-14.
刘喜梅, 白恺, 邓春, 等. 2016. 大型风电项目平准化成本模型研究[J]. 可再生能源, 34(12): 1853-1858.
刘娅, 刘东升. 2010. 基于改进优先顺序法电力市场日调度计划研究[J]. 东北电力技术, 31(6): 43-46.
柳卸林. 1993.技术创新经济学[M]. 北京: 中国经济出版社.
马翠萍, 史丹, 丛晓男. 2014. 太阳能光伏发电成本及平价上网问题研究[J]. 当代经济科学, 36(2): 85-94.
马杰. 2015. 促进我国清洁能源发展的财税政策研究[D]. 北京: 中国地质大学(北京).
马胜红, 李斌, 陈东兵, 等. 2010. 加速开拓国内光伏市场、促进产业发展的措施及激励政策的研究与建议[J]. 太阳能, (5): 9-14.
内蒙古自治区电力行业协会风力发电调研组. 2015. 内蒙古风电场经营情况调研报告[J]. 风能产业, (2): 30-33.
牛衍亮, 黄如宝, 常惠斌. 2013. 基于学习曲线的能源技术成本变化[J]. 管理工程学报, 27(3): 74-80.
彭月兰, 任晋晋. 2018. 促进我国风电发展的财税政策研究[J]. 经济问题, (8): 28-31, 83.
钱伟. 2013. 光伏上网电价及其政策研究[D]. 上海: 华东理工大学.
邱辰. 2018. 可再生能源电价和补贴机制分析与建议[J]. 中国能源, 40(11): 36-38.
邱寿丰, 陈巧燕. 2016. 我国分布式光伏发电补贴政策的经济效应研究[J]. 价格理论与实践, (8): 93-96.
时璟丽. 2017. 光伏补贴距离退出还有多远?[N]. 中国能源报, (17).
史丹. 2015a. 新能源产业发展与政策研究[M]. 北京: 中国社会科学出版社.
史丹. 2015b. 新能源定价机制、补贴与成本研究[M]. 北京: 经济管理出版社.
宋艳霞. 2010. 我国风电产业发展的财税支持政策研究[D]. 北京: 财政部财政科学研究所.
苏剑, 周莉梅, 李蕊. 2013. 分布式光伏发电并网的成本/效益分析[J]. 中国电机工程学报, 33(34): 50-56.
孙艳伟, 王润, 肖黎姗, 等. 2011. 中国并网光伏发电系统的经济性与环境效益[J]. 中国人口资源与环境, 21(4): 88-94.
谭显东. 2008. 电力可计算一般均衡模型的构建及应用研究[D]. 北京: 华北电力大学.
谭忠富, 鞠立伟. 2013. 中国风电发展综述: 历史、现状、趋势及政策[J]. 华北电力大学学报(社会科学版), (2): 1-7.
汪峰, 白晓民. 2001. 面向电力市场交易计划算法研究[J]. 电网技术, 25(8): 45-49.
王爱国, 王一川. 2012. 碳减排政策的国际比较及其对中国的启示[J]. 江西财经大学学报, (5): 5-13.
王灿. 2003. 基于动态CGE模型的中国气候政策模拟与分析[D]. 北京: 清华大学.
王晨晨, 杜秋平, 王晓, 等. 2017. 可再生能源国外政策综述[J]. 华北电力技术, (2): 65-70.

王成山, 郑海峰, 谢莹华, 等. 2005. 计及分布式发电的配电系统随机潮流计算[J]. 电力系统自动化, 29(24): 39-44.

王火根, 李超. 2016. 国内太阳能产业政策工具优化研究[J]. 华北电力大学学报(社会科学版), (5): 23-28.

王思聪. 2018. 政府补贴政策演进对光伏发电产业发展影响研究[J]. 价格理论与实践, (9): 62-65.

王永杰. 2018. 浙江省可再生能源补贴政策合规性研究[J]. 经营与管理, (3): 80-86.

王瑜. 2017. 基于LCOE方法的中国风电成本研究[D]. 北京: 华北电力大学.

王玉姣. 2014. 基于结构方程模型的工程项目社会影响评价研究[D]. 重庆: 重庆大学.

吴洁, 范英, 夏炎, 等. 2015a. 碳配额初始分配方式对我国省区宏观经济及行业竞争力的影响[J]. 管理评论, 27(12): 18-26.

吴洁, 夏炎, 范英, 等. 2015b. 全国碳市场与区域经济协调发展[J]. 中国人口·资源与环境, (10): 11-17.

吴琼, 任洪波, 高伟俊, 等. 2014. 基于动态负荷特性的家用光伏发电系统经济性评价[J]. 可再生能源, 32(2): 133-138.

熊国经, 熊玲玲, 陈小山. 2017. 基于PLS结构方程模型进行学术期刊评价的实证研究[J]. 情报理论与实践, 40(8): 117-121.

熊敏鹏, 张严, 袁家海, 等. 2016. 我国风电的经济性评价及政策建议[J]. 中国能源, 38(10): 20-26, 47.

徐学策, 1996. 抓住机遇开发风电市场[J]. 东北水利水电, 10: 14-17.

徐燕. 2016. 制度-政策-技术交互下的电力转型理论与规划方法研究[D]. 北京: 华北电力大学.

宣晓伟. 1998. 用CGE模型分析征收硫税对中国经济的影响[D]. 北京: 北京大学.

杨静, 张粒子, 舒隽. 2005. 电力市场下日前多边交易模型及算法研究[J]. 中国电机工程学报, 25(18): 51-56.

杨泽伟. 2015. 从产业到革命: 发达国家新能源法律政策与中国的战略选择[M]. 武汉: 武汉大学出版社.

姚昕, 蒋竺均, 刘江华. 2011. 改革化石能源补贴可以支持清洁能源发展[J]. 金融研究, (3): 184-197.

曾勇红, 王锡凡. 2006. 发电厂出力与报价均衡的随机博弈模型[J]. 电网技术, 30(21): 7-10.

张帆. 2012. 基于商业智能的光伏发电定价模型的设计验证及预测[D]. 长沙: 湖南大学.

张宪昌. 2014. 中国新能源产业发展政策研究[D]. 北京: 中共中央党校.

张亦弛, 刘冠伟, 张绚. 2017. 我国可再生能源发电产业扶持政策研究[J]. 中外能源, 22(11): 34-40.

赵仁铃. 2015. 基于结构方程模型的研究生考生综合素质评价模型研究[J]. 图书与情报, (5): 92-98.

赵勇等. 2014. 全景式框架下可再生能源政策国别研究[M]. 北京: 中国电力出版社.

郑照宁, 刘德顺. 2004. 中国风电投资成本变化预测[J]. 中国电力, 37(7): 77-80.

中国风能协会. 2018. 2017年中国风电装机容量统计[J]. 风能, 5: 44-57.

周京阳, 吴玉生, 王功涛, 等. 2001. 发电竞价算法(四): 网络流规划法[J]. 电力系统自动化, 25(7): 23-27.

周颖. 2013. 促进大规模风电消纳的风电价格机制研究[D]. 北京: 华北电力大学.

朱凯. 2011. 日本能源政策演变及其对我国的启示[J]. 国际石油经济, 19(11): 17-26.

朱乃平, 田立新. 2013. 我国光伏发电产业政策研究——兼论我国光伏发电价格体系的完善[J]. 价格理论与实践, (8): 93-94.

朱彤, 史丹. 2013. 能源经济学理论与政策研究评述[M]. 北京: 经济管理出版社.

朱雨晨, 林俐, 许佳佳, 等. 2012. 基于学习曲线法的风电成本研究[J]. 电力需求侧管理, 14(4): 11-13, 31.

《中国财政年鉴2013》编辑委员会. 2013. 中国财政年鉴2013[M]. 北京: 中国财政杂志社.

《中国电力年鉴》编辑委员会. 2002~2018. 2001~2017中国电力年鉴[M]. 北京: 中国电力出版社.

《中国电力年鉴》编辑委员会. 2014. 2013-中国电力年鉴[M]. 北京: 中国电力出版社.

"中国2007年投入产出表分析应用"课题组. 2011. "十二五"至2030年我国经济增长前景展望[J]. 统计研究, 28(1): 5-10.

中华人民共和国统计局. 2013. 2013中国统计年鉴[M]. 北京: 中国统计出版社.

Aguirre M, Ibikunle G. 2014. Determinants of renewable energy growth: A global sample analysis[J]. Energy Policy, 69(2): 374-384.

Allouhi A, Saadani R, Buker M S, et al. 2019. Energetic, economic and environmental (3E) analyses and LCOE estimation of three technologies of PV grid-connected systems under different climates[J]. Solar Energy, 178: 25-36.

Arndt C, Davies R, Gabriel S, et al. 2016. A sequential approach to integrated energy modeling in South Africa[J]. Applied Energy, 161: 591-599.

Asa L, SöDerholm P. 2012. Wind power learning rates: A conceptual review and meta-analysis[J]. Energy Economics, 34(3): 754-761.

Atwa Y M, El-Saadany E F, Salama M M A, et al. 2010. Optimal renewable resources mix for distribution system energy loss minimization[J]. IEEE Transactions on Power Systems, 25(1): 360-370.

Ayadi O, Al-Assad R, Al-Asfar J. 2018. Techno-economic assessment of a grid connected photovoltaic system for the University of Jordan[J]. Sustainable Cities and Society, 39: 93-98.

Aydin L, Acar M. 2011. Economic impact of oil price shocks on the Turkish economy in the coming decades: A dynamic CGE analysis[J]. Energy Policy, 39(3): 1722-1731.

Azofra D, Saenzdiez J C, Martinez E, et al. 2016. Ex-post economic analysis of photovoltaic power in the Spanish grid: Alternative scenarios[J]. Renewable Energy, 95: 98-108.

Bakhshi R, Sadeh J. 2018. Economic evaluation of grid-connected photovoltaic systems viability under a new dynamic feed-in tariff scheme: A case study in Iran[J]. Renewable Energy, 119: 354-364.

Barclay D W, Thompson R L, Higgins C. 1995. The partial least squares (pls) approach to causal modeling: personal computer use as an illustration[J]. Technology Studies, (2): 285-309.

Barradale M J. 2010. Impact of public policy uncertainty on renewable energy investment: Wind power and the production tax credit[J]. Energy Policy, 38(12): 7698-7709.

Böhringer C, Rutherford T F. 2006. Combining top-down and bottom-up in energy policy analysis: A decomposition approach[R]. ZEW Discussion Paper: 06-007.

Böhringer C, Rutherford T F. 2008. Combining bottom-up and top-down[J]. Energy Economics, 30(2): 574-596.

Böhringer C, Cuntz A, Harhoff D, et al. 2017. The impact of the German feed-in tariff scheme on innovation: Evidence based on patent filings in renewable energy technologies[J]. Energy Economics, 67: 545-553.

Bolkesjø T F, Eltvig P T, Nygaard E. 2014. An econometric analysis of support scheme effects on renewable energy investments in Europe[J]. Energy Procedia, 58: 2-8.

BP. 2017. BP Statistical Review of World Energy 2017[R]: 1-52.

Branker K, Pathak M J M, Pearce J M. 2011. A review of solar photovoltaic levelized cost of electricity[J]. Renewable and Sustainable Energy Reviews, 15(9): 4470-4482.

Cai Y Y, Arora V. 2015. Disaggregating electricity generation technologies in CGE models: A revised technology bundle approach with an application to the US clean power plan[J]. Applied Energy, 154: 543-555.

Capros P, Paroussos L, Charalampidis I, et al. 2016. Assessment of the macroeconomic and sectoral effects of higher electricity and gas prices in the EU: A general equilibrium modeling approach[J]. Energy Strategy Reviews, 9: 18-27.

Carley S. 2009. State renewable energy electricity policies: An empirical evaluation of effectiveness[J]. Energy Policy, 37(8): 3071-3081.

Cebulla F, Fichter T. 2017. Merit order or unit-commitment: How does thermal power plant modeling affect storage demand in energy system models?[J]. Renewable Energy, 105: 117-132.

Chi Y Y, Guo Z Q, Zheng Y H, et al. 2014. Scenarios analysis of the energies' consumption and carbon emissions in China based on a dynamic CGE model[J]. Sustainability, 6(2): 487-512.

Ciarreta A, Espinosa M P, Pizarro-Irizar C. 2012. The effect of renewable energy in the Spanish electricity market[C]. Lecture Notes in Information Technology-Proceedings of 2012 International Conference on Future Electrical Power and Energy Systems, Hong Kong: 442-447.

Cucchiella F, D'Adamo I, Lenny K S C. 2015. Environmental and economic analysis of building integrated photovoltaic systems in Italian regions[J]. Journal of Cleaner Production, 98: 241-252.

Dai H C, Herran D S, Fujimori S, et al. 2016. Key factors affecting long-term penetration of global onshore wind energy integrating top-down and bottom-up approaches[J]. Renewable Energy, 85: 19-30.

Darling S B, You F Q, Veselka T D, et al. 2011. Assumptions and the levelized cost of energy for photovoltaics[J]. Energy and Environmental Science, 4(9): 3133-3139.

del Rio P, Bleda M. 2012. Comparing the innovation effects of support schemes for renewable electricity technologies: A function of innovation approach[J]. Energy Policy, 50(6): 272-282.

Delmas M A, Montes-Sancho M J. 2011. U.S. state policies for renewable energy: Context and effectiveness[J]. Energy Policy, 39(5): 2273-2288.

Dong B M, Ma X L, Wang N J, et al. 2020. Impacts of exchange rate volatility and international oil price shock on China's regional economy: A dynamic CGE analysis[J]. Energy Economics, 86: 103762.

Dong C G. 2012. Feed-in tariff vs. renewable portfolio standard: An empirical test of their relative effectiveness in promoting wind capacity development[J]. Energy Policy, 42(2): 476-485.

Doroodian K, Boyd R. 2003. The linkage between oil price shocks and economic growth with inflation in the presence of technological advances: A CGE model[J]. Energy Policy, 31(10): 989-1006.

Drechsler M, Meyerhoff J, Ohl C. 2012. The effect of feed-in tariffs on the production cost and the landscape externalities of wind power generation in West Saxony, Germany[J]. Energy Policy, 48: 730-736.

Ek K, Söderholm P. 2010. Technology learning in the presence of public R&D: The case of European wind power[J]. Ecological Economics, 69(12): 2356-2362.

Elshurafa A M, Albardi S R, Bigerna S, et al. 2018. Estimating the learning curve of solar PV balance-of-system for over 20 countries: Implications and policy recommendations[J]. Journal of Cleaner Production, 196: 122-134.

Gan L, Eskeland G S, Kolshus H H. 2007. Green electricity market development: Lessons from Europe and the US[J]. Energy Policy, 35(1): 144-155.

García-álvarez M T, Cabeza-García L, Soares I. 2017. Analysis of the promotion of onshore wind energy in the EU: Feed-in tariff or renewable portfolio standard?[J]. Renewable Energy, 111: 256-264.

Grau T. 2014. Responsive feed-in tariff adjustment to dynamic technology development[J]. Energy Economics, 44: 36-46:

Gravetter F J, Forzano L B. 2005. Research Methods for the Behavioral Sciences[M]. Xi'an: Shaanxi Normal University Press.

Grover D, Daniels B. 2017. Social equity issues in the distribution of feed-in tariff policy benefits: A cross sectional analysis from England and Wales using spatial census and policy data[J]. Energy Policy, 106: 255-265.

Guivarch C, Hallegatte S, Crassous R. 2009. The resilience of the Indian economy to rising oil prices as a validation test for a global energy-environment-economy CGE model[J]. Energy Policy, 37(11): 4259-4266.

Guo Z Q, Zhang X P, Zheng Y H, et al. 2014. Exploring the impacts of a carbon tax on the Chinese economy using a CGE model with a detailed disaggregation of energy sectors[J]. Energy Economics, 45: 455-462.

Hair J F, Ringle C M, Sarstedt M. 2011. PLS-SEM: Indeed a silver bullet[J]. the Journal of Marketing Theory and Practice, 19(2): 139-152.

He Y D, Lin B Q. 2017. The impact of natural gas price control in China: A computable general equilibrium approach[J]. Energy Policy, 107: 524-531.

He Y X, Zhang S, Yang L F, et al. 2010. Economic analysis of coal price-electricity price adjustment in China based on the CGE model[J]. Energy Policy, 38(11): 6629-6637.

Hernandez-Moro J, Martnez-Duart J M. 2013. Analytical model for solar PV and CSP electricity costs: Present LCOE values and their future evolution[J]. Renewable and Sustainable Energy Reviews, 20: 119-132.

Holdermann C, Kissel J, Beigel J. 2014. Distributed photovoltaic generation in Brazil: An economic viability analysis of small-scale photovoltaic systems in the residential and commercial sectors[J]. Energy Policy, 67(2): 612-617.

Hong Y Y, Hong B. 2005. A bidding strategy based on the fuzzy Markov decision process and fuzzy-C-means for a competitive electric power market[J]. Journal of the Chinese Institute of Engineers, 28(1): 67-75.

Hsiao C. 2014. Analysis of Panel Data[M]. 3th ed. Cambridge: Cambridge University Press.

Ibenholt K. 2002. Explaining learning curves for wind power[J]. Energy Policy, 30(13): 1181-1189.

Igos E, Rugani B, Rege S, et al. 2015. Combination of equilibrium models and hybrid life cycle-input-output analysis to predict the environmental impacts of energy policy scenarios[J]. Applied Energy, 145: 234-245.

Jacoby H D, Reilly J M, Mcfarland J R, et al. 2004. Technology and Technical Change in the MIT EPPA Model[R]. Cambridge:MIT Joint Program on the Science and Policy of Global Change, Report No. 111.

Jacoby H D, Reilly J M, McFarland J R, et al. 2006. Technology and technical change in the MIT EPPA model[J]. Energy Economics, 28(5-6): 610-631.

Jager D D., Klessmann C, Stricker E, et al. 2011. Financing renewable energy in the european energy market[R]. The Netherlands: Ecofys.

Jamasb T. 2006. Technological change theory and learning curves: Progress and patterns in energy technologies[D]. Cambridge: University of Cambridge.

Jenner S, Groba F, Indvik J. 2013. Assessing the strength and effectiveness of renewable electricity feed-in tariffs in European union countries[J]. Energy Policy, 52: 385-401.

Jiang D R, Li S. 2012. Strategies of daily economical dispatch considering large-scale wind power integration and electricity contract[C]. The 2nd International Conference on Computer Application and System Modeling(2012), Paris.

Johnstone N, Haščič I, Popp D. 2010. Renewable energy policies and technological innovation: Evidence based on patent counts[J]. Environmental and Resource Economics, 45(1): 133-155.

Kobos P H, Erickson J D, Drennen T E. 2006. Technological learning and renewable energy costs: Implications for US renewable Energy Policy[J]. Energy Policy, 34(13): 1645-1658.

Kost C, Flath C M, Most D. 2013. Concentrating solar power plant investment and operation decisions under different price and support mechanisms[J]. Energy Policy, 61: 238-248.

Kouvaritakis N, Soria A, Isoard S. 2000. Modelling energy technology dynamics: Methodology for adaptive expectations models with learning by doing and learning by searching[J]. International Journal of Global Energy Issues, 14: 104-115.

Lanz B, Rausch S. 2011. General equilibrium, electricity generation technologies and the cost of carbon abatement: A structural sensitivity analysis[J]. Energy Economics, 33(5): 1035-1047.

Latham K D.2004. Economic analysis of photovoltaic systems for local governments in California[D]. San Jose: San Jose State University.

Li J F, Wang X, Zhang Y X, et al. 2014. The economic impact of carbon pricing with regulated electricity prices in China: An application of a computable general equilibrium approach[J]. Energy Policy, 75: 46-56.

Li Z G, Wu W C, Wang J H, et al. 2016. Transmission-constrained unit commitment considering combined electricity and district heating networks[J]. IEEE Transactions on Sustainable Energy, 7(2): 480-492.

Lin B Q, Moubarak M. 2014. Renewable energy consumption-economic growth nexus for China[J]. Renewable & Sustainable Energy Reviews, 40(40): 111-117.

Lindman Å, Söderholm P. 2012. Wind power learning rates: A conceptual review and meta-analysis[J]. Energy Economics, 34(3): 754-761.

Liu J Y, Lin S, Xia Y, et al. 2015a. A financial CGE model analysis: Oil price shocks and monetary policy responses in China[J]. Economic Modelling, 51: 534-543.

Liu Z F, Zhang W H, Zhao C H, et al. 2015b. The economics of wind power in China and policy implications[J]. Energies, 8(2): 1529-1546.

Lun I Y F, Lam J C. 2000. A study of Weibull parameters using long-term wind observations[J]. Renewable Energy, 20(2): 145-153.

Lunackova P, Prusa J, Janda K. 2017. The merit order effect of Czech photovoltaic plants[J]. Energy Policy, 106: 138-147.

Madaeni S H, Sioshansi R, Denholm P. 2012. How thermal energy storage enhances the economic viability of concentrating solar power[J]. Proceedings of the IEEE, 100(2): 335-347.

Maisonnave H, Pycroft J, Saveyn B, et al. 2012. Does climate policy make the EU economy more resilient to oil price rises? A CGE analysis[J]. Energy Policy, 47: 172-179.

Malagueta D, Szklo A, Borba B S M C, et al. 2013. Assessing incentive policies for integrating centralized solar power generation in the Brazilian electric power system[J]. Energy Policy, 59: 198-212.

Marques A C, Fuinhas J A, Pires M J R. 2010. Motivations driving renewable energy in European countries: A panel data approach[J]. Energy Policy, 38(11): 6877-6885.

Marques A C, Fuinhas J A. 2012a. Are public policies towards renewables successful? Evidence from European countries[J]. Renewable Energy, 44: 109-118.

Marques A C, Fuinhas J A. 2012b. Is renewable energy effective in promoting growth?[J]. Energy Policy, 46: 434-442.

Menanteau P, Finon D, Lamy M. 2003. Prices versus quantities: Choosing policies for promoting the development of renewable energy[J]. Energy Policy, 31(8): 799-812.

Meng S, Siriwardana M, McNeill J, et al. 2018. The impact of an ETS on the Australian energy sector: An integrated CGE and electricity modelling approach[J]. Energy Economics, 69: 213-224.

Menz F C, Vachon S. 2006. The effectiveness of different policy regimes for promoting wind power: Experiences from the states[J]. Energy Policy, 34(14): 1786-1796.

Meyer N I. 2004. Development of Danish wind power market[J]. Energy & Environment, 15(4): 657-673.

Morales J M, Pineda S. 2017. On the inefficiency of the merit order in forward electricity markets with uncertain supply[J]. European Journal of Operational Research, 261(2): 789-799.

Orlov A. 2015. An assessment of optimal gas pricing in Russia: A CGE approach[J]. Energy Economics, 49: 492-506.

Ouedraogo B I, Kouame S, Azoumah Y, et al. 2015. Incentives for rural off grid electrification in Burkina Faso using LCOE[J]. Renewable Energy, 78: 573-582.

Ouyang X L, Lin B Q. 2014. Levelized cost of electricity(LCOE) of renewable energies and required subsidies in China[J]. Energy Policy, 70(7): 64-73.

Pablo D R, Bleda M. 2012. Comparing the innovation effects of support schemes for renewable electricity technologies: A function of innovation approach[J]. Energy Policy, 50: 272-282.

Pablo-Romero M D P, Sánchez-Braza A, Salvador-Ponce J, et al. 2017. An overview of feed-in tariffs, premiums and tenders to promote electricity from biogas in the EU-28[J]. Renewable and Sustainable Energy Reviews, 73: 1366-1379.

Paltsev S, Reilly J M, Jacoby H D, et al. 2005. The MIT emissions prediction and policy analysis(EPPA) model: Version 4[R]. Cambridge: MIT Joint Program on the Science and Policy of Global Change.

Papineau M. 2006. An economic perspective on experience curves and dynamic economies in renewable energy technologies[J]. Energy Policy, 34(4): 422-432.

Pearce P, Slade R. 2018. Feed-in tariffs for solar microgeneration: Policy evaluation and capacity projections using a realistic agent-based model[J]. Energy Policy, 116: 95-111.

Polzin F, Migendt M, Taube F, et al. 2015. Public policy influence on renewable energy investments: A panel data study across OECD countries[J]. Energy Policy, 80: 98-111.

Popp D, Hascic I, Medhi N. 2011. Technology and the diffusion of renewable energy[J]. Energy Economics, 33(4): 648-662.

Poruschi L, Ambrey C L, Smart J C R. 2018. Revisiting feed-in tariffs in Australia: A review[J]. Renewable & Sustainable Energy Reviews, 82(1): 260-270.

Poullikkas A. 2009. Parametric cost-benefit analysis for the installation of photovoltaic Parks in the island of Cyprus[J]. Energy Policy, 37(9): 3673-3680.

Proenca S, Aubyn M S. 2013. Hybrid modeling to support energy-climate policy: Effects of feed-in tariffs to promote renewable energy in Portugal[J]. Energy Economics, 38: 176-185.

Renewable Energy Policy Network for the 21st Century. 2017. Renewables 2017: Global status report[R]. Paris: Environmental Policy Collection.

Rodrigues R, Linares P. 2014. Electricity load level detail in computational general equilibrium-Part I -data and calibration[J]. Energy Economics, 46: 258-266.

Rodrigues R, Linares P. 2015. Electricity load level detail in computational general equilibrium-Part II -welfare impacts of a demand response program[J]. Energy Economics, 47: 52-67.

Rodrigues S, Torabikalaki R, Faria F, et al. 2016. Economic feasibility analysis of small scale PV systems in different countries[J]. Solar Energy, 131: 81-95.

Roth I F, Ambs L L. 2004. Incorporating externalities into a full cost approach to electric power generation life-cycle costing[J]. Energy, 29(12): 2125-2144.

Rowlands I H. 2005. Envisaging feed-in tariffs for solar photovoltaic electricity: European lessons for Canada[J]. Renewable & Sustainable Energy Reviews, 9(1): 51-68.

Rutherford T F, Böhringe C. 2006. Combining Top-Down and Bottom-up in Energy Policy Analysis: A Decomposition Approach[C]//ZEW Discussion Papers 06-007. Mannheim: ZEW-Leibniz Centre for European Economic Research.

Said M, el-Shimy M, Abdelraheem M A. 2015. Photovoltaics energy: Improved modeling and analysis of the levelized cost of energy(LCOE) and grid parity-Egypt case study[J]. Sustainable Energy Technologies and Assessments, 9: 37-48.

Samadi S. 2018. The experience curve theory and its application in the field of electricity generation technologies: A literature review[J]. Renewable & Sustainable Energy Reviews, 82(3): 2346-2364.

Saravanan B, Sikri S, Swarup K S, et al. 2013. Unit commitment using dynamic programming: An exhaustive working of both classical and stochastic approach[J]. Frontiers in Energy, 7(3): 333-341.

Schmid G. 2012. The development of renewable energy power in India: Which policies have been effective?[J]. Energy Policy, 45: 317-326.

Schuman S, Lin A. 2012. China's renewable energy law and its impact on renewable power in China: Progress, challenges and recommendations for improving implementation[J]. Energy Policy, 51: 89-109.

Shrimali G, Chan G, Jenner S, et al. 2015. Evaluating renewable portfolio standards for in-state renewable deployment: Accounting for policy heterogeneity[J]. Economics of Energy and Environmental Policy, 4(2): 127-142.

Singh N, McFarland E W. 2015. Levelized cost of energy and sensitivity analysis for the hydrogen-bromine flow battery[J]. Journal of Power Sources, 288: 187-198.

SöDerholm P, Klaassen G. 2007. Wind power in Europe: A simultaneous innovation-diffusion model[J]. Environment and Resource Economics, 36(2): 163-190.

Solaymani S, Kardooni R, Kari F, et al. 2015. Economic and environmental impacts of energy subsidy reform and oil price shock on the Malaysian transport sector[J]. Travel Behaviour and Society, 2(2): 65-77.

Sondes K. 2008. Technological learning in energy-environment-economy modelling: A survey[J]. Energy Policy, 36(1): 138-162.

Sovacool B K. 2010. A comparative analysis of renewable electricity support mechanisms for Southeast Asia[J]. Energy, 35(4): 1779-1793.

Spertino F, Leo P D, Cocina V. 2014. Which are the constraints to the photovoltaic grid-parity in the main European markets?[J]. Solar Energy, 105: 390-400.

Staffell I, Green R. 2016. Is there still merit in the merit order stack? the impact of dynamic constraints on optimal plant mix[J]. IEEE Transactions on Power Systems, 31(1): 43-53.

Tabatabaei S M, Hadian E, Marzban H, et al. 2017. Economic, welfare and environmental impact of feed-in tariff policy: A case study in Iran[J]. Energy Policy, 102: 164-169.

Takahashi K. 1982. Present status of photovoltaic research and development in Japan[J]. Solar Cells, 6(4): 365-374.

Tiwari A, Acker V V, Nieuwesteeg P, et al. 2008. A pricing and dispatch engine for wholesale electricity market using Quadratic Programming[C]. 2008 Third International Conference on Electric Utility Deregulation and Restructuring and Power Technologies, New York: 329-334.

Tomićević M, Filipan V. 2008. Cost-effectivness survey of a small photovoltaic system in croatia[C]//The 21st Scientific Conference on Energy and the Environment(2008), Opatija: 281-290.

Tuladhar S D, Yuan M, Bernstein P, et al. 2009. A top-down bottom-up modeling approach to climate change policy analysis[J]. Energy Economics, 31(2): S223-S234.

Tveten A G, Bolkesjo T F, Martinsen T, et al. 2013. Solar feed-in tariffs and the merit order effect: A study of the German electricity market[J]. Energy Policy, 61(10): 761-770.

U. S. Energy Information Administration. Levelized Cost of Electricity and Levelized Avoided Cost of Electricity Methodology Supplement[EB/OL]. (2013-08-21). [2018-08-07]. www.eia.gov/renewable/workshop/gencosts/pdf/methodology_supplement.pdf.

Ueckerdt F, Hirth L, Luderer G, et al. 2013. System LCOE: What are the costs of variable renewables?[J]. Energy, 63: 61-75.

Vale A M, Felix D G, Fortes M Z, et al. 2017. Analysis of the economic viability of a photovoltaic generation project applied to the Brazilian housing program "Minha Casa Minha Vida"[J]. Energy Policy, 108: 292-298.

Vides-Prado A, Camargo E O, Vides-Prado C, et al. 2018. Techno-economic feasibility analysis of photovoltaic systems in remote areas for indigenous communities in the Colombian Guajira[J]. Renewable and Sustainable Energy Reviews, 82: 4245-4255.

Weiss C, Bonvillian W B. 2009. Structuring an Energy Technology Revolution[M]. Cambridge: The MIT Press.

Whiteman A, Esparrago J, Rinke T, et al. 2017. Renewable Energy Statistics 2017[M]. Abu Dhabi: International Renewable Energy Agency.

Wing I S. 2006. The synthesis of bottom-up and top-down approaches to climate policy modeling: Electric power technologies and the cost of limiting US CO_2 emissions[J]. Energy Policy, 34(18): 3847-3869.

Wing I S. 2008. The synthesis of bottom-up and top-down approaches to climate policy modeling: Electric power technology detail in a social accounting framework[J]. Energy Economics, 30(2): 547-573.

Wu J, Albrecht J, Fan Y, et al. 2016. The design of renewable support schemes and CO_2 emissions in China[J]. Energy Policy, 99: 4-11.

Yamamoto Y. 2017. Feed-in tariffs combined with capital subsidies for promoting the adoption of residential photovoltaic systems[J]. Energy Policy, 111: 312-320

Yin H T, Powers N. 2010. Do state renewable portfolio standards promote in-state renewable generation?[J]. Energy Policy, 38(2): 1140-1149.

Yu C. F, Sark W, Alsema E A. 2011. Unraveling the photovoltaic technology learning curve by incorporation of input price changes and scale effects[J]. Renewable and Sustainable Energy Reviews, 15(1): 324-337.

Yuan J H, Na C N, Xu Y, et al. 2016. Feed-in tariff for onshore wind power in China[J]. Emerging Markets Finance and Trade, 52(6): 1427-1437.

Zahedi A. 2009. Development of an economical model to determine an appropriate feed-in tariff for grid-connected solar PV electricity in all states of Australia[J]. Renewable and Sustainable Energy Reviews, 13(4): 871-878.

Zeng C L, Xie P Y. 2008. Stochastic non-linear Nash Game in multi-zone electricity markets[C]. 2008 China International Conference on Electricity Distribution, Guang Zhou: 1-5.

Zhang D, Rausch S, Karplus V J, et al. 2012. Quantifying regional economic impacts of CO_2 intensity targets in China. Cambridge: MIT Joint Program on the Science and Policy of Global Change: No. 230.

Zhang D, Rausch S, Karplus V J, et al. 2012. Quantifying regional economic impacts of CO_2 intensity targets in China[J]. Energy Economics, 40(2): 687-701.

Zhang D, Xiong W M, Tang C, et al. 2014. Determining the appropriate amount of subsidies for wind power: The integrated renewable power planning (IRPP) model and its application in China[J]. Sustainable Energy Technologies and Assessments, 6: 141-148.

Zhang W, Yang J, Zhang Z Y, et al. 2017. Natural gas price effects in China based on the CGE model[J]. Journal of Cleaner Production, 147: 497-505.

Zhao X L, Li S J, Zhang S F, et al. 2016. The effectiveness of China's wind power policy: An empirical analysis[J]. Energy Policy, 95: 269-279.

Zilker S J, Haarer D, Neij L. 1997. Use of experience curves to analyse the prospects for diffusion and adoption of renewable energy technology[J]. Energy Policy, 25(13): 1099-1107.

Zweibel K. 2010.Should solar photovoltaics be deployed sooner because of long operating life at low, predictable cost?[J]. Energy Policy, 38(11): 7519-7530.

Zhang D, Rausch S, Karplus V J, et al. 2012. Quantifying regional economic impacts of CO_2 intensity targets in China[R]. Cambridge: MIT Joint Program on the Science and Policy of Global Change. Report No. 230.